Accounting Classics

21世纪会计系列教材

Accounting Classics

会计信息化原理与实务（第3版）

基于金蝶KIS云专业版

Accounting Informationization

毛华扬 李帅 编著

中国人民大学出版社
· 北京 ·

前　言

本书主要讲述会计信息化的一般原理，会计信息系统的建立与运行管理、日常管理，以及会计软件的具体应用方法。

本书通过一体化会计和购销存业务案例，在金蝶 KIS 云专业版上实现业务处理，主要涉及安装与基础设置、账务与出纳管理、采购与应付、销售与应收、库存与存货核算、工资、固定资产、期末业务与报表等业务。通过本书的学习，能了解我国会计信息化的发展过程，掌握会计信息系统的构成和建立方法，懂得会计信息化的一般原理，熟练掌握金蝶 KIS 云专业版的应用方法，为进一步学习和实际工作打下良好基础。

本教材在应用部分完全按照一个统一的案例，分模块按步骤进行操作，在关键环节和阶段留有操作过程和结果对照，可以进行自我验证，学习者完全可以独立完成并掌握主要方法。教师在讲解时，主要对流程、各类业务处理方法、模块之间的联系等进行深度讲解，以提升学习者对会计信息系统架构、数据流、业务处理方法和技巧的理解。

在具体的金蝶 KIS 业务操作部分，本书有多种教学使用模式。第 3 章“金蝶 KIS 云专业版安装与基础设置”是完成后续实验的前提，必须首先完成。模式一：按照本书业务应用的章节次序完成财务业务一体化的实验。模式二：基础设置完成后，按照日常账务与出纳管理、工资业务处理、固定资产业务处理、期末业务处理与报表完成会计信息化主要模块的业务。模式三：基础设置完成后，按照日常账务与出纳管理、采购和应付业务处理、销售和应收业务处理、仓存和存货核算业务处理、期末业务处理与报表完成账务和购销存业务。实际上，基础设置在前，期末业务在后，购销存和存货核算联合使用，其他实验的模块可以自行安排先后顺序。

本书提供阶段性的实验账套供参考，如果某些部分不安排实验，则可以直接导入某阶段的账套，然后在该基础上继续进行。

由于税法、会计政策等在不断调整，书中的举例不一定与当时的情况吻合，但方法是类似的。软件有关可能变动的地方大多采用参数设置方法在具体应用中定义，因此并不影响实际应用。

本书主要用作会计、财务管理、审计、会计信息化等专业的会计信息化课程教学和实验教材，还可作为金蝶 KIS 云专业版用户的培训用书。

本书由毛华扬、李帅完成写作。

有关本书的实验账套、教学参考 PPT、金蝶 KIS 专业版 15.1 及必需的补丁程序等资料，请在中国人民大学出版社网站（http://www.crup.com.cn）下载，同时也会在 https://user.qzone.qq.com/411409339 发布下载地址；对于读者提出的通用性问题，也会在上面回答。为方便读者，特建立 QQ 群（229187202）交流探讨。

本书所用的教学软件可以在金蝶服务网站下载，网址是 http://club.kingdee.com，具体在 KIS 栏目中，版本是金蝶 KIS 云专业版 15.1。

本教材在编写中还参考了一些资料，主要参考资料见本书的参考文献，在此对文献作者表示谢意。在写作中，特别参考了金蝶 KIS 云专业版的相关技术资料、培训资料、帮助信息，并直接或间接采用了部分资料，在此向金蝶国际软件集团（www.kingdee.com）表示谢意。在具体的写作过程中，还得到了金蝶 KIS 产品部门的支持，尤其是陈娇智女士在我们遇到问题时给予了极大帮助，在此特别致谢。

对于本书存在的缺陷，欢迎业界同仁和读者指正，有什么意见和建议请反馈至 landmao@163.com，以便在下一版中修改。

目　录

第 1 章　会计信息系统概论 ······ (1)
1.1　会计信息系统基础 ······ (1)
1.2　会计信息化的基本内容 ······ (11)
1.3　信息化下的会计核算方法 ······ (14)

第 2 章　会计信息系统的建立与运行管理 ······ (20)
2.1　会计信息系统构成 ······ (20)
2.2　会计信息系统的模式 ······ (25)
2.3　会计信息系统的基本要求 ······ (31)
2.4　商品化会计软件的选择 ······ (36)
2.5　会计软件实施流程 ······ (39)
2.6　会计信息化组织及岗位 ······ (40)
2.7　会计信息化后的使用管理 ······ (43)
2.8　会计信息化后的维护管理 ······ (46)
2.9　会计信息化档案管理 ······ (50)

第 3 章　金蝶 KIS 云专业版安装与基础设置 ······ (58)
3.1　安装及建账 ······ (58)
3.2　基础设置 ······ (86)
3.3　初始化 ······ (108)

第 4 章　账务与出纳业务处理 ······ (134)
4.1　账务处理的基本功能和流程 ······ (134)
4.2　凭证录入与处理 ······ (135)

4.3 常用账表 …… (144)
4.4 出纳业务处理 …… (148)

第 5 章 采购和应付业务处理 …… (159)
5.1 采购管理 …… (159)
5.2 应付款业务 …… (194)

第 6 章 销售与应收业务处理 …… (201)
6.1 销售管理 …… (201)
6.2 应收业务处理 …… (251)

第 7 章 仓存和存货核算业务处理 …… (271)
7.1 仓存管理 …… (271)
7.2 存货核算 …… (285)

第 8 章 工资业务处理 …… (289)
8.1 工资业务处理内容 …… (289)
8.2 基础资料设置 …… (290)
8.3 工资录入 …… (307)
8.4 工资报表 …… (314)
8.5 工资费用分配 …… (316)
8.6 银行代发表 …… (319)

第 9 章 固定资产业务处理 …… (324)
9.1 固定资产业务处理内容 …… (324)
9.2 固定资产日常业务处理 …… (325)
9.3 固定资产查询 …… (334)

第 10 章 期末业务处理与报表 …… (339)
10.1 期末业务处理 …… (339)
10.2 报表编制 …… (348)

参考文献 …… (370)

第 1 章

Chapter 1

会计信息系统概论

1.1 会计信息系统基础

1.1.1 会计信息系统

会计信息系统（accounting information system）是企业管理信息系统中的一个重要子系统，它是以提供会计信息为目的，采用现代信息处理技术，对会计信息进行采集、存储、处理及传送，完成会计反映、控制职能的系统。

在整个企业管理信息系统中，会计信息处于核心地位，从会计信息的收集、会计信息的处理到会计信息的输出，最终传递给决策者和使用者，都是一个信息流动的过程。在这个过程中，伴随着对企业经营活动的管理与控制。

1. 会计信息的收集

会计数据是指在会计工作中，从不同来源、不同渠道获得的，记录在单、证、账、表上的各种原始会计资料。会计数据的来源广泛，既有企业内部生产经营活动产生的，也有企业外部与企业相关的经济活动产生的各种资料。会计数据的数量繁多，不光是指每个会计期间需要处理的数据量大，更重要的是会计数据是一种随着企业生产经营活动的持续进行而源源不断产生并需要加以处理的数据。在互联网、物联网应用越来越普及的情况下，产生并能够采集到各种各样的数据，形成了大数据。这些数据不仅包括传统意义上的数字数据，还包括图片、视频、文本、声音等各种可以记录、存储的数据。

会计信息是指会计数据经过加工处理后产生的、为会计管理和企业管理所需要的经济信息。它包括反映过去所发生的财务信息，即有关资金的取得、分配与使用的信息，如资产负债表等；管理所需要的定向信息，如各种财务分析报表，对未来具有预测作用的决策信息，如年度计划、年度规划等。会计通过信息的提供与使用来反映过去的经济活动，控制目前的经济运行，预测未来的经济走向。

会计信息的收集实际上是根据会计工作的目的汇集原始会计数据的过程。随着信息技术的发展，会计信息收集已成为管理信息系统的一部分。会计信息收集不再局限于会计核算方面，而更多趋向于会计管理、经营决策等方面。

2. 会计信息的处理

会计信息处理从手工处理发展到利用计算机、网络等信息技术处理，是会计操作技术和信息处理方式的重大变革。这种变革对会计理论和会计实务提出了一系列新课题，在推动会计自身发展和变革的同时，也促进会计信息化的进一步完善和发展。

现代会计信息处理是指应用信息技术对会计数据进行输入、处理和输出的过程，主要表现为用计算机代替人工记账、算账和报账，以及替代部分在手工环境下由人脑完成的对会计信息的分析、判断。现代会计信息处理不仅引起了会计系统内在的变化，强化了系统的能力，同时也提高了会计工作的效率和会计信息的质量。现代会计信息处理的特点如下。

（1）以计算机为计算工具，数据处理规范化、速度快、精度高。目前一些数据量较大的运算已经通过云计算模式完成。

（2）数据处理人机结合，系统内部控制程序化、复杂化。现代会计信息处理虽然以计算机为计算工具，但整个信息处理过程仍为计算机与人工的结合。计算机对数据的处理是通过程序来进行的，系统内部控制方式均要求程序化，如采用密码控制程序对操作权限进行限制，采用校验程序验证借贷金额是否平衡等。同时，期末账项调整和结账均可自动进行，并在相应工作完成后自动生成各种转账凭证。

数据处理的人机结合和系统内部控制的程序化使得系统控制复杂化。其控制点由对人的控制转到对人机两方面的控制，控制的内容涉及人员分工、职能分离和计算机系统的维护，以及会计信息、会计档案的保管。

（3）数据处理自动化，账务处理一体化。现代会计信息处理过程分为输入、处理和输出三个环节。将分散于各个核算岗位的会计数据收集处理后，计算机对输入数据自动进行记账、转账和报表编制处理，查询打印输出各类账表。

（4）信息处理规范化，会计档案存储电子化。现代会计信息处理要求建立规范化的会计基础工作，会计数据处理严格按程序规范化进行。在会计信息系统中，各种会计数据以文件的形式组织，并存储在计算机的存储器中，存储介质成为保存会计信息和会计档案的主要载体。

（5）增强系统的预测和辅助决策功能。充分利用计算机的处理功能，在系统分析、设计与开发中充分运用数学模型、运筹学、决策论等方法，可以极大地增强会计信息系统的预测和辅助决策功能。

3. 会计信息的输出

一个完整的会计处理系统，不仅需要有灵活、方便、正确的输入方式和功能齐全的数据处理功能，还必须提供一个完善方便的输出系统。

会计信息系统的输出方式包括显示输出、打印输出和文件输出。显示输出的特点是：速度快、成本低，但输出会计数据的应用者局限在会计信息系统内部，不易交流。打印输出的特点是：速度慢、成本高，适用于输出必须打印的情况。文件输出的特点是：速度快、成本较低，易于转换，但不直观，存储介质易受损坏，安全性较差。

随着声音、图像等多媒体技术的应用，会计数据的表现形式将越来越丰富，同时随着对会计信息系统数据接口的标准化，文件输出将越来越重要。如记账凭证、会计账簿等，可以文件的形式存储在存储介质中，需要时调用会计软件的显示输出功能进行查询或者打印。

1.1.2 会计电算化与会计信息化

1. 会计电算化

“会计电算化”一词是 1981 年中国会计学会在长春市召开的“财务、会计、成本应用电子计算机专题讨论会”上提出的。它是指将电子计算机技术应用到会计业务处理工作中，用计算机来辅助会计核算和管理，通过会计软件指挥计算机替代手工完成或手工很难完成的会计工作，即电子计算机在会计中应用的代名词。与此相近或同义的还有电脑会计、EDP 会计、会计信息系统、计算机会计信息系统、会计电算化系统、会计信息化等。在这些概念的应用中，有时会有一定的特指，体现出一些差异。

会计电算化广义上是指与实现会计工作电算化有关的所有工作，包括：会计电算化软件的开发和应用，会计电算化人才的培训，会计电算化的宏观规划，会计电算化的制度建设，会计电算化软件市场的培育与发展等。

会计电算化在我国从启蒙到现在，已经走过了 40 年的历程，取得了很大成效，包括企业实施会计电算化的数量逐步增加，商品化通用会计软件产业的形成，政府管理机构宏观管理和调控作用的发挥等，无不体现了会计电算化带来的新思想、新方法、新作用，会计工作的作用和地位得到了很大的加强。

2. 会计信息化

1999 年 4 月在深圳市举行的“会计信息化理论专家座谈会”上，根据当时会计电算化的发展状况，会计理论界的专家提出了“从会计电算化到会计信息化”的发展方向，首次明确提出“会计信息化”这一概念。

会计信息化是指采用现代信息技术，对传统的会计模型进行重构，并在重构的现代会计基础上，建立信息技术与会计学科高度融合的、充分开放的现代会计信息系统。这种会计信息系统将全面运用现代信息技术，通过网络系统，使业务处理高度自动化，信息高度共享，能够主动和实时报告会计信息。它不仅仅是信息技术运用于会计上的变革，更代表一种与现代信息技术环境相适应的新兴会计思想。

3. 会计电算化与会计信息化的区别

（1）目标。会计电算化以解放生产力、提高工作效率为出发点，首先强调的是会计数据处理的规范化，改变手工会计的不规范现实，要求会计软件的开发、会计信息系统的运行按照我国统一会计制度的要求规范操作，立足于财务报告的规范生成。

会计信息化则更强调会计输出结果的效率和增值性，这种增值效应依赖于网络环境下会计数据的快速收集、实时传递以及对不同层次数据的深加工。会计信息化的成效依赖于会计信息输出的多元化研究。

（2）理论基础。会计电算化是以传统会计理论和计算机技术为基础的，而会计信息化的理论基础还包含信息技术、系统论和信息化论等现代技术手段和管理思想。

（3）技术手段。会计电算化阶段，主要目标是开发出解决会计单项工作或整体核算工作的软件，从而帮助会计人员实现劳动力的解放和效率的提高；硬件方面则主要以单机环境或 F/S（文件/服务器）架构为主，很少涉及网络技术。会计信息化阶段，主要目标是开发出集财务管理、生产管理、供应链管理、人力资源管理乃至决策支持等诸多子系统于一体的管理信息系统，并结合大数据和人工智能技术，不断拓展管理的深度和广度，在基于局域网络和互联网络的环境下跨越时空运行。

（4）功能范围。会计电算化以实现业务核算为主，会计信息化不仅进行业务核算，还有会计信息管理和决策分析，并能够根据信息管理的原理和信息技术重组会计信息处理的流程。

（5）信息输入输出方式。在会计电算化环境下，会计信息的输出主要有显示、打印、介质保存等方式。在会计信息化环境下，除了前述方式以外，还可以通过网络实现信息传递与共享，通过授权、划分权限级次，企业内部各个机构、部门从信息系统中直接获取。随着 XBRL（可扩展商业报告语言）的应用以及 B/S（浏览器/服务器）体系架构的应用，从 Internet 上获取财务信息成为重要途径。

在实际工作中，目前往往把会计电算化和会计信息化混用，只是在特定情况下才加以区分。

1.1.3 会计信息化的基本目标

会计信息化的目标就是通过实施会计信息化应该达到的目的，即通过信息化的手段，达到提高工作效率，提供更全面准确的信息，为管理决策服务的目标，从而促进管理水平的提高，获取更高的经济效益。其基本目标主要有以下几个方面。

1. 减轻会计人员工作强度，提高工作效率

利用计算机技术，把繁杂的记账、算账、结账工作交给高速的计算机处理，从而减轻会计人员的工作强度。同时会计软件具有很高的精确性和逻辑判断能力，可以避免手工操作产生的误差，达到提高工作效率的目的。

2. 促进会计职能的转变

在手工情况下，会计人员长期处于繁重的手工核算工作中，没有时间和精力更多地参与管理、决策。实施会计信息系统后，会计人员从繁重的手工操作中解放出来，有时间和精力，也就有条件参与企业管理与决策，为提高企业现代化管理水平和提高经济效益服务。

3. 准确、及时地提供会计信息

手工条件下，由于大量会计信息需要记录、加工、整理，会计信息的提供速度较慢，也难以全面提供管理所需要的信息，一定程度上影响了经营决策工作。实施会计信息系统后，大量的信息都可以及时记录、汇总、分析，甚至实现实时跨地域传送，向企业管理者、股东等有关方面提供准确、及时的会计信息。

4. 提高人员素质，提升会计管理水平

会计工作的信息化给会计工作增添了新内容，要求会计人员提高自身素质，更新知识结构。第一，必须掌握会计信息化的有关知识；第二，为了参与企业管理，要更多地学习经营管理知识；第三，实现会计信息化后，完成会计工作由会计软件系统和会计人员共同完成，强化了会计规范化工作，提升了会计工作的管理水平。

5. 实现企业管理信息化，提高企业经济效益

会计是价值管理的主要手段，处理的信息量大，要求快捷准确。在手工记账下，会计人员将大量精力主要用于数据处理，参与管理工作受到了极大的限制。实施会计信息化的目的之一就是使广大会计人员从繁重的手工操作中解脱出来，减轻劳动强度。实施会计信息化的根本目的就是通过核算手段和会计管理决策手段的现代化，提高会计信息收集、整理、传输、反馈的及时性和准确度，提高会计的分析决策能力，更好地满足管理的需要，提供管理所需的会计信息，从而更好地发挥会计参与管理、参与决策的职能，为提高现代化管理水平和提高经济效益服务。由此，应认识到两点：（1）满足管理的需要，为管理服务，提高经济效益是实施会计信息化工作的出发点，是会计信息化的核心；（2）实施会计信息化不是单纯的数据搬家，而是按管理的需要对会计工作的改革与发展，是会计管理工作的一个飞跃。

会计信息化是企业管理信息化的重要组成部分。企业管理信息化的目标和任务，就是要以现代化的方法去管理企业，提高经济效益。因而，实施会计信息化不

仅要使会计工作本身现代化，最终目标是要使企业管理信息化，达到提高企业经济效益的目的。

1.1.4 对开展会计信息化工作的正确认识

1. 会计核算是信息化工作的基础

开展会计信息化工作的最终目的是为管理、决策服务，达到这个目标的手段无外乎以下几个方面：一是利用计算机计算准确、处理数据量大的特点，处理会计业务，从而更全面、更准确地提供管理、决策所需的财务信息；二是利用计算机处理数据速度快的特点处理会计业务，从而更快捷地提供各种管理、决策所需的财务信息；三是利用计算机能快速分类整理数据的优势，按管理的需要，对会计核算数据进行各种加工、处理，筛选出管理所需的信息；四是使会计人员从繁杂的手工核算工作中解脱出来，利用其懂财务、了解情况的优势，参与分析、参与管理、参与决策。要达到这四方面的要求，首先就要实现会计核算工作的信息化。会计核算工作的信息化是实施会计信息化工作的基础。

2. 会计信息化是一项循序渐进的工作

会计信息化工作是一项系统工程。在开展这项工作之前，需要做好各种规划工作，需要考虑人才、设备、软件系统、管理制度等方面，做好各项安排，为会计信息化工作的全面开展，为实现全面信息化打下基础。

3. 会计信息化是一项系统工程

实施会计信息化，涉及具体的会计管理工作、会计软件、计算机和会计使用人员，它是一个系统工程。

（1）实施会计信息化不仅包括建立会计信息系统的过程，还包括系统的使用、维护、管理以及其他有关的信息化工作，如计算机审计、会计信息化宏观管理等。从宏观到微观，各项会计信息化工作都是相互联系的；无论是宏观的会计信息化管理，还是微观的单位会计信息化工作，各项工作都是紧密联系在一起的，需要有步骤、有计划地进行。

（2）会计信息化是企业整个管理系统信息化的组成部分，会计信息系统是整个管理信息系统的子系统。会计部门的信息化工作与其他部门的信息化工作是有机地联系在一起的，会计信息化工作的开展应搞好与其他部门的协调工作，使会计信息化成为整个管理信息系统的有机组成部分。

（3）会计工作本身是一个相对独立的信息系统，各项会计业务之间是有机联系在一起的。开展一项会计业务的信息化工作，应考虑到与其他业务的关系、对其他会计业务的影响，为全面开展会计信息化工作打下基础，为最终完成会计信息化打下基础。

4. 实施会计信息化后，重要的是系统的应用工作

会计信息化的最终目的是利用计算机更好地完成会计工作的任务，提高会计信息收集、整理、反馈的灵敏度与准确度，更好地发挥会计参与管理的职能，为提高管理水平和经济效益服务。会计信息系统的建立仅仅是会计信息化工作的开始，更重要的是在系统建立后的组织管理、系统的运行和维护等工作。这些工作是直接为达到会计信息化目标服务的，是长期实现会计信息化目标的保证，是实现会计信息化后会计的本职工作。

1.1.5　我国会计信息化的发展过程

会计是管理的重要组成部分，它以货币为计量单位，应用一套自身特有的方法，从价值方面对生产经营活动进行反映和监督。因此，在会计工作中，通过采集、传输和存储取得大量的数据，并对此分类、汇总，进行系统处理，为经营管理提供有用的信息。在历史上，随着生产的发展和生产规模的逐步社会化，会计也随之发展变化。经人们长期实践，会计逐步由简单到复杂，至今已形成一套完整的体系。与此同时，会计数据处理的技术也在不断地发展变化，经历了手工操作、机械化和信息化几个阶段，在会计工作中发挥着极大的作用。

我国会计信息化的发展主要分为以下几个阶段。

1. 探索发展阶段（1979—1988 年）

我国第一台计算机诞生于 1958 年，从那时起到 20 世纪 70 年代中期，主要是用于科学技术工作中。1979 年财政部拨款 500 万元，用于长春第一汽车制造厂进行会计电算化试点工作。1981 年 8 月在财政部、第一机械工业部、中国会计学会的支持下，中国人民大学和第一汽车制造厂联合召开了“财务、会计、成本应用电子计算机专题讨论会”。1979 年是中国会计信息化发展的起点。

在 1979—1988 年期间，会计信息化（那个时代称之为会计电算化）从无到有，在中国开始生根发芽，行政部门包括财政部、机械工业部、铁道部、兵器工业部、中国工商银行等，纷纷在全国各地做探索性的试点，全国高等院校也加入研究的行列，这个阶段属于探索阶段。但从整个国家来讲，这项工作基本上是各自为政，国家各职能部门都在摸着石头过河，摸索能够适应自身需要的解决方案。这个阶段的中国会计信息化，水平不高，功能单一且不通用，还没有形成大规模的商品化会计软件公司与市场。

这一阶段的历史大背景是，我们国家刚刚开始改革开放，一切感觉都很新鲜，各行各业都在强调解放思想，学习科学技术知识，应用科学技术知识。1981 年后，IBM-PC 计算机及兼容机（那时候，IBM-PC 以外的计算机都称为兼容机）的出现，为计算机的普及应用提供了可能。在当时，dBASE 开发工具对于爱好计算机的会计人员来讲，学习容易，从而广泛应用。因此，很多单位自发地进行了会计软件的专项开发，主要是开发一些相对简单的模块，应用层次也很低，但相对于手工来讲，变化是巨大的。在这一阶段，一般都是大型企业和科研院所在开展会计信息化工作，后逐步上升为区域性、行业性的行为。

1988 年，中国会计学会首届会计电算化学术讨论会在吉林召开。在这次会议上，与会专家达成共识：发展通用会计软件和引入市场机制是中国会计电算化发展的出路。同年，财政部在上海召开会计电算化工作会议，对制定各省区计算机应用规划、实施会计软件的评审工作做了统一部署。

2. 政府推动发展阶段（1989—1998 年）

实际上，1988 年前的探索工作都是 1989 年发布 65 号文件的前奏。在广泛征求各方意见的基础上，1989 年 12 月 9 日，财政部发布了《会计核算软件管理的几项规定（试行）》，即著名的“财政部〔89〕财会字第 65 号文件”。对于会计信息化自身来讲，这是一个划时代的文件，中国会计信息化在财政部的统一部署管理和强有力的推动下获得长足的发展。大大小小的财务软件厂商如雨后春笋般地涌现出来，先锋、用友、金蜘蛛、万能、安易、润嘉等是这个时期的典型代表。因此，这个文件的发布可以称为我国会计信息化发展第二阶段即政府推动阶段的标志。

1990 年财政部正式成立了会计核算软件评审委员会，先后制定了《关于会计核算软件评审问题的补充规定（试行）》《关于加强对通过财政部评审的商品化会计核算软件管理的通知》等文件，对财务软件进行严格的评审与管理。针对会计电算化地区发展的不平衡，1994 年财政部又下发了《关于大力发展我国会计电算化事业的意见》，以推动全国的工作开展，并提出了具体要求。这些工作成了我国会计信息化发展的强有力的推动力量。

在这期间，在财政部的统一部署下，进行了普及性的会计电算化初级培训，使所有的会计上岗人员懂得了计算机和会计电算化基础知识，这为我国的会计软件的快速推广打下了先行的认识基础。这种推动力和速度是任何市场力量所无法比拟的。

1989—1998 年期间，会计软件逐步通用化、商品化，市场上出现了数百家财务软件公司。这个时期的中国会计信息化，发展非常迅速会计软件依托 DOS（Disk Operating System，磁盘操作系统）平台，功能上也基本上属于核算型。从 1994 年开始，Windows 会计软件逐步引起重视，但真正普及是在 1998 年后。

在这 10 年中，在财政部及各省区财政厅（局）的推动下，商品化会计软件逐步走向成熟，市场竞争机制逐步完善，全国通用会计软件生产厂家从几百家逐渐向十来家集中。

3. 市场化发展阶段（1999 年以来）

1998 年，财政部撤销了全国性的会计电算化管理部门——会计电算化处，这是我国会计信息化发展第三阶段即全面市场化阶段开始的标志。当时的大背景是，国家机关进行机构改革，部分地转变职能，将属于市场的交给市场，行业性的管理逐步转向行业协会。在财政部强有力的推动与管理下，中国会计信息化不断发展壮大并走向成熟，会计信息化应用逐渐普及，行政推广已经没有必要，会计软件评审等工作逐渐失去意义。随着会计信息化的发展，市场机制的自发调节趋于完善，会计信息化管理开始由政府管理转向行业协会自律。这个时期的会计软件逐步转向管理型，大型的财务软件公司开始向 ERP 转型。

1998 年后，行业协会开始逐步发挥作用。在理论研究方面，中国会计学会会计信息化专业委员会成为组织者和实施者。在市场方面，中国软件行业协会财务及企业管理软件分会也在发挥作用。财政部继续发挥着宏观管理会计信息化的作用。在会计核算软件数据接口方面，上升到国家标准化管理，使整个管理更加宏观和长远。

2008 年 11 月，财政部牵头成立了会计信息化委员会，成立该部门的原因是：会计信息是各部门、各单位的决策基础，推进会计信息化工作对于贯彻落实会计审计准则和内部控制标准、提高企业管理水平、加强国家宏观调控具有十分重要的意义。为顺应信息技术发展趋势和贯彻实施国家信息化战略，财政部会同当时的工业和信息化部、中国人民银行、审计署、国资委、国家税务总局、银监会、证监会、保监会等共同成立会计信息化委员会，旨在为推进我国会计信息化建设提供组织保障、协调机制和智力支持。会计信息化建设的总体目标是，力争通过 5～10 年的努力，建立一个政府指导并组织推动、单位主动参与并具体实施、市场积极响应并配合支持的会计信息化管理体系；构建一个以企业提供标准化信息为基础，方便使用者高效利用信息的数出一门、资料共享的综合信息平台；形成一套以 XBRL 国家分类标准为重要组成部分的会计信息技术标准体系；打造一支既精通会计业务又熟悉信息技术的复合型会计信息化人才队伍；培育一个为相关单位提供高质量软硬件产品、技术服务和相关领域咨询服务的会计信息化产业。

为使会计软件数据接口能在更大范围内执行和应用，满足会计软件和其他软件的发展要求，2004 年，由审计署、财政部具体牵头制定，国家标准化管理委员会制定和发布了 GB/T 19581—2004《信息技术　会计核算软件数据接口》国家标准。2008 年，国家标准化管理委员会又专门成立了全国审计信息化标准化技术委员会，以长期推动审计信息化的有关标准制定工作。2010 年和 2011 年，GB/T 24589—2010/2011《财经信息技术　会计核算软件数据接口》系列国家标准发布，包括“第 1 部分：企业”、“第 2 部分：行政事业单位”、“第 3 部分：总预算会计”和“第 4 部分：商业银行”，后续有关 ERP 的数据接口标准也已经发布。

2010 年 10 月，国家标准化管理委员会和财政部发布 XBRL 技术规范系列国家标准和企业会计准则通用分类标准。XBRL 有效增强了信息的准确性和及时性，有利于从不同角度和不同层次对信息进行深加工和精细化处理，提高了信息利用的广度、深度和精度，不仅可在财会领域单一应用，更可以不断拓展到财政管理、税务管理、金融监管、国有资产管理、企业风险管理与内部控制的众多方面。

2013 年，财政部重新修订发布了《企业会计信息化工作规范》(财会〔2013〕20 号)，对信息化环境下的会计工作进行了详细规范。

1.1.6 我国会计信息化的发展趋势

到 2019 年，我国的会计信息化事业经过 40 年的历程，已经全面普及。受会计管理要求高、技术进步、管理信息化发展等因素的影响，会计信息化还在不断向前推进，会计信息化有以下发展趋势。

1. 朝管理一体化方向扩展

管理一体化是指从整个单位的角度开展计算机在管理中的应用工作。会计信息化工作只是整个管理信息化的一个有机组成部分，需要其他部门信息化的支持，同时也向其他部门提供支持和提出要求。如今许多单位的会计信息化工作已有了较好的基础，具备了向其他部门扩展的条件。一些单位已经实现了管理一体化的目标，进一步向纵深推进。

对于集团企业，在互联网化会计信息系统的基础上，财务共享服务是近几年发展较快的模式。

2. 会计信息化的开展与管理朝规范化、标准化方向发展

通过标准化解决各种会计软件之间及其他相关软件之间的数据接口问题，以实现会计信息的相互规范传递和会计信息化后的审计等应用，从而为更充分和更广泛地利用会计信息服务。会计信息化的宏观管理将向规范化和标准化过渡。

3. 会计软件技术发展趋势

（1）支持云平台和服务端同时运行。即同一套业务系统可以基于互联网在多种硬件平台和操作系统上运行，以便企业根据业务需要选择最合适的模式，帮助企业顺利实现不同应用水平阶段的平稳过渡。

（2）支持多种应用系统数据交换和集成。不少企业建立了各自的应用系统。在电子商务时代，企业将会要求新系统能与原有系统进行数据交换和集成，从而有效利用已有投资。例如，已经采用会计软件的用户希望整个销售和生产管理系统也能与目前的信息化会计系统进行数据共享。企业间（特别是企业与供应商之间、企业与客户之间）的数据交换将帮助企业有效提升整个供应链的竞争力。

进入系统的数据应能根据事先的设定以及管理工作的内在规律和内在联系，传递到相关的功能模块中，达到数据高度共享和系统高度集成。

（3）多准则业务模式、多语种支持及个性化用户界面。跨国企业的管理和企业的跨国交易必然带来对会计软件多准则、多语种支持的需求。一套应用系统应当可以按照用户的设定，在同样的数据下输出不同准则需要的数据处理结果，在不同的用户端显示不同语种的应用界面。由此还可以引申出另一种功能需求，即可以由用户自行设定应用系统输出界面上使用的术语和界面格局，实现用户界面个性化。

（4）高可靠性和安全性。大规模的系统、分布式应用、广泛的网络连接需要系统具有更高的可靠性和更强的安全控制。远程通信线路故障、多用户操作冲突、共享数据的大量分发与传递，需要会计信息系统有超强的稳定性，并能够对各种意外情况做出正确处理。黑客入侵、越权操作等现象需要会计信息系统有健全的安全防线。对系统内部数据记录的存取及删改权限的管理、系统操作日志的建立等，都是必不可少的安全措施。

(5) 面向电子商务应用。随着电子商务技术的发展，企业各种对外的业务活动已经延伸到了 Internet 上，实现网络经营。所以，新的系统应能从企业的实际出发来设计电子商务工作模式，实现财务、业务、电子商务一体化。

4. 计算机审计将由绕过计算机审计向穿透计算机审计发展

随着信息化管理体系的逐步形成，复合型会计信息化人才的不断涌现，计算机审计技术的不断发展，我国的计算机审计工作将由传统的绕过计算机审计向穿透计算机审计发展，从而更充分地保证会计信息的真实可靠。同时，在信息化下还可以实现前置审计，对重大的目标偏离实时预警。

5. 智慧会计将成为现实

近年来人工智能技术快速发展，并逐步引入会计工作中。智能机器人在代替人工完成一些机械性工作（如识别和转换纸质数据、装订票据等），伴随大数据、深度学习等技术逐步实现和提升，已经在部分替代人脑的智慧型工作。

1.2 会计信息化的基本内容

1.2.1 开展会计信息化工作的基本条件

1. 领导重视

单位领导对会计信息化工作的重视和支持，是会计信息化工作成功的关键。在会计信息系统的实施过程中，要调集相应的物资和人力资源，开展的初期也会出现这样或者那样的问题，如果没有领导的支持，往往会半路搁浅，无功而返。

2. 搞好基础工作

主要指会计工作的规范化、标准化、制度化。对基础工作较差的单位应先进行基础工作的整顿，同时也应认识到会计信息化工作的开展将促进基础工作的加强。推进会计工作的规范化、标准化、制度化，是一个改进管理的过程。

3. 人才储备

人才是开展会计信息化工作的基本条件，单位不同，对人才的需求不一样；实现会计信息化的方式不同，对人才的需求也不同。这里仅介绍选用商品化会计软件单位的人才需求。由于商品化会计软件厂家对客户提供的服务较多，我国的会计软件又比较成熟，所以，选用商品化会计软件的单位对人才的技术要求并不高。具备日常维护能力的人就能较好地保障会计信息化的日常工作运行。

4. 资金准备

建立会计信息化的费用一般包括硬件费用、软件费用、准备费用、运行维护费用等，详情如表 1-1 所示。

表 1-1　会计信息化费用项目

费用类型	项目	备注
硬件费用	主机 终端机 外围设备 环境费用	网络服务器等 业务操作用计算机 打印机、UPS、路由器等 房屋、地毯、空调等
软件费用	软件费用	系统软件、会计软件
准备费用	机房建设、改造 安装及调试费用 培训费用 实施费用	装修等 主机、空调、电源、UPS、网络设备 开发与使用人员的培训 软件服务商咨询、实施费用
运行维护费用	维护费用 使用费用 服务费用	维护人员的工资、所用工具材料等 操作人员的工资、消耗材料等 软件升级费用、软件服务商服务费用

随着基于互联网模式软件的成熟，一些单位将会计信息系统部署在云上，这样服务器等就不用购买，降低了第一次的资金投入。不同规模和不同管理要求的单位应根据自己的需求来确定具体的架构、模式，分析确定各方面的投入。

1.2.2 开展会计信息化工作的基本内容

会计信息化是一项系统工程，应按系统工程的方法来开展，即按下述步骤进行：可行性研究、规划、编制实施计划、建立会计信息系统、建立会计信息化后的组织与管理体系。会计信息化是一个长期不断提升的过程，在单机、网络、互联网及系统扩展升级过程中，都需要进行相关的论证，每一个阶段的重点可能有所差异，但基本工作内容是类同的。

1. 可行性研究

可行性是指开展会计信息化工作的可能性和经济性，主要包括组织、技术、经济三方面。组织可行性是指单位内外部环境是否为开展会计信息化工作创造了必要的条件；技术可行性是指单位所能组织和拥有的技术力量能否保证会计信息化工作的正常开展；经济可行性是指开展信息化工作所带来的有形效益与无形效益与耗用成本的对比情况。

可行性分析一般按下述步骤进行：（1）进行初步调查；（2）根据初步调查，确定目标和所要解决的问题；（3）确定约束因素，包括经济上、技术上、组织上的制约因素；（4）确定各种可选方案；（5）对各种可选方案进行可行性评价，主要是研究各种方案在经济上、技术上、组织上的可行性；（6）确定方案，明确实施计划。

2. 规划

规划是对近几年单位会计信息化工作所要达到的目标，以及如何有效、分步骤实现这个目标而做的规划。它实质上是单位开展会计信息化工作的中长期规划，是对单位开展会计信息化工作所做的总体可行性研究。规划期以 5 年左右为宜，第一年的计划应该相当可靠，第二年的计划应比较可靠，第三年以后的计划可以粗略和概括一些。计划至少要根据每年的情况变化调整一次，以使计划符合实际。

规划一般按下述步骤进行：（1）研究确定单位的总体目标和会计部门的局部目标；（2）综合考察建立会计信息系统的内外部环境制约，包括经济、技术、组织等单位内部制约与上级主管部门、国家的有关政策法令等外部制约；（3）确定会计信息化的总体目标，确定近几年内建立一个什么样的会计信息系统；（4）分析确定单位的会计信息需求，即确定输入、输出什么信息，对外提供哪些数据接口；（5）确定所要建立系统的总体结构，可用数据流程图、功能图、层次图、数据结构图等工具来表示；（6）确定所要建立系统的资源需求，包括硬件、软件、人力、其他日常支出等；（7）制定会计信息化工作总体目标的分步骤实施规划，即将总体目标结合单位现有的条件，确定分步实施计划；（8）选择实现的途径；（9）确定实施计划，即最后确定当前所要建立的会计信息系统、实现途径、具体实施计划等。

3. 编制实施计划

主要是根据确定的目标和规划，确定人力、物力、财力的具体安排和工作时间表。

4. 建立或升级会计信息系统

主要是组织人力、财力、物力，建立或升级会计信息系统，是会计信息化规划与实施计划的具体落实。

5. 建立或优化会计信息化后的组织与管理体系

会计信息系统的建立仅仅是整个会计信息化工作的第一步，更重要的是如何有效地对会计部门的人、财、物等各要素进行计划、组织、协调和控制，有效地运行会计信息系统，使得信息化后的会计工作水平有根本性的提高，会计部门参与分析、参与控制、参与管理、参与决策的职能和作用得以充分发挥，这就要求建立信息化后的组织与管理体系。信息化后会计部门的组织主要是指信息化后单位组织机构的调整，以及各项职能、职责的重新划分。信息化后会计工作的管理，一方面是指怎样更好地运行已建立的会计信息系统和保证会计信息系统安全、正常运行的一系列制度和控制措施；另一方面是指信息化后，会计部门如何积极参与单位的预测、决策、控制等管理活动，当好领导的参谋。需要说明的是，信息化后会计工作的组织与管理实质上是密不可分的，组织工作是管理工作的一部分，管理工作又以组织工作为基础。

1.3 信息化下的会计核算方法

会计核算方法是对经济业务进行完整、连续和系统的记录和计算，为经营管理提供必要的信息所应用的方法。会计信息化后，由于计算工具和运行模式的不同，为完成会计核算任务而采用的方法已有较大变化。它们之间相互结合应用，形成了新的方法。

1. 建立账套

在会计信息系统中，应用会计软件开展会计核算工作，先要在系统中建立当前会计主体独立使用的账套。所谓账套，就是会计核算单位记录一套账务数据所用的计算机电子文件的集合，它是通过会计软件进行会计核算生成的，并存储在计算机中。从技术上看，是由众多的数据表构成，形成会计数据的存储和处理体系。建立账套时，至少需要以下参数：（1）账套编号，编号便于计算机进行数据处理，以区别不同的账套；（2）账套名称，一般为核算单位的名称；（3）行业和采用的会计制度，通过本项能够确定具体的会计科目体系；（4）起始会计期间，即在会计信息系统中进行会计核算的开始时间；（5）会计科目编码结构，可以用来确定科目级数、每级的位数。在一个会计软件中，通过建立多个账套，就可以为多个会计主体完成会计核算任务。如果是集团企业，还可建立集团账套，形成上下一体化的数据处理体系。

2. 基础设置

基础设置就是在账套建立的基础上，全面地构建会计的核算体系，主要包括以下两方面。

（1）操作人员设置。将会计人员的职责分工在系统中加以明确，同时使系统具有合法的使用者。

（2）设置编码体系。在系统中建立用于会计核算的会计科目体系、往来单位代码体系、部门代码体系、人员代码体系、物料代码体系等。

会计科目体系在编码体系中是最为重要的，通过会计科目分别对会计对象的不同内容进行反映和监督，是会计核算的主要形式。在大部分会计资料中（如凭证、账簿、报表等），都要以会计科目作为直接对象来加以反映，通过会计科目建立一个完整的归类汇总核算体系。

3. 业务初始化

业务初始化就是输入初始余额，将原来已经存在于手工系统的业务初始数据转到信息化后的会计系统中，如科目年初余额和累计发生额、固定资产余额、应收应付余额、物料余额等，以便开始以后的会计核算。

初始化完成后，需要进行启用，根据需要可以分业务模块启用，然后进入日常业务处理阶段。

4. 填制凭证与登记账簿

填制凭证和登记账簿这两种传统会计方法目前仍然是会计信息系统业务处理的核心。会计信息系统与手工会计系统形式上的一个差别就是这些会计档案的存在形式不同，这就决定了“填制凭证”与“登记账簿”等方法的直接对象有着明显的区别。在会计信息系统中，“填制凭证”有两种方式，一种是直接在系统中填制凭证，另一种是手工制好凭证后输入，两种方式都体现为会计软件的一个较为重要的输入功能。

与传统会计方法相比，会计信息系统中的“填制凭证”及“登记账簿”主要有以下几个方面的特点：（1）凭证中各数据项根据类型、范围和钩稽关系进行有效控制。如会计分录中的会计科目必须在设置的会计科目表中已经存在，并且是最底层的明细科目；根据当前科目的属性确定是否具有某些项目，如往来单位、结算单据号码等；借贷方金额必须相等；事先要确定借方或贷方、必有或必无科目、非法对应科目等；编号可以自动连续；日期可以限制顺序等。（2）键盘操作较之手工处理更容易导致错误发生，因而凭证填制在操作功能上分为“填制”“修改”“删除”等步骤，以进行正确性控制。（3）填好的凭证同样需要“审核”，信息化系统的审核可在程序中再次检验凭证的正确性。（4）登记账簿之前可以汇总，而不是必须汇总；信息化系统可根据需要随时对任意范围的凭证进行汇总；计算机不会因疏漏出现总账与明细账登记结果不一致的情况。（5）登记账簿主要是更新相关科目的发生额和余额，真正的账簿一般是在账簿查询时生成的。

还有一种特殊的填制凭证的方法是自动转账凭证。自动转账凭证的设置是一次定义、多次反复应用的初始化工作，凭证模板建立以后，相关参数可不必调整，或只在业务变化以及会计核算方法变更时做少量修改即可。具体是由用户对凭证的全部要素项目进行定义，并保存为转账模板，由系统根据模板自动生成记账凭证。自定义转账凭证中的凭证类型、摘要、会计科目、借贷方向、金额来源公式等都必须由用户自己来定义，其中金额来源公式的设置涉及各种账簿与凭证的金额关系，以及需要掌握不同会计软件所约定的语法规范。自动转账的意义在于多次重复应用，只有对于不同会计期间需重复多次处理的业务，才能在反复应用中体现出简便、快捷的优势。税金计提、成本结转、损益结转等业务都具有一定的时间性，也有一定的规律性，这类在不同会计期间重复发生又基本稳定的业务，最能体现软件自动处理的优势。

自动转账有两种情形：一种是直接从账务数据中取数生成记账凭证，如结转期间损益；另一种是要通过函数进行较为复杂的运算才能得到凭证上所需的数值，如计算并分配应付福利费。自动转账又分为两个层次：一个层次是在总账系统中定义并使用的自动转账；另一个层次是在各个子系统中定义和使用的自动转账，如工资系统中的工资费用分配、固定资产系统中的折旧费用分配等。自动转账一旦完成定义，即可在不同会计期间重复使用，大大提高了系统的效率。

5. 业务核算

在会计信息系统中，总账系统实现的是总括数据的处理和展现，而业务核算是在采购、销售、库存、工资、固定资产、成本核算等业务模块中实现的，处理的结果通过凭证接口转入总账进行统一的处理。各业务核算模块都有相关的数据采集和处理方法，形成了一体化的会计业务核算体系。

6. 期末结账

期末结账分为月结账和年结账两种。下面分别加以介绍。

月结账每月月底都需要进行，不仅要结转各账户的本期发生额和期末余额，还要进行一系列处理。如检查会计凭证是否全部审核、记账；科目之间有关数据是否平衡；相关辅助账是否进行了处理等。与手工结账相比，信息化后结账工作全部由计算机自动完成，更加规范。

年结账是指系统自动产生下一年度的初始数据文件（如凭证文件、科目余额发生额文件等），并结转年度余额，同时自动对固定资产等相关数据进行跨年度连续使用的处理。

7. 编制会计报表

在会计软件中，编制会计报表分为两个步骤。第一步是设计阶段，即设计会计报表格式，定义数据来源和计算公式。第二步是使用阶段，在具体会计期间，自动生成当期会计报表的结果。设计完成的会计报表可以长期使用，一般在每年会根据新的科目调整、业务变化做相应的变动。

复习题

□ 思考题

1. 会计信息化的含义是什么？
2. 简述我国会计信息化的发展过程。

3. 开展会计信息化工作的基本条件是什么？

4. 会计信息化的基本内容是什么？

5. 会计软件的发展趋势是什么？

6. 会计信息化下会计的核算方法与手工会计核算方法有什么异同？

7. 一个单位有 8 个会计人员，拟开展会计信息化工作，需使用总账（含往来、现金银行）、报表、采购、销售、库存和存货核算、工资和固定资产等几个模块，其中采购、销售、库存和存货核算、工资、固定资产分别需要 1 个人应用，其余 3 人处理账务和相应的管理工作。请进行有关调查，提出一个建立本单位会计信息化所需硬件及软件的解决方案，并对可能出现的问题提出建议。

□ 判断题

1. 会计信息化之所以促进了会计工作的规范化，是由于会计信息化对会计数据的输出提供了一系列规范化的控制和格式。（　　）

2. 会计信息化是进行会计核算的人机相结合的控制系统。（　　）

3. 会计信息化下的审计线索、审计程序和原来的手工方式是相同的。（　　）

4. 不同会计软件，基本模块的功能大致相同。（　　）

5. 财政部于 1989 年制定并印发了《会计核算软件基本功能规范》。（　　）

6. 财政部于 1994 年制定并印发了《会计核算软件管理的几项规定（试行）》。（　　）

7. “会计电算化”是对用电子计算机处理会计业务的通俗称谓。（　　）

□ 单项选择题

1. 财政部于（　　）年制定并印发了我国第一个会计电算化管理制度《会计核算软件管理的几项规定（试行）》。

A. 1989　　B. 1990　　C. 1994　　D. 1995

2. “会计电算化”一词是中国会计学会（　　）年在长春会议上提出来的。

A. 1989　　B. 1990　　C. 1981　　D. 1995

3. 我国会计信息化的开始时间一般认为是（　　）年。

A. 1979　　B. 1990　　C. 1981　　D. 1994

4. 使用会计软件的最基本目的是（　　）。

A. 提高单位的总体管理水平　　B. 替代手工进行会计核算工作

C. 简化账务处理流程　　D. 减少财务部门的人员编制

5. 开展会计信息化工作的瓶颈是（　　）。

A. 硬件　　B. 人才　　C. 制度　　D. 软件

6. 会计信息化是通过（　　）替代手工完成或手工很难完成的会计工作。

A. 操作系统　　B. 计算机

C. 会计软件指挥计算机　　D. 系统软件指挥计算机

7. 会计软件是以（　　）和会计方法为核心，以会计制度为依据，以计算机及其应用技术为技术基础，以会计数据为处理对象的软件系统。

A. 会计理论　　B. 税务制度

C. 计算机及其应用技术　　D. 会计数据

8. 学习会计信息化的过程中，重要的是理解和掌握（　　）。

A. 计算机基本知识　　B. 会计知识

C. 会计和计算机知识的有机结合　　D. 会计和计算机的区别

9. 实现会计信息化的最终目的是为（　　）服务。

A. 管理、决策　　B. 税务　　C. 会计监督　　D. 审计

10.（　　）是应用电子计算机对会计业务进行处理的通俗称谓。

A. 财务处理模块　　B. 电算化会计

C. 会计电算化　　D. 会计核算软件

11.（　　）是一切会计信息化工作的基础。

A. 会计管理电算化　　B. 会计核算电算化

C. 会计决策电算化　　D. 会计流程电算化

12. 会计信息系统由（　　）直接使用。

A. 会计人员　　B. 计算机人员

C. 软件维护人员　　D. 单位负责人

□ 多项选择题

1. 商品化会计软件与专用会计软件相比，（　　）以及准确性等各项性能指标较高。

A. 安全性　　B. 可靠性　　C. 稳定性　　D. 易学性

2. 在开展会计信息化工作过程中，应着重做好（　　）等方面的工作。

A. 会计信息化管理和制度的建立　　B. 建立电算化会计信息系统

C. 会计人员培训　　D. 计算机审计

3.（　　）的正确选择与配置是开展会计信息化工作的一个重要前提。

A. 会计档案　　B. 计算机硬件设备

C. 计算机软件　　D. 会计人员

4. 开展会计信息化工作的费用主要由（　　）等部分组成。

A. 硬件费用　　B. 软件费用

C. 准备费用　　D. 运行维护费用

5. 信息化下的会计核算方法包含（　　）等方法。

A. 建立账套　　B. 基础设置
C. 填制凭证与登记账簿　　D. 期末结账

参考答案

判断题

1. 正确；2. 正确；3. 错误；4. 正确；5. 错误；6. 错误；7. 正确。

单项选择题

1. A；2. C；3. A；4. B；5. B；6. C；7. A；8. C；9. A；10. C；11. B；12. A。

多项选择题

1. ABCD；2. ABC；3. BC；4. ABCD；5. ABCD。

第 2 章 Chapter 2 会计信息系统的建立与运行管理

2.1 会计信息系统构成

2.1.1 会计信息系统的划分方法

按单位的类型划分会计信息系统，可分为工业企业会计信息系统、商业企业会计信息系统和行政事业单位会计信息系统等。在每类会计信息系统中，又分为三个层次：一是核算型，二是管理型，三是决策支持型。在会计信息系统内部，根据业务的需要又分为若干功能模块，根据目前的发展趋势，会计信息系统的内部模块划分将越来越细，分析和管理类的子模块越来越重要，与业务管理越来越紧密。按照会计信息系统的服务层次和提供的信息深度可分为以下几种类型。

（1）核算型会计信息系统。一般由账务处理、销售及应收、采购及应付、存货核算、工资核算、固定资产核算、报表、查询与分析等子系统构成，它注重对经济业务的事后反映。

（2）管理型会计信息系统。此系统注重预算管理，制定计划，在执行过程中进行控制，对执行情况进行检查，对数据进行分析等，扩展了会计信息系统的职能，使其从简单的事后核算转变为事前计划、事中控制、事后核算和分析。

（3）决策型会计信息系统。它是在核算型会计信息系统和管理型会计信息系统的基础上，进一步为经营决策者的决策提供帮助，辅助决策者做出科学的决策。

通常所说的会计信息系统一般指核算型会计信息系统和管理型会计信息系统，而把决策型会计信息系统归入企业决策支持系统之中。

2.1.2 按单位类型划分会计信息系统

1. 工业企业会计信息系统

工业企业的特点是它要对购进的商品（原材料）进行加工，使之成为产成品，然后进行销售。工业企业的特点决定了工业企业的会计信息系统除了对基本会计业务处理外，还要对供、产、销过程进行核算、反映和控制，因此，必然需要建立与生产过程有关的会计子系统。尽管不同的生产特点要求不同的核算方法，但其核算的内容却大同小异，因此，其子系统的模块构成基本一致，如图 2－1 所示。

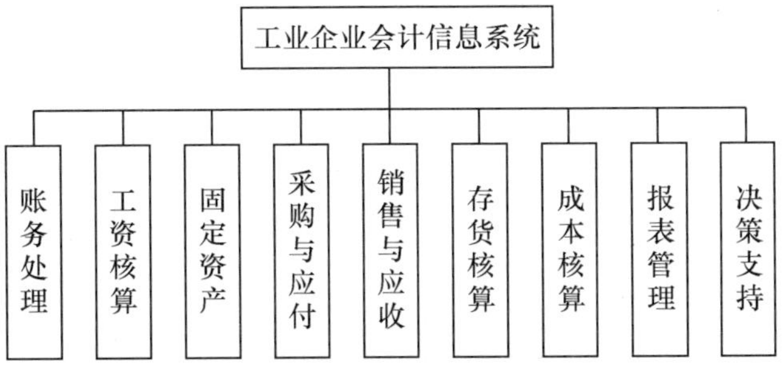

图 2－1　工业企业会计信息系统的结构

这种子系统的划分方法也有一些差异，如有的会计软件将账务处理子系统中有关现金银行的功能独立出来，专门设立现金银行或出纳管理子系统，以加强对现金和银行存款的管理。报表子系统是为适应软件通用化和商品化的要求而设计的，报表的主要数据一般来自账务处理、成本核算和产成品及销售核算等子系统。

2. 商业企业会计信息系统的构成

商业企业主要从事商品的采购与销售活动，商品采购业务、存货管理、销售业务等方面的工作量较大，需要强化管理。

3. 其他类型的会计信息系统

对各种不同定位的会计信息系统来说，它们之间有一定的差别，但基本模块大致相同，不同之处主要体现在管理的要求、模块的复杂度上。一般来说，账务、工资、固定资产、报表等模块是可以共用的，差异不太大。专用性最强的是成本核算模块和其他一些根据管理特点设计的专用模块，与行业特点联系紧密。

2.1.3　会计信息系统中各个子系统的功能及关系

1. 基本功能构成

会计软件的基本结构是从系统的功能层次结构来反映的，功能结构是指系统按其功能分层分块的结构形式，即模块化的结构。一个系统可以划分为若干个子系统，每个子系统可划分为几个功能模块，每个功能模块再划分为若干个层次，每个层次再分为若干个模块，每个模块都有相对独立的功能。一个子系统对应一个独立完整的管理职能，在系统中有较强的独立性；一个功能模块完成某一管理业务，是组成子系统的基本单位；一个程序模块则实现某一具体加工处理，是组成功能模块的基本要素，各层之间、各模块之间也有一定的联系。通过这种联系，将各层、各模块组成一个有机的整体，去实现系统目标。

大部分的会计软件按会计核算功能划分为若干个相对独立的子系统，由于子系统每一部分的功能简单明了且相对独立，各子系统之间的会计信息通过传递进行交换，从而形成一体化的会计信息系统。会计软件中具备相对独立地完成会计数据输入、处理和输出功能的各个部分，称为会计软件的子系统。

典型的会计软件主要有账务处理、工资、固定资产、采购管理、库存管理、存货核算、成本核算、销售管理、应收及应付账款、会计报表、财务分析等子系统。根据行业的特点，会将一些模块进行扩展和深入，或简化合并，形成不同定位差异的会计信息系统。这些模块之间的关系及流程如图 2－2 所示。

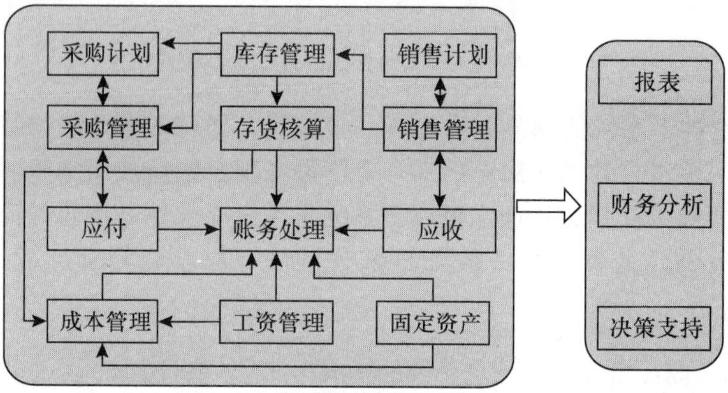

图 2－2　模块关系及流程

（1）账务处理子系统。

账务处理是会计软件的核心系统，它以输入系统的会计原始数据或电子记账凭证为基础，按会计科目、统计指标体系对其所反映的经济内容，进行记录、分类、计算、加工、汇总，输出总分类账、明细分类账、日记账及其他辅助账簿、凭证和报表。账务处理子系统完成手工账务处理的记账、算账、对账、转账、结账工作，生成日记账、总账和除各子系统生成的明细账之外的全部明细账。一些账务处理子系统还包含出纳管理、银行对账和往来账管理的功能。一般账务处理子系统还具备部门核算和项目核算的功能，以及相应的自定义核算项目功能。

（2）工资核算子系统。

工资核算主要进行工资的初始设置（包括工资类别设置、工资项目定义、工资项目计算公式定义、工资分配凭证定义、工资表打印格式定义等）、修改、计算、发放，以及工资费用的汇总和分摊等工作，并生成工资结算单、职员工资发放条、工资结算汇总表、工资费用分配汇总表等，并自动编制工资转账凭证传递给账务处理子系统。工资核算子系统一般还有人事基本信息、考勤信息、工资历史信息等基本信息管理和工资代发、个人所得税计算、养老保险及个人收入台账等功能。

（3）固定资产核算子系统。

固定资产核算主要是用于固定资产明细核算及管理。该子系统完成固定资产卡片管理、固定资产增减变动核算、折旧的计提与分配等工作，生成固定资产卡片、固定资产统计信息表、固定资产登记簿、固定资产增减变动表、固定资产折旧计提表，并自动编制转账凭证供账务处理子系统使用。

（4）采购管理子系统。

采购管理主要完成采购订单、采购入库、采购发票和查询有关数据等采购业务工作，最后生成采购的相关凭证。在采购业务中，主要有现购、赊购、直运采购、受托入库采购、退货业务。采购管理子系统主要包含初始设置、采购申请、采购订单、采购收货入库、采购退货、采购结算及相关账表输出等功能。

（5）库存管理子系统。

库存管理主要完成物料的入库、在库、出库、调拨、盘点等一系列管理工作。库存管理子系统主要包含初始设置、入库、出库、其他业务处理等功能。

（6）存货核算子系统。

存货核算是业务系统与账务相连的一个重要环节，供应链系统中的各种单据都要在本系统中通过核算与结转来完成成本的确认，为每一张进出的单据确定一个正确的成本金额。本系统实现了企业业务、财务一体化的完整管理，是账务处理和业务系统的接口。存货核算子系统主要包含初始设置、存货入库核算、存货出库核算、凭证处理、期末处理等功能。

（7）成本核算子系统。

成本核算实现各种费用的归集和分配，及时准确地计算出产品的总成本和单位成本，并自动编制转账凭证供账务处理子系统使用。

其主要功能有产品目录结构设置，在产品的成本初始录入，产品产量等统计数据输入，从有关子系统进行费用归集，费用汇总分配，成本计算，产品成本汇总，商品产品成本表及主要产品单位成本表生成，成本转账凭证生成等。

（8）销售管理子系统。

销售主要包含现销、赊销、退货几种业务。销售管理子系统主要包含初始设置、报价管理、销售订单管理、销售发货和出库处理、销售退货处理、销售结算及相关报表等功能。

（9）应收、应付账款子系统。

应收账款子系统完成各应收账款的登记、冲销工作，动态反映各客户信息及应收账款信息，并可进行账龄分析和坏账估计。应收账款子系统主要有如下基本功能：

1）发票管理。具有将订单信息传递到发票，并按订单查询发票的功能，列出需要审核的发票，打印已经审核的发票，提供发票调整的审计线索，查询历史资料。

2）客户管理。提供有关客户的信息，如使用币种、付款条件、付款方式、付款银行、信用状态、联系人、地址等。此外，还有各类交易信息。

3）付款管理。付款管理提供多种处理方法，如自动处理付款条件、折扣、税额和多币种的转换，能够列出指定客户的付款活动情况。

4）账龄分析。建立应收账款客户的付款到期期限以及为客户打印结算单的过期信息，并打印对账单。

应付账款子系统完成各应付账款的登记、冲销及应付账款的分析预测工作，及时反映各流动负债的数额及偿还流动负债所需的资金。

应付账款是处理从发票审核、批准、支付直到检查和对账的业务，它可以提供什么时候付款，是否付全额，或是否使用现金折扣等信息。应付账款模块与采购模块、库存模块完全集成。应付账款子系统有如下主要功能：

1）发票管理。将发票输入之后，可以验证发票上所列物料的入库情况，核对采购订单物料，计算采购单和发票的差异，查看指定发票的所有采购订单的入库情况，列出指定发票的有关支票付出情况和指定供应商的所有发票及发票调整情况。

2）供应商管理。提供物料的供应商信息，如使用币种、付款条件、付款方式、付款银行、信用状态、联系人、地址等。此外，还有各类交易信息。

3）支票管理。处理多个付款银行与多种付款方式，能够进行支票验证和重新编号，将开出支票与银行核对，查询指定银行开出的支票，作废支票和打印支票。

4）账龄分析。根据指定的过期天数和未来天数计算账龄，也可以按照账龄列出应付款的余额。

（10）会计报表子系统。

会计报表子系统是按国家统一会计制度规定，根据会计资料编制会计报表，向公司管理者和其他各方提供财务报告。会计报表子系统实现各种会计报表的定义和编制，并可进行报表分析和报表汇总。该系统生成的会计报表包括对外会计报表（资产负债表、利润表、现金流量表）和内部管理需要的会计报表。

其主要功能有新表登记、表格格式定义、报表变动单元数据来源及计算公式定义、报表数据公式校验、报表合并、汇总、查询及报表输出等。

（11）财务分析子系统。

财务分析是在核算的基础上对财务数据进行综合分析，不同的会计软件其分析的内容也有所不同，一般功能有预算分析、前后期对比分析、图形分析等。

2. 会计信息系统各子系统之间的关系

（1）账务系统与其他子系统间的关系。账务系统是会计信息系统的核心，其他系统是账务系统的补充。账务系统的主要作用是管理账簿和按科目分类指标。其他子系统是业务管理模块，这种关系流程如图 2－3 所示。

（2）会计信息系统各子系统之间的关系。会计信息系统的各个子系统间存在多种复杂的数据关系，其基本关系如图 2－4 所示。

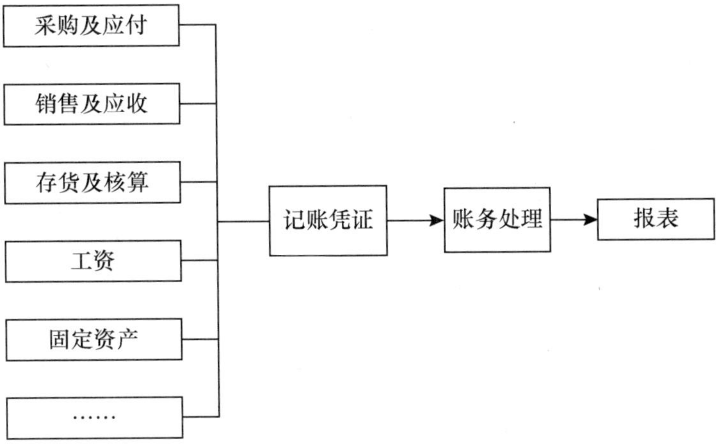

图 2-3　账务系统与会计信息系统

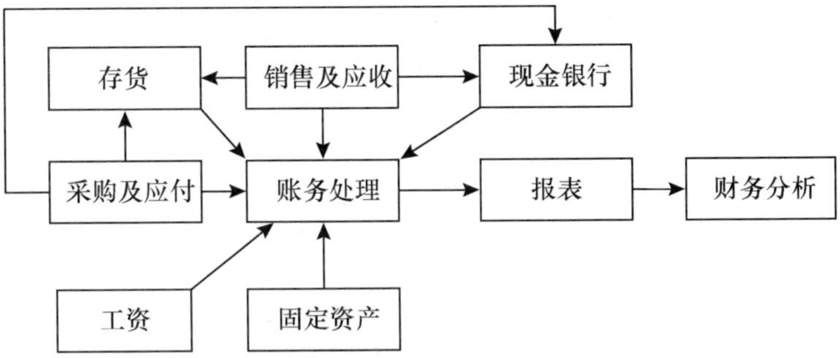

图 2-4　会计信息系统各子系统之间的关系

2.2　会计信息系统的模式

2.2.1　会计信息系统在组织上的差别

会计的手工业务是一个比较规范的系统，主要表现在有规范的会计准则、会计制度，并按业务分为账务与报表、工资、固定资产、往来、采购、成本、销售等分别组织核算。一些规模较大的单位在具体组织业务时，还按资金、成本、综合、销售、财务等业务分工设置部门，一些规模中等的单位只成立不分下属部门的财务管理部门，而一些小单位只有一两个会计人员，只成立会计室，或合并在行政人事部，再小的单位则请兼职会计人员或代理记账公司完成会计核算工作。因此，影响会计信息系统的因素主要有以下几个方面。

（1）规模的大小。它主要指人数、固定资产规模、产值产量、销售业务量、管理的组织模式。在不同的规模下，会计的业务量不同，会计的要求也不同。比如在小规模的单位里，主要是手工作坊式的管理，会计业务量不大，只需要完成账务和报表的处理，其他核算非常简单，会计人员也只有几个人，甚至两个人。

（2）会计业务的组织形式。随着规模的扩大，在业务上需要分工，规模越大，分工越细。分工的形式一般是按业务内容分成几个组（室、科、处），在每个组内又按业务内容分工，由若干人完成。

（3）单位内部的组织形式。会计信息化的物理组织模式一般分为两种：一是集中核算组织模式，在这种组织模式下，各业务核算部门的房间一般都相邻。二是分散核算组织模式，在这种模式下，某些核算科室相距较远（如销售核算部门与销售业务部门在一起等）。如果是集团企业，成员企业一般通过互联网模式进行组织。

（4）对业务分析的要求。在不同规模的单位里，对业务分析的要求不同。小规模单位，由于业务量小，数据不多，需要的计算机辅助分析和管理相对较少，会计信息化的目的主要是用计算机替代手工记账和完成报表的编制工作；中等规模的单位，业务分工较细，需要各个核算模块辅助会计核算；大规模的核算单位，业务分工很细，数据量大，对会计提供信息的速度和质量都有较高要求，各个业务核算部门之间往往有一定的距离，必须有各核算模块辅助整个会计核算。对于集团企业，分支机构之间是跨地域的，就需要基于互联网络来部署，软件的复杂度也大大增加，对财务分析、管理的要求就很高。

2.2.2 实施会计信息系统的几个层次

1. 基本应用层

基本应用层主要是账务和报表的应用。其他核算如工资、固定资产等业务处理量很小，非常简单，一般不用单独核算，只设立辅助账进行核算就可以了。

2. 核算应用层

核算应用层主要是账务与报表、工资、固定资产、采购核算、库存核算、往来核算、成本核算、销售核算。主要任务是完成日常会计核算，基本实现会计信息化。

3. 管理应用层

一些大中型规模单位，经济过程十分复杂，数据量大，光凭人脑已难以分析。在这一层上，主要是对核算后生成的数据进行分析，基本方法是对比、差额、比率和应用一些分析模型进行资金、成本、利润等的分析和管理。

在应用模块上，就需要全面预算、资金管理、资产管理、合并报表等。同时，还需要和 ERP 系统实现一体化，实现生产经营、财务管理的集成管理。

4. 决策支持应用层

决策支持系统（decision support system，DSS）是为克服管理信息系统的不足而发展起来的直接针对决策层，为中高层管理者提供有效的决策支持的信息系统。会计决策支持系统（A-DSS）是决策支持系统的一个分支，主要基于预测、计划、分析、投资等方面的基本模型，在会计管理过程中进行辅助分析和决策。

2.2.3 会计信息系统模式

1. 小规模模式会计信息系统

小规模模式会计信息系统以账务为核心，主要完成记账、算账、报表等核算工作。对于其他如固定资产、材料等只设辅助账核算，工资计算等一般使用一个通用的表处理软件进行辅助计算。

在技术上，一般就是单机或几台机器构成的简单小型网络系统。

2. 中等规模模式会计信息系统

中等规模模式会计信息系统具备会计信息系统各个核算模块，其主要目的是进行核算工作和基本的分析与管理工作，同时还会与其他部门管理接口并协调。

在技术上，一般是一个较大的局域网络系统，或者还存在部分跨地域的管理。

3. 大规模模式会计信息系统

大规模模式会计信息系统要求功能复杂，数据量大。在网络环境下，既要求充分实现数据共享，又要求各业务核算岗位能独立处理，有的还有并账和合并报表、全面预算、资金管理等模块，同时还要与其他业务系统一体化运行。

在技术上，一般是基于互联网的跨地域系统，通过数据大集中的方式，实现分布式业务处理与集中管理。

2.2.4 会计信息系统的物理组织模式

1. 单机组织模式

单机组织模式是在一台计算机上运行会计信息系统，这种模式的优点是维护简单，投资很少，适合业务量不大的单位使用。该模式的缺点比较多，包括：(1) 每次仅能一人上机处理数据，不方便；(2) 不能同时处理多项业务，实时性差；(3) 已生成的会计信息仅能在一台计算机上利用，信息的共享性差；(4) 一台计算机能处理的会计业务项目、会计业务有限，对业务量大或有多项会计业务需开展会计信息化的单位不可行。

2. 多用户组织模式

多用户组织模式是以一台高档微机为主机（也可用大中型计算机），另根据需要连接若干终端实现数据的集中处理。其网络结构如图 2－5 所示。

这种模式的优点是维护简单，可靠性高，投资也较少，能够实现会计数据的实时处理。缺点是运行效率受主机影响很大，挂接的终端数量有限制，而且只要主机有问题，则会全部瘫痪。这种模式适用于业务处理量不是很大的单位。如果主机采用大中型计算机，就能实现大中型规模应用，但相应的投资和维护费用就会大大提高。

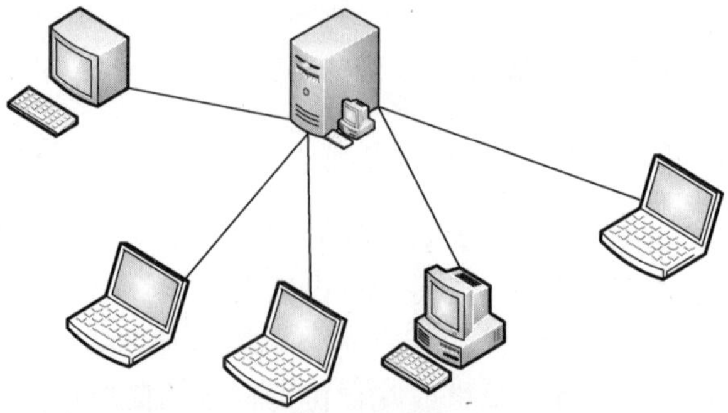

图 2-5　多用户组织模式

3. 网络组织模式

网络组织模式是以一台高档微机为服务器（或为专用服务器、服务器群），另外根据需要连接若干工作站。其物理组织的逻辑模式如图 2-6 所示。

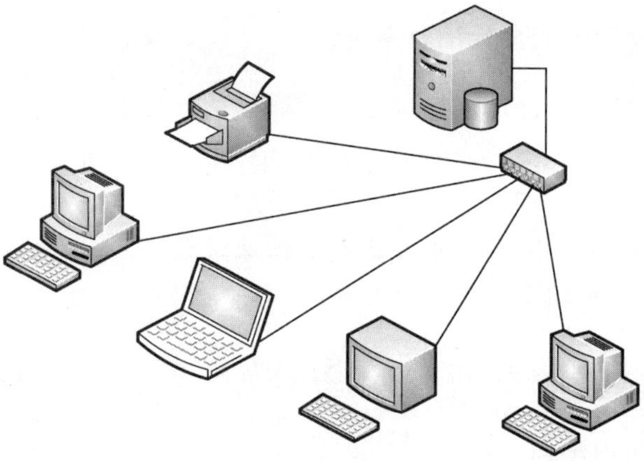

图 2-6　网络组织模式

这种模式的缺点是投资相对较高，维护难度较大。其优点有：(1) 处理的所有数据都存放在服务器内，可以共享；(2) 可多人同时操作，对一项业务或多项业务进行处理，实时性好；(3) 可将会计业务之间的联系体现在一套会计系统中，充分体现了会计是一个信息系统的特点；(4) 站点的数量可以达到几百甚至上千个，适应性较强；(5) 可通过互联网或专线实现局域网之间的连接，实现一个较大的网络数据处理系统。对于大型单位和跨地区的单位，它都是一种比较好的组织模式。

4. 云计算服务模式

云计算服务是指将大量用网络连接的计算资源统一管理和调度，构成一个计算资源池向用户提供按需服务。用户通过网络以按需、易扩展的方式获得所需资源和服务。

对于实施会计信息系统的单位，可以根据需要在云平台上进行部署，这样可根据需要进行扩展，适应单位的发展需求。同时，这种模式不需要企业配置相关的服务器设备和技术人员，总体应用成本会降低。随着安全的加强，云计算服务模式是未来的发展方向。

2.2.5　集团会计信息系统模式

集团企业的组织是一种垂直模式，由基层单位、中间单位的会计信息系统和集团会计信息系统构成。集团会计信息系统的基本构成如图 2－7 所示。

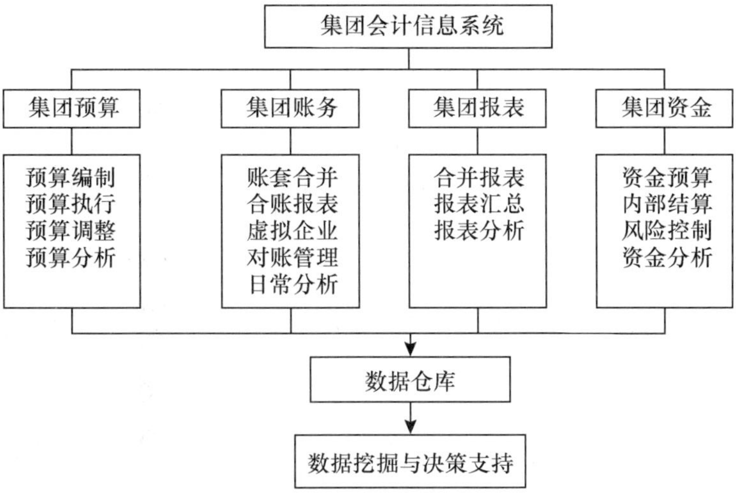

图 2－7　集团会计信息系统

集团企业的应用模式如图 2－8 所示。这种模式较为复杂，在这种模式下可能会共存几种模式。

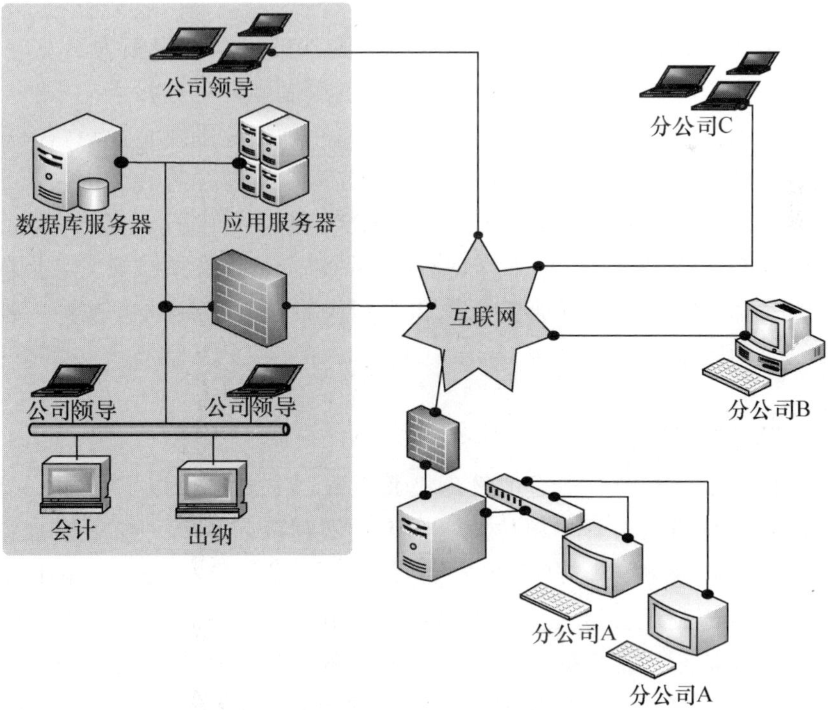

图 2－8　集团企业模式图

集团会计信息系统中，全面预算和资金管理是属于业务运行管理和监控的系统，其主要管理内容如下。

1. 全面预算

企业编制适合企业自身的预算，满足管理者的需求，同时起到责权利均衡的作用。全面预算管理是由一系列预算构成的体系，各项预算之间相互联系，关系比较复杂，很难用一个简单的办法准确描述。图 2－9 是一个简化的例子，反映了各预算之间的主要关系。

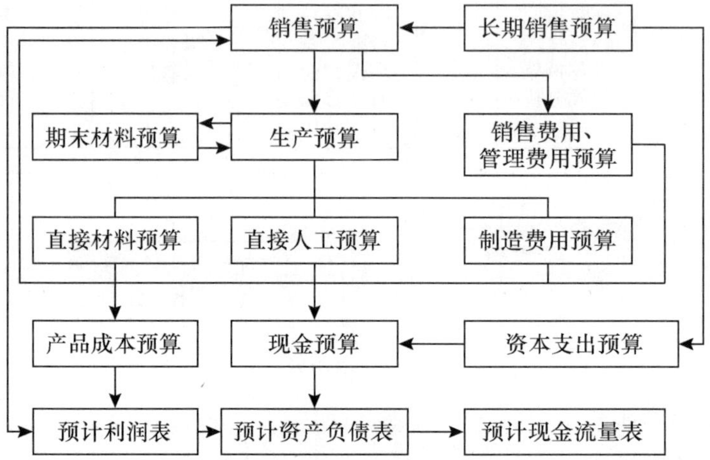

图 2－9 全面预算管理体系

全面预算管理是以企业的经营目标为基础，以销售额为出发点，延伸到生产、成本、费用和资金收支的各个方面，最后编制预计财务报表的一种整体预算。其特点是以销定产，使预算的每一个部分、每一项指标围绕企业经营决策所确定的目标利润来制定。具体编制全面预算时，应先编制营业预算和专门决策预算。在营业预算中，又应首先编制销售预算，然后依次编制生产预算、直接材料预算、直接人工预算、制造费用预算、期末存货预算、销售及管理费用预算等，同时编制各项专门决策预算。最后，根据业务预算和专门决策预算编制财务预算。各项预算相互牵制、互为因果。

2. 资金管理

作为集团企业，资金的管理极其重要，主要包括以下方面：(1) 加强资金预算和资金分析。对开户单位的资金流动做到事前预算、事中控制和事后分析。利用计算机信息技术，自动产生资金日报，加强资金分析，辅助领导科学决策。(2) 有效地利用资金沉淀，降低财务费用；通过资金运作，发挥集团资金效益。(3) 优化流程，提高效率。简化业务流程，将结算中心的业务前移，提高结算中心的工作效率。(4) 加强资金监控。对资金使用情况进行全过程的监控，确保资金安全运行。

资金集中管理模式如图 2－10 所示。对资金管理还有其他多种管理模式。

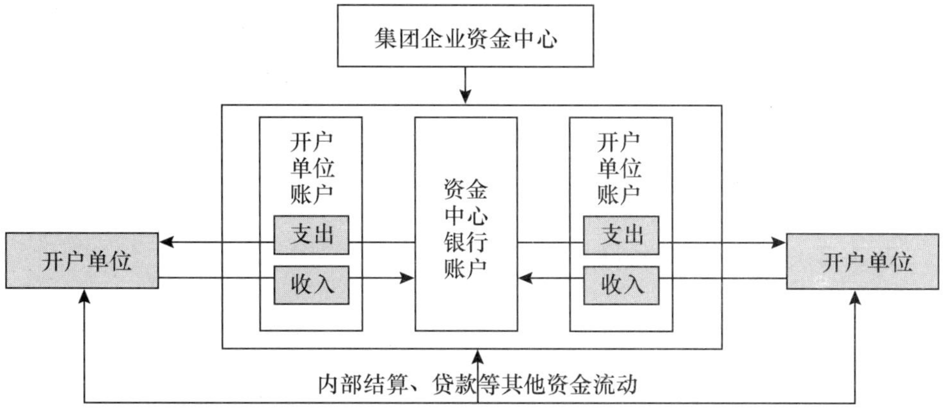

图 2－10　资金集中管理模式

3. 财务共享服务中心

财务共享服务中心（financial shared service center，FSSC）是近年来出现并发展起来的财务管理新模式。它是将不同国家、地点实体的会计业务集中到一个共享服务中心处理，这样做的好处是保证了会计记录和报告的规范、结构统一，而且不需要在每个下属机构都设置会计部门，从而达到实现规模效应和降低运作成本的目的。与普通的企业财务管理模式不同，财务共享服务中心的优势在于其规模效应下的成本降低、财务管理水平及效率提高和企业核心竞争力增强。具体实施中，根据集团企业的业务分布情况和管理要求，可以建立一个服务中心或下设多个分中心。

2.3　会计信息系统的基本要求

会计核算必须执行一系列的规章、制度和方法，这在手工方式下是靠会计人员具体执行，上级部门、审计部门、税务部门检查。实施会计信息系统后，原来进行数据处理的环节由计算机代替，而且由程序自动处理，十分隐蔽。为此，我国经过逐步的探索，建立了会计软件的基本评估体系，以确认会计软件是否满足有关要求。

2.3.1　会计信息系统基本要求的含义

会计信息系统的基本要求就是指会计软件设计应达到的基本要求。为什么要对会计软件做最低限度的要求，而不同时给出高标准的要求呢？主要原因有以下几个方面。

首先，这是由行政法规的性质决定的。制度规范只能是各单位普遍能达到的最基本的要求。

其次，对标准上限要求很难确定。一方面是由于会计软件的研制技术及相关的科学技术在不断发展；另一方面也存在许多流派，一些理论问题还存在很多分歧。行政法规中不宜把目前还不能普遍做到的或有争议的问题作为规范固定下来，以免影响行政法规的可操作性。

因此，基本要求可以理解为会计软件的合法性要求。一个会计软件达不到这些要求，就不能说是合法的。

2.3.2 会计信息系统的基本要求

会计信息系统是一个数据处理系统，从会计软件的整个运行过程来看，可分为输入、处理和输出三个阶段。在输入阶段，操作人员将经过审核的原始凭证或记账凭证输入电子计算机，还有一部分是其他系统传递来的业务数据。在处理阶段，计算机对输入的数据自动进行处理，登记机内账簿，生成相应的报表和资料。最后一个阶段是输出阶段，计算机将会计账簿、报表等会计信息通过打印机、显示器等设备输出。会计软件和相应数据的安全、可靠是软件运行的基本保证，贯穿从输入到输出的全过程。如何判断一个会计软件是否合格，财政部在〔89〕财会字第 65 号《会计核算软件管理的几项规定（试行）》中就上述四个方面提出了 10 条基本要求。1994 年 6 月，财政部又发布了《会计电算化管理办法》、《商品化会计核算软件评审规则》和《会计核算软件基本功能规范》三个文件，《会计核算软件管理的几项规定（试行）》同时停止执行。随着会计信息化的发展，相应的要求也会逐步更新。2013 年发布了财会〔2013〕20 号《企业会计信息化工作规范》，专门对企业会计信息化做了要求。综合来讲，会计软件至少应当满足以下方面的要求。

1. 总体要求

会计软件不同于一般的软件，由于会计数据的特殊性，必须要求会计软件的设计应符合我国法律、法规、规章的规定，保证会计数据合法、真实、准确、完整，有利于提高会计核算工作效率。

会计软件应当按照国家统一会计制度的规定划分会计期间，分期结算账目和编制会计报表。由于中外合资企业和部分特殊企业需要按其他会计期间提供数据，会计软件还应根据用户需要同时具有提供按照其他会计年度生成会计资料的功能。

会计软件在设计性能允许使用范围内，不得出现由于自身原因造成死机或者非正常退出等情况，并应具有相应的安全控制，确保数据在应用中的安全性。

2. 会计数据的输入

（1）输入手段。会计软件的会计数据输入采用键盘手工输入、介质转入和网络传输等几种形式。

（2）初始化功能。

1）输入会计核算所必需的期初数据及有关资料，包括：总分类会计科目和明细分类会计科目名称、编号、年初数、期初累计发生额及有关数量指标等。

2）输入需要在本期进行对账的银行对账单。

3）选择会计核算方法，包括：记账方法、固定资产折旧方法、存货计价方法、成本核算方法等。

4）定义自动转账凭证（包括会计制度允许的自动冲回凭证等）。

5）设置操作人员岗位分工情况，包括：操作人员姓名、操作权限、操作密码等。

6）初始化功能运行结束后，会计软件必须提供必要的方法对初始数据进行正确性校验。

（3）合法性要求。会计软件中采用的总分类会计科目名称、编号方法，必须符合国家统一会计制度的规定。

会计软件应当提供输入记账凭证的功能，输入项目包括：填制凭证日期、凭证编号、经济业务内容摘要、会计科目或编号、金额等。输入的记账凭证的格式和种类应当符合国家统一会计制度的规定。

（4）正确性检查。记账凭证的编号可以由手工输入，也可以由会计软件自动生成。会计软件应当对记账凭证编号的连续性进行控制。

在输入记账凭证过程中，会计软件必须提供以下提示功能：

1）正在输入的记账凭证编号是否与已输入的机内记账凭证编号重复；

2）以编号形式输入会计科目的，应当提示该编号所对应的会计科目名称；

3）正在输入的记账凭证中的会计科目借贷双方金额不平衡，或没有输入金额，应予提示并拒绝执行；

4）正在输入的记账凭证有借方会计科目而无贷方会计科目或者有贷方会计科目而无借方会计科目的，应予提示并拒绝执行；

5）正在输入的收款凭证借方科目不是“现金”或“银行存款”科目，付款凭证贷方科目不是“现金”或“银行存款”科目的，应提示并拒绝执行。

（5）会计数据的修改控制。会计软件应提供对已经输入但未登记会计账簿的机内记账凭证（不包括会计软件自动生成的机内记账凭证）进行修改的功能，在修改过程中应给出相应的提示。

会计软件应当提供对已经输入但未登账记账凭证的审核功能，审核通过后即不能再提供对机内凭证的修改。会计软件应当分别提供对审核（复核）功能与输入、修改功能的使用权限控制。

发现已经输入并审核通过或者登账的记账凭证有错误的，可以采用红字凭证冲销法或者补充凭证法进行更正；记账凭证输入时，红字可用“一”号或者其他标记表示。

3. 会计数据的处理

（1）会计账簿。会计软件应当提供根据审核通过的机内记账凭证及所附原始凭证登记账簿的功能。在计算机中，账簿文件或者数据库可以设置一个或者多个。

1）根据审核通过的机内记账凭证或者计算机自动生成的记账凭证或者记账凭证汇总表登记总分类账。

2）根据审核通过的机内记账凭证和相应机内原始凭证登记明细分类账。

3）总分类账和明细分类账可以同时登记或者分别登记，可以在同一个功能模块中登记或者在不同功能模块中登记。

4）会计软件可以提供机内会计凭证审核通过后直接登账或成批登账的功能。

5）机内总分类账和明细分类账登记时，应当计算出各会计科目的发生额和余额。

会计软件应提供自动进行银行对账的功能，根据机内银行存款日记账与输入的银行对账单及适当的手工辅助，自动生成银行存款余额调节表。

（2）会计核算方法。通用会计软件应当同时提供国家统一会计制度允许使用的多种会计核算方法，以供用户选择。会计软件对会计核算方法的更改过程，在计算机内应有相应的记录。

（3）会计报表处理。会计软件应当提供符合国家统一会计制度规定的自动编制会计报表的功能。通用会计软件应当提供会计报表的自定义功能，包括定义会计报表的格式、项目、各项目的数据来源、表内和表间的数据运算和核对关系等。

（4）结账。会计软件应当提供机内会计数据按照规定的会计期间进行结账的功能。结账前，会计软件应当自动检查本期输入的会计凭证是否全部登记入账，全部登记入账后才能结账。

1）机内总分类账和明细分类账可以同时结账，也可以由处理明细分类账的功能模块先结账，处理总分类账的功能模块后结账。

2）机内总分类账结账时，应当与机内明细分类账进行核对，如果不一致，总分类账不能结账。

3）结账后，上一会计期间的会计凭证不能再输入，下一个会计期间的会计凭证才能输入。

（5）跨年处理。会计软件可以提供在本会计年度结束，但仍有一部分转账凭证需要延续至下一会计年度第一个月或者第一个季度进行处理，而没有结账时，输入下一会计年度第一个月或者第一个季度会计凭证的功能。

4. 会计数据的输出

（1）会计数据查询。会计软件应当提供对机内会计数据的查询功能：

1）查询机内总分类会计科目和明细分类会计科目的名称、编号、年初余额、期初余额、累计发生额、本期发生额和余额等项目。

2）查询本期已经输入并登账和未登账的机内记账凭证、原始凭证。

3）查询机内本期和以前各期的总分类账和明细分类账簿。

4）查询往来账款项目的结算情况。

5）查询到期票据的结算情况。

6）查询出来的机内数据如果已经结账，屏幕显示应给予提示。

（2）会计账簿和报表的打印。会计软件应当提供机内记账凭证打印输出的功能，打印格式和内容应当符合国家统一会计制度的规定。

会计软件可以提供机内原始凭证的打印输出功能，打印输出原始凭证的格式和内容应当符合国家统一会计制度的规定。

会计软件必须提供会计账簿、会计报表的打印输出功能，打印输出的会计账簿、会计报表的格式和内容应当符合国家统一会计制度的规定。

1）会计软件应当提供日记账的打印输出功能。

2）会计软件应当提供三栏账、多栏账、数量金额账等各种会计账簿的打印输出功能。

3）在机内总分类账和明细分类账的直接登账依据完全相同的情况下，总分类账可以用总分类账户本期发生额对照表替代。

4）在保证会计账簿清晰的条件下，计算机打印输出的会计账簿中的表格线条可以适当减少。

5）会计软件可以提供机内会计账簿的满页打印输出功能。

6）打印输出的机内会计账簿、会计报表，如果是根据已结账数据生成的，则应当在打印输出的会计账簿、会计报表上打印一个特殊标记，以示区别。

（3）会计数据的输出控制。对根据机内会计凭证和已登记的相应账簿生成的各种机内会计报表数据，会计软件不能提供直接修改功能。

会计年度终了进行结账时，会计软件应当提供在数据磁带、可装卸硬磁盘或者其他存储介质上的强制备份功能。

5. 会计数据的安全

（1）使用权限控制。会计软件具有按照初始化功能中的设定，防止非指定人员擅自使用功能和对指定操作人员实行使用权限控制的功能。

（2）可靠性控制。会计软件遇有以下情况时，应予提示，并保持正常运行：

1）会计软件在执行备份功能时，存储介质无存储空间、存储介质未插入。

2）会计软件执行打印功能时，打印机未连接或未打开电源开关。

3）会计软件操作过程中，输入了与软件当前要求输入项目不相关的数字或字符。

对存储在磁性介质或者其他介质上的程序文件和相应的数据文件，会计软件应当有必要的加密或者其他保护措施，以防止被非法篡改。一旦发现程序文件和相应的数据文件被非法篡改，应当能够利用标准程序和备份数据，恢复会计软件的运行。

（3）会计数据的恢复。会计软件应当具有在计算机发生故障或者强行关机及其他原因引起内存和外存会计数据被破坏的情况下，利用现有数据恢复到最近状态的功能。

2.4 商品化会计软件的选择

2.4.1 建立会计信息系统的途径

1. 购买商品化会计软件

购买商品化会计软件建立会计信息系统，主要是指购置商品化软件厂家的通用会计软件，经过实施建立会计信息系统。该方式有见效快、费用省、维护有保障、软件水平高、安全可靠性好等优点，但也存在满足管理特殊需要功能不充分的缺点。

2. 自行开发与购买商品化会计软件相结合

自行开发与购买商品化会计软件相结合建立会计信息系统，主要是指结合商品化会计软件的优势，增加或补充商品化软件满足不了或不太符合本单位要求的功能，建立更为完善的、有一定针对性的会计信息系统。部分大中型企业会采用这种方法。

3. 自行开发会计软件

自行开发会计软件建立会计信息系统，主要是指依靠本单位的力量，或与外单位联合开发本单位使用的会计软件，建立会计信息系统。该方式有适应本单位需求，有利于培养本单位开发、维护、使用人员等优点，但也有开发周期长、对本单位人员技术水平要求高、开发成本高、维护频繁等缺点。一些特殊行业，如部分银行单位就采用这种方式。

2.4.2 商品化会计软件选择的步骤

商品化会计软件的选择方法本质上与会计软件的开发方法是一致的，一般采用下列步骤。

（1）进行初步的需求分析，确定对软件的功能、安全性、可靠性及其他性能的要求。如确定账务模块应有建账、科目及编码增删改、记账凭证录入及复核、记账、结账、年终结账、账簿查询、数据备份与恢复、凭证及账簿打印等功能。

（2）对商品化软件厂家进行调查。了解有关商品化软件厂家开发有哪些定位的会计软件，功能模块有哪些，对设备和系统环境要求如何，使用情况、维护情况怎样等。

（3）选择几家商品化软件厂家进行调查，了解其产品。首先是通过网站了解有关初步情况。然后通过阅读产品简介、观看产品演示，采用询问、讨论等方式，考察其是否满足本单位的需求。如了解其对会计业务岗位的设置是否满足本单位的要求，会计科目的编码方案是否满足本单位的要求，业务处理模式是否满足本单位的要求等。

（4）确定 1～3 家厂家的产品，再争取到其用户单位参观，详细了解产品使用、客户服务、本地代理维护能力等情况。

（5）采用招标或谈判方式，确定选择对象。确定软件模块、价格、付款方式、试用条件、后续维护、人员培训等问题。

2.4.3　商品化会计软件的评价

对商品化会计软件的评价目前没有固定的指标，但其需要了解的问题、范围及要求主要包括以下几方面。

1. 会计软件符合国家有关法规、制度要求

会计工作要遵循全国统一会计制度和其他财经法规的有关规定，对执行会计工作的会计软件也不例外。同时，作为一种技术产品，会计软件还应满足国家对软件管理的相关规定，以及相关的标准。

2. 适用性

适用性主要是指会计软件适于本单位会计业务处理的性能。是否适用主要应根据所做的需求分析来确定。一般应主要评价：软件的功能是否满足本单位的要求；软件输出的信息是否满足本单位的要求；软件需输入的信息本单位是否能提供，是否方便；软件提供的接口是否能满足本单位会计信息化工作进一步开展的要求。

3. 通用性

通用性是指会计软件适应不同的企事业单位、不同的会计工作及单位会计工作不同时期需要的功能。其包括纵向与横向两方面的通用性，纵向的通用性指会计软件适应单位不同时期会计工作需要的性能，横向的通用性是指会计软件适应不同单位会计工作需要的功能。对通用性主要应考察以下几个方面。

（1）各种自定义功能是否能满足使用单位的要求。对于会计工作中不十分规范、变化较多的处理，通用软件一般都是通过自定义功能来实现通用的。例如，通用报表生成系统中，就应由使用人员定义数据来源、报表项目的算法、打印格式等。

（2）各种编码方案是否有由使用人员自定义的功能，即应有增删改等维护功能。例如，会计科目的分级数和每级科目的长度及编号就应由使用人员按有关会计制度的规定自行设置。对会计科目及其编码应有增删改功能，以保证适应核算内容的变化。

（3）对一些无法直接实现通用的功能是否设有可选功能，是否满足通用要求。在一些功能无法直接实现通用的情况下，应增加可选功能，由使用单位选择所需功

能，通过软件组合来满足使用单位的要求。例如，成本核算就可设置定额核算法、平行结转法、分步法等各种成本核算的可选方法，由单位按自己采用的成本核算方法选择设置软件中的成本核算方法。

（4）对一些变化较多的算法可由使用人员进行自定义。例如，由使用人员自定义成本核算中的产品费用归集公式。

（5）软件的系统初始设置及维护功能是否能充分设置本单位所需的各种初始数据。

（6）会计软件是否提供了对外符合有关标准的数据接口。如哪些数据提供了数据输出和输入接口，提供了哪些形式的接口等。

4. 安全性与可靠性

安全性是指会计软件防止会计信息被泄露和破坏的能力。可靠性是指软件防错、查错、纠错的能力，会计软件防止会计工作中产生错误会计信息的能力。评价会计软件的安全性与可靠性主要是考察：软件提供的各种可靠性保证措施结合起来，是否能有效地防止差错的发生，在发生时是否能及时查出并进行修改；安全性保证措施是否能有效地防止会计信息的泄露和破坏。主要应从以下几方面进行考察：

（1）是否有数据备份与恢复功能，并能有效地备份与恢复各种历史数据。

（2）是否有权限设置功能，并能最大限度地保证各有关人员只能执行其权限范围内的工作。

（3）软件中是否采用了各种容错技术，保证在会计人员操作失误时及时发现和纠正错误。

（4）是否将会计业务存在各种钩稽关系的特点融入软件中，随时检查各种生成数据的正确性。

（5）对各种上机操作是否留有记录，以便随时追踪查询各种失误与破坏。

5. 易使用性

易使用性是指会计软件易学、易操作的性能。主要从以下方面进行评价：用户操作手册内容是否完整、通俗易懂；联机帮助是否充分；软件操作是否简便易学；软件操作过程中的难点是否设有辅助功能，辅助功能是否实用；软件提供的界面是否清晰，并符合会计人员的习惯；对操作的关键环节是否具有特别控制，如结账、删除往年数据等；软件是否按会计工作的需要由易到难等。

6. 先进性

先进性是指该软件在同类产品中的先进程度，包括安全性、可靠性、功能的完备性、通用性、运行效率、软件技术平台的先进性和软件设计的优良性等。先进性是单位选择商品化会计软件的因素之一，但对于会计工作，主要应考虑其实用性，即前五个评价标准。

2.5　会计软件实施流程

2.5.1　项目实施概述

会计信息化的一个重要阶段就是实施。即使再优秀的软件，如果没有得到良好的实施，也不可能达到预期目的，甚至会导致失败。所以必须建立完整适用的实施方案，根据单位的具体情况，提出切实可行的实施方案。

对于较大的项目，如集团企业会计信息化实施，项目投资较大，风险高，需要有效的项目管理方法来保证项目的成功。其实施主要包括项目管理，二次开发，系统的安装、培训和运行，系统维护等。

2.5.2　项目实施组织

组织是实施的保证，项目的甲方和乙方要联合成立项目实施小组，共同推动项目的开展，并评估项目的质量情况。使用单位方一般要有三方面的人员参加：一是财务人员，要求其对整个单位的财务业务非常熟悉，并具有重新架构财务管理的能力；二是技术人员，主要负责软硬件的规划和维护；三是主管领导，直接负责对项目的规划、实施、运行等的协调，保证项目实施过程中的问题能够及时得到解决。

2.5.3　项目实施

对会计信息系统来讲，软件满足业务需求只是成功的一部分，实施尤为重要。对于实施，除领导重视、组织保证外，采用什么样的实施方法也非常重要。各公司一般都有相应的实施规范，方法相差不多。实施的主要思想体现在以下方面：

（1）分步骤实施。将系统的实施过程分为几步，每一步为一个里程碑，每一步都有相关的文档。

（2）互动实施。项目实施小组和使用单位在实施过程中实现互动，及时沟通和发现问题，推动实施按期保质地进行。

项目实施基本阶段和提供的相关文档如表 2－1 所示。

表 2－1　项目实施阶段及相关文档

实施阶段	相关文档
项目组织	项目组织要求，项目实施整体方案
项目规划	项目总体规划，项目实施规划，项目运行规划
培训	培训计划，培训组织与要求，培训教材，考核内容，培训结果确认表，培训考核成绩表，培训学员签到表
需求调研	业务需求说明书

续前表

实施阶段	相关文档
软件调整	软件与业务符合情况分析，专项开发支持流程文档，软件测试文档
系统准备	编码原则及相关的编码说明书，基础数据准备指导说明书，软件安装检查表，项目初始化方案，系统初始化确认表
试运行	组织机构及岗位运行说明书，日常管理制度，业务流程说明书
系统切换	系统切换注意问题，系统切换确认表，项目验收单
运行维护	系统使用说明书，系统维护说明书

针对不同项目的规模、复杂程度、实施时间，实施方法会有所不同。小型会计信息化项目的实施一般在一周内就可完成，大型项目则需要几个月，甚至一年以上的时间。因此，对实施文档管理的严密程度，一般原则是大项目管理要求严格、文档详细，小项目则相对简单。

2.6 会计信息化组织及岗位

2.6.1 会计信息化工作组织的要求

会计信息化后，会计人员的分工和职能有所变化。正确组织会计信息化工作，对于完成会计任务、发挥会计在管理中的作用，具有重要的意义。会计信息化总的职能未变，由于会计数据处理工作由计算机完成，会计人员的主要工作是收集会计数据，参与经营管理与经营决策。会计系统是一个人机系统，从使用角度讲，人要录入数据和进行设备的维护与管理；从软件角度讲，则为软件设计与开发方面的人员。因此，根据会计信息化工作的特点，要做好会计工作，必须根据本单位实际情况建立专门的会计信息化机构或有关岗位从事会计信息化工作，使会计信息化工作得以顺利开展。

对基层单位来说，除了要按国家对会计工作的统一要求来组织会计工作外，还应注意以下要求：

（1）既要考虑会计信息化工作的特点，又要按单位经营管理的特点来组织会计工作。对会计信息化人员、会计业务人员的配备，都必须结合本单位业务的特点和经营规模的大小等情况做合理的安排。

（2）对会计机构的设置、会计业务人员和会计信息化人员的配备，应力求精简、合理，节约人力，降低费用。

（3）会计业务人员和会计信息化人员的配备要合理。实现会计信息化后，会计业务人员与会计信息化人员之间的分工比较明确，必须根据实际情况确定会计业务人员和会计信息化人员之间的比例，以达到最佳的配备。

2.6.2 会计信息化后会计部门的组织形式

会计信息化部门如何组织，应根据各单位的实际情况来设置。大中型企事业单位一般都有信息中心或计算中心，因此，在进行会计信息化工作的组织时要统一考虑。组织过程中要注意两个问题：一是怎样处理与信息中心的关系；二是怎样处理会计部门内部的关系。

会计信息化工作的组织对每一个单位来说都有自己的特殊情况，还与会计信息化的发展程度有关。所以，应根据每一个阶段的需要来建立或调整相应的机构，做到既满足会计信息化工作需要，又节省人力和物力。

2.6.3 会计信息化人员管理

1. 会计信息化人员构成

在应用会计软件中，会计信息化人员由以下几种构成：系统管理人员、系统维护人员、业务操作员、数据审核员、档案管理人员、财务分析人员、审查人员，这类人员统称为系统应用人员。在整个会计系统的岗位中，不同的人员有不同的分工与职责，在不同的岗位上发挥不同的作用。

对于自行开发会计软件的单位，有系统分析人员、系统设计人员、系统编程和调试人员，统称为开发人员。

会计信息化人员管理的基本方法是：按照责权利相结合的基本管理原则，明确系统内各类人员的职责、权限并尽量将之与各类人员的利益挂钩，即建立健全岗位责任制。这样一方面可以加强内部控制，保护资金财产的安全；另一方面可以提高工作效率，充分发挥系统的运行效率。

2. 会计信息化岗位职责

会计信息化后，根据单位规模的大小和实际情况设置具体管理岗位。在会计软件应用中，各岗位的基本职责如下。

（1）系统管理人员。

系统管理人员也称电算主管，负责协调计算机及会计信息系统的运行工作，要求具备会计和计算机知识，以及相关的会计信息化组织管理的经验。电算主管可由会计主管兼任，采用大中小型计算机和计算机网络会计软件的单位应该设立此岗位。系统管理人员的权限很大，一般可调用所有的功能和程序，但不能调用系统的源程序及详细的技术资料。系统管理人员不能由软件的开发人员担任。根据实际情况，也可以将部分职能分配给其他的人员负责。

其具体职责如下：

1）负责会计信息系统的日常管理工作，监督并保证系统的有效、安全、正常运行，在系统发生故障时，应及时到场，监督与组织有关人员恢复系统的正常运行。

2）协调系统各类人员之间的工作关系。

3）负责组织和监督系统运行环境的建立，以及系统建立时的各项初始化工作。

4）负责系统各有关资源（包括设备、软件、数据及文档资料等）的调用、修改和更新的审批。

5）负责系统操作运行的安全性、正确性、及时性检查。

6）负责计算机输出的账表、凭证数据正确性和及时性的检查与审批。

7）负责做好系统运行情况的总结，提出更新软件或修改软件的需求报告。

8）负责规定系统内各使用人员的权限等级。

9）负责系统内各类人员的工作质量考评，以及提出任免意见。

（2）业务操作员。

业务操作员也称软件操作员，负责输入记账凭证和原始凭证等会计数据，输出记账凭证、会计账簿、报表和进行部分会计数据处理工作，要求具备会计软件操作知识。一般由基本会计岗位（原手工会计业务岗位）的会计人员兼任软件操作岗位的工作。操作员是系统运行中的关键人员，其不能由系统开发人员担任，不能调用非自己权限内的功能。

其主要职责如下：

1）负责本岗位业务的录入、处理与输出。

2）严格按照系统操作说明进行操作。

3）系统操作过程中发现故障，应及时报告系统管理员，并做好故障记录及上机记录等事项。

4）做到当日账当日清。

5）按规定打印系统所有的明细账、总分类账和会计报表，以及自动转账凭证。

（3）数据审核员。

负责对输入计算机的会计数据（记账凭证和原始凭证等）进行审核，操作会计软件登记机内账簿，对打印输出的账簿、报表进行确认。此岗位要求具备会计和计算机知识，可由主管会计兼任。

其主要职责如下：

1）负责输入数据凭证的审核工作，包括各类代码的合法性、摘要的规范性和数据的正确性。

2）负责输出数据正确性的审核工作。

3）对不真实、不合法、不完整、不规范的凭证或票据退还各有关人员更正、补齐，再行审核。

4）对于不符合要求的凭证和不正确的输出账表数据，不予签章确认。

（4）系统维护人员。

负责保证计算机硬件、软件的正常运行，管理机内会计数据。此岗位要求具备计算机和会计知识。采用大中小型计算机和计算机网络会计软件的单位应设立此岗位，此岗位在大中型企业中应由专职人员担任。软件维护员了解所用的软件，所以，其不能从事系统的业务操作工作。

其主要职责如下：

1）定期检查软硬件设备的运行情况。

2）负责系统运行中的软件、硬件故障的排除工作。

3）负责系统的安装和调试工作。

4）负责与有关会计人员，利用软件提供的通用功能，生成满足新需求的操作维护工作。

（5）审查人员。

负责监督计算机及会计软件系统的运行，防止利用计算机进行舞弊，要求具备会计和计算机知识。此岗位可由会计稽核人员或内部审计人员兼任。采用大中小型计算机和大型会计软件的单位可设立此岗位。

其主要职责如下：

1）协助制定有关的内部控制措施和制度。

2）对有关数据及现象进行分析，发现线索。

3）进行日常审查。

（6）财务分析人员。

财务分析人员负责对计算机内的会计数据进行分析，提交有关分析报告，要求具备计算机和会计知识。采用大中小型计算机和计算机网络会计软件的单位可设立此岗位，可由主管会计兼任。

其主要职责如下：

1）协助建立日常的分析制度和规范。

2）提交有关的常规分析报告。

3）完成领导下达的有关分析任务。

（7）档案管理人员。

档案管理人员负责保管各类数据和会计档案，应具备计算机常识，如 U 盘、光盘的使用与保护等，一般应由能做好安全保密的人员担任。

其主要职责如下：

1）负责系统的各种开发文档、操作手册，各类数据 U 盘、光盘，以及各类账表、凭证、资料的备份和存档保密工作。

2）做好各类数据、资料、账表、凭证的安全保密工作，不得擅自借出。

3）按规定期限，向各类有关人员催交备份数据及存档数据。

2.7　会计信息化后的使用管理

2.7.1　会计信息化后的使用管理的意义

会计信息化后的使用管理主要是通过对系统运行的管理，保证系统正常运行，完成预定任务，保证系统内各类资源的安全与完整。虽然会计系统的使用管理主要体现为日常管理工作，但却是系统正常、安全、有效运行的关键。如果单位的操作管理制度不健全或执行不得力，就会给各种非法舞弊行为以可乘之机；如果操作不正确，就会造成系统内数据的破坏或丢失，影响系统的正常运行，也会造成录入数据的不正确，影响系统的运行效率，直至输出不正确的账表；如果各种数据不能及时备份，则有可能在系统发生故障时，使得会计工作不能正常进行；如果各种差错不能及时记录，则有可能使系统错误运行，输出不正确、不真实的会计信息。会计信息化后的使用管理主要包括机房的管理与上机操作的管理。

2.7.2 服务器机房管理

设立机房主要有两个目的：一是给服务器和相关设备创造一个良好的运行环境，保护计算机及相关设备，使其稳定地运行；二是防止各种非法人员进入机房，保护机房内的设备、机内的程序与数据的安全。对于办公条件较好的单位，一般是将服务器等重要设备放置在机房，其终端设备放置在办公室里，以便于日常工作。具体管理是通过制定与贯彻执行机房管理制度来实施的。机房管理的主要内容包括：

（1）有权进入机房人员的资格审查，明确哪些人能进入机房。首先是机房管理人员能进入；其次是因业务需要进入的人员；最后是临时借阅资料等临时进入的人员。

（2）机房内的各种环境要求。例如，机房的卫生要求、温度和湿度要求、防火要求。

（3）机房内各种设备的管理要求。

（4）机房中禁止的活动或行为。如严禁吸烟、喝水等。

（5）设备和材料进出机房的管理要求。

小单位往往不设置单独的机房，只是将服务器放在办公室，因此要特别注意服务器的管理工作。

2.7.3 操作管理

操作管理是指对计算机及系统操作运行的管理工作，其主要体现在建立与实施各项操作管理制度上。操作管理的任务是建立会计系统的运行环境，按规定录入数据，执行各子模块的运行操作，输出各类信息，做好系统内有关数据的备份及发生故障时的恢复工作，确保计算机系统的安全、有效、正常运行。

操作管理制度主要包括以下内容。

1. 上机运行系统的规定

上机运行系统的规定主要是指明哪些人员能上机运行系统，哪些人员不能上机运行系统。一般来说包括以下内容：

（1）系统管理员、业务操作员、系统维护员、数据复核员及其他经系统管理员批准的有关人员，有权上机运行系统。

（2）非指定人员不能上机运行系统。

（3）业务操作员、数据审核员由系统管理员根据业务需要确定。

（4）与业务无关的人员及脱离会计工作岗位的人员不得上机运行系统。

（5）操作运行人员需经培训合格后方可上机运行系统。

2. 操作权限

操作权限是指系统的各种操作人员所能运行的操作权限，软件功能权限一般在会计软件中可设定，实现实时控制。主要包括以下内容：

（1）业务操作员应严格按照凭证或单据输入数据，不得擅自修改已复核的凭证数据，如发现差错，应在复核前及时修改或向系统管理员反映。已输入计算机的数据，在登账前发现差错，可由业务操作人员进行改正；如在登账之后发现差错，必须另制作凭证，以红字冲销或补充登记，录入计算机。

（2）除了软件维护员之外，其他人员不得直接打开数据库进行操作，不允许随意增删和修改数据、源程序和数据库结构。

（3）软件开发人员不允许进行系统性的操作。

（4）系统软件、系统开发的文档资料均由系统管理员负责并指定专人保管，未经系统管理员许可，其他人员不得擅自复制、修改和借出。

（5）存档的数据如光盘、移动硬盘、纸质账表和凭证及各文档资料等，由档案管理员按规定统一复制、核对、保管。

（6）系统维护人员必须按有关的维护规定进行操作。

3. 操作规程

操作规程主要指操作运行系统中应注意的事项，它们是保证系统正确、安全运行，防止各种差错的有力措施。其主要包括以下内容：

（1）各操作使用人员在上机操作后，会计软件中一般自动记录了上机日志，必要的情况下可以打印保存或单独复制保存。

（2）操作人员的操作密码应注意保密。

（3）操作人员必须严格按操作权限操作，不得越权或擅自上机操作。

（4）应及时做好备份工作，以防发生意外事故。

（5）未经批准，不得使用格式化、删除等命令或功能，更不允许使用系统级工具对系统进行分析或修改系统参数。

（6）不能使用来历不明的存储介质和进行各种非法拷贝工作，以防止计算机病毒的传入。

2.7.4 计算机替代手工记账

采用计算机替代手工记账，是指应用会计软件输入会计数据，由计算机对会计数据进行处理，并打印输出会计账簿和报表。计算机替代手工记账是会计信息化的目标之一。

采用计算机替代手工记账的单位，应当具备以下基本条件：

（1）配有适用的会计软件，计算机与手工进行会计核算一般要双轨运行三个月以上，计算机与手工核算的数据相一致，且软件运行安全可靠。

（2）配有专用的或主要用于会计核算工作的服务器和计算机终端。

（3）配有与会计信息化工作需要相适应的专职人员，其中上机操作人员已具备会计信息化基础知识和操作技能。

（4）已建立健全内部管理制度，包括岗位分工制度、操作管理制度、机房管理制度、会计档案管理制度、会计数据与软件管理制度等。

计算机替代手工记账的过程是会计工作从手工核算向信息化核算的过渡阶段，由于计算机与手工并行工作，会计人员的工作强度比较大，需要合理安排财务会计部门的工作，提高工作效率。

计算机与手工并行工作期间，可采用计算机打印输出的记账凭证替代手工填制的记账凭证，根据有关规定进行审核并装订成册，并据以登记手工账簿。如果计算机与手工核算结果不一致，要由专人查明原因并向本单位领导书面报告。

在实施计算机替代手工记账后，应该加强运行中的管理工作，使系统达到会计工作管理的需要。

2.8 会计信息化后的维护管理

2.8.1 会计信息化后的维护管理的意义

要使会计系统正常、稳定、高效地运行，就要求不断维护和优化核算系统；系统在设计中必然存在考虑不周的情况，系统在运行过程中也必然会出现各种问题，也要求对系统进行维护。现有统计资料表明，软件系统生命周期中各部分的工作量，软件维护的工作量一般占 50%以上；经验表明，维护工作要贯穿系统的整个生命周期，不断重复出现，直到系统过时和报废为止；经验也表明，随着系统规模的扩大和复杂性的增加，维护费用在整个系统的建立与运行中的比例越来越大。维护是整个系统生命周期中最重要、最费时的工作。

系统的维护包括硬件维护与软件维护两部分。软件维护主要包括正确性维护、适应性维护、完善性维护三种。正确性维护是指诊断和改正错误的过程；适应性维护是指当单位的会计工作发生变化时，为了适应而进行的软件修改活动；完善性维护是指为了满足用户增加功能或改进已有功能的需求而进行的软件修改活动。软件维护还可分为操作维护与程序维护两种。操作维护主要是利用软件的各种自定义功能来修改软件的一些参数，以适应会计工作的变化，它实质上是一种适应性维护；程序维护主要是指需要修改程序的各项维护工作。

2.8.2　会计信息化后的维护管理

1. 维护管理制度

维护的管理工作主要是通过制定维护管理制度和组织实施来实现的。维护管理制度的主要内容如下。

（1）系统维护的任务。

系统维护的任务主要包括以下几个方面：

1）实施对系统硬件设备的日常检查和维护，以保证系统的正常运行。

2）在系统发生故障时，排除故障和恢复运行。

3）在系统扩充时负责安装、调试，直至运行正常。

4）在系统环境发生变化时，随时做好适应性维护工作。

（2）系统维护的承担人员。

使用单位一般只进行一些小的维护工作，主要通过一些基本命令或各种软件工具即可满足要求，会计部门一般不配备专职的硬件维护员，硬件维护员可由软件维护员担任，即通常所说的系统维护员。硬件的重大维护在大中型单位一般是信息管理部门，小型单位对硬件的维护主要采用外来服务解决。

对于使用商品化软件的单位，程序维护工作由软件厂家负责，单位负责操作维护，单位可不配备专职维护员，而由指定人员兼任。

对于自行开发软件的单位，一般应配备专职的系统维护员。系统维护员负责系统的硬件设备和软件的维护工作，及时排除故障，确保系统的正常运行；负责日常的各类代码、标准摘要、数据及源程序的改正性维护、适应性维护工作，有时还负责完善性维护。

（3）软件维护的内容。

软件维护的内容包括操作维护与程序维护。操作维护主要是一些日常维护工作，程序维护包括正确性维护、完善性维护和适应性维护。

（4）硬件维护的内容。

硬件维护的内容主要包括以下几个方面：

1）定期进行检查，并做好检查记录。

2）在系统运行过程中，出现硬件故障时，及时进行故障分析，并做好检查记录。

3）在设备更新、扩充、修复后，由系统管理员与维护员共同研究决定，并由系统维护人员实施安装和调试。

（5）系统维护的操作权限。

操作权限主要是指明哪些人能进行维护操作，何种情况下可进行维护。其主要内容如下：

1）维护操作一般由系统管理员或指定的专人负责，业务操作员、档案管理员等其他人员不得进行维护操作，系统管理员可进行操作维护，但不能进行程序维护。

2）不符合维护规定手续的不允许进行软件修改操作。

3）一般情况下，维护操作不应影响系统正常的运行。

4）不得进行任何未做登记记录的软硬件维护操作。

（6）软件的修改手续。

对于自行开发的会计软件或自行增值开发的程序，为了防止各种非法修改软件的行为，对软件的修改应有审批手续。修改手续的主要内容如下：

1）由系统管理员提出软件修改请求报告。

2）由有关领导审批请求报告。

3）以前的源程序清单存档。

4）手续完备后，实施软件的修改。

5）软件修改后形成新的文档资料。

6）发出软件修改后使用变更通知。

7）进行软件修改后的试运行。

8）根据运行的情况做出总结并修改文档资料。

9）发出软件修改版本后正式运行的通知。

10）软件和源程序做新的备份，并同定稿的文档资料存档。这里的文档主要应包括维护的审批人、提请人、维护人的姓名、维护时间、修改原因、修改的内容、修改后的情况和效果。

2. 日常典型的维护工作

（1）账套使用权限维护。

在使用会计软件时，用户应该对账套使用权限进行严格管理，防止数据外泄；用户不能随便让他人使用电脑；在离开计算机时，必须立即退出会计软件，以防止他人偷窥系统数据，甚至篡改数据。

设置操作员权限是从内部控制的角度出发，对系统操作人员进行严格的岗位分工，严禁越权操作的行为发生，保证系统使用的安全性。

系统管理员和账套主管都有权设置操作员权限，不同的是：系统管理员可以指定或取消某一操作员为一个账套的主管，也可以对各个账套的操作员进行授权；账套主管的权限局限于其所管辖的账套，在该账套内，账套主管默认拥有全部操作权限，可以针对本账套的操作员进行权限设置。

账套主管自动拥有所有模块的操作权限，可以为一个操作员赋予几个模块的操作权限，也可以为一个操作员赋予一个模块中部分功能权限。

按照内部控制制度的要求，企业不同的角色及不同的会计人员应具有不同的操作权限，因此在增加了系统操作员之后，紧接着是要进行角色的权限及操作人员权限的设定，即会计分工。

会计软件的权限管理一般分为三个层次：1）功能级权限管理；2）数据级权限管理；3）科目、金额级权限管理。

（2）备份和打印重要的账簿及报表数据。

为防止硬盘上的会计数据意外丢失或遭到人为破坏，单位需要定期将硬盘数据备份到其他磁性介质（如 U 盘、移动硬盘、光盘等）上。

在月末结账后，对本月重要的账簿和报表数据还应该打印备份。对于应该打印哪些账表、什么时候打印，应根据具体单位的情况来确定。

（3）会计软件版本升级。

会计软件随着计算机技术、软件开发工具和业务的变化，会不断推出新的版本。具体推出的频度依据不同的软件和厂家有所不同。软件升级即意味着错误的纠正、功能的增强，也可能是有重大的创新。对于会计人员来讲是新技术的进步和功能的进一步增强，将会进一步提高会计工作效率和更深入地利用会计数据。

1）会计软件升级的作用。

纠正软件中存在的错误：由于多种原因，原先的软件可能存在程序错误和功能错误，这些错误往往是在具体的应用中才发现的。软件厂家会不断地完善原先的软件，进行升级，解决以前的缺陷。

更新功能：根据新的业务或管理的需要，增加新的功能。例如，在新的版本中增加了一些管理分析报表等。

界面和易用性的改进：有些软件虽然可以应用，但界面不美观，流程不清晰，甚至影响应用的效果，为此进行的改进就是对界面的优化。有些功能虽然能用，但用起来不方便，这类改进就属于易用性的提高。

2）软件升级带来的问题。我们使用软件后，即会养成特定的操作习惯，其因人而异，不尽相同。如有的人习惯在菜单中寻找命令，有的人则直接利用快捷键，有的人喜欢使用流程图方式，有的人会将窗口布局设置成非常个性的排列，等等。在软件升级过程中，往往会加入一些新的功能，很可能有些以前已经适应的习惯到新版本中会变得不适应。在这种情况发生后，就必须放弃以前的习惯，去适应新的操作方式。

3）软件升级的种类。

程序补丁：根据用户对新功能的需要，或者原软件中需要解决的一些问题，会计软件研发单位会针对产品开发一个补丁程序。对于不同版本的会计软件或者不同的系统平台，补丁程序可能会有差异。用户得到补丁程序之后，只需要在一定条件下简单地执行一些操作就可以获得新的功能。

补丁程序的发布，可以是在网络上提供下载，也可能是给用户发送邮件、寄送光盘的方式。其中，在网络上下载的方式最为简便。随同补丁程序一同发布的应有完善的补丁程序使用说明，用户在拿到补丁程序之后，应该能够按照说明中的操作说明步骤，一步一步地给使用中的会计软件打上补丁。

一般来讲，程序补丁只是做一些小的功能改进，或修改一些小错误。当错误较多或新增功能较多时，一般都会发布一个新的版本。

程序升级：当补丁较多，或者打补丁时需要对数据进行一些复杂操作，会计软件研发单位一般都会提供升级程序，方便用户自动完成升级工作。

版本升级：版本升级是功能进行重大扩展或技术架构、功能架构进行重大提升而发布的软件升级。版本升级还分为大版本升级和小版本升级，如从 14.XX 升级到 15.0 就是大版本升级，从 15.0 升级到 15.1 是小版本升级。

4）软件升级的具体方法。

获取升级程序，一般是登录会计软件研发单位的网站，了解相关的信息。对于会计软件的重大升级，在软件开发单位的网站上都会有相关的披露，并提供软件补丁的获取方式，供会计软件使用单位自己升级。也可以跟会计软件的销售服务商联系，获取升级程序。

在下载补丁时，要特别注意以下问题：

弄清自己使用的会计软件属于哪个种类。软件研发单位一般都针对不同类型的使用单位，开发有针对低端、中端、高端的相关产品，往往还有针对行业的会计软件。

下载本单位所使用版本的补丁程序。对于同一种软件，由于新版本不断推出，在实际使用中，单位使用的不一定是最新版本，或者由于某种原因（如在该版本进行了专项开发）不能进行升级，就要特别注意所使用的版本号，如果不清楚，应该主动询问对方的软件服务机构。

安装新的补丁程序。用户得到补丁程序之后，应该仔细核对补丁程序所适用的版本、适用环境等信息，严格按照补丁程序的操作说明进行操作。在给使用中的会计软件安装补丁之前，一定要做好充分的系统备份和数据备份。第一步是建立一个完全独立的测试系统，然后安装补丁程序。第二步是测试原来会计软件的各项功能是否能够正常使用。第三步是测试新提供的功能是否能够正常应用。第四步是在以上过程测试完毕后，对运行中的系统安装补丁程序。安装完成后，同样要进行原有功能的测试和新功能的测试。如果运行正常，则可启用新的系统。若测试出现异常，则恢复原来的系统，并与研发单位或服务单位联系处理。

由于软件升级涉及许多复杂的技术问题，如果本单位自己实施有困难，应要求软件研发单位的服务人员来进行升级。

2.9 会计信息化档案管理

2.9.1 会计信息化档案管理的意义

会计信息化的档案主要包括打印输出的各种账簿、报表、凭证，存储会计数据和程序的存储介质，系统开发运行中编制的各种文档，以及其他会计资料。会计系统的档案管理在整个会计信息化工作中起着重要的作用。

1. 良好的档案管理是会计信息化工作连续进行的保障

会计档案是各项经济活动的历史记录，也是检查各种责任事故的依据。只有会计档案保存良好，才能连续反映单位的经济情况，才能了解单位经营管理过程中的各种弊端、差错、不足，才能保证信息前后期的相互利用，才能保证系统操作的正确性、可继续培训性和系统的可维护性。

2. 良好的档案管理是会计系统维护的保证

在会计信息化后的档案中，对于自行开发或增值开发的单位，各种开发文档是其中的重要内容。对会计系统来说，其维护工作有以下特点：

（1）理解别人写的程序通常非常困难，而且软件文档越不全、越不符合要求，理解就越困难。

（2）会计系统是一个非常庞大的系统，就是其中的一个子系统也非常复杂，而且其跨越了会计与计算机两方面的专业知识，了解与维护系统非常困难。

因此，如果没有保存完整的系统开发文档、使用和维护文档，系统的维护将非常困难，甚至不可能，如果出现这样的情况，将很可能导致系统停止运转，严重影响会计工作的连续性。

3. 良好的档案管理是保证系统内数据信息安全完整的关键环节

当系统程序、数据出现故障时，往往需要利用备份的程序与数据进行恢复；当系统处理需要以前年度或机内没有的数据时，也需要将备份的数据复制到机内；系统的维护也需要各种开发文档或使用说明。因此，保存良好的档案是保证系统内数据信息安全完整的关键环节。

4. 良好的档案管理是会计信息得以充分利用，更好地为管理服务的保证

让会计人员从繁杂的事务性工作中解脱出来，充分利用计算机的优势，及时为管理人员提供各种管理决策信息，是会计信息化的高级目标。俗话说，“巧妇难为无米之炊”。对计算机来说也一样，计算机内没有相应的数据，什么样的分析数据也无法提供。因此，要实现会计信息化的目标，就必须要有保存完好的会计数据。只有良好的档案管理，才可能在出现各种系统故障的情况下，及时恢复被毁坏的数据；只有保存完整的会计数据，才可能利用各个时期的数据，进行对比分析、趋势分析、决策分析。因此，良好的档案管理是会计信息得以充分利用，更好地为管理服务的保证。

2.9.2　会计信息化档案管理的任务

1. 监督、保证按要求生成各种档案

按要求生成各种档案是档案管理的基本任务。对于自主开发或增值开发的单位来说，各种开发文档应由开发人员编制，会计部门应监督开发人员提供完整的、符合要求的文档；各种会计报表与凭证应按国家的要求打印输出；各种会计数据应定期备份，重要的数据应强制备份；计算机源程序应有多个备份。

2. 保证各种档案的安全与保密

会计信息是加强经济管理、处理各方面经济关系的重要依据，不允许随意泄露、毁损和遗失。各种会计信息资料的丢失与毁损自然会影响到会计信息的安全与保密；各种开发文档及程序的丢失与破坏都会危及运行的系统，从而危及系统中会计信息的安全与完整。所以，各种档案的安全与保密是与会计信息的安全密切相关的，我们应加强档案管理，保证各种档案的安全与保密。

3. 保证各种档案得到合理利用

档案中的会计信息资料是了解企业经济情况、进行分析决策的依据；各种开发文档是系统维护的保障；各种会计信息资料及系统程序是系统出现故障时恢复系统，确保系统连续运行的保证。

2.9.3 会计信息化档案管理的方法

1. 会计信息化档案的生成与管理办法

计算机代替手工记账后，会计档案除手工编制的凭证、账簿和会计报表外，还包括计算机打印输出的会计凭证、会计账簿、会计报表，存有会计信息的存储介质，会计系统开发的全套文档资料。对手工形成的会计凭证、会计账簿和会计报表等会计档案，在此不再论述，可参见《会计档案管理办法》（2015 年 12 月 11 日，财政部、国家档案局发布）。

（1）记账凭证的生成与管理。

计算机代替手工记账单位的记账凭证有两种生成方式。

1）由原始凭证直接录入计算机，由计算机打印输出。在这种情况下记账凭证上应有录入员、稽核人员、会计主管人员的签名或盖章。收付款记账凭证还应有出纳人员的签名和盖章。相关的签名在信息化下可以通过软件自动生成并打印出来。打印生成的记账凭证应视同手工填制的记账凭证，按《会计档案管理办法》的有关规定立卷归档保管。

2）手工事先做好记账凭证，计算机录入记账凭证然后进行处理。在这种情况下，保存手工记账凭证与机制凭证皆可，如保存手工记账凭证，可按《会计档案管理办法》的有关规定进行处理与保管；如保存机制记账凭证，其处理与保管办法与由计算机生成的记账凭证相同。需要强调的是，在计算机记账后发现记账凭证录入错误时，保存手工记账凭证的，需同时保存为进行冲账处理而编制的手工记账凭证；保存机制记账凭证的，需同时保存进行冲账处理的机制记账凭证。

（2）会计账簿、报表的生成与管理。

已由计算机全部或部分代替手工记账的，其会计账簿、报表以计算机打印的书面形式保存。这主要是考虑到当前磁性或其他介质的可靠性不强和保存条件要求较高等情况而定的。其保存期限按《会计档案管理办法》的规定办理。除日记账一般应每天打印外，普通账簿可以根据实际情况和工作需要按月或按季、按年打印；发生业务少的账簿可满页打印。现金、银行存款账可采用计算机打印输出的活页账页装订。

（3）磁性介质及其他介质的管理。

存有会计信息的磁性介质及其他介质，在未打印成书面形式输出之前，应妥善保管并留有副本。一般来说，为了便于利用计算机进行查询及在会计系统出现故障时进行恢复，这些介质都应视同相应会计资料或档案进行保存。

（4）系统开发的文档资料的管理。

系统开发的全套文档资料视同会计档案保管。

2. 会计系统档案管理制度

档案管理需要通过制定与实施档案管理制度来实现。档案管理制度一般包括以下内容。

（1）存档的手续。主要是指各种审批手续，如打印输出的账表必须有会计主管、系统管理员的签章才能存档保管。

（2）各种安全保证措施。例如，备份介质应贴上标签，存放在安全、洁净、防热、防潮的场所。

（3）档案管理员的职责与权限。

（4）档案的分类管理办法。

（5）档案使用的各种审批手续。例如，调用源程序应由有关人员审批，并应记录下调用人员的姓名、调用内容、归还日期等。

（6）各类文档的保存期限及销毁手续。例如，打印输出的账簿应按《会计档案管理办法》规定的保管期限进行保管。

（7）档案的保密规定。例如，任何伪造、非法涂改变更、故意毁坏数据文件、账册等的行为都将进行相应的处理。

复习题

□ 思考题

1. 会计软件一般由哪些功能模块组成？具体完成哪些任务？
2. 会计信息系统的模式有哪几种？其影响因素主要有哪些？
3. 会计软件开发主要分为哪几步？每一阶段的工作主要有哪些？
4. 对会计软件的要求主要有哪些？
5. 结合实际，谈谈选择商品化会计软件主要应当考虑哪些因素。

6. 会计信息化中的运行管理主要包括哪些方面？

判断题

1. 在会计信息化下，会计主体的界限划分主要是通过账套设置来完成的。（ ）

2. 与手工会计不同，会计信息化下不存在明显的岗位分工问题，可以由一个操作员完成整个设置、证、账、表的工作。（ ）

3. 要使会计信息化工作顺利开展，首先手工会计工作应规范化。（ ）

4. 会计软件各子系统之间往往保持相对独立，它们之间很少存在数据传输关系。（ ）

5. 为使会计软件更具针对性，企业应首选采用定点开发方式。（ ）

6. 一般情况下，一个会计软件只能设置一个账套。（ ）

7. 会计软件各子系统的数据始终是围绕账务处理子系统进行传递。（ ）

8. 会计主体与会计账套是一一对应的，即一个会计主体对应一个会计账套。（ ）

9. 我国会计核算是以人民币作为记账本位币，因此不允许出现外币记账。（ ）

10. 账务处理子系统就是一个最小的会计软件模块。（ ）

11. 实现会计信息化后，为保证万无一失，会计核算人员应由部分程序研制人员兼任。（ ）

12. 进行会计数据的输入、数据备份和输出、对审核过的凭证数据及时登记入账是系统维护人员的职责。（ ）

单项选择题

1. 在会计核算软件中，其核心子系统是（ ）。

A. 报表子系统　　B. 账务处理子系统

C. 财务分析子系统　　D. 成本核算子系统

2. 一般情况下，企业开展会计信息化应选择（ ）。

A. 商品化软件　　B. 自行开发软件

C. 委托软件公司开发软件　　D. 定点开发软件

3. 会计科目级次设置的主要目的是（ ）。

A. 提高操作速度　　B. 简化会计操作程序

C. 方便会计信息化工作　　D. 决定会计核算的深度

4. 企业首次实施会计信息化，首先必须做的工作是（ ）。

A. 财务分工　　B. 建立账套

C. 初始数据录入　　D. 设置会计科目编码

5. 以下属于最小的会计软件模块的是（　　）。

A. 账务处理模块　　B. 凭证处理模块

C. 账簿处理模块　　D. 总账打印模块

6. 企业首次使用会计软件，需要（　　）。

A. 对系统进行初始化设置　　B. 对手工会计的数据进行整理

C. 拟定会计操作规范　　D. 明确不同会计人员的岗位职责

7. 一般情况下，账务处理子系统不具备（　　）功能。

A. 记账　　B. 期末转账

C. 编制会计报表　　D. 结账

8. 通用会计软件与专用会计软件的最大区别是（　　）。

A. 会计软件功能不同　　B. 不需要设置账套

C. 能满足单位特殊经济业务的需要　　D. 操作更简单

9. 核算型会计软件不包括的功能是（　　）。

A. 工资核算　　B. 固定资产核算

C. 成本核算　　D. 预算

10. 在会计信息化下，财务分工主要是通过（　　）实现的。

A. 设置操作人员密码　　B. 内部管理制度的规定

C. 权限管理　　D. 由操作员自身设置

11. 账套设置不包括的内容是（　　）。

A. 单位名称　　B. 会计期间设置

C. 职员设置　　D. 会计科目设置

12. 会计信息化期末核算不包括的内容是（　　）。

A. 成本费用的计算和分配　　B. 工资费用的分配

C. 计算应交税费　　D. 填制会计凭证

13. 会计科目主要是根据（　　）设置的。

A. 企业自身业务特点　　B. 财政部的规定

C. 企业会计准则的规定　　D. 对方单位的需要

14. 专用会计软件的优点是（　　）。

A. 通用性强　　B. 可扩展性强

C. 本单位适应性强　　D. 维护有保障

15. 商品化会计软件的缺陷是（　　）。

A. 对人员素质要求较高　　B. 成本较高

C. 系统维护较难　　D. 功能不全

16. 账务处理子系统以（　　）作为处理对象。

A. 会计账簿　　B. 记账凭证

C. 会计报表　　D. 原始凭证

17. 会计档案资料保管员不负责保存（　　）。

A. 软件公司宣传资料　　B. 计算机会计数据

C. 凭证　　D. 各种账表

18. 具有人员分工操作权限的是（　　）。

A. 电算维护员　　B. 信息化主管

C. 软件操作员　　D. 审核记账员

19. 下列（　　）工作是由会计信息化使用单位负责的。

A. 会计软件的操作和日常维护　　B. 会计软件修改

C. 会计软件的版本升级　　D. 会计软件的功能扩充

20. 会计信息化单位负责会计软件的操作维护工作，具体可由（　　）负责。

A. 会计主管　　B. 操作员

C. 系统维护员　　D. 审核员

21. 按照会计软件的服务层次和提供管理的程度划分，会计软件可分为（　　）。

A. 核算型、管理型、决策型三种　　B. 通用型和专用型

C. 单用户型、网络与多用户型　　D. 以上全不是

□ 多项选择题

1. 会计软件一般由（　　）组成。

A. 模块　　B. 程序

C. 数据库　　D. 会计软件文档

2. 会计软件的基本功能主要有（　　）。

A. 会计数据加工处理　　B. 会计数据整理归档

C. 会计数据输入输出　　D. 会计数据分析

3. 会计数据的输入方式有（　　）。

A. 手工键盘输入　　B. U 盘输入

C. 光盘输入　　D. 网络传输输入

4. 在会计信息化下，原始凭证的输入方式有（　　）。

A. 直接录入

B. 拷贝录入

C. 网络传输录入

D. 输入记账凭证的同时，录入与之相应的原始凭证

5. 企业取得会计软件的方式有（　　）。

A. 购买　　B. 自行开发

C. 委托开发　　D. 联合开发

6. 会计软件实施前的准备工作主要包括（　　）。

A. 全面清理手工会计业务工作　　B. 规范会计业务处理工作
C. 会计数据的整理和准备　　D. 进行人员的培训

7. 计算机替代手工记账需建立的基本管理制度有（　　）。
A. 操作管理制度　　B. 硬件管理制度
C. 软件管理制度　　D. 审计制度

8.（　　）属于系统维护员的职责。
A. 定期检查软件、硬件的运行情况
B. 负责软件的安装和调试工作
C. 对系统进行功能完善
D. 负责会计数据的录入

9.（　　）是业务操作员的工作。
A. 会计数据的输入　　B. 会计数据的输出
C. 会计资料的保管　　D. 凭证的审核

□ 参考答案

判断题

1. 正确；2. 错误；3. 正确；4. 错误；5. 错误；6. 错误；7. 正确；8. 正确；9. 错误；10. 错误；11. 错误；12. 错误。

单项选择题

1. B；2. A；3. D；4. B；5. D；6. A；7. C；8. C；9. D；10. C；11. C；12. D；13. A；14. C；15. A；16. B；17. A ；18. B；19. A；20. C；21. A。

多项选择题

1. ACD；2. ABC；3. ABCD；4. AD；5. ABCD；6. ABCD；7. ABC；8. AB；9. AB。

第 3 章

Chapter 3

金蝶 KIS 云专业版安装与基础设置

KIS（Keep It Simple）云专业版是金蝶软件 KIS 系列产品中面向中小型企业的产品，从财务到生产管理，功能十分完善。本书基于金蝶 KIS 云专业版 V15.1 讲解应用方法，重点是进销存业务与财务的一体化处理。在教学中，新建立的账套可以使用 3 个月（三个会计期）。

本实验在 Windows 10 专业版（1803 版本，64 位）下完成，其他版本的 Windows 可参照使用。

3.1 安装及建账

3.1.1 安装环境准备

操作系统是管理软件运行的基础环境，每个软件都有自己特定的要求，具体要按照管理软件开发商要求的环境来准备。

在同一个操作系统下往往会安装和运行多种软件，但各个软件在安装的时候需要特定的环境，并按照自己的需要来设置。多种软件并存，可能造成软件之间使用环境的冲突，从而导致某些软件无法正常安装或安装后无法正常运行。

1. 更改用户账户控制

为了保证系统的安全，Windows 10 对用户的权限进行了控制，以防止安装非法软件，但在安装一些软件时需要最高权限（管理员），否则表面上似乎安装完成，但由于安装人员的权限不够，在修改有关系统参数时不成功，从而导致安装后无法正常使用。这种问题是在安装程序的过程中发生的，不一定进行提示，出现错误后很难寻找原因和解决办法。

更改用户权限的方法：在应用（单击⊞，或按 Windows 键）中选择“Windows 系统”|“控制面板”|“用户账户”|“更改用户账户”，如图 3－1 所示。

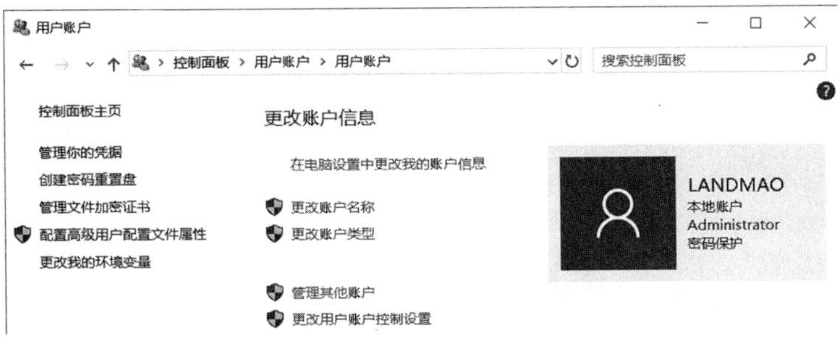

图 3－1　更改用户账户

点击“更改账户类型”，选择“管理员”，如图 3－2 所示。

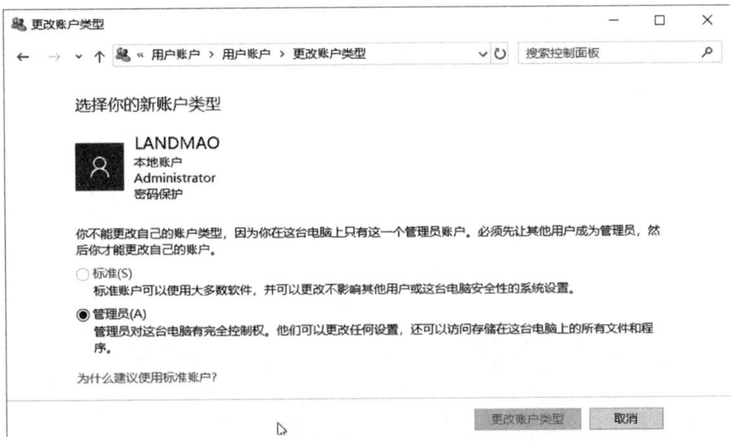

图 3－2　更改账户类型

在图 3－1 中，选择“更改用户账户控制设置”，然后设为最低，如图 3－3 所示。

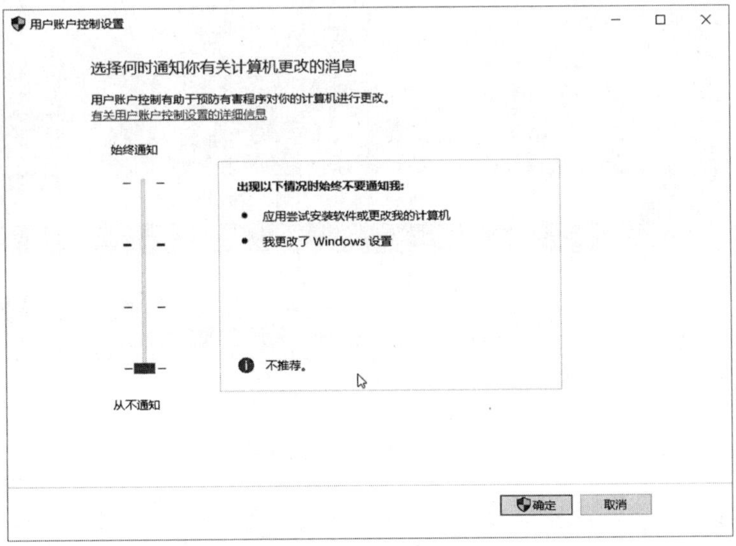

图 3－3　更改用户账户控制设置

2. 数据库安装检查

金蝶 KIS 云专业版使用微软的 SQL Server 数据库，如果以前安装有 SQL Server，就需要先卸载。

Windows 的家庭版、高级家庭版不能安装金蝶 KIS 云专业版。原因是 Windows 的家庭版不支持 SQL Server 数据库运行（在安装的时候显示安装正常，但不能使用）。

3. 停用安全管理类软件

在安装之前，一定要停用杀毒软件、360 安全卫士之类的安全管理软件（最好是先卸载）。

3.1.2 安装金蝶 KIS 专业版

1. 环境检测

进入金蝶 KIS 云专业版安装目录。先选择“金蝶 KIS 云专业版 V15.1 安装程序”，然后单击鼠标右键，选择“以管理员身份运行”，将出现图 3-4 所示的安装界面。

图 3-4　安装界面

选择“立即安装”，系统会自动进行安装（数据库安装的是 SQL Server 2008 SP3 Express），安装完成后如图 3-5 所示。

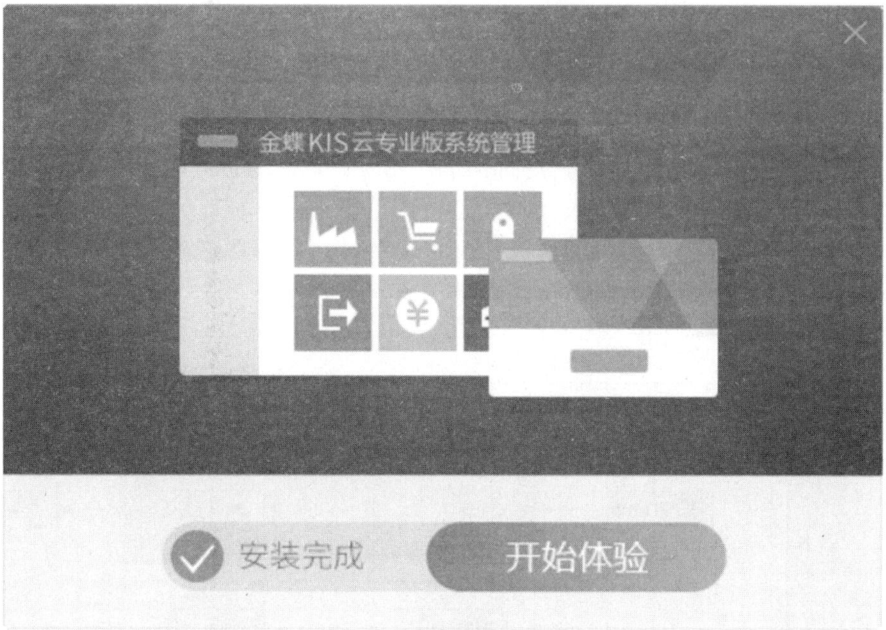

图 3-5　安装结束

安装完毕，这里不选择“开始体验”，先退出。在桌面上会显示相应的 4 个 KIS 应用图标，如图 3-6 所示。

图 3-6　KIS 云专业版桌面

安装完成后，应重新启动计算机，启动后会出现 KIS 系统管理的界面。

若要取消 Windows 启动时自动启动 KIS 系统管理功能，可按⊞（即 Windows 键）+R，输入“MSCONFIG”后按回车键，进入系统配置菜单，选择“启动”|“打开任务管理器”，选择“Kingdee. KIS. MobApp”后按鼠标右键，再选择“禁用”，这样在 Windows 启动时就不会自动启动 KIS 系统管理功能。需要的时候直接选择“金蝶 KIS 云专业版-系统管理”启动。

2. 安装更新补丁

在软件发布后，由于本身存在的程序错误或国家相关法规变化，一般都会在后续过程中根据具体情况发布相关的补丁。

在金蝶云专业版 15.1 发布后，国家的个人所得税政策发生了变化，需要安装金蝶发布的 PT127508 补丁来支持新的个人所得税计算。

具体安装方法是执行 PT127508. exe 程序，很快就安装完成。

3.1.3 总体功能和操作流程

KIS 云专业版业务部分功能涵盖了企业运营中的物流（采购、销售、仓存）、生产（BOM、生产任务、产品入库、费用分摊、生产成本核算）、委外（委外订单、委外加工单、委外入库、加工费用、委外成本核算）等环节。通过存货成本核算系统完成出入库成本的核算，并生成凭证，与财务系统衔接；通过采购发票与销售发票，分别形成应收应付的数据。系统实现了财务和业务的一体化，各模块的基本应用流程关系如图 3-7 所示。

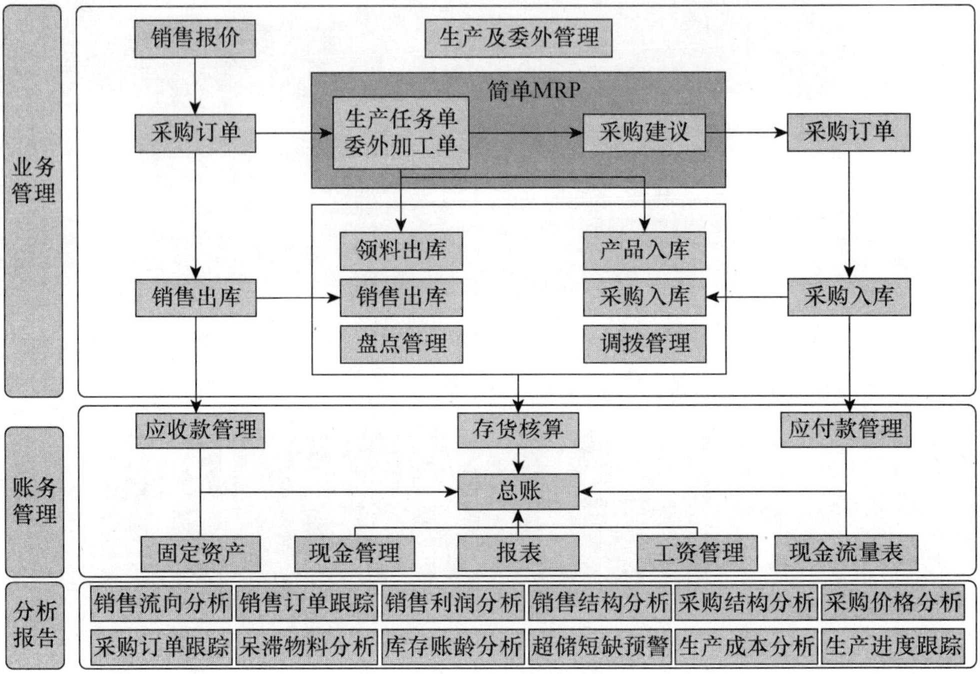

图 3-7 总体业务功能和基本流程

会计数据处理的流程性很强，操作中要按照操作流程处理业务，否则容易出现处理错误。金蝶 KIS 云专业版的基本操作流程如图 3-8 所示。

在学习中遇到问题时，有以下几种解决途径：

（1）在操作过程中，对有关功能、过程、项目内容不清楚的，要充分利用软件本身的帮助文档进行了解，或者通过金蝶的网络服务平台寻求解决。

金蝶社区的网址为 http://club.kingdee.com，进去后选择 KIS。其中有相关的学习视频、资料、程序补丁，资源非常丰富。论坛中有很多问题解答，对初学者而言，大多数问题在里面都能找到答案，必要时也可以在里面提问。

（2）通过网络搜索，寻找解决方法。

3.1.4 实验资料说明

本书所用案例以达到掌握软件应用的基本方法和技能为目的，因此为了展现软

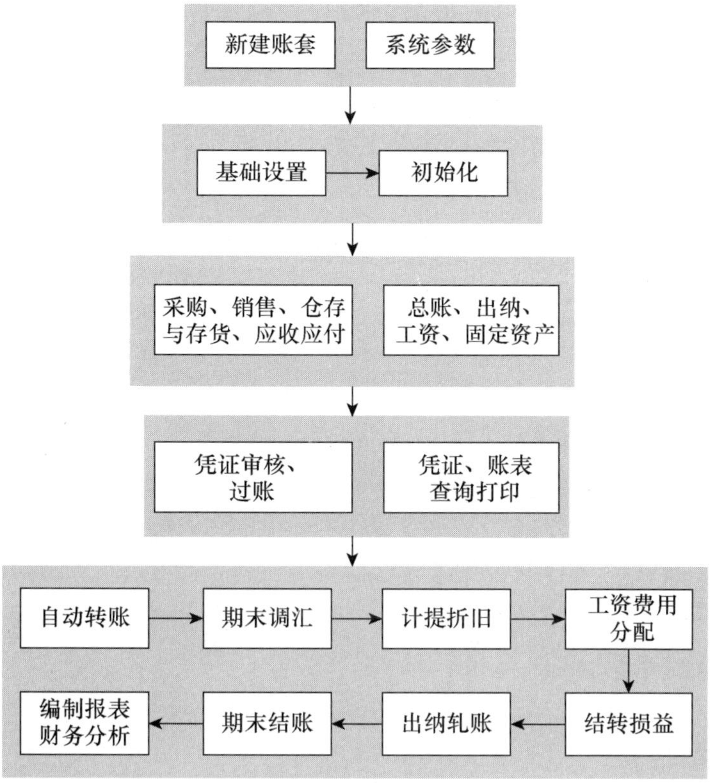

图 3－8　金蝶 KIS 云专业版操作流程

件的一些功能，在业务设计上可能不完全符合实际业务应用。在掌握本章案例应用的基础上，应尽量以实际业务来规划和设计具体应用。案例中的数据均为模拟数据，并非 2019 年 4 月的真实数据。

3.1.5　建账

案例资料

公司简介：重庆两江科技有限公司生产的主产品是税控Ⅱ号及税务发票套打纸，应用于录入发票（专用和通用）、打印发票和数据存储，同时公司代理与税控Ⅱ号产品相关的配套用品（如激光打印机、扫描仪、服务器等）。一车间主要生产税控Ⅱ号产品，二车间主要生产发票打印纸。

1. KIS 登录账号

可以用手机号申请验证码，或者先在金蝶云之家注册，用云之家账号登录。

2. 账套信息

账套号：STAR2019（具体实验中可自行确定）；账套名称：两江科技
账套存放路径：系统默认

3. 账套属性信息

公司名称：重庆两江科技有限公司
地址：重庆市两江新区新光大道 9999 号
电话：0231234567

4. 参数设置

公司纳税性质：一般纳税人；税率：16%
启用会计期间：2019 年 4 月
记账本位币：人民币（RMB）
本位币小数位数：2

5. 基础资料

科目体系：新会计准则科目
凭证字：收、付、转

操作过程

1. 建立账套

选择 Windows 10 应用中“金蝶 KIS 云专业版”|“金蝶 KIS 云专业版-系统管理”（或者直接双击桌面“金蝶 KIS 云专业版-系统管理”图标），进入系统管理，如图 3-9 所示。

图 3-9　系统管理

系统管理分为三种状态。

体验版：安装完成以后，第一次登录 KIS 云专业版-系统管理，以体验版直接打开。此状态下，客户端可以使用演示账套进行体验，不能使用账套管理等功能。

试用版：在体验版且在连接互联网的状态下，选择“我要试用”，填写试用申请，即可进入试用版。如果已经有金蝶云之家的账号，选择“未登录”或“设置”|“登录”可以切换到登录窗口，输入用户名和密码可登录到试用版。试用版可以使用系统管理中的所有功能，建立一个账套可以使用三个会计期间。选择“我要试用”后需要填入的信息如图 3-10 所示。

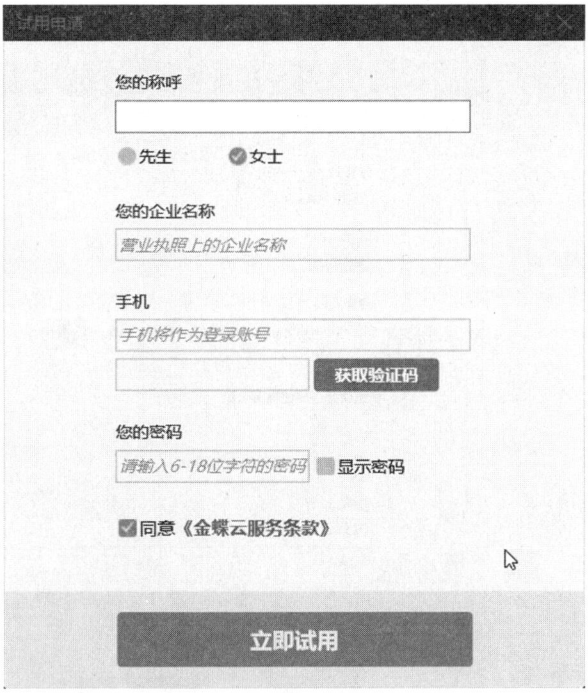

图 3-10　试用信息

正式版：试用版状态下，向金蝶公司付费后可以获得注册码，进行注册激活后，即可成为金蝶的正式客户。具体根据购买的站点，可以使用对应的功能模块。

选择“设置”|“登录”，这里是先在云之家注册了账号（为保密起见，图片中账号进行了处理），如图 3-11 所示。

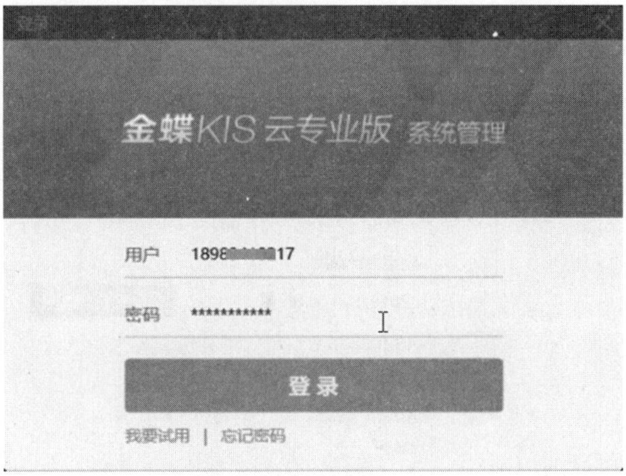

图 3-11　登录

登录后系统提示“该用户无有效企业，是否马上新建”，选择“是”。输入企业名称“重庆两江科技有限公司”，选择“立即创建”，这时系统提示“请确认录入的企业名称与企业营业执照的完全一致，确认后将不能再进行修改”，选择“是”完成。

创建企业完成后，“新建账套”功能为可用状态。选择“新建账套”，填写相关的账套信息，如图 3－12 所示。

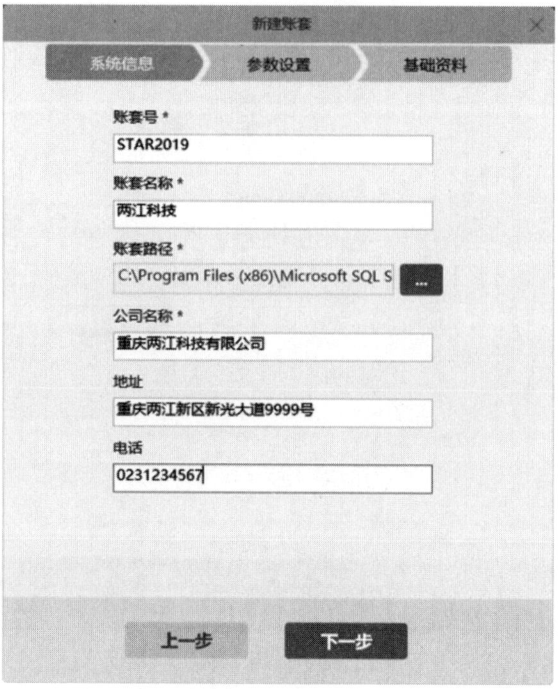

图 3－12　系统信息

进入下一步，进行参数设置，如图 3－13 所示。

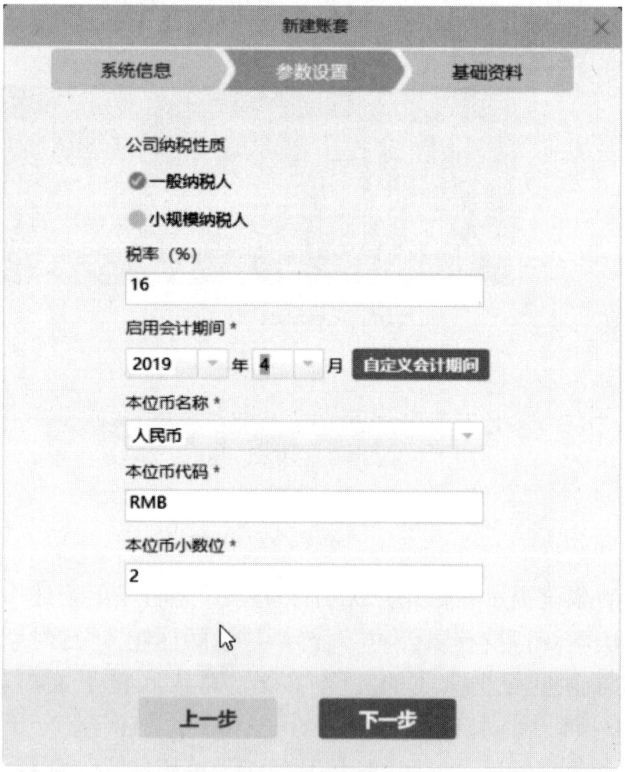

图 3－13　参数设置

进入下一步，设置基础资料，如图 3－14 所示。

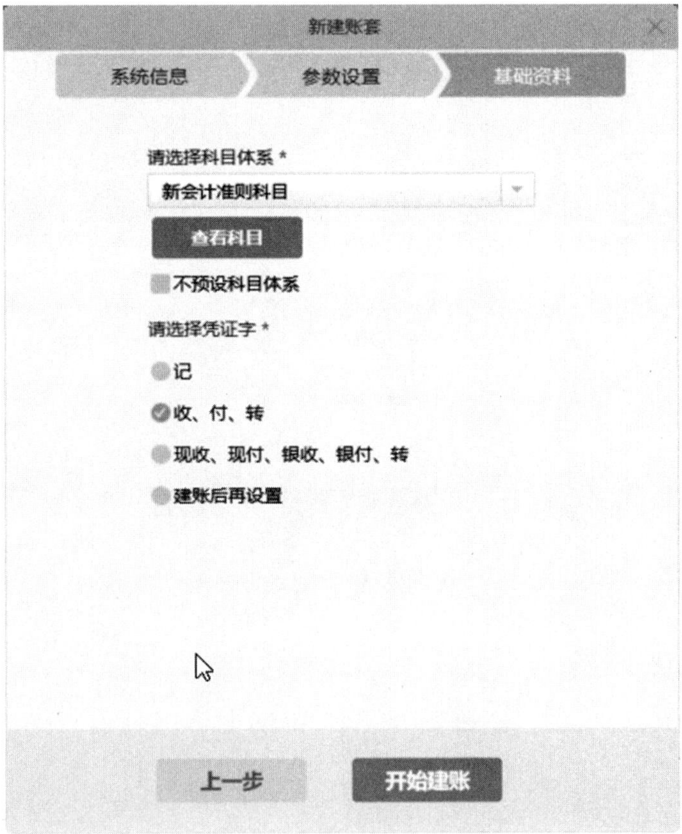

图 3－14　基础资料

选择“开始建账”，系统自动进行建账，建账结束后会提示“建账成功”。

对建立后的账套以及以前存在的账套，可以通过“账套管理”功能进行管理，可以进行密码修改、账套备份、账套恢复等相关的账套维护工作。

选择“查看账套”，进入后先选择新建立的账套“两江科技”，再选择用户“Manager”，点击“保存”按钮退出。

2. 账套备份

在实验中，要注意经常备份账套文件，以备在操作中的账套文件由于机器故障、病毒等原因造成文件或数据损坏时恢复。同时在某一步骤发现前面的数据输入有误时，可以用前一阶段的账套进行恢复，修改错误后继续进行。

在“账套管理”中选择需要备份的账套，选择“更多”|“手动备份账套”功能，可以进行备份工作。执行后如图 3－15 所示。

备份路径需要自行选择，系统自动生成的备份的文件名称可以更改。单击“确定”开始进行备份。备份完成后，显示备份的信息提示（一个扩展名为 .bak 的文件，一个扩展名为 .dbb 的文件）。

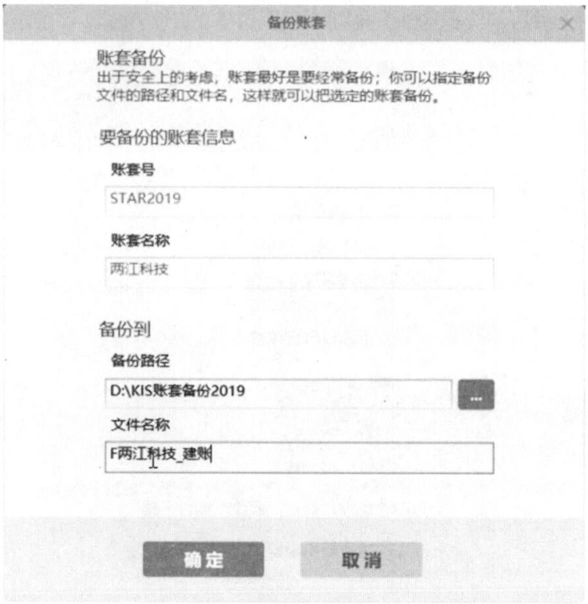

图 3-15　备份账套

3. 账套恢复

在账套管理中，选择“操作”|“恢复账套”，然后选择备份文件，再选择要恢复到的目录（可以自由选择），并设定账套号（账套文件名，与原有的账套不能重名）和账套名称，如图 3-16 所示。

图 3-16　恢复账套

单击“确定”，若完成账套恢复，会提示恢复成功。通过账套恢复，可以将账套转移到另外的机器上继续进行操作。

4. 删除账套

在账套管理中，先选择要删除的账套，然后选择“更多” | “删除”完成。删除账套时，要特别注意，防止误删。

5. 登录方式

申请试用后的第一次登录，必须是连网登录。后续登录时，如果系统管理是连网状态，则默认取上次的登录状态直接登录。

如果系统管理是断网状态，会提示“您当前未连网，是否以离线方式登录”，选择“是”，直接以离线方式登录，登录后应用服务和用户管理中的功能无法使用。

可以通过“设置”功能的“离线密码”进行离线状态密码设置。

3.1.6 设置系统参数

案例资料

1. 系统信息

税务登记号：123456
银行账号：110112113
电话：0231234567
传真：023686699999
电子邮箱：CQLJ999@163.com

2. 财务参数

增加设置“凭证过账前必须审核”和“银行存款科目必须输入结算信息”。
本年利润科目为“4103”；利润分配科目为“4104”。

3. 出纳参数

选择“出纳参数”，启用会计年度设置为 2019，启用会计期间设置为 4。

4. 业务基础参数

选择“业务基础参数”，启用会计年度设置为 2019，启用会计期间为 4，折扣率精度设置为 2，专用发票精度设置为 2，其他参数保持为默认。

操作过程

1. 账套登录

选择桌面的“金蝶 KIS 云专业版”进入系统登录界面，首次登录的界面如图

3－17 所示。用户名为 Manager，密码为空（不用输入密码），单击“确定”进入金蝶 KIS 云专业版主控台。

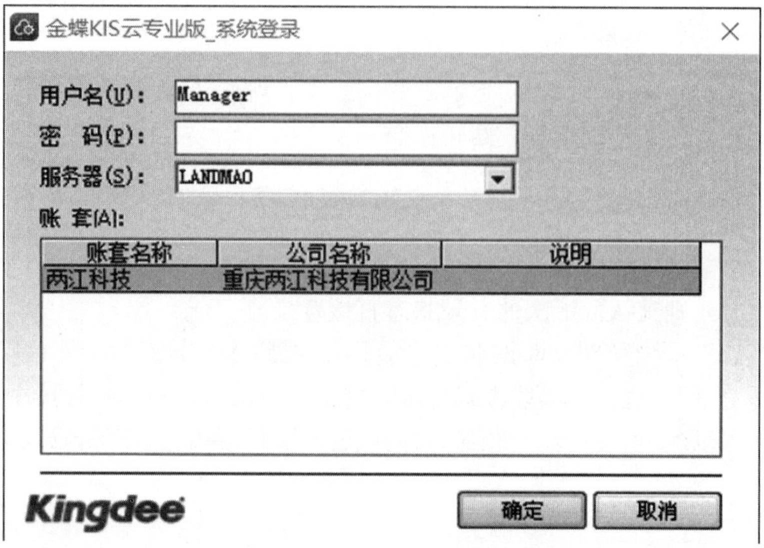

图 3－17　金蝶 KIS 云专业版首次启动界面

操作提示

在登录中，系统会提示“KIS 系统启动后如果不能正常运行，请检查操作系统是否启用了数据保护。如果开启了请改为：仅为基本 Windows 程序和服务启用”。

具体方法为：在控制面板中选择“系统和安全”|“系统”|“高级系统设置”，进入系统属性窗口，选择“高级”|“设置”（“性能”项目）|“数据执行保护”，设置为“仅为基本 Windows 程序和服务启用”。

在登录中，如果输入用户 Manager，然后选择服务器很慢且不能登录，这时可以选择“金蝶 KIS 云专业版-系统管理”，进入后选择查看账套功能，先选择“两江科技”账套，然后选择用户“Manager”，再选择“保存”功能，退出后再重新登录金蝶 KIS 云专业版。其他操作员不能登录时，也按照类似方法处理。

需要特别注意的是，“金蝶 KIS 云专业版-系统管理”要求一直处于运行状态，这样“金蝶 KIS 云专业版”才能正常登录和应用。

第二次启动时，系统默认的是前一次登录的账套，单击“确定”进入，如图 3－18 所示，注意“登录到”后面的文件夹图标。

单击“登录到”后面的文件夹图标，就会显示出所有已经建立的账套，可选择其中一个账套登录。

操作提示

进入登录界面，如果不能登录，可按照以下步骤登录：

登录金蝶 KIS 云专业版-系统管理。

选择“两江科技”账套，再选择“查看账套”。只选择“两江科技”，然后选择要操作的人员（可多选），如“何沙”。保存后再完成操作账套和相关人员的选择。

图 3-18　系统登录

启动金蝶 KIS 云专业版进入登录，输入要登录的人员用户名（显示的用户名与实际登录人不相同时）和密码，然后登录。

进入金蝶 KIS 云专业版主控台，如图 3-19 所示。

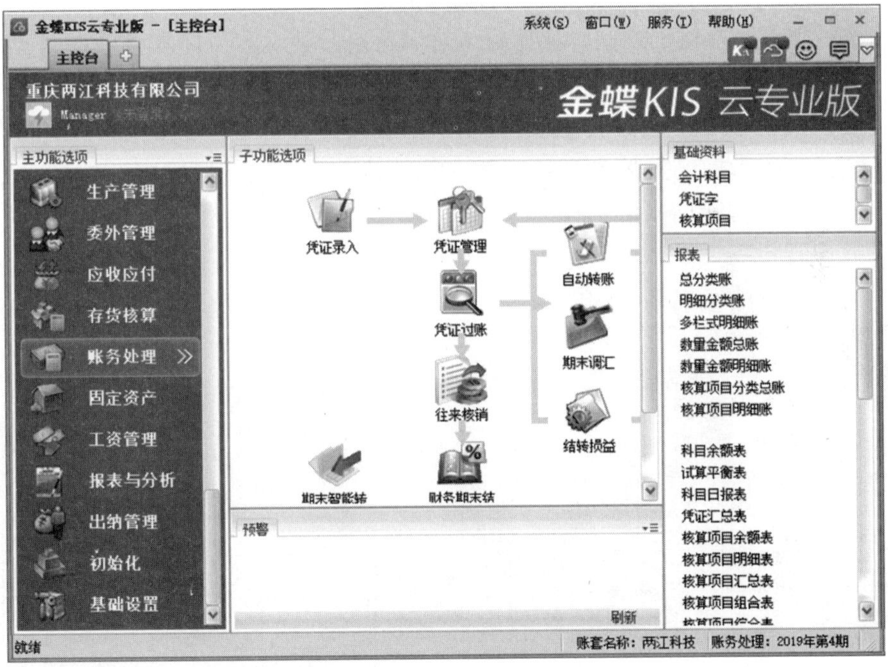

图 3-19　金蝶 KIS 云专业版主控台

金蝶 KIS 云专业版自带有培训视频和相关学习资料，选择“服务”|“视频培训”就可进入学习，如图 3-20 所示。

图 3-20 产品培训

其中有常见问题、视频教程、操作案例、帮助手册等内容，对初学者很有帮助。遇到问题，还可以在主控台中选择“服务”｜“产品论坛”，到上面看看相关问题的解决办法。

2. 基础设置和初始化操作方法与流程

系统参数的各选项是整个系统的重要信息及重大会计政策，如记账凭证字号的设定、账簿余额输出方向、固定资产折旧要素变动后的会计政策等，因而须慎重定义有关参数。其中的一些选项一经选定，则不宜经常变动，否则会影响会计处理的一致性。某些项目，一旦开始业务应用，系统就自动锁定了有关参数，不允许再修改。

有关参数的具体含义请参考本软件帮助手册的相应内容。

在主功能选项区选择“基础设置”模块，基础设置分为公共资料、业务资料、财务资料三大类。

设置的基本流程如图 3-21 所示。其初始数据录入、启用系统都在“初始化”模块中完成。

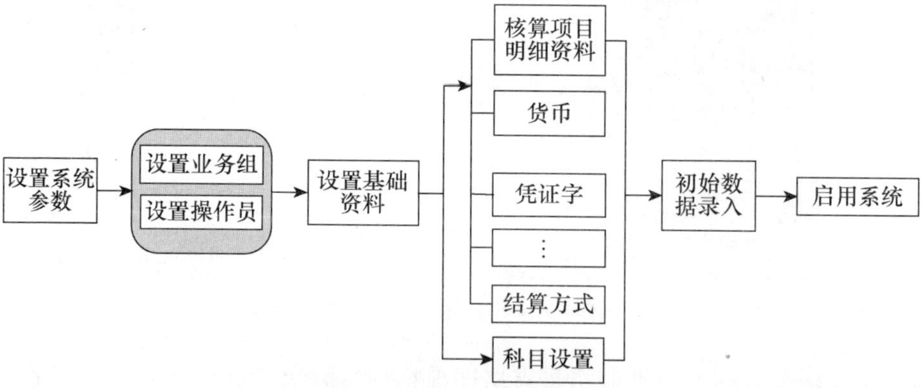

图 3-21 基础设置流程图

3. 基础设置

新建账套后，首先是要进行基础设置，其决定了后续业务的处理规则和基础数据，十分重要。基础设置的功能如图 3－22 所示。

图 3－22　基础设置功能

根据基础设置的需要，如果是网络上多人应用，可以选择各功能并行进行相关设置。但某些基础设置有先后数据调用关系，因此不能同时进行。

4. 设置系统参数

（1）设置系统信息。选择“基础设置”｜“系统参数”功能，进入相关参数的设置。系统信息包括一些常规信息，根据实际需要设置。记账本位币选择默认值，其他信息按照案例资料录入。

（2）设置会计期间。按照系统管理中会计期间默认值设置。

（3）设置财务参数。增加设置“凭证过账前必须审核”和“银行存款科目必须输入结算信息”，本年利润科目和利润分配科目在设置科目后进行补充设置，如图 3－23 所示。

（4）出纳参数。选择“出纳参数”，启用会计年度设置为 2019，启用会计期间设置为 4，如图 3－24 所示。

（5）业务基础参数。选择“业务基础参数”，启用会计年度设置为 2019，启用会计期间设置为 4，折扣率精度设置为 2，专用发票精度设置为 2，其他参数保持为默认，如图 3－25 所示。

（6）业务参数。业务参数按照默认设置，如图 3－26 所示。

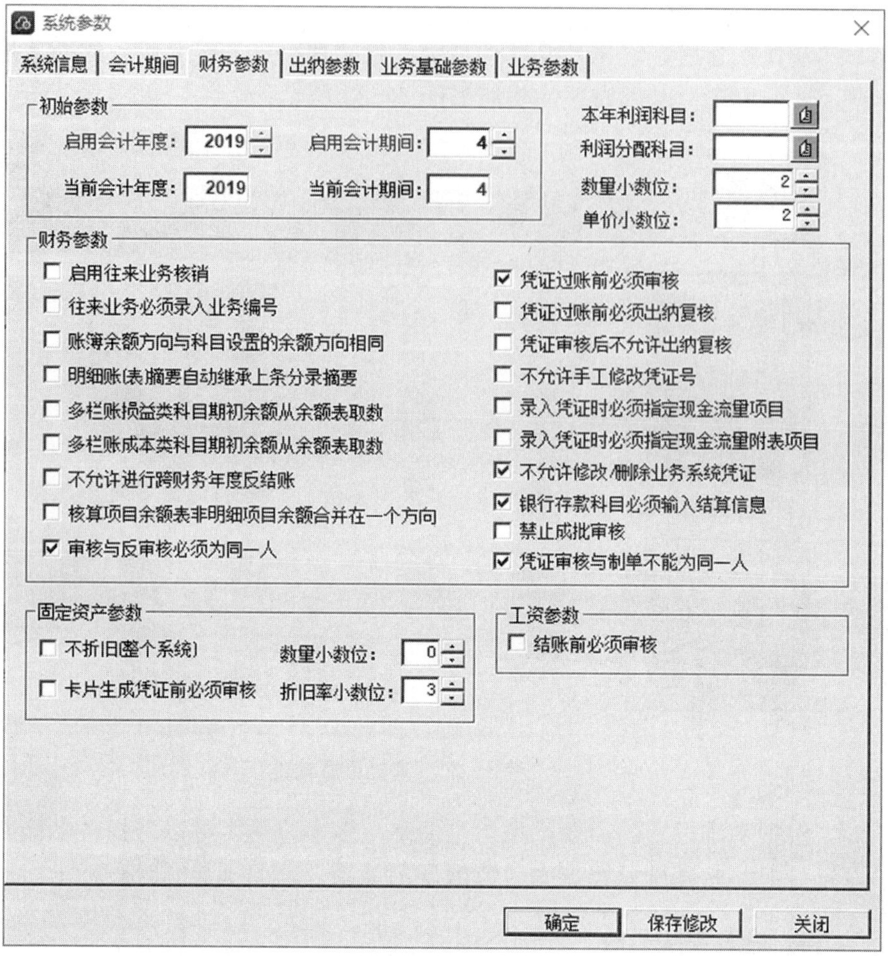

图 3-23 财务参数

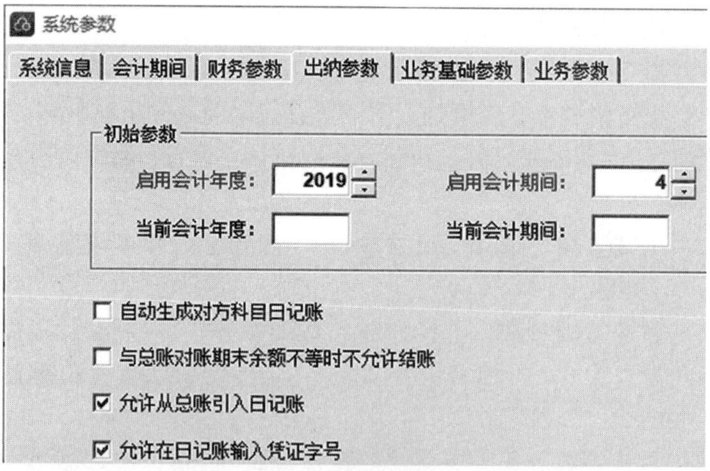

图 3-24 出纳参数

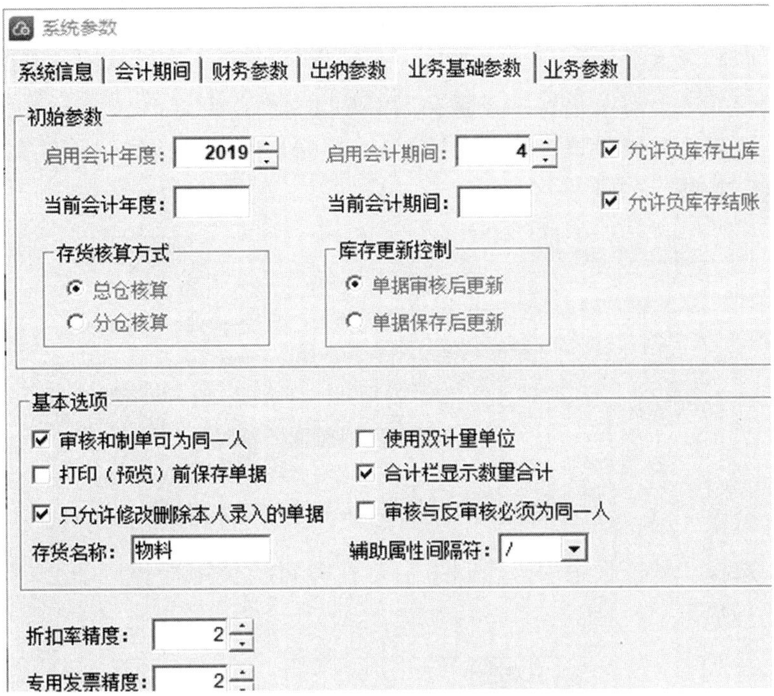

图 3－25　业务基础参数

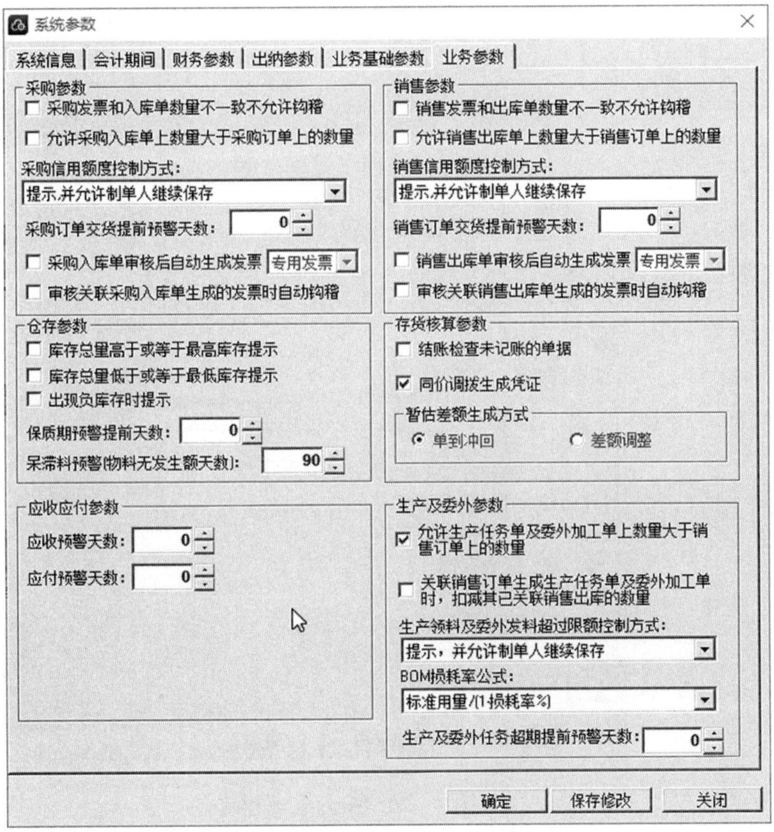

图 3－26　业务参数

保存已经完成的设置，退出系统参数设置，然后重新登录。

（7）导入预置科目。建账后，系统提供的科目表是空的，可以将系统提供的预置科目导入。有关科目的设置在后面相关部分进行。

选择“基础设置”｜“会计科目”功能，然后再选择“文件”｜“从模板中引入科目”功能，如图 3－27 所示。

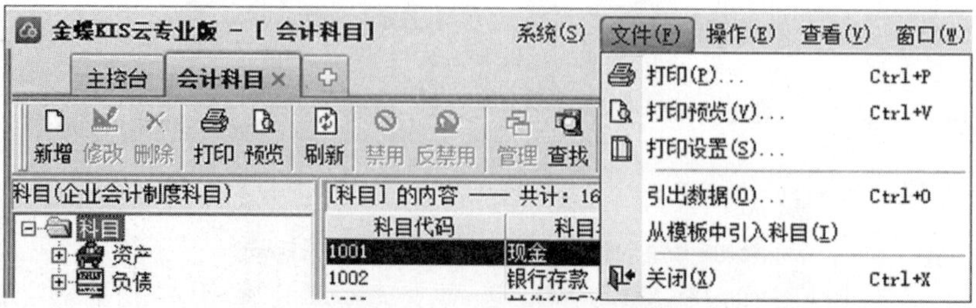

图 3－27 调用“从模板中引入科目”

选择“从模板中引入科目”后，在科目模板中选择“新会计准则科目”，如图 3－28 所示。

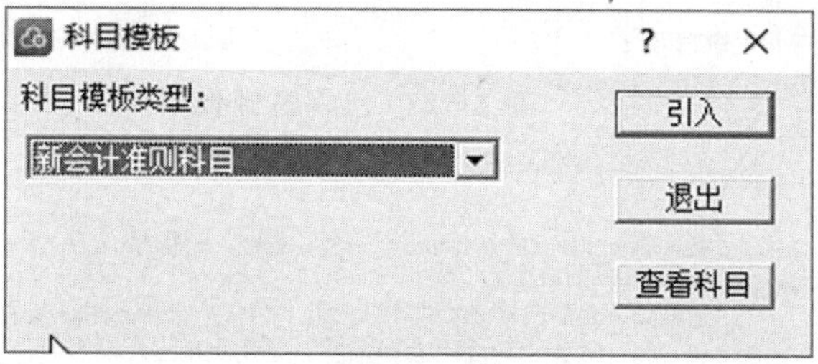

图 3－28 科目模板

单击“引入”按钮，再选择“全选”，然后单击“确定”按钮，系统就自动引入，如图 3－29 所示。

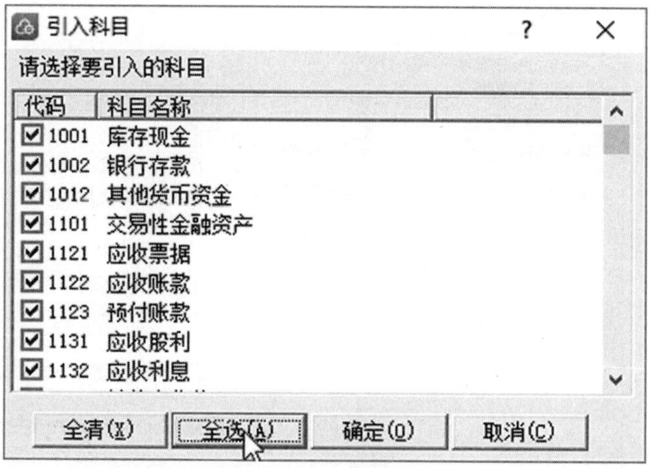

图 3－29 引入会计科目

（8）补充设置财务参数。选择“基础设置”|“系统参数”，在前面的财务参数设置中，本年利润科目和利润分配科目没有设置，现在进行设置，如图 3－30 所示。

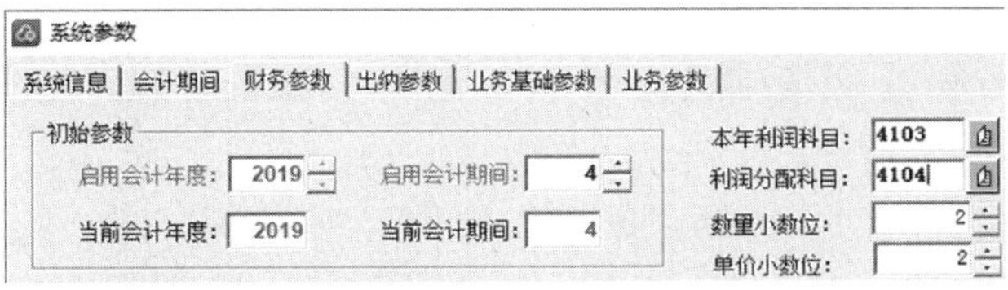

图 3－30　财务参数中科目的设置

3.1.7　设置部门和职员

案例资料

1. 部门档案

部门档案如表 3－1 所示。

表 3－1　部门档案

部门编码	部门名称	部门属性	部门编码	部门名称	部门属性
1	管理中心	非车间	3	制造中心	非车间
1.01	行政部	非车间	3.01	一车间	车间
1.02	财务部	非车间	3.02	二车间	车间
2	供销中心	非车间	4	物流中心	非车间
2.01	销售部	非车间	4.01	仓储部	非车间
2.02	采购部	非车间	4.02	运输部	非车间

2. 职员

（1）职员类别。本企业在职人员分为 4 类：1——管理人员；2——经营人员；3——车间管理人员；4——车间工人。

（2）职员档案。职员档案如表 3－2 所示。

表 3－2　职员档案

职员编码	姓名	职员类别	部门	性别	职务
101	孙正	管理人员	行政部	男	总经理
102	陈瓜瓜	管理人员	行政部	女	办事员
201	何沙	管理人员	财务部	男	办事员
202	赵小兵	管理人员	财务部	女	办事员
203	孙胜业	管理人员	财务部	女	部门经理
301	刘一江	经营人员	销售部	男	业务员
302	朱小明	经营人员	销售部	女	部门经理
401	李天华	经营人员	采购部	女	部门经理
402	杨真	经营人员	采购部	男	业务员
501	陈哈哈	经营人员	仓储部	男	部门经理
601	罗忠	经营人员	运输部	男	部门经理

具体操作时，可将“何沙”改为实验者自己的名字。

操作过程

部门和职员是基础信息资料，也是工资、采购、销售、仓存系统等的公用资料。

（1）设置部门。选择“基础设置”|“核算项目”，先选择核算项目“部门”，再单击“新增”，逐一输入案例资料中的部门，部门分级采用“.”分隔，逐一输入相关部门信息，如图 3-31 所示。

图 3-31　部门设置

（2）设置职员类别。选择“基础设置”|“辅助资料”，选择“职员类别”，如图 3-32 所示。

图 3-32　职员类别

先用鼠标点击右边职员类别的内容区域，然后单击“新增”，按照案例资料输入，如图 3-33 所示。

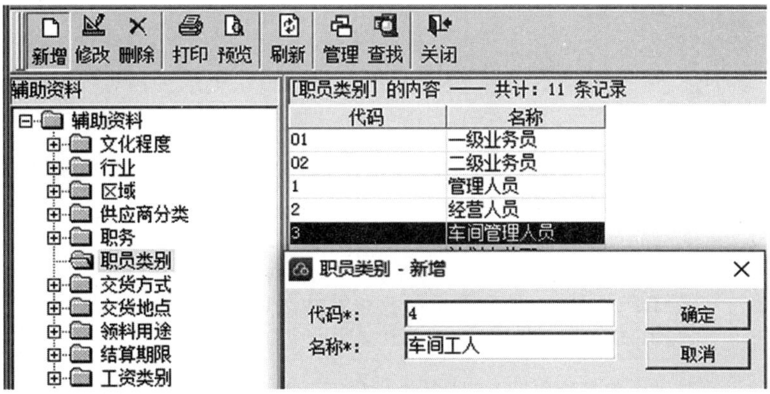

图 3-33　设置职员类别

(3) 设置职员。选择“基础设置”|“核算项目”，先选择“职员”，再单击“新增”按钮进行设置，如图 3-34 所示。

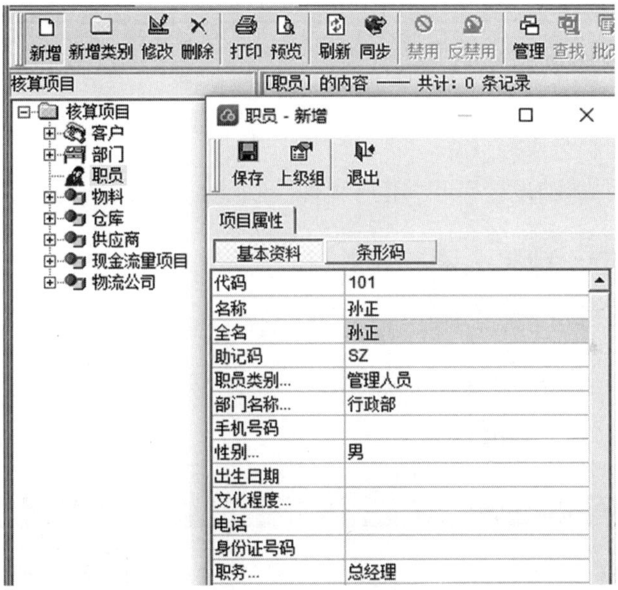

图 3-34　职员设置

项目后有“…”标识的，表示该项目有明细可供选择，方法是在该项目输入时按 F7 键，然后选择。也可同时进行增加、删除。

在“职员类别”处按 F7 键，可以调出“职员类别”设置窗口，必要时可临时新增职员类别。

一个人的信息设置完成后，单击“保存”完成录入，然后自动进入下一个人员信息的设置。

3.1.8 操作员权限设置

案例资料

会计工作分工和各岗位权限资料如表 3-3 所示。

表 3-3 岗位分工

姓名	主要操作权限	单据权限	操作员组
孙胜业	全部功能		系统管理员组
何沙	基础资料；账务处理；固定资产；报表；财务分析；出纳管理；工资；采购管理；仓存管理；存货核算；销售管理；应收应付；购销存公用设置	所有用户	会计组
赵小兵	基础资料（查询权）；账务处理凭证（查询所有凭证、出纳复核）；出纳管理	所有用户	出纳组
李天华	基础资料（查询权）；采购管理；应收应付（查询权）	所有用户	采购组
刘一江	基础资料（查询权）；销售管理；应收应付（查询权）	所有用户	销售组
陈瓜瓜	基础资料（查询权）；仓存管理	所有用户	库房组

操作员的初始密码均设置为：123。

操作过程

选择“基础设置”|“用户管理”功能，进入用户管理，如图 3-35 所示。

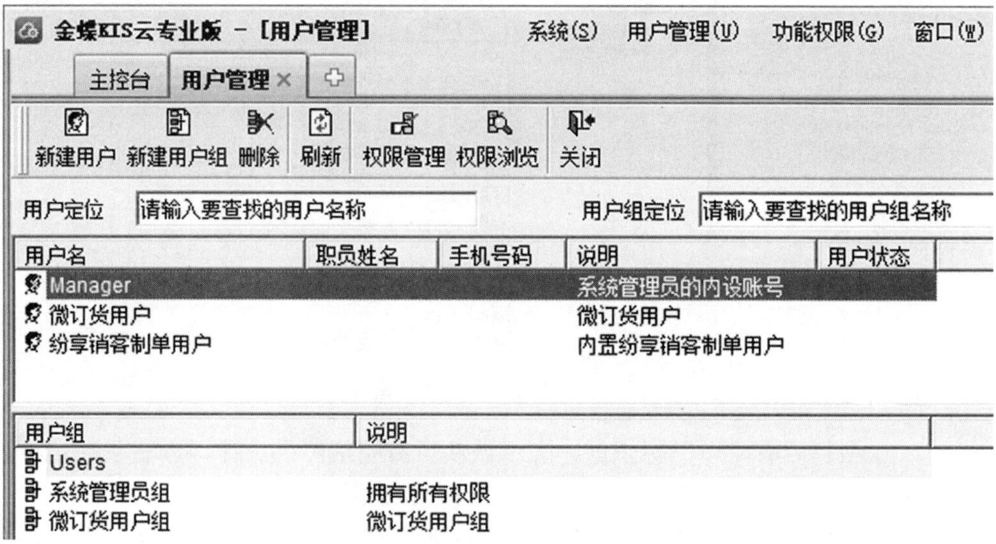

图 3-35 用户管理

1. 建立用户组

在用户管理中，选择“新建用户组”，完成用户组的建立，如图 3-36 所示。

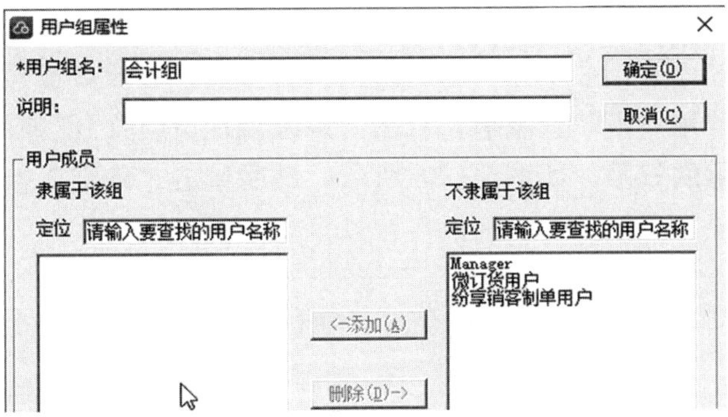

图 3－36　新建用户组

逐一增加操作员组的信息设置。

操作提示

系统设置了系统管理员组，该组具有最大限度的操作权限。隶属于这个组的组员可以查询所有数据和报表，具有该账套操作的所有功能权限。除系统管理员组外，其他各组的权限都与“Users”组一样，可以通过“权限管理”对用户进行明细授权。对组进行授权，可以简化授权的步骤和工作量。

系统预设的用户组可以修改用户名称，方法是在相应的组上点击右键，再选择“属性”功能完成。

2. 设置用户

操作员在金蝶 KIS 云专业版中称为用户。选择“新建用户”，在“用户”选项卡中增加操作人员的相关信息，在用户姓名后点击“选择职员”，选择要设置的用户，然后输入初始密码“123”，如图 3－37 所示。

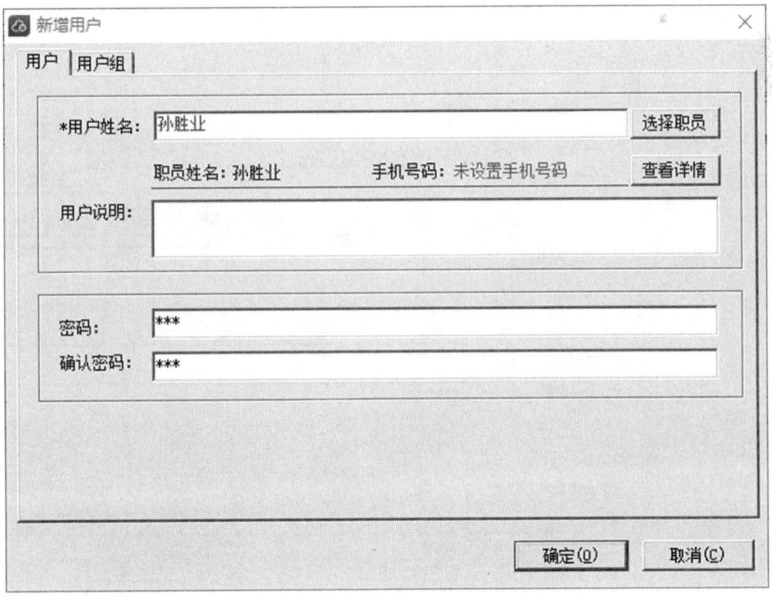

图 3－37　新增用户

操作提示

密码可为空或者设置一个通用的初始密码，然后由操作者自己重新设定。

选择“用户组”选项卡，双击“系统管理员组”，使该用户属于系统管理员组，即拥有该组的权限，如图 3－38 所示。最后单击“确定”按钮，一个用户的资料设置就完成了。

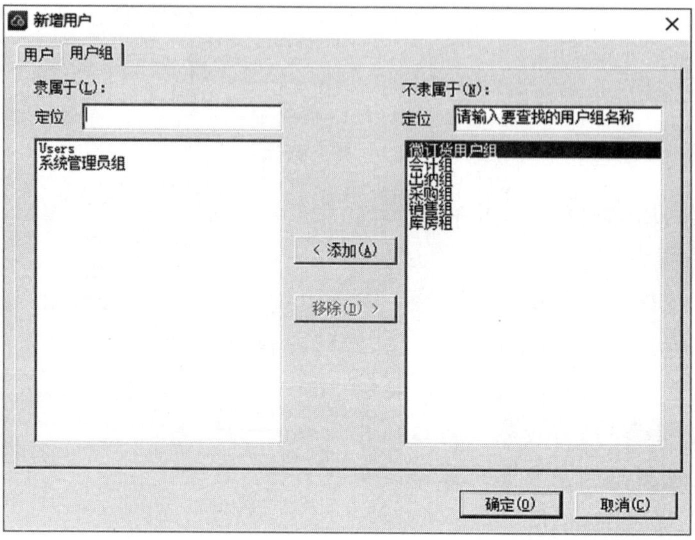

图 3－38　设置所属用户组

建立好用户后，应修改系统管理员的密码，这对于系统的安全很重要。一般不要直接使用系统管理员的账号进入系统做日常业务工作。

双击用户列表中的某用户，可以查看该用户的属性。如果勾选“此账号禁止使用”选项，则取消该用户进入系统的权力。该功能一般在用户离开本单位或者不再从事相关的具体业务时启用，如图 3－39 所示。

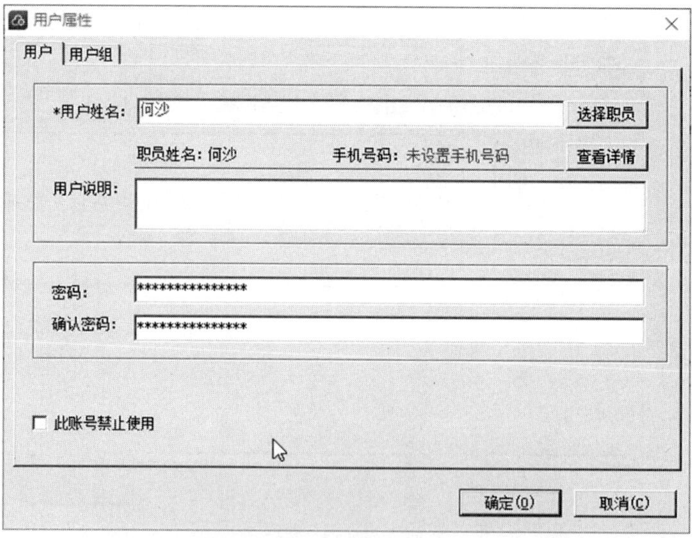

图 3－39　用户属性

双击某用户组的名称，将显示该组的成员，图 3－40 所示的是会计组成员。

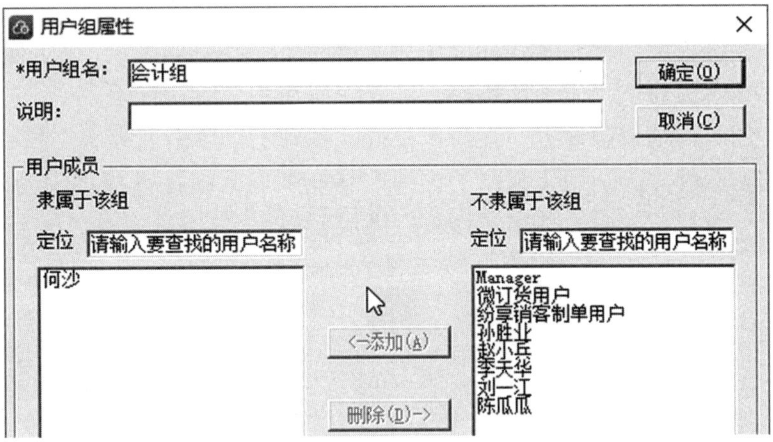

图 3－40　查看会计组成员

3. 操作员授权

权限的设置既要达到权力约束的目的，又不能过于细致，否则可能导致使用效率降低。为了系统的安全性，在授予某个模块操作的权限时，应该限制其权限只用于具体的某项操作，如仅限于本人、本组录入系统的单据，不能操作所有的单据或凭证。此项设置在“高级”权限设置中完成。

（1）简单授权方式。这种方式只是按照模块的查询权和管理权进行授权。一般适用于单位较小、操作人员不多的情况。

选择“基础设置”|“用户管理”进行授权。先选择要授权的用户，然后单击“权限管理”按钮，授权完毕后单击“授权”按钮完成，如图 3－41 所示。

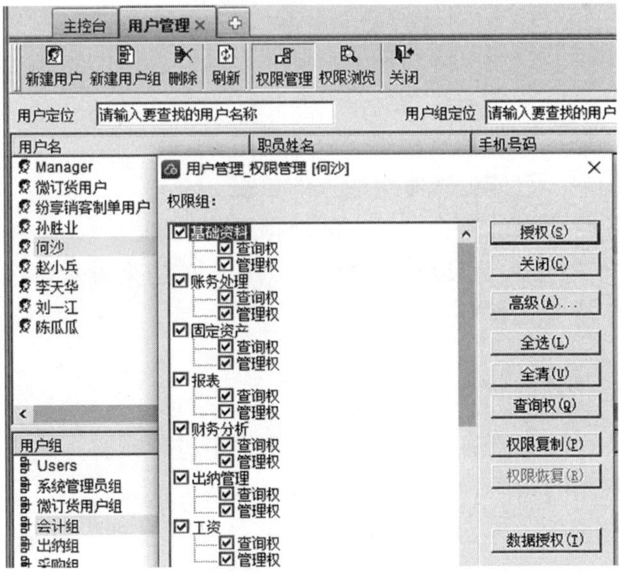

图 3－41　简单授权方式

其中的“数据授权”是根据管理需要授予具有客户、仓库、供应商、科目的一种或多种权限，这需要在设置了相关的客户、供应商等信息后再进行设置。

在进行用户授权时，如果用户所在的组已经获得授权，对应该用户组的权限字体都显示为蓝色，表示该用户已经获得所在用户组的权限。

（2）详细权限设置。在简单授权的基础上，单击“高级”按钮可进入详细授权方式，这种方式适用于权限的详细控制，满足精细化授权管理的需要，如图 3－42 所示。设置授权后，单击“授权”完成授权。

图 3－42 详细授权方式

对于单据的授权范围，需要在系统中进行专门的设定。下面是单据授权范围的说明。

所有用户：能处理所有用户录入的单据。

本组用户：只能处理本组输入的单据。

当前用户：只能对自己录入的单据进行处理。

在日常工作中，可以单击“权限浏览”按钮来查看每个人的权限，具体可按用户方式或系统方式查看。

4. 用户组授权

如果一个用户组有多人，可先对用户组进行授权，这样该用户组的人员就自动拥有了用户组的权限，这样的好处是可以减少授权的工作量。

例如，选择“库房组”，然后选择“权限管理”功能进行授权，如图 3－43 所示。

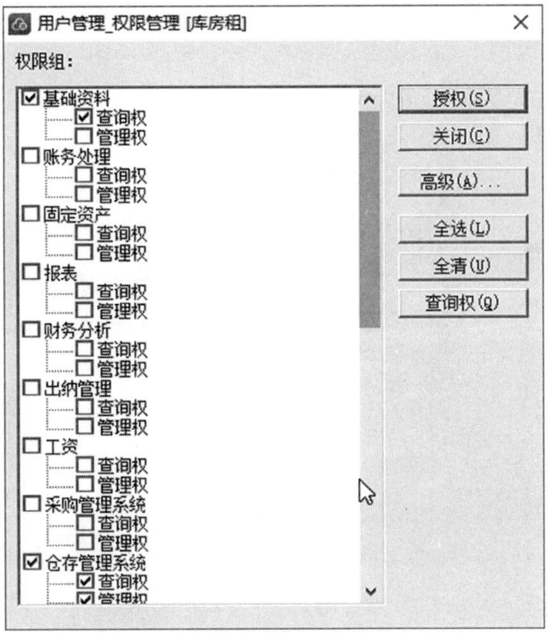

图 3 - 43　库房组授权

单击“授权”完成该用户组的授权。授权的具体方法与个人授权是相同的。

陈瓜瓜是库房组的成员，先选择“陈瓜瓜”，再选择“权限管理”功能，进入后权限组中已经授权的功能显示为蓝色（用圈标出的部分），如图 3 - 44 所示。

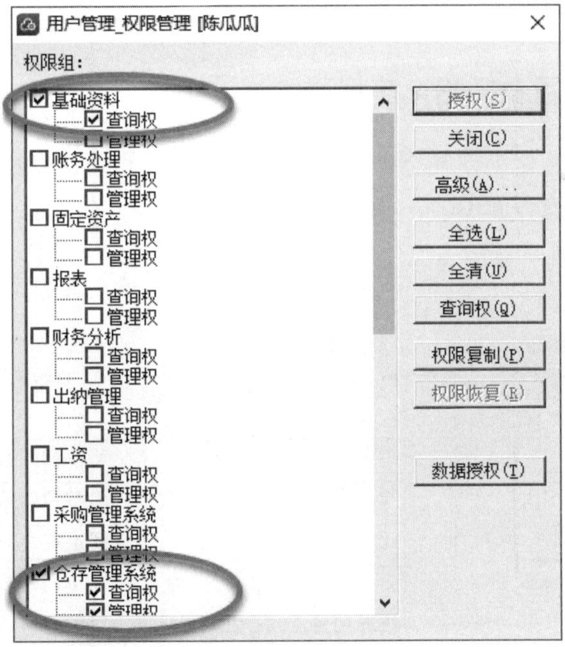

图 3 - 44　用户授权（陈瓜瓜）

这时可以在业务组授权的基础上再增加授权，以满足个别人员的特殊权限授权要求。

5. 用户登录

用户设置完成后，就应按照用户的岗位来登录完成业务，在登录的时候要输入用户名和密码，如图 3－45 所示。

图 3－45　用户登录

更改用户密码。系统管理员完成用户权限设置后，一般密码设置为空或者特定密码。操作者登录系统后，执行“系统”|“密码设置”就可以更改密码。在日常工作中，应当定期更改自己的密码，提高保密水平。

3.2　基础设置

3.2.1　设置及初始化流程

整个初始化工作在金蝶 KIS 云专业版中，主要由基础设置和初始化两个模块完成，其基本流程如图 3－46 所示。

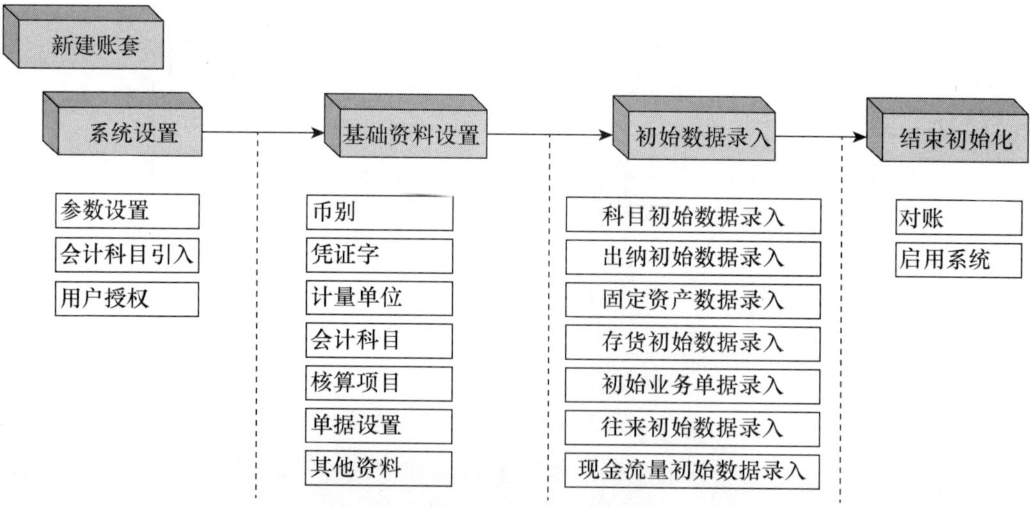

图 3－46　基础设置及初始化流程

基础设置中某些项目设置需要较高的权限，原则上用操作员孙胜业登录进行相关设置。

3.2.2　设置外币及汇率

案例资料

币种编号：USD；币种名称：美元；折算方式：原币×汇率＝本位币；期初汇率：6.25。采用浮动汇率核算。

操作过程

选择“基础设置”｜“币别”，单击“新增”，可以增加币别，如图 3－47 所示。

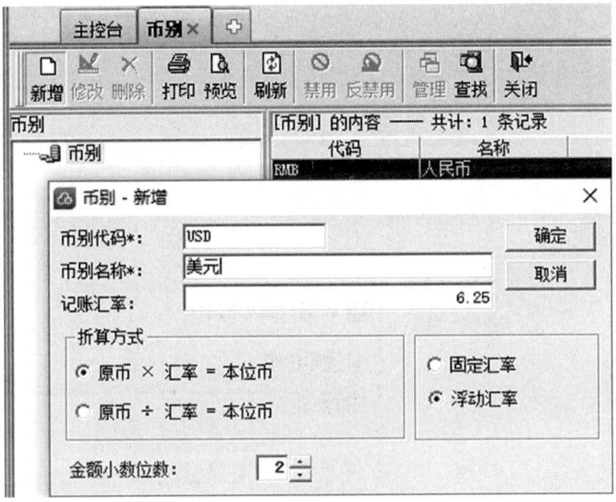

图 3－47　币别设置

3.2.3　设置计量单位

案例资料

计量单位的有关信息如表 3－4 所示。

表 3－4　　计量单位

计量单位组名称	计量单位代码	计量单位名称	换算方式	换算率	是否默认
自然单位组	0100	其他	固定换算	1	是
	0101	吨	固定换算	1	
	0102	台	固定换算	1	
	0103	块	固定换算	1	
	0104	箱	固定换算	1	
	0105	盒	固定换算	1	
	0106	个	固定换算	1	
	0107	千米	固定换算	1	

续前表

计量单位组名称	计量单位代码	计量单位名称	换算方式	换算率	是否默认
鼠标组	0200	只	固定换算	1	是
	0201	箱	固定换算	12	
硬盘组	0300	盒	固定换算	1	是
	0301	箱	固定换算	10	

操作过程

1. 计量单位组

选择“基础设置”|“计量单位”，单击“新增”按钮增加计量单位组，如图 3-48 所示。

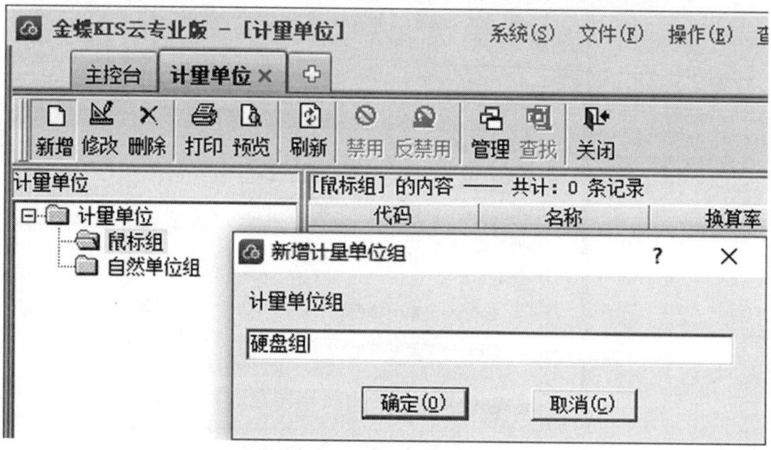

图 3-48 新增计量单位组

2. 计量单位

自然单位组设置：先选择自然单位组，然后单击右边空白部分，再单击“新增”按钮，如图 3-49 所示。

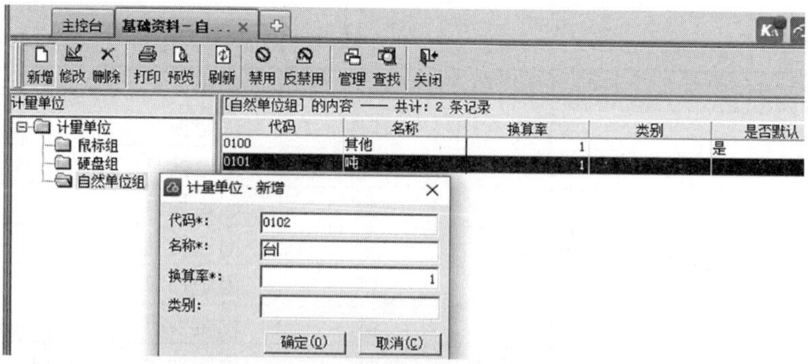

图 3-49 自然单位组设置

选择某个计量单位，单击鼠标右键，可以设置相关信息。其他计量单位组的设置方法相同，要注意换算率的设置。

系统将输入的第一个换算率为 1 的计量单位默认为基本计量单位，也可以设置某个计量单位为默认的基本计量单位，在同一个计量单位组中只有一个默认值。

换算率是指基本计量单位和常用计量单位之间的换算关系。如输入计量单位“千克”，换算率为 1，那么“千克”为默认的基本计量单位，新增计量单位“吨”时，那么换算率为 1 000。一般情况下，基本计量单位是该物料的最小计量单位，常用计量单位是在处理业务时最经常用到的计量单位。

3.2.4　设置自定义核算项目

案例资料

本单位核算项目分为自行开发项目和委托开发项目，如表 3-5 所示。

表 3-5　项目概览

项目分类编码	项目分类	项目代码	项目名称
MY01	自行开发项目	01	专用发票打印纸
		02	通用发票打印纸
		03	HP 服务器项目
		04	税控Ⅱ号
MY02	委托开发项目	05	加密卡

操作过程

1. 项目类别设置

选择“基础设置”|“核算项目”，单击“新增类别”增加新的项目类别，如图 3-50 所示。

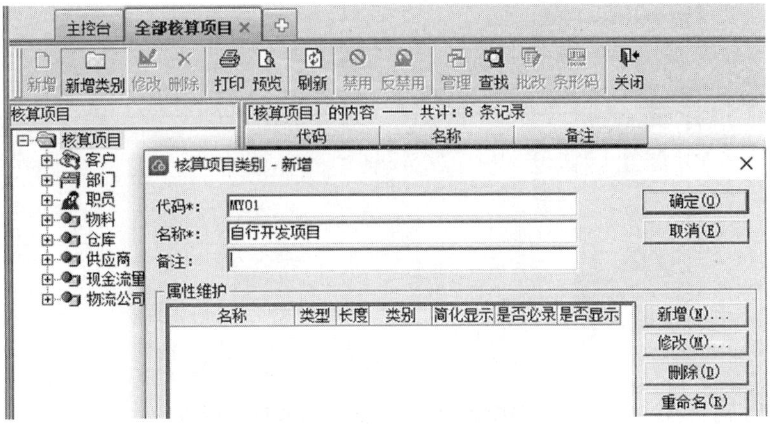

图 3-50　增加核算项目类别

按照同样的方法输入“委托开发项目”。

2. 项目明细设置

先选择项目类别，再单击“新增”按钮输入明细项目。图 3－51 为输入自行开发项目的明细目录。

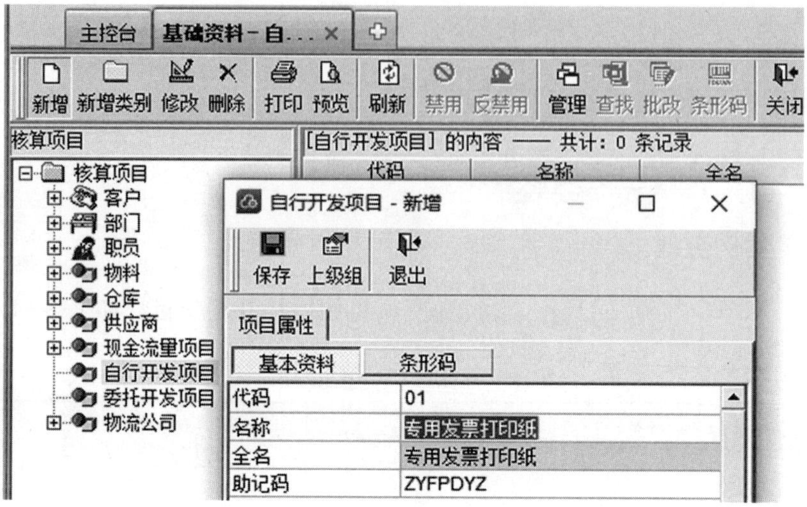

图 3－51　自行开发项目的明细目录

委托开发项目明细按照同样方法录入。

3. 自定义核算项目的授权

对于自定义核算项目，需要授权给相关的业务处理人员才能使用。如果没有授权，在操作时就会提示无相关权限的信息。

以系统管理员登录，选择“基础设置”｜“用户管理”，先选择用户“何沙”，再单击“权限管理”，进入权限管理后，选择“高级”，在用户权限中将自行开发项目和委托开发项目授权给何沙，如图 3－52 所示。

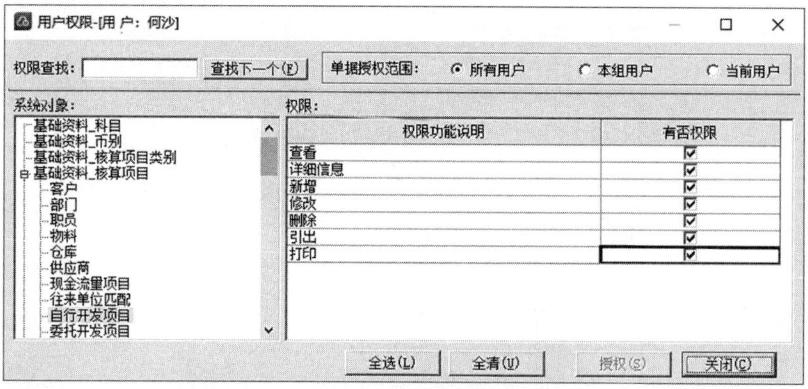

图 3－52　自定义核算项目授权

选择相关权限后点击“授权”完成。

3.2.5　设置会计科目

案例资料

2019 年 4 月份会计科目如表 3－6 所示。

表 3－6　　会计科目表

科目代码	科目名称	辅助核算	方向	币别计量
1001	库存现金	现金科目/出日记账	借	
1002	银行存款	银行科目/出日记账	借	
1002.01	工商银行	银行科目/出日记账	借	
1002.02	中国银行	银行科目/出日记账；期末调汇	借	美元
1122	应收账款	客户；往来业务核算	借	
1123	预付账款	供应商；往来业务核算	借	
1221	其他应收款		借	
1221.01	应收单位款	客户；往来业务核算	借	
1221.02	应收个人款	职员	借	
1403	原材料		借	
1403.01	生产用原材料	数量金额辅助核算	借	吨
1604	在建工程		借	
1604.01	人工费	自行开发项目	借	
1604.02	材料费	自行开发项目	借	
1604.99	其他	自行开发项目	借	
1901	待处理财产损溢			
1901.01	待处理流动资产损溢			
1901.02	待处理固定资产损溢			
2202	应付账款	供应商；往来业务核算	贷	
2203	预收账款	客户；往来业务核算	贷	
2211	应付职工薪酬		贷	
2211.01	工资		贷	
2211.02	职工福利费		贷	
2221	应交税费		贷	
2221.01	应交增值税		贷	
2221.01.01	进项税额		借	
2221.01.02	销项税额		贷	
2221.99	其他		贷	
2231	应付利息		贷	
2231.01	借款利息		贷	
4104	利润分配		贷	

续前表

科目代码	科目名称	辅助核算	方向	币别计量
4104.06	未分配利润		贷	
5001	生产成本		借	
5001.01	直接材料	自行开发项目	借	
5001.02	直接人工	自行开发项目	借	
5001.03	制造费用	自行开发项目	借	
5001.04	折旧费	自行开发项目	借	
5001.99	其他	自行开发项目	借	
5101	制造费用		借	
5101.01	工资		借	
5101.02	折旧费		借	
5101.03	租赁费		借	
6601	销售费用		借	
6601.01	工资	部门	借	
6601.02	福利费	部门	借	
6601.03	办公费	部门	借	
6601.04	差旅费	部门	借	
6601.05	招待费	部门	借	
6601.06	折旧费	部门	借	
6601.99	其他	部门	借	
6602	管理费用		借	
6602.01	工资	部门	借	
6602.02	福利费	部门	借	
6602.03	办公费	部门	借	
6602.04	差旅费	部门	借	
6602.05	招待费	部门	借	
6602.06	折旧费	部门	借	
6602.99	其他	部门	借	
6603	财务费用		借	
6603.01	利息支出		借	
6603.02	利息收入		借	
6603.03	汇兑损益		借	

操作过程

1. 科目设置方法

在进行科目设置时，要按照案例资料，逐一进行检查，防止错漏。如果设置不正确，就会影响后面的数据，甚至出现数据错误。在业务开展过程中，也可以增加科目。

选择“基础设置”|“会计科目”，打开会计科目设置功能。

金蝶 KIS 云专业版中将会计科目分为资产、负债、共同、权益、成本、损益和表外七大类。单击科目左边的科目类别，可分类浏览各类别的会计科目。要浏览某会计科目的设置属性或其下属的明细科目，双击该科目即可，若该科目设置了下一级科目，则其前端会显示展开符号“+”，否则显示折叠符号“—”。若要查看下一级科目，只需单击展开符号“+”即可，如图 3-53 所示。

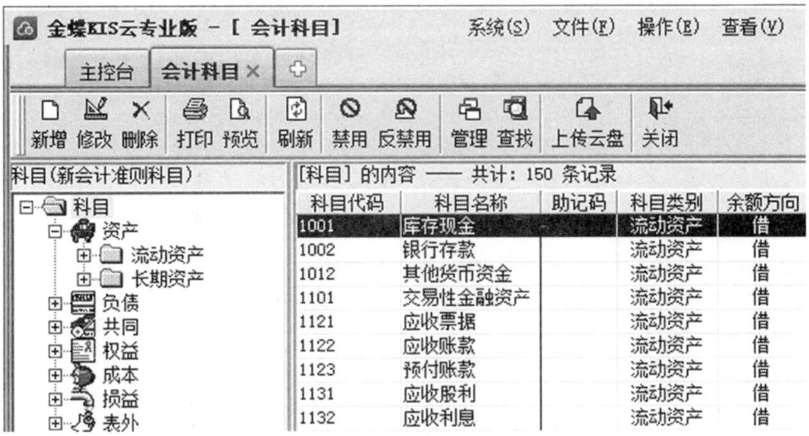

图 3-53　会计科目设置

在会计科目设置窗口中可以对会计科目进行增加、修改、删除、科目禁用、预算数据输入、科目计息的定义和全部科目属性情况预览、打印等操作。

科目的级次之间用英文符号“.”作为分隔符。选择“查看”|“选项”，可以设定显示信息内容。

会计科目主要参数的含义如表 3-7 所示。

表 3-7　会计科目主要参数说明

数据项	说明
科目代码	会计科目的子科目与父科目之间用小数点来进行分隔。二级以后的明细科目代码位数可以根据用户的需要自行设定，没有限制。明细科目可以设置多个级次，位数设置也无规定。
科目名称	科目名称是该科目的文字标识。在命名科目名称时只需命名本级科目名称。
助记码	帮助记忆科目的编码。在录入凭证时，为了提高科目录入的速度可以用助记码进行科目录入。例如，将“现金”科目的助记码设为“xj”，则在输入现金科目时输入“xj”，系统将会自动找到“现金”科目。
科目类别	科目类别用于对科目的属性进行定义。系统中损益类科目的特殊处理主要体现在两个方面：第一，在执行“结转本期损益”功能时，所有定义为损益类的科目的本期实际发生额都将全部自动结转；第二，在自定义报表中设置取数公式时，设定为损益类科目便可取出其实际发生额。
余额方向	余额方向是指该科目默认的余额方向。

续前表

数据项	说明
外币核算	具体核算方式分三种。(1) 不核算外币：不进行外币核算，只核算本位币。(2) 核算所有外币：对本账套中设定的所有货币进行核算。(3) 核算单一外币：只对本账套中某一种外币进行核算。若选择核算单一外币，要求选择一种进行核算的外币的名称。系统在处理核算的外币时，会自动取在“币别”功能中输入的汇率。
核算项目	多项目核算，在科目的基础上多角度地反映企业的财务信息。
期末调汇	只有科目进行了外币核算，此选项才可用。如选择期末调汇，月底进行期末调汇时生成调汇凭证。
往来业务核算	在一些需要核对往来业务的科目中设置，选择后此类科目在输入凭证时系统会要求输入往来业务核算代码，并会对此类科目进行往来业务核销。此项选择将影响到往来业务对账单和账龄分析表的输出。
数量金额辅助核算	选择此项目后，会计科目不仅核算金额，而且核算数量，在输入凭证时要求输入金额的同时输入数量。
计量单位	选择科目的计量单位组及默认的计量单位。只有科目进行了数量金额辅助核算，此项目才可使用。
现金科目	选中此选项，则将科目指定为现金类科目。在现金日记账和现金流量中使用。
银行科目	选中此选项，则将科目指定为银行类科目。在银行日记账和现金流量中使用。
出日记账	选择此项目后的科目会自动出日记账，一般用于现金类、银行存款类科目。
现金等价物	该选项供现金流量表取数使用。

2. 银行类科目的设置

(1) 工商银行科目设置。在“科目名称”栏“银行存款”处单击鼠标右键显示相关功能菜单，如图 3-54 所示。

图 3-54 科目设置功能

选择“新增科目”功能增加有关科目。本处增加“工商银行”科目，新增后也可以进行修改，如图 3-55 所示，单击“保存”完成。

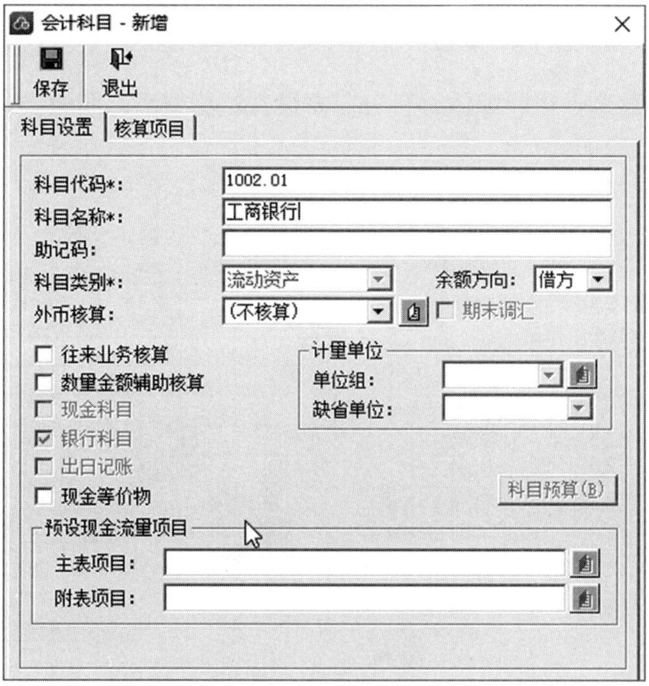

图 3-55 增加科目

(2) 外币银行科目。新增“中国银行”科目，外币核算选择“美元”，勾选“期末调汇”，如图 3-56 所示。

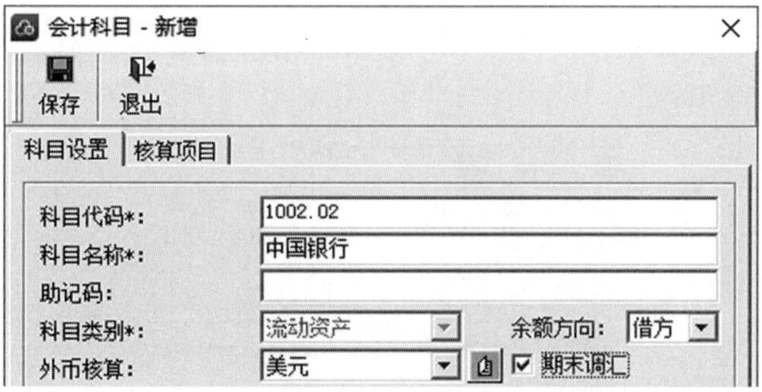

图 3-56 有外币的银行科目

操作提示

为了方便操作，预设科目中多余的科目可以不删除，以免后面报表公式进行大量修改。

其中一些科目需要设置辅助核算项目，修改会计科目时应注意案例资料中的辅助核算设置。

在已发生业务的科目下，再增加一个子科目，系统会自动地将父级科目的全部内容转移到新增的子科目上来，根据需要可以再增加新的科目处理相关业务，该项操作不可逆。

3. 往来类科目的设置

应收账款、应付账款等科目需要设置核算项目，同时要勾选“往来业务核算”，如图 3－57 所示。

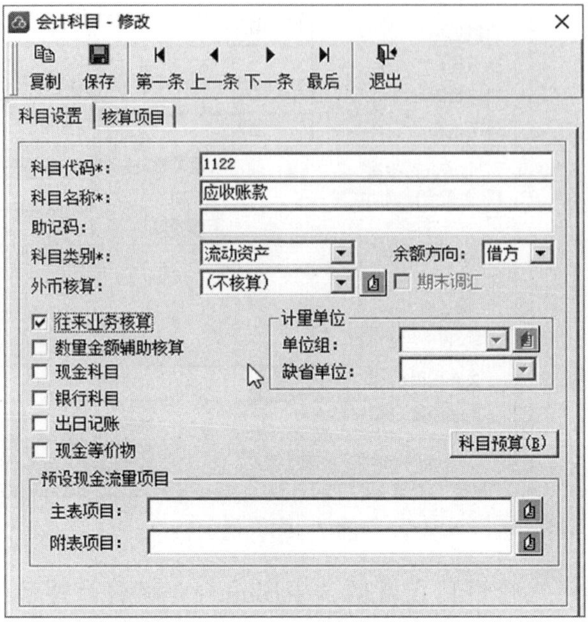

图 3－57 “应收账款”科目设置

选择“核算项目”选项卡，单击“增加核算项目类别”，然后选择“客户”，如图 3－58 所示。

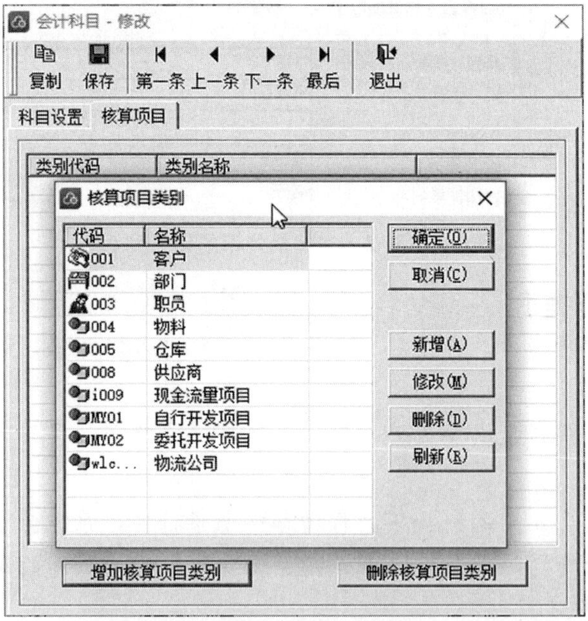

图 3－58 设置核算项目

应付账款的核算项目应选择“供应商”。

选择了往来业务核算，输入凭证的时候就会提示输入往来业务编号，可以对应收应付款进行管理，可以依据往来业务编号进行往来核销，可以出账龄分析表和往来对账单，需要根据管理的要求决定是否使用。科目使用了往来业务核算以后，对每一笔业务都设定一个业务编号，录入涉及该科目的凭证时就必须录入往来业务编号。系统就根据这个编号把同一笔业务的往来款进行核销。这样通过往来对账单就可以知道当前的余额是哪几笔业务产生的。

4. 有计量单位科目的设置

要进行数量核算的科目，需要设置计量单位组和计量单位，如图 3－59 所示。

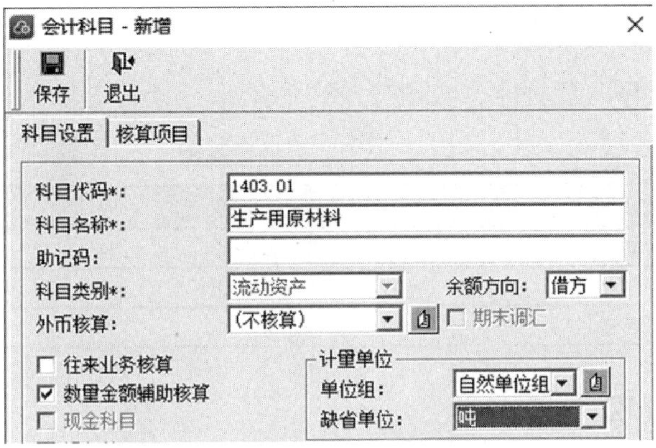

图 3－59　涉及计量单位的科目

5. 有自定义核算项目科目的设置

科目和核算项目两者本身是独立的，需要建立科目后增加与核算项目的关联关系才能实现对科目进行项目核算。如“1604.01 人工费”要实行项目核算，先增加这个科目，然后选择相应的核算项目，如图 3－60 所示。

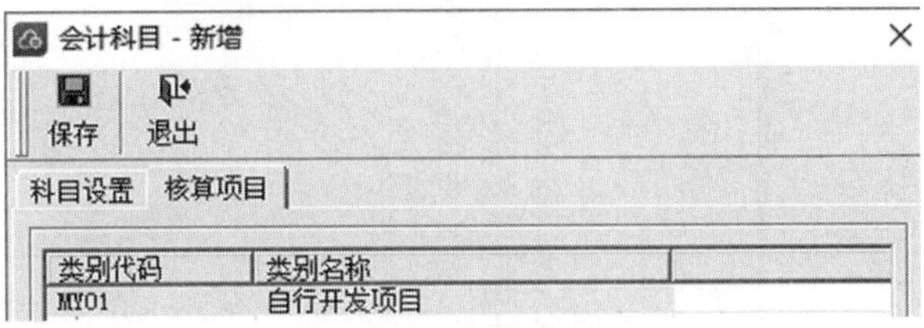

图 3－60　自定义核算项目的科目设置

6. 科目命名的处理

在科目输入过程中，如果所输入科目的名称在科目表中已经存在，系统将会提示该科目名称存在。由于科目代码不同，是允许科目名称相同的，遇到类似情况可选择“是”完成科目增加。

7. 按照案例资料设置科目

新增有关科目并设置相关科目的参数时，特别要逐一核对每个科目的参数设置和辅助核算设置。

应交税费科目，本案例需要先删除 KIS 云专业版预置的应交税费明细科目，然后用本案例科目输入。最近几年处在税收改革较为频繁的时期，常常会变化，在实际工作中要按具体规定处理。本书案例仅仅表示处理的方法，不代表实际工作要这样处理。

3.2.6 设置凭证类型

案例资料

凭证类型（凭证字）如表 3-8 所示。

表 3-8 凭证类型

凭证字	凭证名称	科目范围限制
收	收款凭证	借方必有：1001—1002
付	付款凭证	贷方必有：1001—1002
转	转账凭证	借和贷必无：1001—1002

操作过程

选择“基础设置”|“凭证字”，按照建账时设定的凭证字，通过修改方式录入相关信息，如图 3-61 所示。

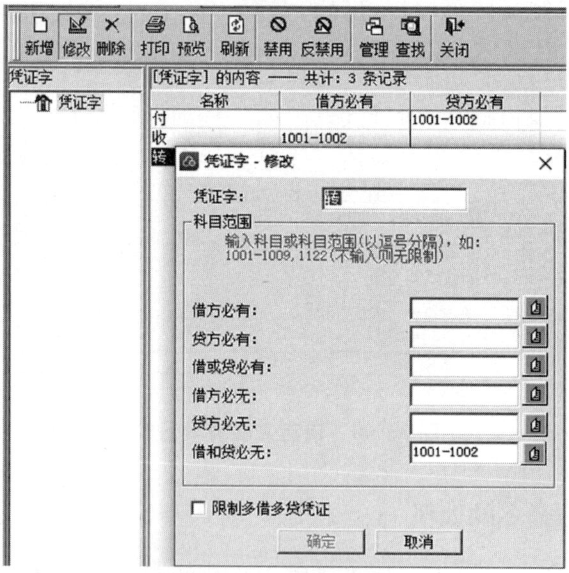

图 3-61 凭证字设置

注意科目中的分隔号为英文减号“—”。

3.2.7 设置核算项目内容

案例资料

1. 地区分类

东北区；华北区；华中区；华东区；华南区；西北区；西南区。

2. 供应商档案

该公司供应商分类为：A1——原料供应商；A2——成品供应商。
供应商档案如表 3-9 所示。

表 3-9　供应商档案

供应商编号	供应商名称	地址	所属地区	邮编	开户银行	银行账号	税号	分管人员
001	重庆大江公司（简称：大江）	重庆市巴南区大江路 1 号	西南	410001	中行	3367	98462	李天华
002	成都大成公司（简称：大成）	成都市青羊区大成路 1 号	西南	610001	中行	3293	67583	李天华
003	南京天华商行（简称：天华）	南京市重庆路 22 号	华东	230187	工行	1278	72657	杨真
004	上海大坤公司（简称：大坤）	上海市浦东新区广州路 6 号	华东	200232	工行	5076	31012	杨真

3. 客户档案

（1）客户分类。A1——批发；A2——零售；A3——代销；A4——专柜。
（2）客户档案。客户的分管部门均为销售部，具体如表 3-10 所示。

表 3-10　客户档案

客户编号	客户名称	地址	所属地区	邮编	开户银行	银行账号	税号	客户分类	分管人员
001	重庆嘉陵公司（简称：嘉陵）	重庆市沙坪坝区双碑路 9 号	西南	400077	工行双碑支行	3654	32788	A1	刘一江
002	天津大华公司（简称：大华）	天津市滨海区东风路 8 号	华北	300010	工行东风支行	5581	32310	A1	刘一江
003	上海长江公司（简称：长江）	上海市徐汇区海东路 1 号	华东	200032	工行海东支行	2234	65432	A4	朱小明
004	辽宁飞鸽公司（简称：飞鸽）	沈阳市和平区三好路 88 号	东北	110008	中行三好支行	0548	03251	A3	朱小明
005	湖南奇迹公司（简称：奇迹）	长沙市路口路 77 号	华中	410001	中行路口支行	1717	01121	A2	朱小明

操作过程

1. 核算项目的应用

核算项目与会计科目连用，其功能类似明细科目，但弥补了明细会计科目设置过多不便管理的缺陷，同时可以通过核算项目获得多维分析数据，使数据发挥更大的作用。系统提供了客户、供应商、物料、部门、职员和现金流量项目等核算项目组别，应用面非常广泛。核算项目还是各种单据的内容，为系统的各项操作提供了基础资料的查询和获取。对于核算项目的类别，可以进行浏览、修改、增加、删除等操作。已发生业务的核算项目，系统不允许修改和删除。除系统提供的预设核算项目外，还可以通过新增核算项目来满足企业特有的核算要求。

核算项目可对某一科目进行延伸核算，以处理从属于该科目某一方面独立的财务资料，每一独立的核算可以归纳成一个核算类别，每一核算类别之下可以设置许多核算项目。如往来客户核算类别下可以设置许多客户。

使用核算项目可以达到的效果基本同明细科目，同时还有如下好处：

（1）可核算多个科目，若企业的收入、成本和费用要按部门考核，如果设明细科目，这三个科目及其明细科目均要按部门设置明细科目，如果使用核算项目，每个科目选择按部门核算即可。

（2）核算项目余额表可以查询一个核算项目对多个科目的发生额，如可以查询一个客户的应收账款发生了多少，其他应收款是多少，预收款是多少。

（3）在使用业务模块时，可以顺利生成凭证，如果是明细科目，一张销售发票要生成凭证时，应借记应收账款，明细科目需要再指定；如果是使用往来单位，发票生成凭证时，自动根据发票上的单位选择往来单位。

2. 设置往来单位

（1）设置供应商分类。选择“基础设置”｜“辅助资料”，再选择“供应商分类”，单击“新增”按钮，按照资料输入，如图 3－62 所示。

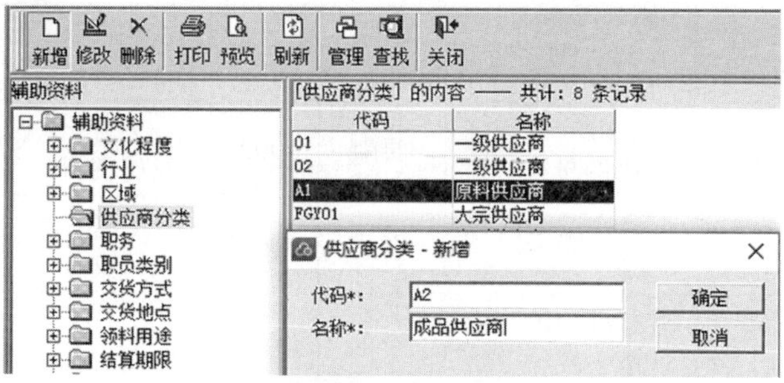

图 3－62 设置供应商类别

（2）设置供应商。选择“基础设置”｜“核算项目”，先选择“供应商”，再单击“新增”按钮，执行新增供应商操作，修改操作双击某供应商即可，如图 3－63 所示。

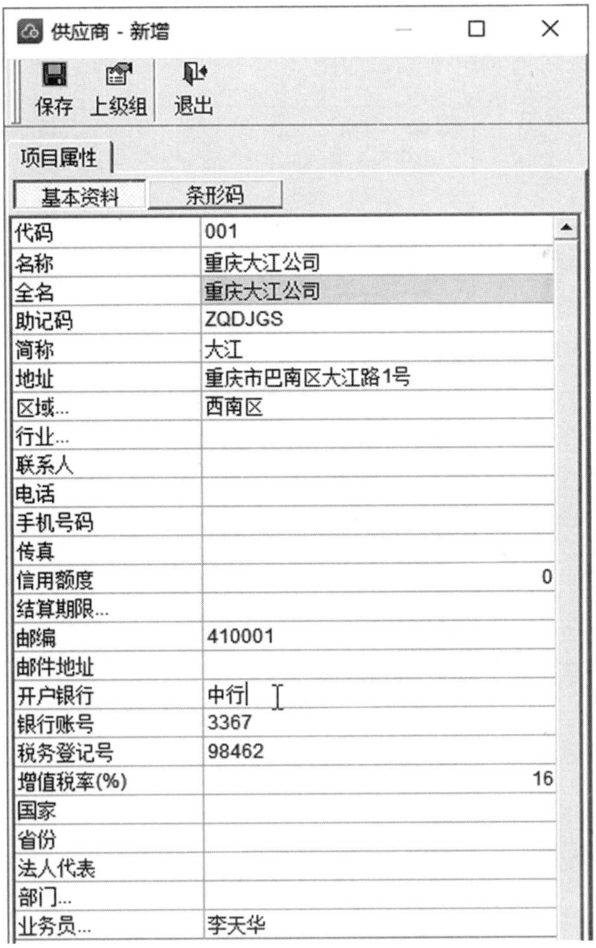

图 3-63　设置供应商

(3) 设置客户分类。选择“基础设置”｜“辅助资料”，先选择“客户分类”，再单击“新增”执行新增操作，如图 3-64 所示。

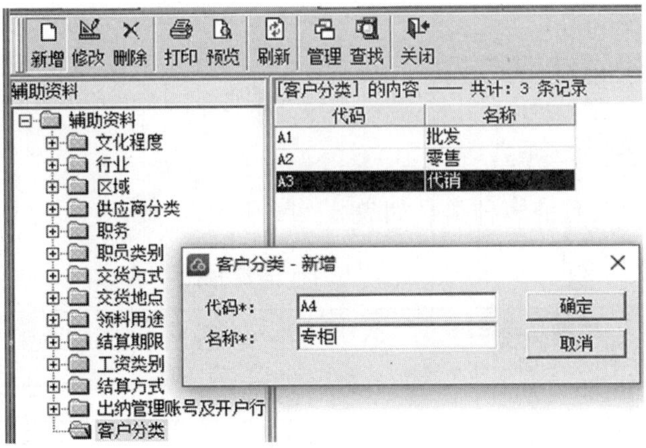

图 3-64　设置客户分类

（4）设置客户。选择“基础设置”｜“核算项目”，先选择“客户”，再单击“新增”执行新增客户操作，如图 3－65 所示。

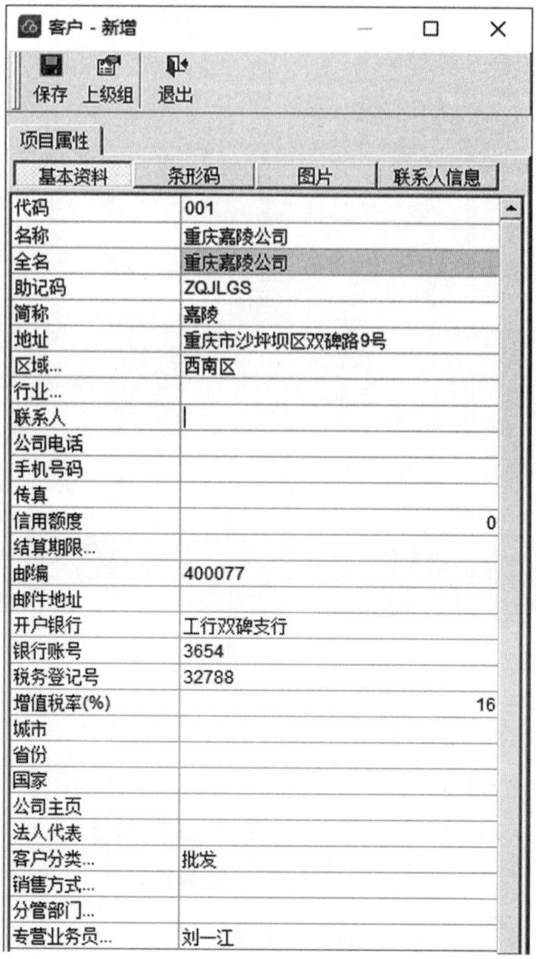

图 3－65　客户设置

3.2.8　设置结算方式

案例资料

结算方式有许多种类，如表 3－11 所示。

表 3－11　结算方式

结算方式编码	结算方式名称
01	现金
02	现金支票
03	转账支票
04	信用卡
99	其他

操作过程

选择“基础设置”|“结算方式”，系统预置了结算方式，可以在此基础上增加，也可以修改，对不需要的还可以删除。单击“管理”，可完成增加、删除、修改等工作，设置完成后如图 3-66 所示。

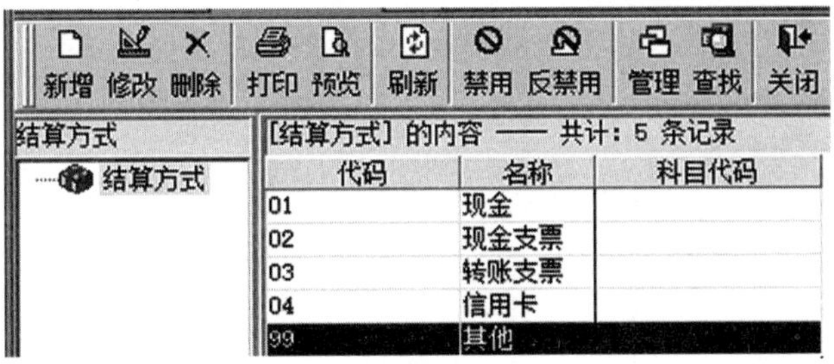

图 3-66　设置结算方式

3.2.9　设置仓库和物料信息

案例资料

1. 仓库档案

仓库档案如表 3-12 所示。

表 3-12　仓库档案

仓库编码	仓库名称	仓库管理员
1	原料库	陈瓜瓜
2	成品库	陈瓜瓜
3	配套用品库	陈瓜瓜

2. 物料分类

物料分类如表 3-13 所示。

表 3-13　物料分类

物料类别编码	物料类别名称	物料类别编码	物料类别名称
1	原材料	2.01	税控机
1.01	主机	3	配套用品
1.02	显示器	3.01	配套材料
1.03	键盘	3.02	配套硬件
1.04	鼠标	3.03	配套软件
2	产成品		

3. 物料档案

物料通用属性如表 3－14 所示。

表 3－14 物料通用属性

物料类别	物料属性	仓库
1	外购	原料库
2	自制	成品库
3.01	自制	配套用品库
3.02	外购	配套用品库
3.03	外购	配套用品库

数量精度：2 位。单价小数位数：2 位。税率为 16%。

物料计价方法均为移动平均法。

物料科目：1405 库存商品；销售收入科目：6001 主营业务收入；销售成本科目：6401 主营业务成本。

物料档案如表 3－15 所示。

表 3－15 物料档案

物料类别	物料编码	物料名称	物料属性	计量单位组	计量单位	仓库
1.01	001	CN 处理器	外购	自然单位组	盒	原料库
1.01	002	2TB 硬盘	外购	硬盘组	盒	原料库
1.01	003	A 型加密卡	外购	自然单位组	块	原料库
1.02	004	液晶显示器	外购	自然单位组	台	原料库
1.03	005	键盘	外购	自然单位组	个	原料库
1.04	006	鼠标	外购	鼠标组	只	原料库
2.01	007	税控Ⅱ号	自制	自然单位组	台	成品库
3.01	008	专用发票纸	自制	自然单位组	箱	配套用品库
3.01	009	通用发票纸	自制	自然单位组	箱	配套用品库
3.02	010	HP 激光打印机	外购	自然单位组	台	配套用品库
3.02	011	联想服务器	外购	自然单位组	台	配套用品库

操作过程

1. 设置仓库

选择“基础设置”｜“核算项目”，先选择“仓库”，再单击“新增”按钮，根据案例资料中的仓库档案进行设置，如图 3－67 所示。

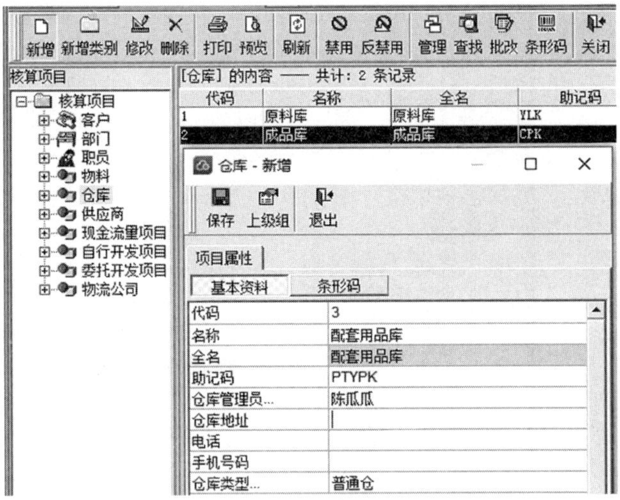

图 3-67　仓库设置

2. 设置物料类别

选择“基础设置”|“核算项目”，先选择“物料”，再单击“新增”按钮，进入新增物料窗口，如图 3-68 所示。

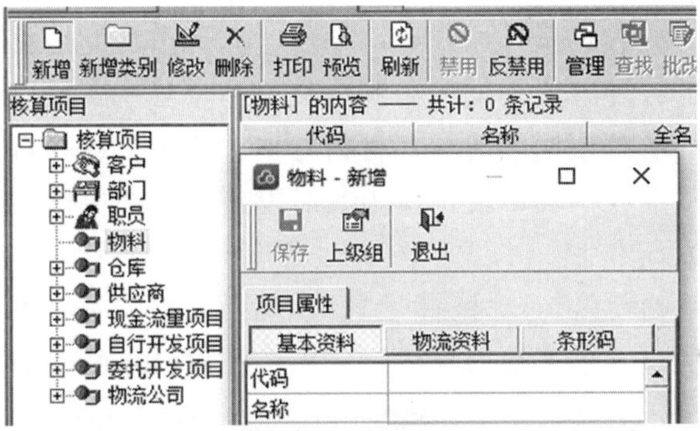

图 3-68　新增物料

单击“上级组”，然后输入案例资料，每输入一个类别后进行保存，如图 3-69 所示。

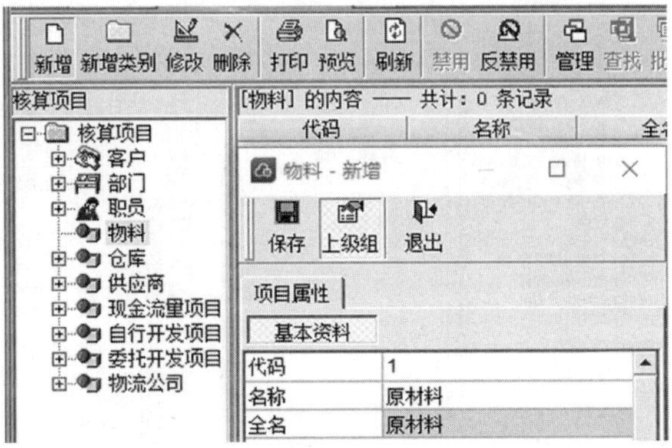

图 3-69　设置物料类别

设置完成后如图 3－70 所示。

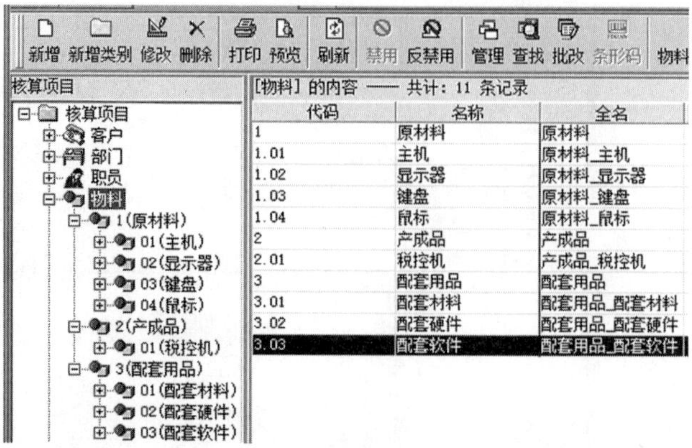

图 3－70　物料类别

3. 设置物料

(1) 设置物料通用属性。物料的计价方法涉及成本的结算，常用的两种计价方法含义如下：

加权平均法是根据月初结存材料和全月收入材料的数量和金额，于月末一次计算出以数量为权数的全月加权平均单价，作为本月发出材料的单价，以求得本月发出材料成本的一种方法。加权平均法又称为全月一次加权平均法。

移动平均法是根据以前结存材料与本次购入材料的数量和金额，计算出以数量为权数的移动加权平均单价，作为其后发出材料的单价，以求得发出材料成本的一种方法。

选择“基础设置”｜“核算项目”，然后选择“物料”，再选择分类的物料（如“原材料”），单击“物料通用属性”，进行本类物料的通用属性设置，如图 3－71 所示。

图 3－71　物料通用属性设置

(2) 设置物料档案。选择“基础设置”|“核算项目”，然后选择物料及其具体的类别，单击“新增”按钮，输入具体的物料，如图3-72所示。

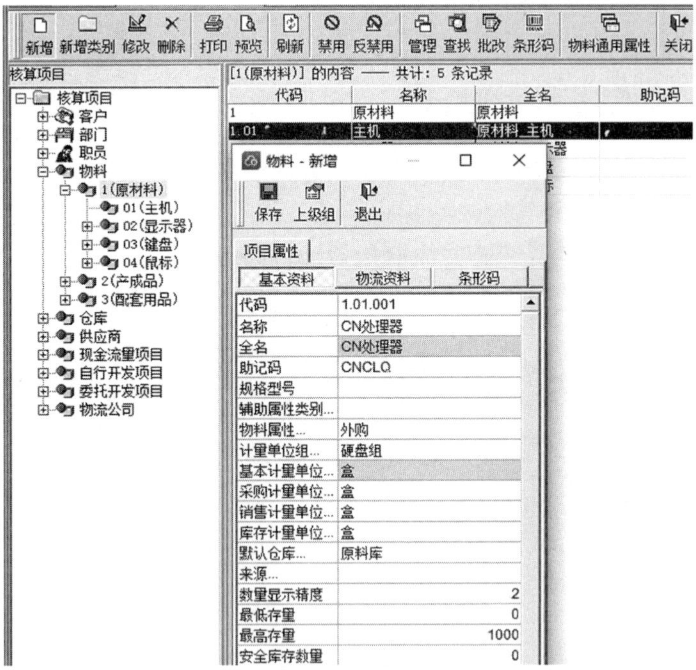

图3-72 新增物料资料（基本资料）

基本计量单位的输入可按F7键，然后选择相应的计量单位。

在“物流资料”选项卡，该类物料的通用属性会自动转入，如图3-73所示。

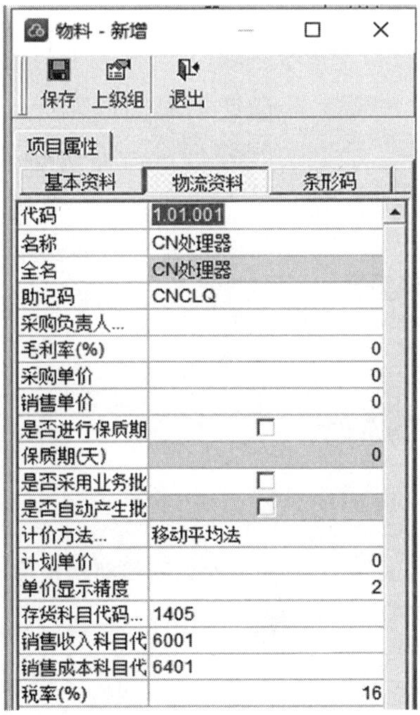

图3-73 新增物料资料（物流资料）

3.3 初始化

3.3.1 初始化的基本内容

初始化要完成初始数据录入和相关业务系统的启用。在初始数据录入中要输入全部本位币、外币、数量金额账和辅助账的本年期初余额及到启用期的累计发生额，还要输入固定资产有关原值、累计折旧等数据。

选择“初始化”，进入初始化工作的相关功能，如图 3－74 所示。

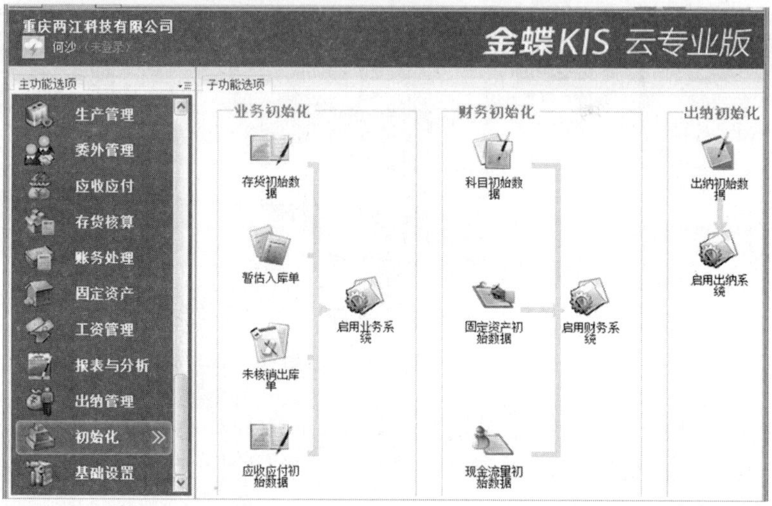

图 3－74 初始化功能

根据初始化工作的需要，选择相关功能完成。在实际工作中，如果是网络上多人应用，可以选择各初始化功能并行进行。个别初始化工作有先后数据调用关系，需要注意前后衔接。

3.3.2 输入科目数据

案例资料

1. 会计科目期初余额

本年 4 月会计科目期初余额及累计额如表 3－16 所示。

表 3－16 会计科目期初余额 单位：元

科目代码	科目名称	方向	币别计量	累计借方	累计贷方	期初余额
1001	库存现金	借		18 889.00	18 860.00	6 875.00
1002	银行存款	借		469 851.00	401 980.00	1 136 057.00

续前表

科目代码	科目名称	方向	币别计量	累计借方	累计贷方	期初余额
1002.01	工商银行	借		469 851.00	401 980.00	511 057.00
1002.02	中国银行	借	美元			625 000.00 美元：100 000.00
1122	应收账款	借		60 000.00	200 000.00	157 600.00
1221	其他应收款	借		7 000.00	5 300.00	3 800.00
1221.02	应收个人款	借		7 000.00	5 300.00	3 800.00
1231	坏账准备	贷		3 000.00	6 600.00	5 090.00
1401	材料采购	借			80 000.00	—80 000.00
1403	原材料	借		293 180.00		1 004 000.00
1403.01	生产用原材料	借	吨	293 180.00		1 004 000.00
1405	库存商品	借		140 142.00	90 000.00	3 569 000.00
1601	固定资产	借				3 690 860.00
1602	累计折旧	贷			39 511.00	108 995.00
1701	无形资产	借			58 500.00	58 500.00
2001	短期借款	贷			200 000.00	200 000.00
2202	应付账款	贷		150 557.00	60 000.00	276 850.00
2211	应付职工薪酬	贷			3 400.00	13 200.00
2211.01	工资	贷			3 400.00	13 200.00
2221	应交税费	贷		36 781.00	15 581.00	—16 800.00
2221.01	应交增值税	贷		36 781.00	15 581.00	—16 800.00
2221.01.01	进项税额	借		36 781.00		33 800.00
2221.01.02	销项税额	贷			15 581.00	17 000.00
2241	其他应付款	贷			2 100.00	2 100.00
4001	实收资本	贷				7 615 444.00
4103	本年利润	贷				1 478 000.00
4104	利润分配	贷		13 172.00	9 330.00	—119 022.00
4104.06	未分配利润	贷		13 172.00	9 330.00	—119 022.00
5001	生产成本	借		8 711.00	10 121.00	17 165.00
5001.01	直接材料	借		4 800.00	5 971.00	10 000.00
5001.02	直接人工	借		861.00	900.00	4 000.00
5001.03	制造费用	借		2 850.00	3 050.00	2 000.00
5001.04	折旧费	借		200.00	200.00	1 165.00
6001	主营业务收入	贷		350 000.00	350 000.00	
6051	其他业务收入	贷		250 000.00	250 000.00	
6401	主营业务成本	借		300 000.00	300 000.00	
6402	其他业务成本	借		180 096.00	180 096.00	

续前表

科目代码	科目名称	方向	币别计量	累计借方	累计贷方	期初余额
6403	营业税金及附加	借		8 561.00	8 561.00	
6601	销售费用	借		18 000.00	18 000.00	
6601.01	工资（销售部）	借		8 000.00	8 000.00	
6601.06	折旧费（销售部）	借		10 000.00	10 000.00	
6602	管理费用	借		22 550.00	22 550.00	
6602.01	工资（行政部）	借		8 000.00	8 000.00	
6602.02	福利费（行政部）	借		1 100.00	1 100.00	
6602.03	办公费（行政部）	借		600.00	600.00	
6602.04	差旅费（行政部）	借		5 600.00	5 600.00	
6602.05	招待费（行政部）	借		4 600.00	4 600.00	
6602.06	折旧费（行政部）	借		2 600.00	2 600.00	
6602.99	其他（行政部）	借		50.00	50.00	
6603	财务费用	借		8 000.00	8 000.00	
6603.01	利息支出	借		8 000.00	8 000.00	

2. 辅助账期初余额表

日期中年份为 2019 年。应收账款（1122）期初余额如表 3－17 所示。

表 3－17 应收账款期初余额 单位：元

日期	客户	借方累计	贷方累计	方向	期初余额
02-25	重庆嘉陵公司		200 000.00	借	99 600.00
03-10	天津大华公司	60 000.00		借	58 000.00
	合计	60 000.00	200 000.00	借	157 600.00

其他应收款——应收个人款（1221.02）期初余额如表 3－18 所示。

表 3－18 其他应收款——应收个人款期初余额 单位：元

日期	部门	个人	借方累计	贷方累计	方向	期初余额
03-26	行政部	孙正	2 000.00	3 000.00	借	2 000.00
03-27	销售部	朱小明	5 000.00	2 300.00	借	1 800.00
			7 000.00	5 300.00	借	3 800.00

应付账款（2202）期初余额如表 3－19 所示。

表 3－19 应付账款期初余额 单位：元

日期	供应商	借方累计	贷方累计	方向	期初余额
01-20	重庆大江公司	150 557.00	60 000.00	贷	276 850.00
				贷	276 850.00

生产成本（5001）期初余额如表 3－20 所示。

表 3 - 20　生产成本期初余额　单位：元

项目	借方累计	贷方累计	期初余额
1. 直接材料			
专用发票打印纸	4 800.00	5 971.00	4 000.00
通用发票打印纸			6 000.00
2. 直接人工			
专用发票打印纸	861.00	900.00	1 500.00
通用发票打印纸			2 500.00
3. 制造费用			
专用发票打印纸	2 850.00	3 050.00	800.00
通用发票打印纸			1 200.00
4. 折旧费			
专用发票打印纸	200.00	200.00	500.00
通用发票打印纸			665.00
合计	8 711.00	10 121.00	17 165.00

操作过程

1. 一般科目数据的录入

选择“初始化”|“科目初始数据”，进入后，币别输入方式的转换通过下拉框选择，可以选择“人民币”“美元”“综合本位币”。左边的 1，2，3 表示显示科目的级数。如按“1”则只显示一级。

（1）本位币（人民币）的录入，如图 3 - 75 所示。

图 3 - 75　本位币录入

（2）外币的录入。在科目期初数据下，美元需要在币别下拉框选中“美元”才可输入。中国银行科目需要在此状态下录入，直接输入原币，本位币自动计算得到，如图 3 - 76 所示。

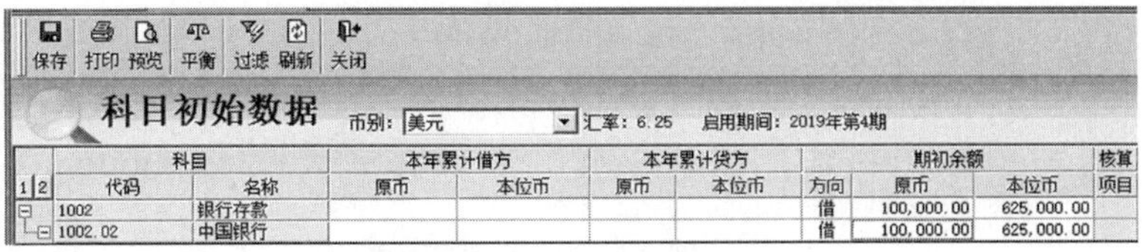

图 3 - 76　外币录入

若要查看银行存款的科目数据，可选择币别下拉框中的“综合本位币”。

2. 应收应付期初数据

（1）应收账款设置。在科目初始数据下，币别选择“人民币”，双击“应收账款”这行核算项目下的“√”标志，然后输入数据，如图 3－77 所示。先选择“客户”，在“客户”栏直接输入客户代码就可以调出相应的客户，然后输入相关数据。

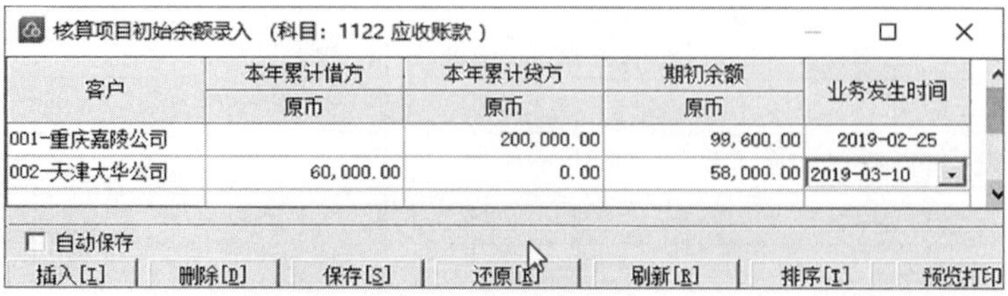

客户	本年累计借方	本年累计贷方	期初余额	业务发生时间
	原币	原币	原币	
001-重庆嘉陵公司		200,000.00	99,600.00	2019-02-25
002-天津大华公司	60,000.00	0.00	58,000.00	2019-03-10

图 3－77　客户单位录入

输入完成，单击“保存”按钮退到科目余额输入方式下，这时应收账款的数据将显示出来，是各客户金额的合计。

（2）应收个人款。在科目初始数据下，双击“应收个人款”这行的“√”标志后输入数据，如图 3－78 所示。

职员	本年累计借方	本年累计贷方	期初余额
	原币	原币	原币
101-孙正	2,000.00	3,000.00	2,000.00
302-朱小明	5,000.00	2,300.00	1,800.00

图 3－78　应收个人款明细录入

（3）应付账款设置。在科目初始数据下，双击“应付账款”这行的“√”标志后输入数据，选择“供应商”后，就可输入应付账款数据，结果如图 3－79 所示。

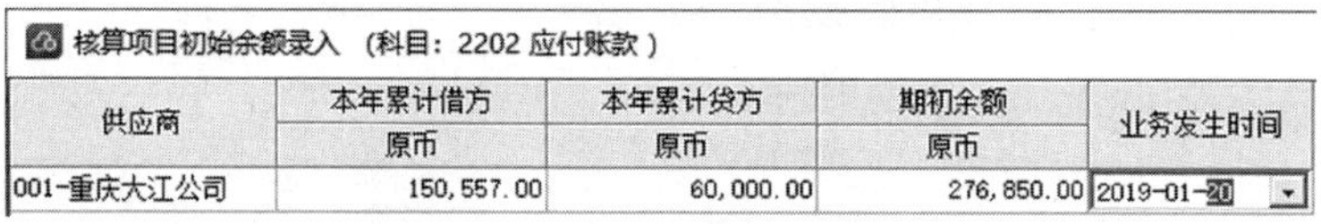

供应商	本年累计借方	本年累计贷方	期初余额	业务发生时间
	原币	原币	原币	
001-重庆大江公司	150,557.00	60,000.00	276,850.00	2019-01-20

图 3－79　应付账款录入

3. 科目项目数据输入

生产成本科目（5001）是按照项目核算，单击明细科目后的“√”，然后输入相应的明细数据，如图 3－80 所示。

自行开发项目	本年累计借方	本年累计贷方	期初余额	实际损益发生额
	原币	原币	原币	原币
01-专用发票打印纸	4,800.00	5,971.00	4,000.00	0.00
02-通用发票打印纸	0.00	0.00	6,000.00	0.00

图 3－80　项目初始数据

输入完毕后的项目期初数据如图 3－81 所示。

图 3－81　生产成本期初

4. 科目余额试算平衡

在科目初始数据下，币别选择“(综合本位币)”，单击“平衡”按钮，可显示出试算平衡的结果，通过这个功能可以检查数据是否平衡，如图 3－82 所示。

图 3－82　试算平衡

3.3.3　物料初始数据

案例资料

1. 库存和物料核算期初数据

本年 3 月 31 日，对各个仓库进行了盘点，结果如表 3－21 所示。

表 3－21　库存盘点表

仓库名称	物料名称	单位	数量	结存单价（元）	结存金额（元）
原料库	CN 处理器	盒	700	1 200	840 000
	2TB 硬盘	盒	200	820	164 000
成品库	税控Ⅱ号	台	380	4 800	1 824 000
配套用品库	专用发票打印纸	箱	300	40	12 000
	通用发票打印纸	箱	300	30	9 000
	HP 激光打印机	台	400	1 800	720 000
合计					3 569 000

2. 采购管理期初数据

3 月 25 日，收到重庆大江公司提供的 2TB 硬盘 100 盒，暂估单价为 800 元，商品已验收入原料库，至今尚未收到发票。

3. 销售管理期初数据

3 月 28 日，销售部向天津大华公司出售税控Ⅱ号 10 台，报价（无税单价）为 6 500 元，由成品库发货。该发货单尚未开票。税控Ⅱ号单位成本为 4 800 元。

操作过程

1. 物料初始数据

选择“初始化”｜“存货初始数据”，然后选择相应的仓库，接着输入相关的数据。输入期初数量、期初金额，会自动计算出期初数据，如图 3－83 所示。

图 3－83　录入期初数量和金额

如果发现某种物料的仓库信息等录入错误，可以选择“基础设置”｜“核算项目”，再选择物料进行修改，然后再录入物料的期初数据。

选择“全部仓库”，设置完成后的结果如图 3－84 所示。

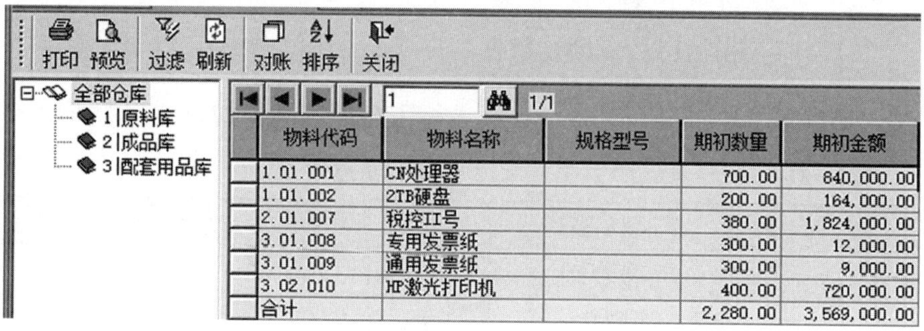

图 3－84　期初库存

这里的期初金额总额必须与科目余额中“库存商品”的余额相符。可以通过“对账”进行检查。

如果录入的物料期初数据是正确的，而总账的余额不对，可以选择“传递”功能，将数据传递到科目期初余额中。

2. 采购管理期初数据

初始化数据录入除了常规期初数量、金额以外，一些初始化之前未收到采购发票的暂估入库单、未核销出库单（即未开销售发票的销售出库单）也要录入系统中，其目的是系统启用后能和实际相一致。具体通过调用“暂估入库单”和“未核销出库单”完成。

选择“初始化”|“暂估入库单”，进入后单击“新增”按钮，然后在采购入库单中输入相关信息（在输入有关代码的时候，可按 F7 键调出选择），如图 3-85 所示。

图 3-85　输入暂估入库单

单击“保存”，然后单击“审核”完成（录入单据者也可以自己审核，具体是在“基础设置”|“系统参数”|“业务基础参数”设置，选择“审核和制单可为同一人”）。

3. 销售管理期初数据

选择“初始化”|“未核销出库单”，进入后单击“新增”按钮，然后在销售出库单中输入相关信息，如图 3-86 所示。

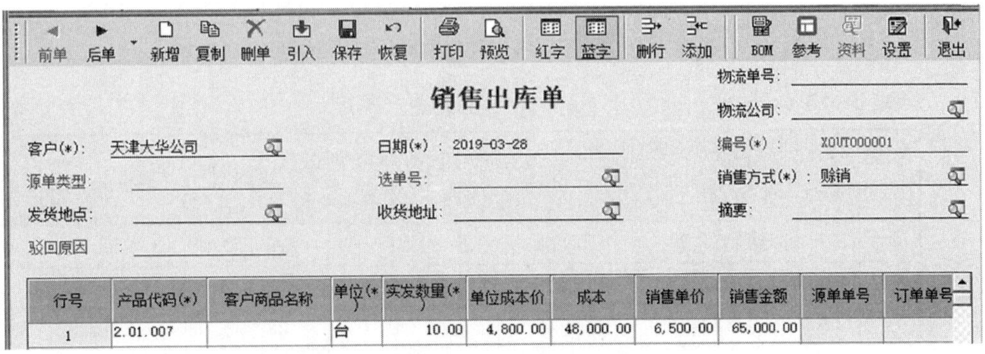

图 3-86　已发货未开票的销售出库单

单击“保存”按钮，然后单击“审核”完成。

3.3.4 固定资产初始数据

案例资料

1. 固定资产类别

固定资产类别具体如表 3－22 所示。是否计提折旧均由使用状态决定。

表 3－22 固定资产类别

类别编码	类别名称	使用年限	净残值率	计提属性	折旧方法
01	通用设备	3	3%	正常计提	平均年限法
02	交通运输设备	8	3%	正常计提	工作量法
03	电气设备	5	3%	正常计提	平均年限法
04	仪器仪表	5	3%	正常计提	平均年限法
05	家具用具及其他	5	3%	正常计提	平均年限法
06	房屋及建筑物	30	3%	正常计提	平均年限法

折旧方法是基于入账原值和入账预计使用期间。固定资产科目：1601；累计折旧科目：1602；固定资产减值准备：1603。卡编码规则：空。

2. 固定资产变动方式

增加方式——购入：将“购入”变动方式中的对应科目设置为“1604 在建工程”，凭证类型设置为“转账凭证”。

减少方式——毁损：凭证类型设置为转账凭证，对方科目为“1606 固定资产清理”。

将“出售”变动方式的对应科目设置为“1606 固定资产清理”，凭证类型设置为“转账凭证”，其余变动方式可不变。

3. 固定资产期初数据

期初数据如表 3－23 所示，使用日期的年份均为 2018 年。

表 3－23 固定资产卡片 单位：元

类别编号	资产编码	固定资产名称	所在部门	使用年限	使用日期	原值	累计折旧	净值
02	01	红旗牌轿车	行政部	8	01－01	215 470.00	37 255.00	178 215.00
01	02	传真机	行政部	3	02－01	3 510.00	1 825.00	1 685.00
01	03	联想 THINK	财务部	3	09－01	28 900.00	5 548.00	23 352.00
01	04	HP 计算机	采购部	3	08－01	6 490.00	1 246.00	5 244.00
03	05	装配机 A 型	一车间	5	12－31	200 000.00	6 250.00	193 750.00
01	06	联想计算机	二车间	3	08－01	6 490.00	1 246.00	5 244.00
03	07	装配机 B 型	二车间	5	12－31	180 000.00	5 625.00	174 375.00

续前表

类别编号	资产编码	固定资产名称	所在部门	使用年限	使用日期	原值	累计折旧	净值
02	08	长安面包车	销售部	8	10-31	50 000.00	10 000.00	40 000.00
06	09	办公楼	行政部 20% 财务部 20% 销售部 30% 采购部 30%	30	10-31	3 000 000.00	40 000.00	2 960 000.00
		合计				3 690 860.00	108 995.00	

补充资料：

经济用途为经营用，变动方式为购入，使用状况为正常使用。

车辆的折旧方法为工作量法，其他的均为平均年限法。

红旗轿车的工作总量为 800 000 千米，累计已使用工作量为 162 000 千米。

长安面包车的工作总量为 200 000 千米，累计已使用工作量为 40 000 千米。

部门对应的折旧科目：管理中心：管理费用/折旧费（6602.06）；供销中心、物流中心：销售费用/折旧费（6601.06）；制作中心：制造费用/折旧费（5101.02）。

操作过程

1. 设置固定资产类别

选择“固定资产”|“资产类别”，单击“新增”，按照资料设置固定资产类别信息，也可进行修改，如图 3-87 所示。

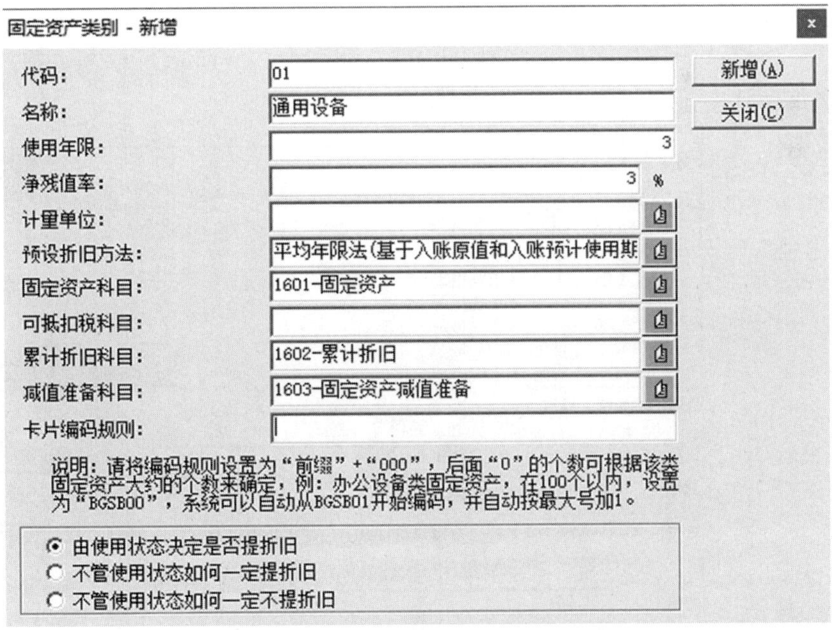

图 3-87　固定资产类别设置

2. 设置固定资产变动方式

选择“固定资产”|“变动方式”，进入变动方式设置界面，单击“修改”设置变动方式的有关参数，如图 3－88 所示。

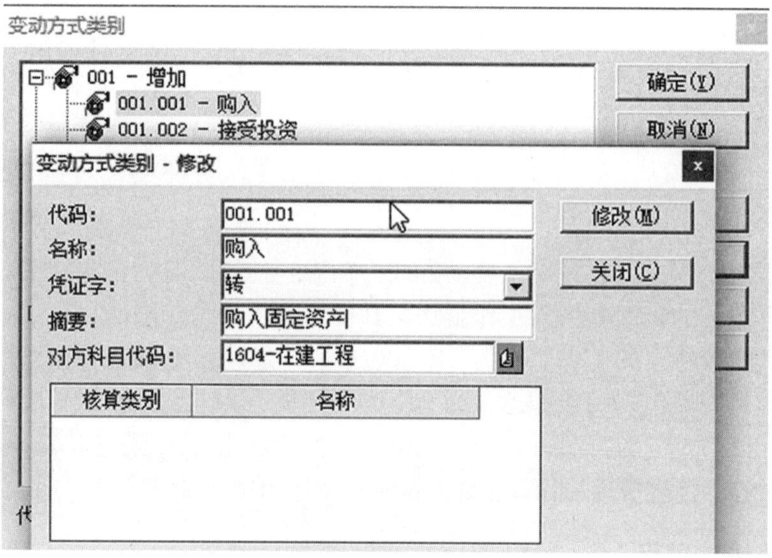

图 3－88　设置变动方式的参数

录入完成，单击“修改”保存。如果录入后直接单击“关闭”则不会保存。

没有的变动方式需要新增，如“毁损”。

3. 设置使用状态

选择“固定资产”|“使用状态”，如图 3－89 所示，单击“修改”按钮可以设置每种状态是否计提折旧。

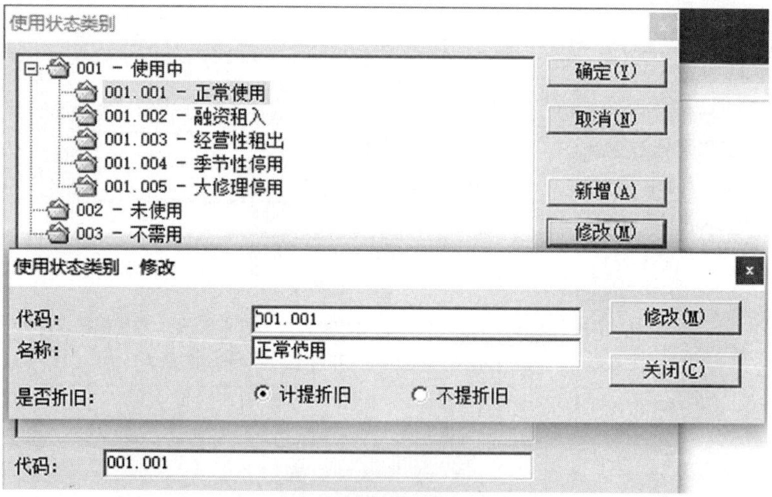

图 3－89　设置使用状态

4. 输入固定资产期初数据

选择“初始化”｜“固定资产初始数据”，单击“新增”后进入固定资产卡片及变动，首先输入基本信息，如图 3－90 所示。

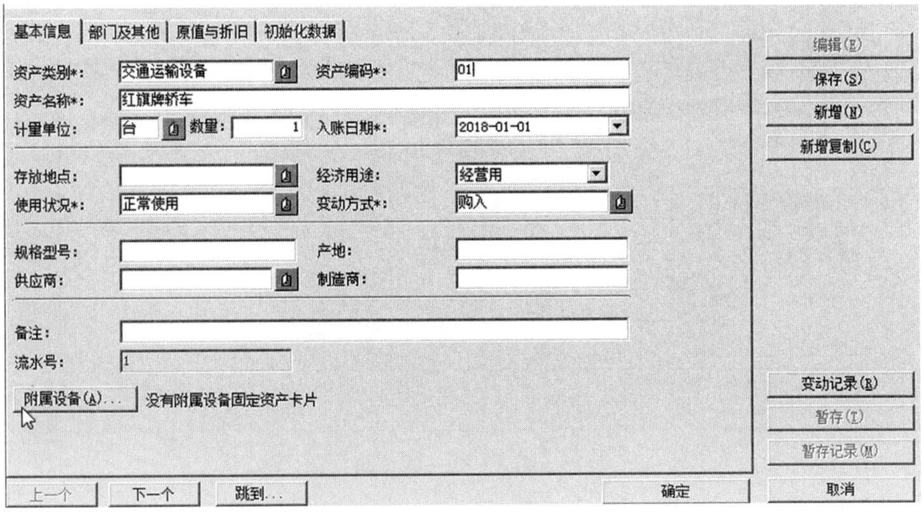

图 3－90　设置基本信息

“部门及其他”的设置如图 3－91 所示。

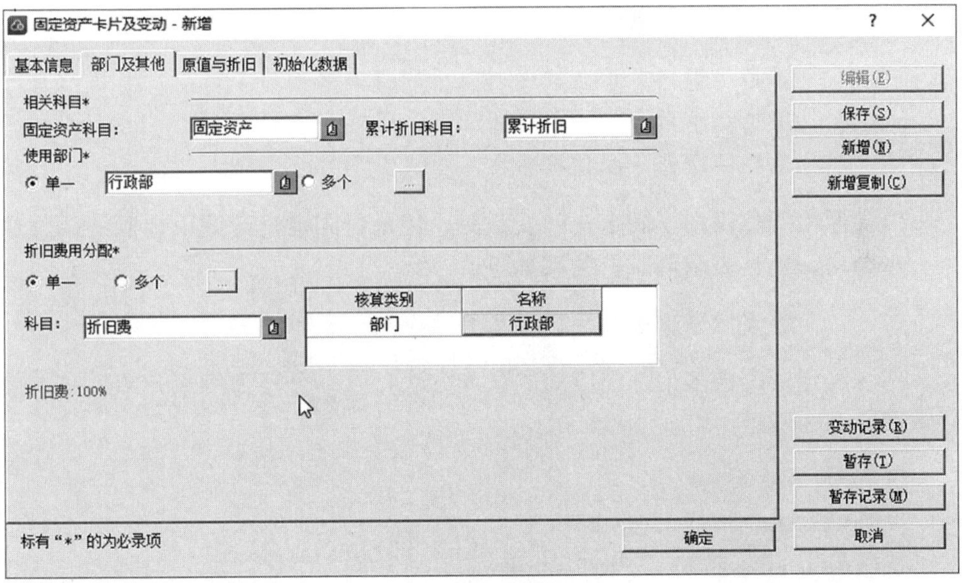

图 3－91　部门及其他

要注意核算类别的部门输入，不输入部门也是能保存的，但会造成计提折旧生成的凭证缺少部门，无法审核通过。整个卡片输入完成后，要再逐一检查一遍。

“原值与折旧”的设置如图 3－92 所示。

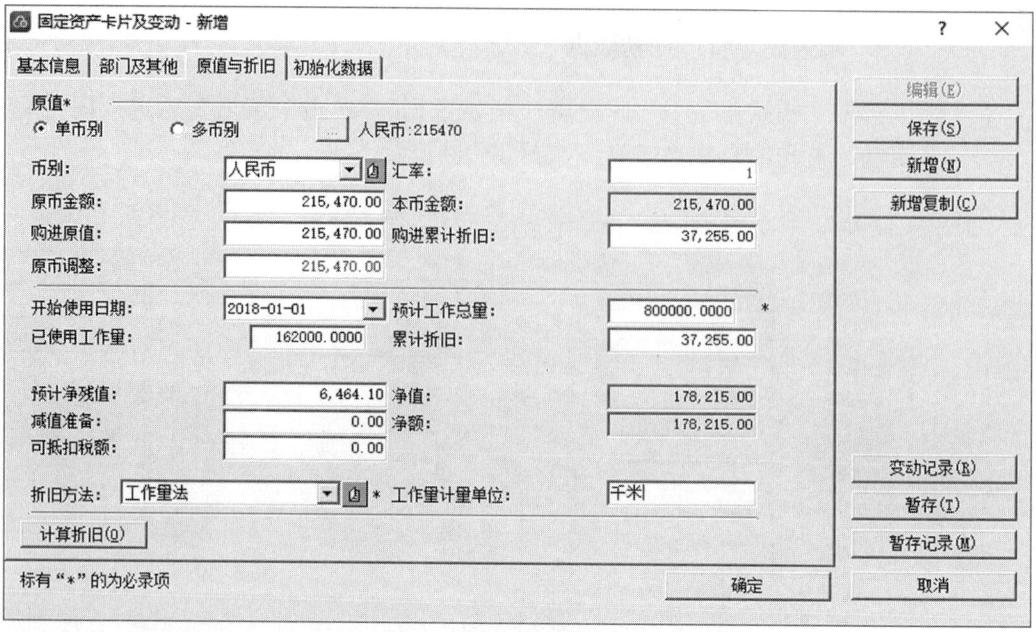

图 3－92　原值与折旧

购进原值、购进累计折旧为备注信息，反映资产在购入时的原始信息。例如：评估后的资产，原购进原值与评估后的原值不一致，就可以反映在“购进原值”项目里，备注信息不参与计算，属非必录项，系统默认与原币金额和累计折旧一致。

有关信息中，各数据项之间的关系如下：

本币金额＝原币金额×对应币别汇率（如为多币别，则是多项之和）

净值＝本币金额－累计折旧

净额＝净值－减值准备

原币调整仅用于固定资产变动时，记录对固定资产原币金额的调整数，正数表示调增，负数表示调减。关系如下：

调整后原币金额＝调整前原币金额＋原币调整

固定资产被多个部门应用的录入方法，以办公楼为例来介绍。基本信息设置如图 3－93 所示。

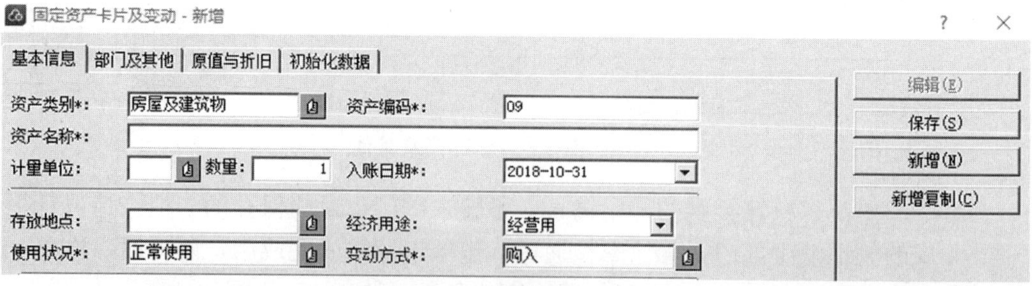

图 3－93　基本信息

输入多个使用部门及其分配比例。在使用部门中，选择“多个”，然后单击“…”，在打开的窗口中单击“增加”按钮输入部门分配比例，如图 3－94 所示。

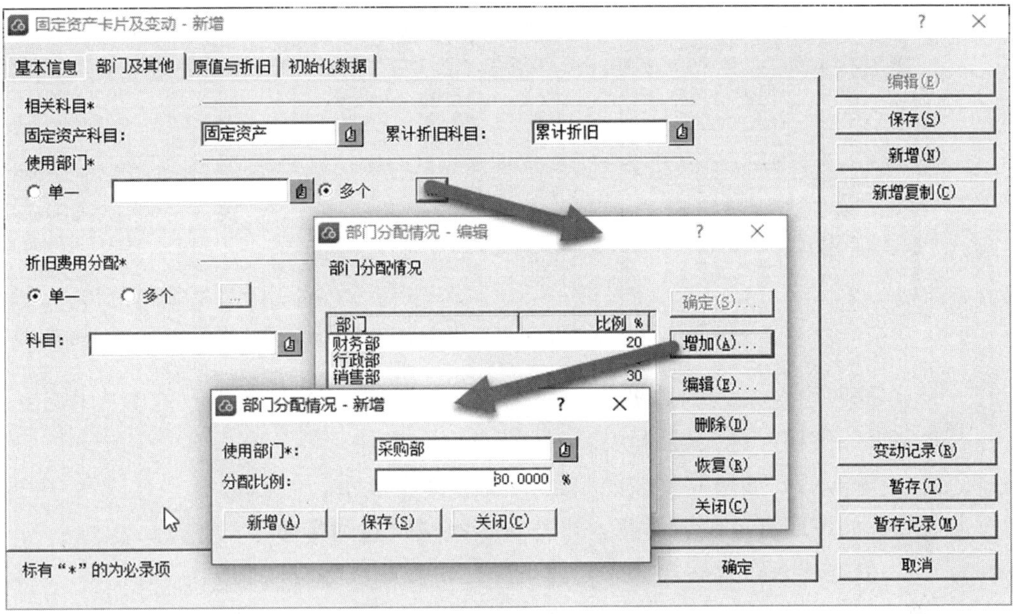

图 3－94　部门分配情况

折旧费用多部门分配的方法是先选择“多个”，然后单击“…”，在打开的窗口中输入分部门信息，如图 3－95 所示。

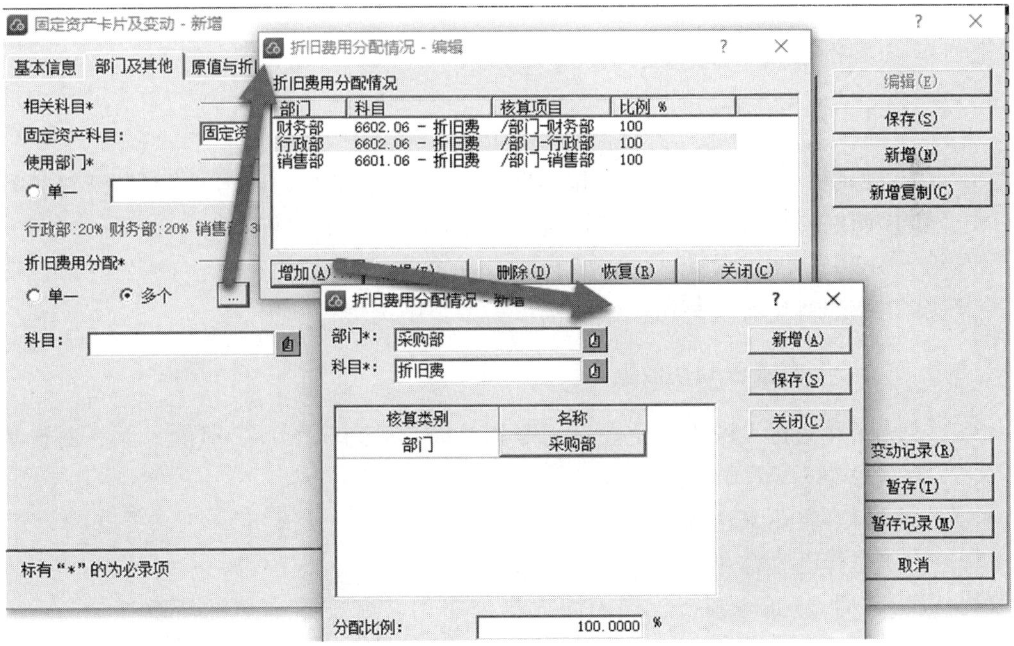

图 3－95　折旧费用分配情况

输入卡片后，可以在卡片管理的初始化表格中看到全部卡片，如果卡片没有显示出来，选择“刷新”命令，就可以看到输入的卡片，如图 3－96 所示。

流水号	年度	期间	入账日期或变动日期	备注	编码	名称	类别	部门	期初原值	预计净残值	折旧方法	期初累计折旧
1	2019		2018-01-01	新增:	01	红旗牌轿车	交通运输设备	管理中心 - 行政部	215,470.00	6,464.10	工作量法	37,255.00
2	2019		2018-02-01	新增:	02	传真机	通用设备	管理中心 - 行政部	3,510.00	105.30	平均年限法	1,825.00
3	2019		2018-09-01	新增:	03	联想THINK	通用设备	管理中心 - 财务部	28,900.00	867.00	平均年限法	5,548.00
4	2019		2018-08-01	新增:	04	HP计算机	通用设备	供销中心 - 采购部	6,490.00	194.70	平均年限法	1,246.00
5	2019		2018-12-31	新增:	05	装配机A型	电气设备	制造中心 - 一车间	200,000.00	6,000.00	平均年限法	6,250.00
6	2019		2018-08-01	新增:	06	联想计算机	通用设备	制造中心 - 二车间	6,490.00	194.70	平均年限法	1,246.00
7	2019		2018-12-31	新增:	07	装配机B型	电气设备	制造中心 - 二车间	180,000.00	5,400.00	平均年限法	5,625.00
8	2019		2018-10-31	新增:	08	长安面包车	交通运输设备	供销中心 - 销售部	50,000.00	1,500.00	工作量法	10,000.00
9	2019		2018-10-31	新增:	09	办公楼	房屋及建筑物	管理中心 - 行政部:	3,000,000.00	90,000.00	平均年限法	40,000.00
					合计				3,690,860.00	110,725.80		108,995.00

图 3－96 卡片的表格显示方式

修改已经录入的数据时，如果卡片处于“查看”状态，需要先单击左上角的“编辑”按钮，进入编辑状态后才能修改。

输入后，如果需要按照自己的要求排序显示，可以选择“过滤”，再选择“排序”。如按照资产编码排序，可将资产编码设置为排序字段。

数据输入完成后，如果总账的固定资产相关数据不正确或未输入，应将固定资产的初始数据传送给总账。选择“文件”｜“将初始数据传送总账”即可实现。选择功能执行后，出现提示，单击“是”按钮即完成了固定资产数据的初始化，相当于替换了用“科目初始数据”功能输入的固定资产等相关科目的数据。

3.3.5 出纳管理初始数据

案例资料

1. 开户行资料

编码：01；名称：工商银行重庆分行两江支行；账号：787978797879；户名：重庆两江科技有限公司；银行接口类型：中国工商银行。

编码：02；名称：中国银行重庆分行两江支行；账号：112111211121；户名：重庆两江科技有限公司；银行接口类型：中国银行。

2. 工商银行期初数据

工商银行人民币户企业日记账调整前余额为 511 057.00 元。银行对账单调整前余额为 467 557.00 元。

（1）企业未达账。

银行已收企业未收：

3 月 26 日，银行收到天津大华公司用转账支票支付的货款 3 000 元，支票号 ZZ45623，企业未收到。

银行已付企业未付：

3 月 28 日，银行自动支付短期借款利息 2 000 元，银行付款票据企业未收到。

（2）银行未达账。

企业已付银行未付：

3 月 28 日，企业用现金支票支付零星采购货款 2 500 元，支票号 XJ445353，银行未入账。

3 月 29 日，企业用转账支票支付货款 3 000 元，支票号 ZZ30254，银行未入账。

企业已收银行未收：

3 月 30 日，已收未收货款（重庆嘉陵公司转账支票，支票号 ZZ8341）50 000 元，银行未入账。

3. 中国银行账户不进行银行对账

操作过程

1. 银行科目期初数据

选择“初始化”|“出纳初始数据”，科目类别选择“现金”，然后选择“操作”|“从总账引入科目”，执行“从总账引入科目”后如图 3－97 所示。

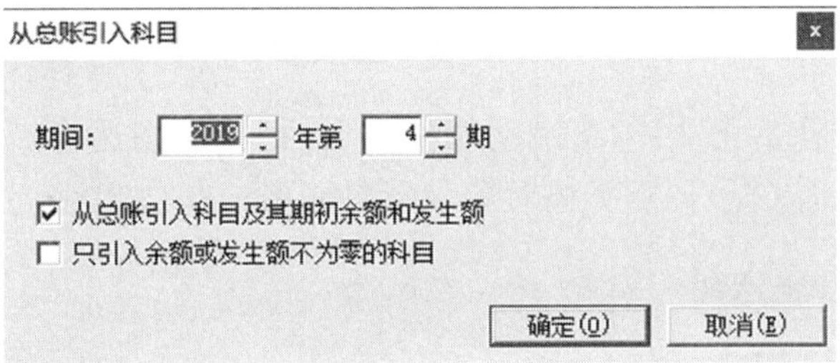

图 3－97　设置引入的参数

单击“确定”，引入后的结果如图 3－98 所示。

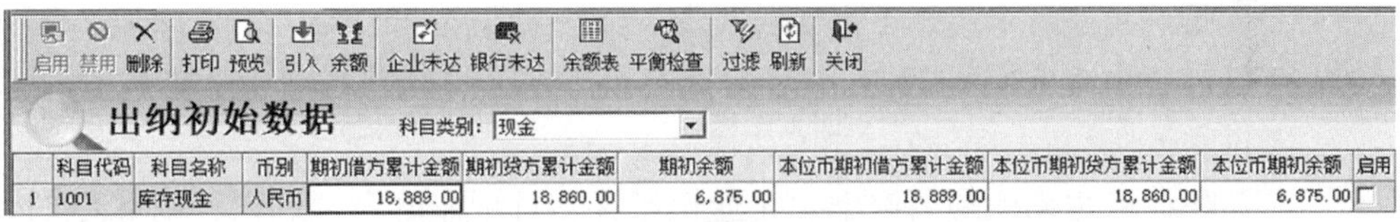

	科目代码	科目名称	币别	期初借方累计金额	期初贷方累计金额	期初余额	本位币期初借方累计金额	本位币期初贷方累计金额	本位币期初余额	启用
1	1001	库存现金	人民币	18,889.00	18,860.00	6,875.00	18,889.00	18,860.00	6,875.00	

图 3－98　引入后库存现金数据

选择“银行存款”，显示银行存款引入后的出纳初始数据，然后设置对账单期初余额，如图 3－99 所示。

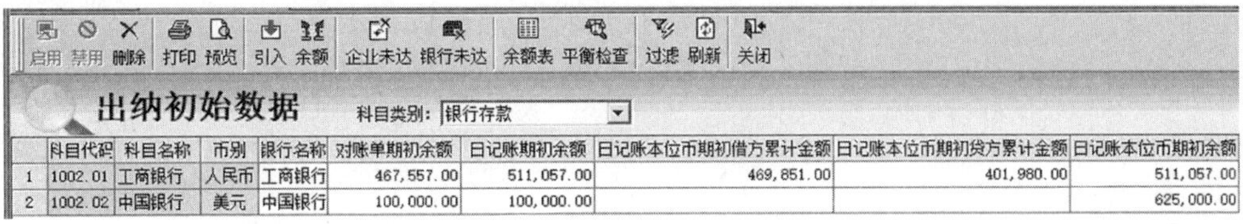

	科目代码	科目名称	币别	银行名称	对账单期初余额	日记账期初余额	日记账本位币期初借方累计金额	日记账本位币期初贷方累计金额	日记账本位币期初余额
1	1002.01	工商银行	人民币	工商银行	467,557.00	511,057.00	469,851.00	401,980.00	511,057.00
2	1002.02	中国银行	美元	中国银行	100,000.00	100,000.00			625,000.00

图 3－99　银行存款期初数据

选择“基础设置”|“辅助资料”，选择“出纳管理账号及开户行”，单击“新增”按钮，然后输入相关信息，如图 3－100 所示。

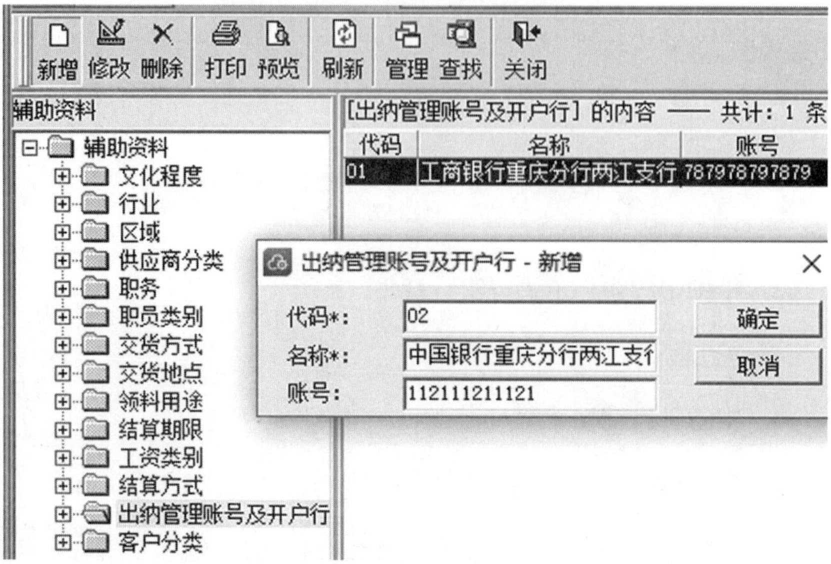

图 3－100　增加银行账号

选择“初始化”|“出纳初始数据”，科目类别选择“银行存款”，输入银行账号（按 F7 键选择），重新核对和设置对账单的期初余额。

2. 企业未达账

所谓未达账项，就是结算凭证在企业与银行（包括收付双方的企业及双方的开户银行）之间流转时，一方已经收到结算凭证做了银行存款的收入或支出账务处理，而另一方未收到结算凭证尚未入账的账项。

归纳起来，未达账项有四种类型：第一种是银行已收，企业未收；第二种是银行已付，企业未付；第三种是企业已收，银行未收；第四种是企业已付，银行未付。

存在未达账项的情况下，企业银行存款日记账的余额和银行对账单的余额往往是不相等的。这时需要分别站在企业和银行的角度，将未达账项分别对银行存款日记账的余额和银行对账单的余额进行调整。

具体调整方法如下：

$$\text{银行存款日记账的余额}+\text{银行已收企业未收的金额}-\text{银行已付企业未付的金额}=\text{调整后（企业账面）余额}$$

$$\text{银行对账单的余额}+\text{企业已收银行未收的金额}-\text{企业已付银行未付的金额}=\text{调整后（银行对账单）余额}$$

调整后两者的余额相等，表明企业银行存款账实相符。

在出纳初始数据下，选择“工商银行”，单击“企业未达”，再单击“新增”，输入月初企业未达账，如图 3－101 所示。

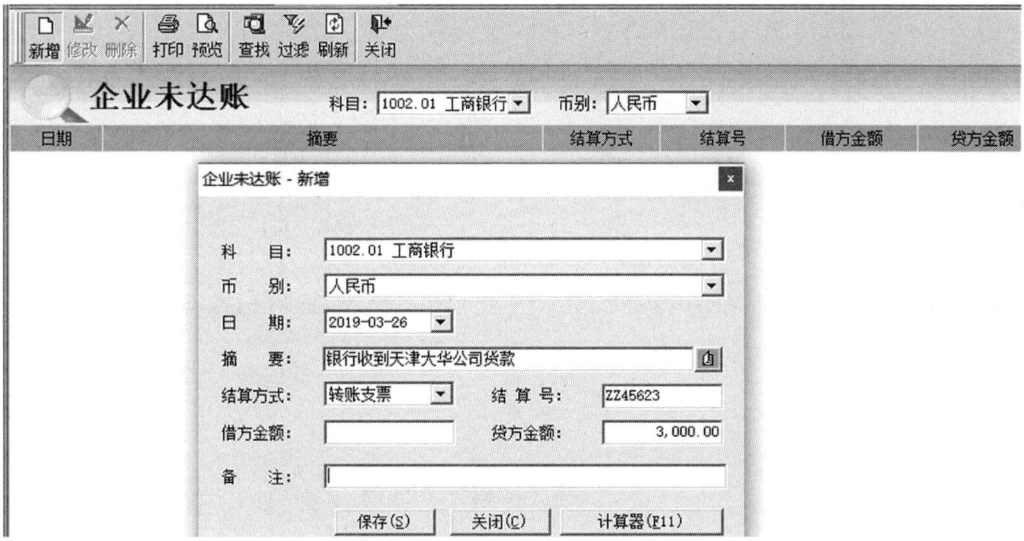

图 3－101　输入企业未达账

输入完成后的企业未达账如图 3－102 所示。

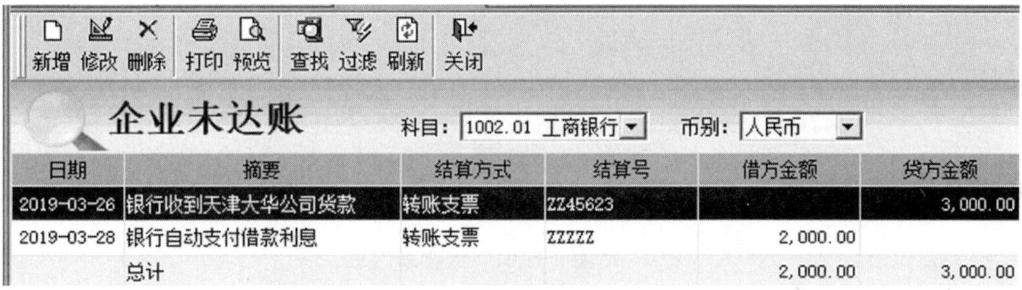

图 3－102　企业未达账

业务按理本身没有提供结算号，可以自己确定输入结算号。

操作提示

银行已收是在贷方，银行已付是在借方，与企业银行账相反。这是根据对账单上的数据方向输入的，对账单是站在银行角度，与企业的角度相反。

如果有多个科目需要输入企业未达账，可以通过“科目”选择实现，还可以选择其他币种。

3. 银行未达账

在出纳初始数据下，单击“银行未达”，再单击“新增”，即可录入月初银行未达账，如图 3－103 所示。

输入银行未达账后如图 3－104 所示。

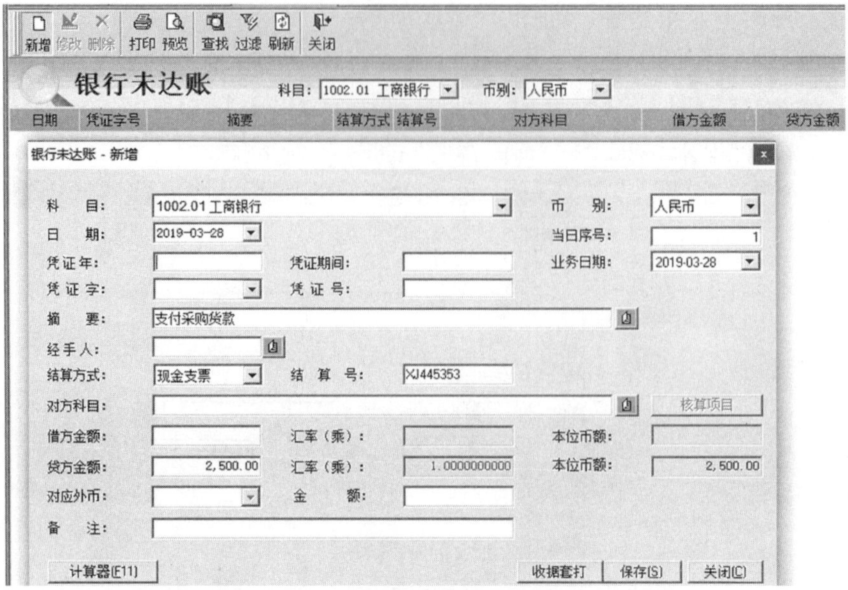

图 3-103　录入银行未达账

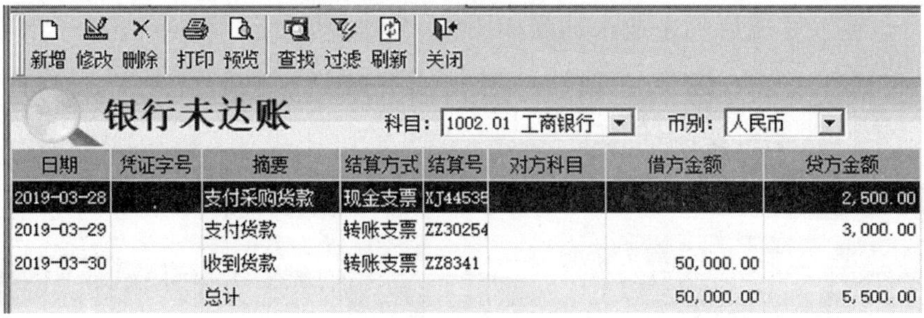

日期	凭证字号	摘要	结算方式	结算号	对方科目	借方金额	贷方金额
2019-03-28		支付采购货款	现金支票	XJ44535			2,500.00
2019-03-29		支付货款	转账支票	ZZ30254			3,000.00
2019-03-30		收到货款	转账支票	ZZ8341		50,000.00	
		总计				50,000.00	5,500.00

图 3-104　银行未达账

如果输入“凭证年”和“凭证期间”，就要求输入凭证的有关明细信息。本案例不要求输入。

4. 余额调节表

在出纳初始数据下，单击“余额表”，即可自动生成余额调节表，查看余额调节表是否平衡，如图 3-105 所示。

企业未达账			银行未达账				
项目（摘要）	日期	金额	项目（摘要）	日期	结算方式	结算号	金额
银行存款日记账余额		511,057.00	银行对账单余额				467,557.00
加：银行已收，企业未收		3,000.00	加：企业已收，银行未收				50,000.00
银行收到天津大华公司货款	2019-03-26	3,000.00	收到货款	2019-03-30	转账支票	ZZ8341	50,000.00
减：银行已付，企业未付		2,000.00	减：企业已付，银行未付				5,500.00
银行自动支付借款利息	2019-03-28	2,000.00	支付采购货款	2019-03-28	现金支票	445353	2,500.00
			支付货款	2019-03-29	转账支票	Z30254	3,000.00
调整后（银行存款日记账）余额		512,057.00	调整后（银行对账单）余额				512,057.00

图 3-105　余额调节表

3.3.6 应收账款初始设置

案例资料

1. 客户往来期初资料

应收账款（1122）期初余额如表 3-24 所示。

表 3-24　应收账款期初余额

日期	客户	部门	业务员	方向	期初余额	应收日期	收款金额
2019-02-25	重庆嘉陵公司	销售部	朱小明	借	99 600.00	2019-04-30	99 600.00
2019-03-10	天津大华公司	销售部	朱小明	借	58 000.00	2019-04-30	58 000.00
	合计			借	157 600.00		157 600.00

2. 供应商往来资料

应付账款（2202）期初余额如表 3-25 所示。

表 3-25　应付账款期初余额

日期	供应商	方向	期初余额	应付日期	应付金额	部门	业务员
2019-01-20	重庆大江公司	贷	276 850.00	2019-04-30	276 850.00	采购部	杨真
		贷	276 850.00		276 850.00		

操作过程

1. 客户往来

选择“初始化”|“应收应付初始数据”，进入后选择“客户”，然后输入客户的应收账款相关信息。先选择单位，然后单击“明细”栏下的“√”，进行明细输入，输入完成后单击“保存”，如图 3-106 所示。

图 3-106　录入应收账款

输入完成后如图 3－107 所示。

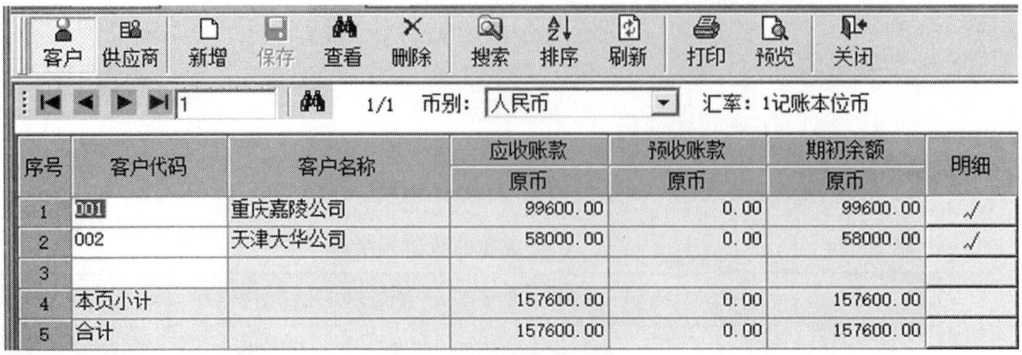

序号	客户代码	客户名称	应收账款	预收账款	期初余额	明细
			原币	原币	原币	
1	001	重庆嘉陵公司	99600.00	0.00	99600.00	√
2	002	天津大华公司	58000.00	0.00	58000.00	√
3						
4	本页小计		157600.00	0.00	157600.00	
5	合计		157600.00	0.00	157600.00	

图 3－107　应收账款期初

这里的期初余额合计要与会计科目中应收账款的期初余额相等。还可以选择“文件”｜“传递到科目初始化”将这里输入的数据传递到科目期初中去。

2. 供应商往来

选择“初始化”｜“应收应付初始数据”，进入后选择“供应商”，然后输入相关信息，如图 3－108 所示。

序号	供应商代码	供应商名称	应付账款	预付账款	期初余额	明细
			原币	原币	原币	
1	001	重庆大江公司	276850.00	0.00	276850.00	√
2						
3	本页小计		276850.00	0.00	276850.00	
4	合计		276850.00	0.00	276850.00	

图 3－108　应付账款期初

这里的期初余额合计要与会计科目中应付账款的期初余额相等。还可以选择“文件”｜“传递到科目初始化”将这里输入的数据传递到科目期初中去。

3.3.7　单据设置

在实际工作中，会涉及相关业务单据。在输入有关单据前，应进行单据相关参数的设置，如果不设置，系统就会采用默认方式。如采购发票，一般应该按照实际发票的编号录入，因此就需要进行设置。

选择“基础设置”｜“单据设置”，可选择相关单据进行设置，如图 3－109 所示。

如设置采购订单单据的参数，双击“采购订单”进入修改，首先是编码设置，系统提供了默认的方式，也可以重新设定，如图 3－110 所示。

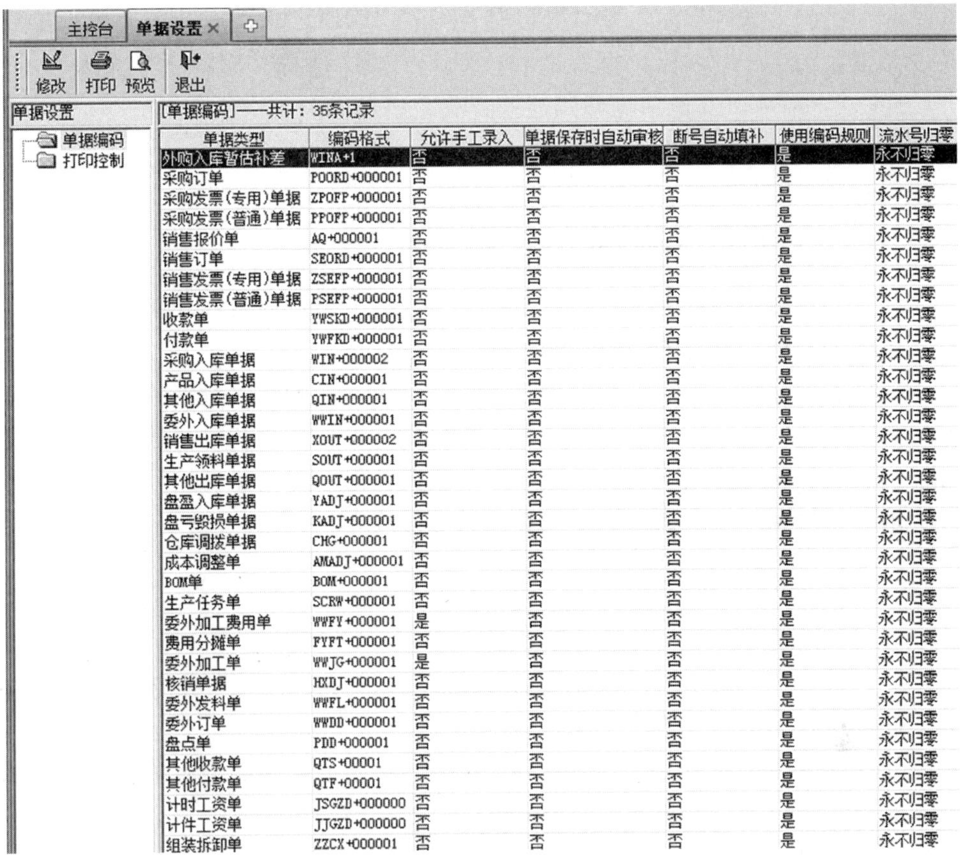

图 3－109　单据设置

图 3－110　单据设置（编码设置）

选择“选项”页，默认是“使用编码规则”，就是自动生成单据编号。对业务单据，为便于与实际单据查询和核对，一般应选择“允许手工录入”，设置完成后单击“保存”。其他单据参照这种方法完成。

3.3.8 启用

1. 启用过程中需要注意的问题

初始数据录入完毕并核对正确之后，接下来就要启用相关业务系统，结束初始化操作，进入日常的业务处理。

需要注意的是，一旦启用相关业务系统，初始化中设定的一些参数和数据将不能再修改，所以在启用前一定要慎重，仔细检查参数和数据的合理性。

在启用账套之前，应先进行账套数据备份，以便在启用后发现某些参数设置错误时，能利用备份数据恢复账套并做出修改。

2. 启用财务系统

用系统管理员“孙胜业”登录。

选择“初始化”|“启用财务系统”，从弹出的对话框中选择“结束初始化”单选按钮，单击“开始”完成启用。

在启用过程中，还会检查有关数据的平衡关系。如果有关数据不平衡，则不能启用，需修改有关数据正确后再启用。如果检查正确，则提示成功启用。

3. 启用出纳系统

选择“初始化”|“启用出纳系统”，完成启用。

4. 启用业务系统

其他有关业务系统的启用，将在后面相关业务部分介绍。

选择“初始化”|“启用业务系统”，再选择“结束初始化”完成启用。

5. 反初始化

如果启用后发现初始化数据错误，需要修改，可以通过“反初始化”功能进行操作。如果已经处理了业务，反初始化有可能会影响到数据，因此一般情况下不要轻易使用。

复习题

□ 思考题

1. 在使用金蝶 KIS 云专业版前，首先要完成什么工作？

2. 基础设置的作用是什么?
3. 初始化的作用是什么?
4. 启用系统的目的是什么，有什么影响?
5. 简述金蝶 KIS 云专业版操作的基本流程。

□ 判断题

1. 全部仓库的存货期初金额合计必须与科目的库存商品期初余额相等。（ ）
2. 存货期初金额合计可以传递到科目期初的库存商品期初中进行替换。（ ）
3. 物料的计价方法只能按照分类设置。（ ）
4. 操作者的初始密码是不可以修改的。（ ）
5. 操作者自己的密码只能自己修改。（ ）
6. 输入的固定资产初始数据，可以将汇总数据传送到科目初始数据的相关科目中。（ ）
7. 金蝶 KIS 云专业版中，凭证类型（凭证字）只能设置为收、付、转三种。（ ）
8. 某科目输入了期初数据后，还可以修改科目名称。（ ）
9. 通过基础设置的“用户管理”设置用户后，一旦启用了系统，当前会计年度内就不能增加操作用户了。（ ）
10. 通过基础设置完成了会计科目后，一旦启用了系统，就不能再增加科目了。（ ）
11. 在增加凭证字（凭证类型）时一定要设定“科目范围”，否则系统不让保存。（ ）
12. 在初始化中，应收应付初始数据输入完成后，可以将数据传送到科目初始数据中去。（ ）
13. 有外币业务核算的情况下，对初始数据进行试算检查一定要将币别切换为综合本位币状态。（ ）
14. 在进行日常业务处理前，必须启用系统。（ ）

□ 单项选择题

1. 应收账款科目应当选择（ ）进行辅助核算。

A. 客户　　B. 部门　　C. 职员　　D. 仓库

2. 金蝶 KIS 云专业版使用（ ）数据库。

A. DB2　　B. Access　　C. ORACLE　　D. SQL Server

3. 在科目初始数据设置中，在币别选择外币时没有相关外币科目的原因是（　　）。

A. 在凭证字中没有设置外币凭证　　B. 在科目外币核算中没有设置外币

C. 计量单位中没有设置外币　　D. 在辅助资料中没有设置外币

4. 当选择某功能时，系统提示没有权限的原因是（　　）。

A. 在用户管理中没有给该操作员设置该功能权限

B. 该操作员自己把权限取消了

C. 该权限只能是系统管理员才能使用

D. 不同版本的数据库权限不相同

5. 在金蝶 KIS 云专业版中，在输入项目的代码时，按 F7 键的作用是（　　）。

A. 调出代码表供选择　　B. 项目的帮助说明

C. 直接输入该项目　　D. 删除当前输入的内容

6. KIS 云专业版的权限管理主要通过（　　）设置来实现财务分工。

A. 业务权限管理　　B. 财务权限管理

C. 功能权限管理　　D. 数据权限管理

7. 作为 KIS 云专业版的系统管理员，通过查看（　　）可以得到网络用户对 KIS 云专业版的操作记录。

A. 用户管理　　B. 财务系统

C. 业务系统　　D. 上机日志

8. F7 键的快捷功能是（　　）。

A. 数据重算　　B. 刷新

C. 调出金蝶计算器　　D. 获取科目、摘要、核算项目等信息

9. 固定资产的预计使用年限为 5 年，折合成使用期间是（　　）。

A. 60 期　　B. 50 期　　C. 30 期　　D. 25 期

10. 固定资产卡片的期初原值总和应当（　　）会计科目的固定资产期初金额。

A. 大于　　B. 等于　　C. 小于　　D. 不等于

□ 多项选择题

1. 物料的计价方法提供了（　　）及分批认定法。

A. 加权平均法　　B. 移动平均法

C. 先进先出法　　D. 后进先出法

2. 科目期初中的固定资产科目数据可以通过（　　）。

A. “科目初始数据”直接输入

B. “固定资产初始数据”输入后传入总账

C. 凭证输入

D. 固定资产卡片输入

3. 有外币核算的科目一般应选择（　　）项目。

A. 外币核算　　B. 期末调汇

C. 计量单位　　D. 助记码

4. 金蝶 KIS 云专业版可以在（　　）运行。

A. Windows 单机　　B. Windows 网络

C. Unix　　D. Linux

5. KIS 云专业版账套备份后，生成的文件类型是（　　）。

A. *.bak　　B. *.exe　　C. *.ini　　D. *.dbb

6. 非年初启用的账套，初始数据录入窗口中，能录入的内容主要包括（　　）。

A. 期初余额　　B. 累计借方

C. 累计贷方　　D. 本年累计借贷方合计

□ 参考答案

判断题

1. 正确；2. 正确；3. 错误；4. 错误；5. 正确；6. 正确；7. 错误；8. 正确；9. 错误；10. 错误；11. 错误；12. 正确；13. 正确；14. 正确。

单项选择题

1. A；2. D；3. B；4. A；5. A；6. C；7. D；8. D；9. A；10. B。

多项选择题

1. ABCD；2. AB；3. AB；4. AB；5. AD；6. ABC。

第 4 章 Chapter 4 账务与出纳业务处理

4.1 账务处理的基本功能和流程

4.1.1 基本功能

账务是一切财务数据的汇集点，是 KIS 云专业版各个模块之间联系的交汇点，起着数据归集、分类、汇总、分析的中心作用。账务处理实现从凭证录入、审核、记账到期末业务处理等相关业务。主要功能如图 4－1 所示。

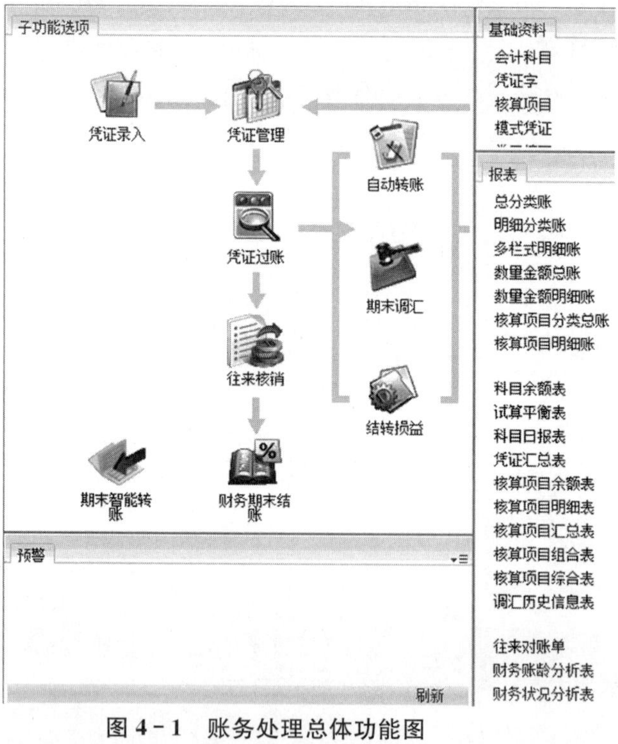

图 4－1 账务处理总体功能图

4.1.2　凭证处理流程

凭证是账务系统的入口，是关键环节，其他处理都是自动化控制的。凭证的日常处理流程如图 4－2 所示。

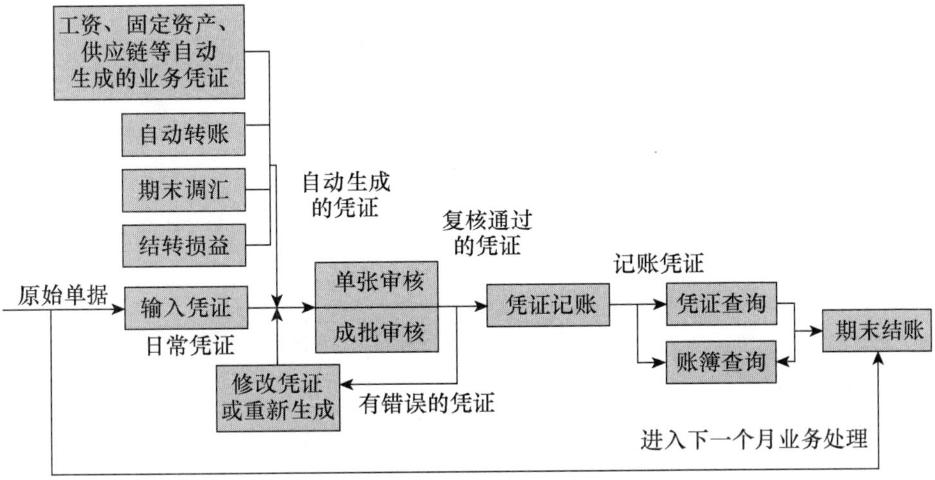

图 4－2　凭证日常处理流程

4.1.3　重新登录

在处理业务时，每个人负责的业务不同，权限也不同，必须以自己的用户名登录系统。登录系统有两种方式：一是在启动金蝶 KIS 时登录；二是在不退出当前系统的情况下登录，方法是选择“系统”｜“重新登录”功能，输入用户名和密码登录进入。

4.2　凭证录入与处理

4.2.1　凭证录入方法

案例资料

4 月 2 日，采购部刘一江购买了 350 元的办公用品，以现金支付，附单据一张。

借：管理费用/办公费（6602.03）/采购部　　350

贷：库存现金（1001）　　350

操作过程

选择“账务处理”｜“凭证录入”，根据案例资料录入凭证，数据输入确认无误后单击“保存”（注意业务日期与凭证日期一致）完成。记账凭证如图 4－3 所示。

图 4-3　凭证录入

操作提示

在操作过程中，首先要确定“凭证字”，即所输入凭证的类型是什么。其次是“日期”，这个日期就是业务发生的日期。

“凭证号”是系统自动根据录入顺序设定的，但如果中间出现过因删除凭证等形成的空号，也可以直接输入某个凭证号去填号。具体要根据系统的设置确定，可选择“基础设置”|“系统参数”|“财务参数”进行设置。

如果不清楚会计科目代码、辅助核算项目等，可以将光标移到会计科目下，按 F7 键打开相应的代码表直接选取。

在输入“管理费用—办公费”科目时，需要输入核算项目，方法是先输入科目代码，按回车键后会提示输入核算项目，然后按 F7 键可选择具体部门。

在实际工作中，凭证的录入工作量很大，因此就要采用一些辅助功能来提高凭证的录入速度。在凭证录入过程中常用的快捷键如表 4-1 所示。

表 4-1　凭证输入常用快捷键

快捷键	功能
F7	在凭证和业务单据编制界面，通过快捷键可调出基础资料，如科目代码、人员代码、部门代码等
减号键	在凭证录入界面，可使输入的金额在正负间转换
..（两个英文句点）	快速复制摘要，在下一行中按“..”可复制上一条摘要
//（两个斜杠）	快速复制摘要，在下一行中按“//”可复制第一条摘要

续前表

快捷键	功能
空格键	在凭证录入界面，在光标处于借贷方输入时可以帮助转换金额的借贷方向
=	在光标处于借贷方输入时，通过快捷键，系统会根据分录的借贷金额，直接在当前光标停留处填入差额，达到金额借贷自动平衡

为了提高凭证的录入效率，在凭证输入状态下，选择“查看”|“选项”命令，可按照自己的习惯和需要进行设置。一般会选择“凭证保存后立即新增”，如图 4-4 所示。

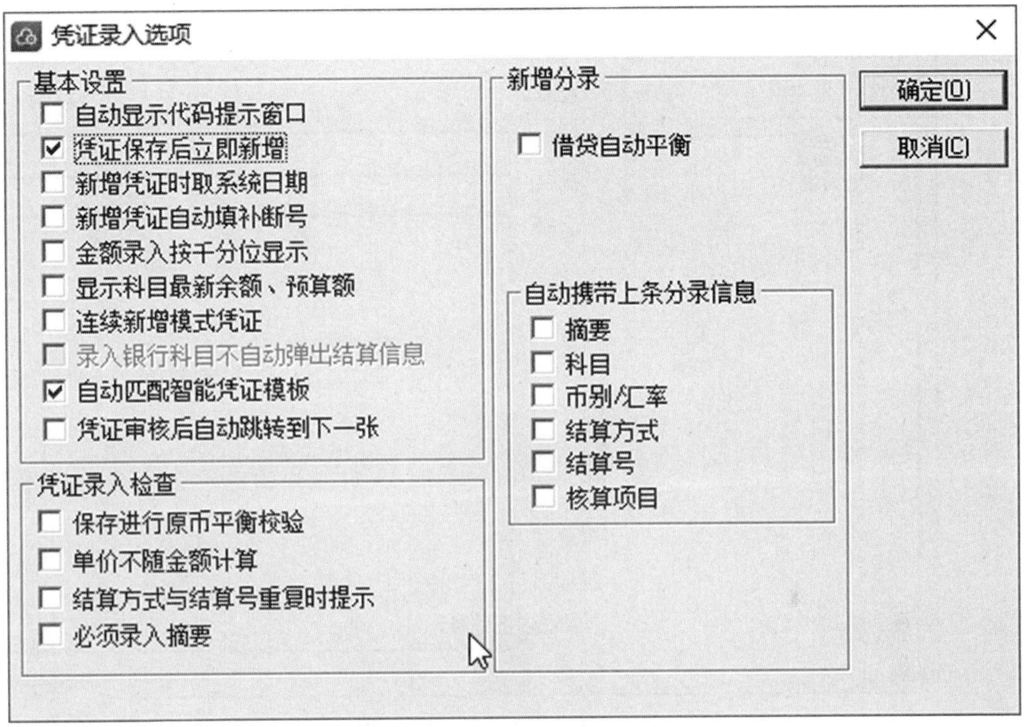

图 4-4 凭证录入选项设置

凭证输入的技巧需要仔细摸索，并充分利用系统提供的功能来提高效率。常用的部分功能如下。

（1）还原：发现凭证录入错误，要将凭证内容整个删除，此时可以单击“还原”按钮。注意：还原功能并非将保存后的凭证删除，而是将凭证保存前的操作全部废除。

（2）插入、删除：插入或删除凭证中的某一条分录。

（3）外币：外币凭证的格式和一般凭证的格式不同，用于两者格式的切换。外币按钮还用于数量金额凭证格式的切换。

（4）代码：代码查询功能，与按 F7 键功能相同。

（5）流量：针对科目属性中指定为现金类科目或现金等价物的会计科目，可以在此定义其现金流量内容，是做现金流量表的一种方法。

（6）日期：凭证录入的日期，录入后业务日期会跟着改变。系统会自动填入上一次录入的最后一张凭证的日期，可以修改。凭证录入的日期若在当前的会计期间之前，则系统不允许输入；但允许输入本期以后任意期间的记账凭证，在过账时系统只处理本期的记账凭证，以后期间的凭证不做处理。

（7）摘要：对凭证分录的文字解释，可以直接录入，也可以按 F7 键到摘要库中读取。系统提供了摘要库的功能，在凭证录入界面，将光标移动到摘要栏，按 F7 键，就可以选择已录入摘要库中的摘要，单击“确定”按钮后，摘要会自动填入当前的凭证中。可以对摘要库进行增加、修改、删除，如图 4－5 所示。

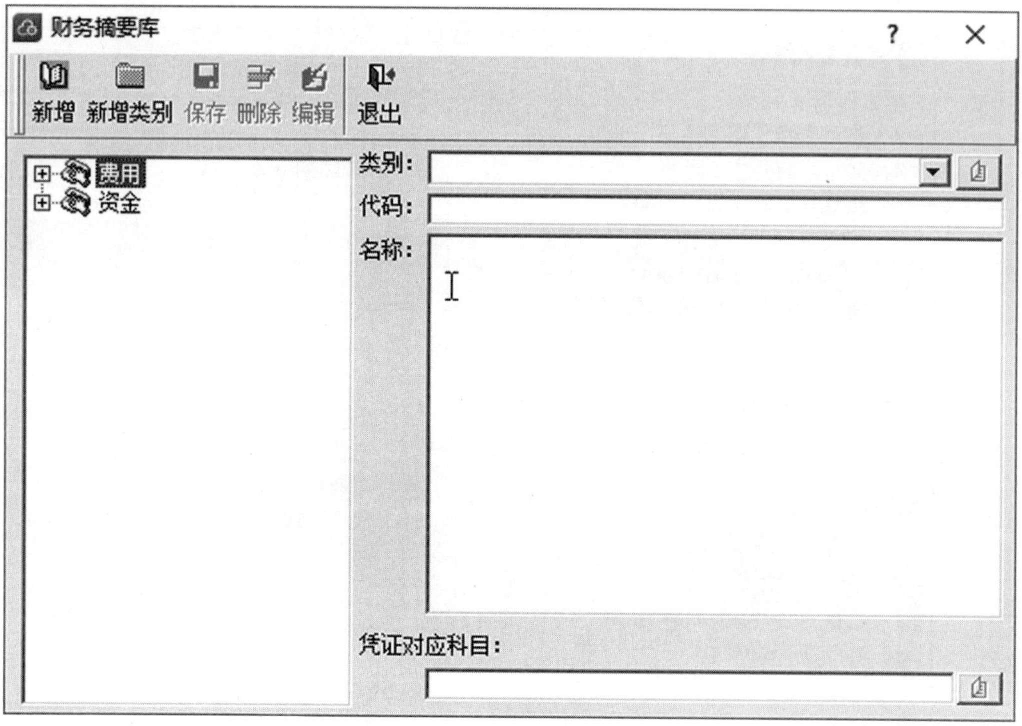

图 4－5　凭证摘要库

（8）金额：在输入完前面的项目以后，如果没有外币和数量的分录，就可以输入金额了，金额分为借方金额和贷方金额两栏，每条分录的金额只能在借方或贷方，不能在借贷双方同时存在。若要输入负金额，在录入数字后再输入“－”号，系统即以红字显示。如果需要清除金额栏中的数据，只需将光标移至金额处，按 Esc 键即可。如果要将已录入的金额转换到另一方，只需将光标定位于要转换的金额栏上，然后按空格键进行切换。

（9）币别、汇率、原币金额：当会计科目有外币核算时，单击“外币”转换到外币凭证格式。币别可以按 F7 键查询，汇率在选择币别后自动提供，也可以修改。原币金额是指外币的金额，录入后系统会根据“外币汇率×原币金额”得出本位币的金额。

（10）单位、单价和数量：当会计科目要进行数量金额核算时，系统会自动要求录入数量。单位会根据会计科目属性中提供的内容自动出现，只要录入单价和金额即可。系统会检验数量和单价的乘积是否与原币金额相等，如不相等，系统会提示是否继续。

（11）往来业务：对选择了核算往来业务的会计科目，要录入往来业务的编号，本案例中自由确定，可以输入业务日期，或者发票号码、单据号码。往来业务编号主要用于往来核销的识别。

（12）结算方式和结算号：银行存款的结算方式和结算单据的号码，用户可以录入，也可以不录入。具体与“基础设置”｜“系统参数”｜“财务参数”中相关设置有关。

（13）输入有核算项目的凭证：当在科目中定义了核算项目后，输入相应的科目时，就会提示输入核算项目。例如核算项目是部门时，输入科目后在凭证下部会显示“部门”，提示输入部门，按 F7 键可以调出部门，然后从中选择。

如果在输入自定义核算项目时，出现没有权限的提示，就需要将自定义核算项目授权给相应的操作人员。选择“基础设置”｜“用户管理”进行具体的项目授权。

如果涉及外币，凭证会自动变为外币凭证，如图 4－6 所示。

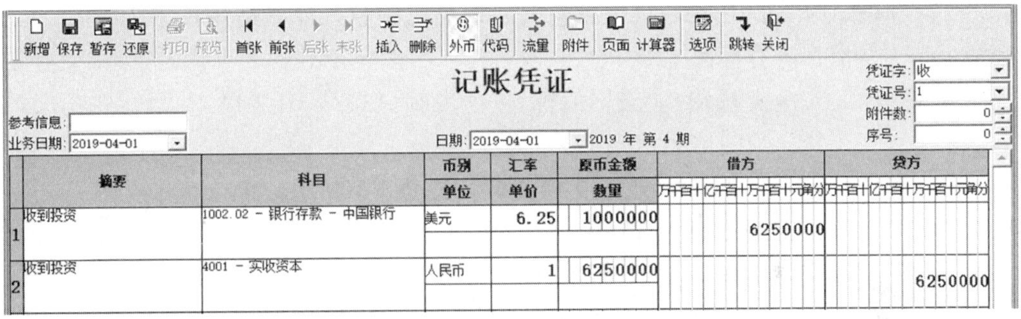

图 4－6　外币凭证输入

4.2.2　日常业务处理

案例资料

（1）4 月 1 日，收到兴华集团投资资金 10 000 美元，汇率 1∶6.25，中行转账支票号 ZZW002。

借：银行存款/中国银行（1002.02）　　　　62 500

　贷：实收资本（4001）　　　　62 500

（2）4 月 2 日，工行账户收到天津大华公司支付的货款 3 000 元，转账支票号 ZZ45623。

借：银行存款/工商银行（1002. 01）　　　　3 000

　贷：应收账款（1122）/大华　　　　3 000

（3）4 月 2 日，接银行通知，工行账户支付短期借款利息 2 000 元。结算方式：其他；结算号：QT001。

借：财务费用/利息支出（6603.01） 2 000
　贷：银行存款/工商银行（1002.01） 2 000

（4）4 月 3 日，采购部李天华采购原纸 10 吨，每吨 5 000 元，材料直接送入二车间生产专用发票打印纸，货款以工商银行账户支付，转账支票号 ZZR002。

借：生产成本/直接材料（5001.01）/专用发票打印纸 50 000
　贷：银行存款/工商银行（1002.01） 50 000

（5）4 月 3 日，财务部赵小兵从工商银行账户提取现金 15 000 元，作为备用金，现金支票号 XJ001。

借：库存现金（1001） 15 000
　贷：银行存款/工商银行（1002.01） 15 000

（6）4 月 12 日，销售部刘一江收到重庆嘉陵公司转来一张工商银行转账支票，金额 49 600 元，用以偿还前欠货款，转账支票号 ZZR003。

借：银行存款/工商银行（1002.01） 49 600
　贷：应收账款（1122）/嘉陵 49 600

（7）4 月 14 日，采购部李天华从重庆大江公司购入“税控Ⅱ号使用指南”光盘 1 000 张，单价 10 元，货税款暂欠，商品已验收入库，适用税率 16%。

借：库存商品（1405） 10 000
　　应交税费/应交增值税/进项税额（2221.01.01） 1 600
　贷：应付账款（2202）/大江 1 1600

（8）4 月 16 日，行政部支付业务招待费 1 500 元，工行转账支票号 ZZR004。

借：管理费用/招待费（6602.05） 1 500
　贷：银行存款/工商银行（1002.01） 1 500

（9）4 月 18 日，行政部孙正出差归来，报销差旅费 1 800 元，交回现金 200 元。

借：管理费用/差旅费（6602.04） 1 800
　　库存现金（1001） 200
　贷：其他应收款（1221.02） 2 000

（10）4 月 20 日，开具工商银行转账支票（支票号：ZG1226）20 000 元支付本月制作中心租用房屋的租赁费。

借：制造费用/租赁费（5101.03） 20 000
　贷：银行存款/工商银行（1002.01） 20 000

操作过程

1. 凭证修改

如果凭证没有审核，修改方法如下：选择“账务处理”|“凭证管理”，先设置

过滤条件，如图 4－7 所示。

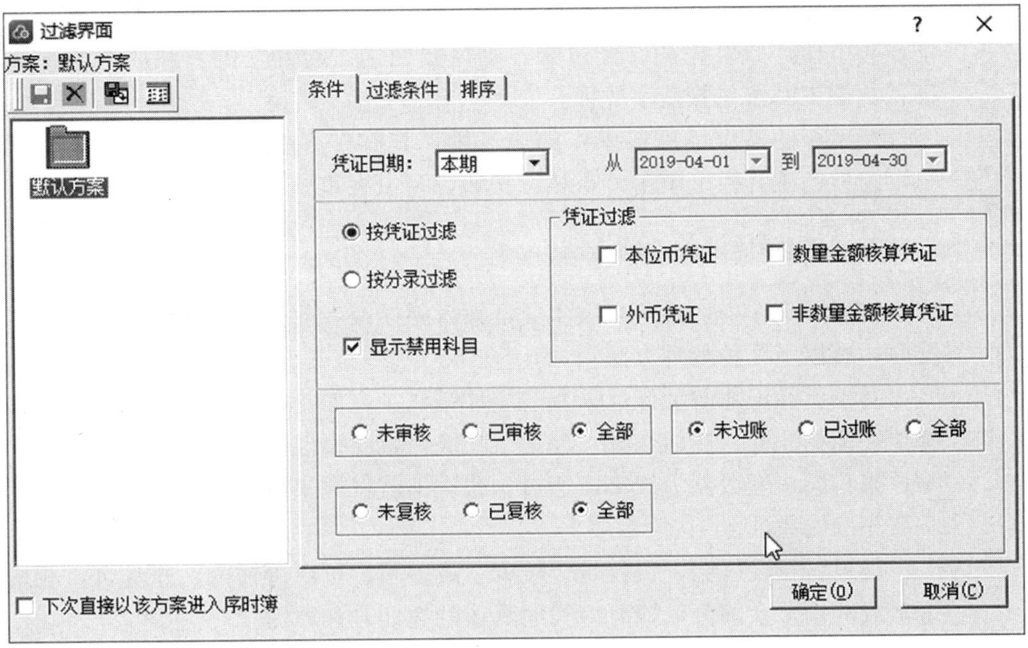

图 4－7 设置过滤条件

进入凭证管理功能，将按照前面设置的过滤条件显示凭证，如图 4－8 所示。

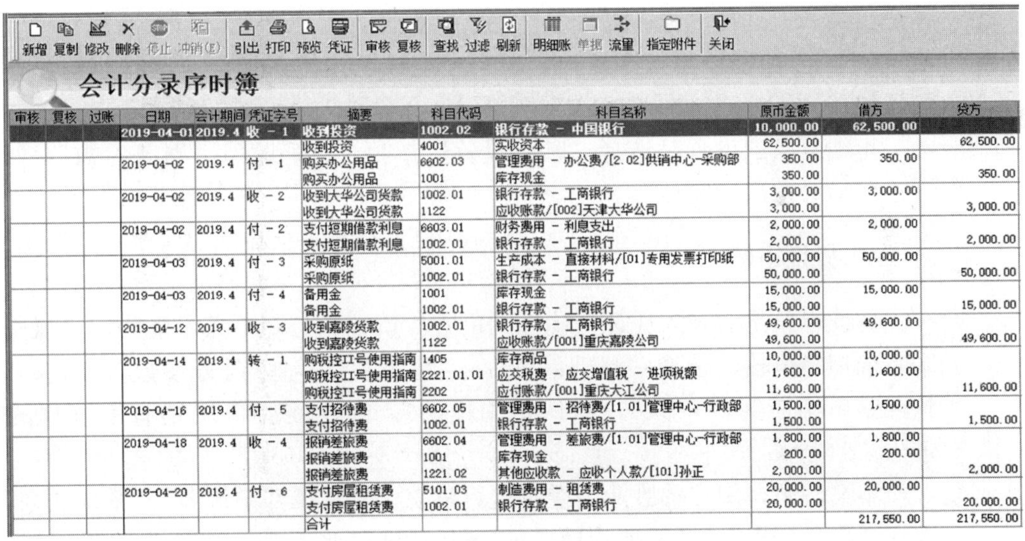

审核	复核	过账	日期	会计期间	凭证字号	摘要	科目代码	科目名称	原币金额	借方	贷方
			2019-04-01	2019.4	收－1	收到投资	1002.02	银行存款－中国银行	10,000.00	62,500.00	
						收到投资	4001	实收资本	62,500.00		62,500.00
			2019-04-02	2019.4	付－1	购买办公用品	6602.03	管理费用－办公费/[2.02]供销中心-采购部	350.00	350.00	
						购买办公用品	1001	库存现金	350.00		350.00
			2019-04-02	2019.4	收－2	收到大华公司货款	1002.01	银行存款－工商银行	3,000.00	3,000.00	
						收到大华公司货款	1122	应收账款/[002]天津大华公司	3,000.00		3,000.00
			2019-04-02	2019.4	付－2	支付短期借款利息	6603.01	财务费用－利息支出	2,000.00	2,000.00	
						支付短期借款利息	1002.01	银行存款－工商银行	2,000.00		2,000.00
			2019-04-03	2019.4	付－3	采购原纸	5001.01	生产成本－直接材料/[01]专用发票打印纸	50,000.00	50,000.00	
						采购原纸	1002.01	银行存款－工商银行	50,000.00		50,000.00
			2019-04-03	2019.4	付－4	备用金	1001	库存现金	15,000.00	15,000.00	
						备用金	1002.01	银行存款－工商银行	15,000.00		15,000.00
			2019-04-12	2019.4	收－3	收到嘉陵货款	1002.01	银行存款－工商银行	49,600.00	49,600.00	
						收到嘉陵货款	1122	应收账款/[001]重庆嘉陵公司	49,600.00		49,600.00
			2019-04-14	2019.4	转－1	购税控II号使用指南	1405	库存商品	10,000.00	10,000.00	
						购税控II号使用指南	2221.01.01	应交税费－应交增值税－进项税额	1,600.00	1,600.00	
						购税控II号使用指南	2202	应付账款/[001]重庆大江公司	11,600.00		11,600.00
			2019-04-16	2019.4	付－5	支付招待费	6602.05	管理费用－招待费/[1.01]管理中心-行政部	1,500.00	1,500.00	
						支付招待费	1002.01	银行存款－工商银行	1,500.00		1,500.00
			2019-04-18	2019.4	收－4	报销差旅费	6602.04	管理费用－差旅费/[1.01]管理中心-行政部	1,800.00	1,800.00	
						报销差旅费	1001	库存现金	200.00	200.00	
						报销差旅费	1221.02	其他应收款－应收个人款/[101]孙正	2,000.00		2,000.00
			2019-04-20	2019.4	付－6	支付房屋租赁费	5101.03	制造费用－租赁费	20,000.00	20,000.00	
						支付房屋租赁费	1002.01	银行存款－工商银行	20,000.00		20,000.00
						合计				217,550.00	217,550.00

图 4－8 凭证管理

将光标定位于要修改的凭证行，单击工具栏中的“修改”按钮，或单击鼠标右键，从弹出的快捷菜单中选择“修改凭证”，进入该凭证的修改状态。

在实际工作中，由于网络上并行操作或其他原因，凭证顺序、编号不一定相同，只要业务正确即可。

在凭证修改页面对凭证进行修改，完成后单击“保存”按钮保存，具体与填制凭证的方法相同。

如果凭证已经审核，但没有过账，则可以反审核（取消审核），然后再修改凭证、再审核；如果凭证已经过账，则需要使用“对冲”的方法先生成一张红字凭证，再手工制作一张蓝字凭证。

反审核的操作是审核操作的逆过程，其操作方法同凭证的审核，在“凭证审核”窗口的工具栏上单击“审核”按钮，可以在审核和取消审核之间切换。

2. 对出错凭证的处理方法

在实际工作中，难免会发生凭证输入错误或者业务处理错误的情况。当发现出错时，有以下几种处理方法：

对于已经记账的凭证，采用红字冲销法。方法是在“凭证管理”窗口中，先选择要冲销的凭证，然后选择“冲销”功能，就会生成一张相同的红字凭证，即金额与原来相同，但数据为红字。通过这张凭证就将原来的凭证冲销为零。然后再制作一张正确的凭证。

如果科目没有错，仅仅是金额少了或多了，可以再输入一张凭证，相应地增加金额或冲销多余部分，摘要应写明具体的凭证号和原因。

3. 出纳复核

对于涉及“现金”和“银行存款”科目的凭证，出纳人员都需要进行复核，具体是出纳人员选择“账务处理”|“凭证管理”，先选择凭证，然后选择“复核”功能进入“记账凭证-复核”窗口，单击“复核”按钮系统会自动将当前操作者的姓名添加在凭证上。

出纳复核的设置是选择“基础设置”|“系统参数”|“财务参数”，勾选“凭证过账前必须出纳复核”。

4. 凭证审核

凭证审核是对录入凭证正确性的审查。审核人与制单人不能为同一操作员，否则系统拒绝审核（选择“基础设置”|“系统参数”|“财务参数”，勾选“凭证审核与制单不能为同一人”，默认是选择的）。因此需要换用具有审核权的操作员进入。

本案例中，用“孙胜业”登录进行审核。先选择“系统”|“重新登录”，然后选择“账务处理”|“凭证管理”，再选择凭证过滤条件，单击“确定”按钮进入会计分录序时簿。

在会计分录序时簿里，将光标移动到需要审核的凭证上，然后单击工具栏中的“审核”按钮，系统即进入凭证窗口，在此窗口中可以对记账凭证进行审核。此窗口中的项目不能修改，只能查看。查看完毕后可以对此张凭证审核并签章，单击“审核”按钮即表示审核通过，系统会在审核人处进行签章（显示审核人姓名）。

还有一种审核方法是成批审核。在会计分录序时簿下，选择“操作”|“成批

审核”功能，或单击鼠标右键，从弹出的快捷菜单中进行选择。

选择“成批审核”命令，将显示成批审核凭证的提示。选择“审核未审核的凭证”就对会计分录序时簿中所有未审核凭证成批审核（也可以选择取消审核），如图 4－9 所示。

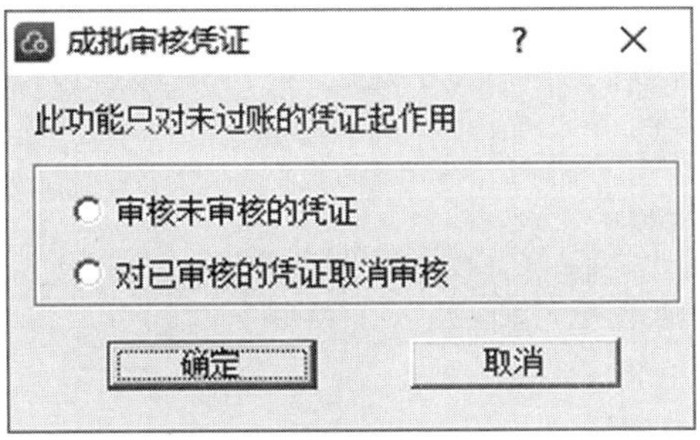

图 4－9　成批审核凭证

成批审核一般适用于先打印了凭证，通过手工复核了凭证，然后在计算机上实施自动审核完成这一过程。

5. 凭证过账

凭证过账就是系统将已录入的记账凭证根据其会计科目登记到相关的明细账簿中的过程。经过记账的凭证以后将不允许再修改，只能采取补充凭证或红字冲销凭证的方式进行更正。因此，在过账前应该对记账凭证的内容仔细审核，系统只能检验记账凭证中的数据关系错误，而无法检查业务逻辑关系。

选择“账务处理”｜“凭证过账”功能进行凭证过账，如图 4－10 所示。单击“开始过账”按钮后，系统自动完成过账工作。

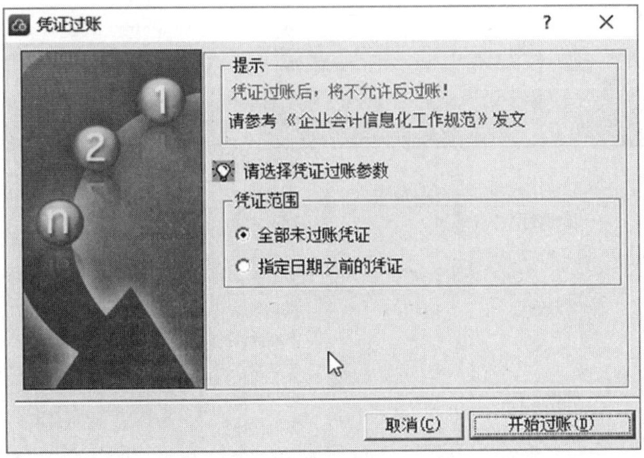

图 4－10　凭证过账

如果选择过账功能时提示“初始化未完成不能过账”，这时需要选择“初始化”｜“启用财务系统”｜“结束初始化”，完成初始化工作后，再进行凭证过账。

4.3 常用账表

4.3.1 总分类账

选择“账务处理”｜“总分类账”，再设置“过滤条件”，一般会选择“余额为零且无发生额不显示”，如图 4－11 所示。

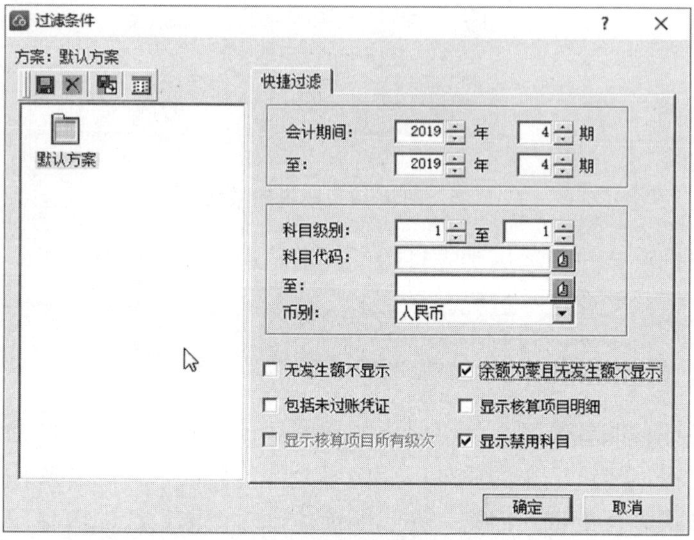

图 4－11 过滤条件设置

过滤条件设置后单击“确定”进入查询，如图 4－12 所示。

科目代码	科目名称	期间	凭证字号	摘要	借方	贷方	余额	
1001	库存现金	4		期初余额			借	6,875.00
		4		本期合计			借	6,875.00
		4		本年累计	18,889.00	18,860.00	借	6,875.00
1002	银行存款	4		期初余额			借	511,057.00
		4		本期合计			借	511,057.00
		4		本年累计	469,851.00	401,980.00	借	511,057.00
1122	应收账款	4		期初余额			借	157,600.00
		4		本期合计			借	157,600.00
		4		本年累计	60,000.00	200,000.00	借	157,600.00
1221	其他应收款	4		期初余额			借	3,800.00
		4		本期合计			借	3,800.00
		4		本年累计	7,000.00	5,300.00	借	3,800.00

图 4－12 总分类账

要查哪个科目的明细账，应先将光标移到该科目上，双击该科目，或者单击工具栏上的“明细账”按钮。如选择“银行存款”科目，双击后显示该科目的明细账，如图 4－13 所示。

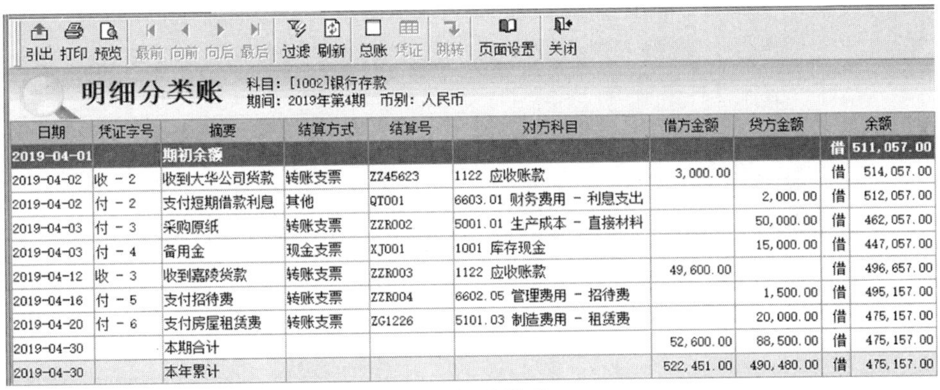

日期	凭证字号	摘要	结算方式	结算号	对方科目	借方金额	贷方金额		余额
2019-04-01		期初余额						借	511,057.00
2019-04-02	收 - 2	收到大华公司货款	转账支票	ZZ45623	1122 应收账款	3,000.00		借	514,057.00
2019-04-02	付 - 2	支付短期借款利息	其他	QT001	6603.01 财务费用 - 利息支出		2,000.00	借	512,057.00
2019-04-03	付 - 3	采购原纸	转账支票	ZZR002	5001.01 生产成本 - 直接材料		50,000.00	借	462,057.00
2019-04-03	付 - 4	备用金	现金支票	XJ001	1001 库存现金		15,000.00	借	447,057.00
2019-04-12	收 - 3	收到嘉陵货款	转账支票	ZZR003	1122 应收账款	49,600.00		借	496,657.00
2019-04-16	付 - 5	支付招待费	转账支票	ZZR004	6602.05 管理费用 - 招待费		1,500.00	借	495,157.00
2019-04-20	付 - 6	支付房屋租赁费	转账支票	ZG1226	5101.03 制造费用 - 租赁费		20,000.00	借	475,157.00
2019-04-30		本期合计				52,600.00	88,500.00	借	475,157.00
2019-04-30		本年累计				522,451.00	490,480.00	借	475,157.00

图 4 - 13　明细分类账

4.3.2　科目余额表

选择“账务处理”|“科目余额表”，在账表的查询中，要注意过滤条件的设置。一是注意“科目级别”的设置，默认是一级科目。二是“包括未过账凭证”的设置。三是选择“币别”。具体可根据实际需要设置。

在默认过滤条件设置中，不选择“包括没有业务发生的科目（期初、本年累计）”和“包括本年没有发生额的科目”，查询结果如图 4 - 14 所示。

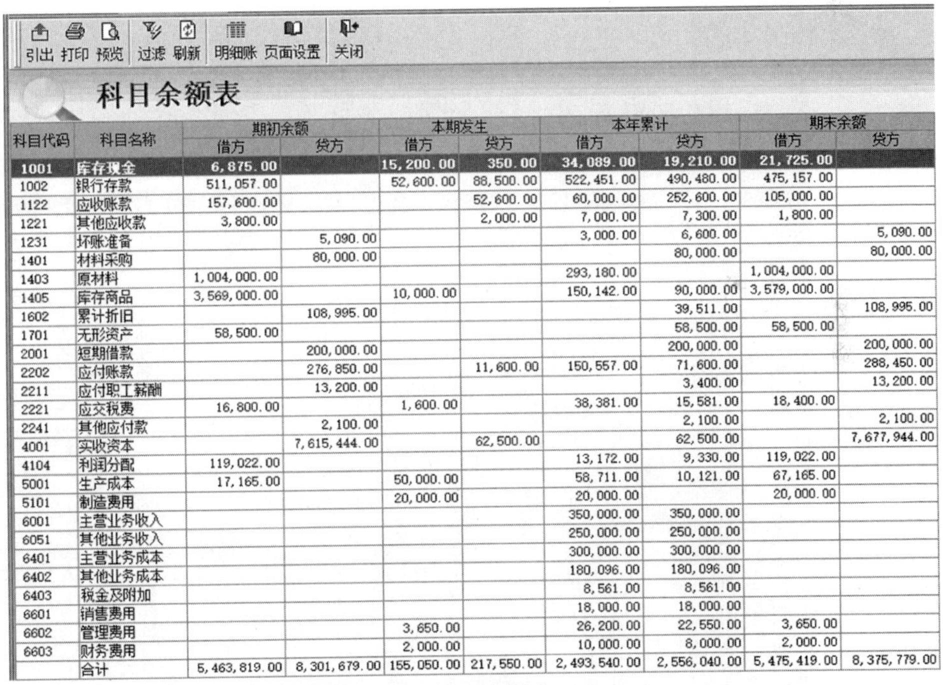

科目代码	科目名称	期初余额		本期发生		本年累计		期末余额	
		借方	贷方	借方	贷方	借方	贷方	借方	贷方
1001	库存现金	6,875.00		15,200.00	350.00	34,089.00	19,210.00	21,725.00	
1002	银行存款	511,057.00		52,600.00	88,500.00	522,451.00	490,480.00	475,157.00	
1122	应收账款	157,600.00			52,600.00	60,000.00	252,600.00	105,000.00	
1221	其他应收款	3,800.00			2,000.00	7,000.00	7,300.00	1,800.00	
1231	坏账准备		5,090.00			3,000.00	6,600.00		5,090.00
1401	材料采购		80,000.00				80,000.00		80,000.00
1403	原材料	1,004,000.00				293,180.00		1,004,000.00	
1405	库存商品	3,569,000.00		10,000.00		150,142.00	90,000.00	3,579,000.00	
1602	累计折旧		108,995.00				39,511.00		108,995.00
1701	无形资产	58,500.00					58,500.00	58,500.00	
2001	短期借款		200,000.00				200,000.00		200,000.00
2202	应付账款		276,850.00		11,600.00	150,557.00	71,600.00		288,450.00
2211	应付职工薪酬		13,200.00				3,400.00		13,200.00
2221	应交税费	16,800.00		1,600.00		38,381.00	15,581.00	18,400.00	
2241	其他应付款		2,100.00				2,100.00		2,100.00
4001	实收资本		7,615,444.00		62,500.00		62,500.00		7,677,944.00
4104	利润分配	119,022.00				13,172.00	9,330.00	119,022.00	
5001	生产成本	17,165.00		50,000.00		58,711.00	10,121.00	67,165.00	
5101	制造费用			20,000.00		20,000.00		20,000.00	
6001	主营业务收入					350,000.00	350,000.00		
6051	其他业务收入					250,000.00	250,000.00		
6401	主营业务成本					300,000.00	300,000.00		
6402	其他业务成本					180,096.00	180,096.00		
6403	税金及附加					8,561.00	8,561.00		
6601	销售费用					18,000.00	18,000.00		
6602	管理费用			3,650.00		26,200.00	22,550.00	3,650.00	
6603	财务费用			2,000.00		10,000.00	8,000.00	2,000.00	
	合计	5,463,819.00	8,301,679.00	155,050.00	217,550.00	2,493,540.00	2,556,040.00	5,475,419.00	8,375,779.00

图 4 - 14　科目余额表

在过滤条件中选择“显示核算项目明细”（同时将科目级别设置为 3）后的显示结果如图 4 - 15 所示。

可以选择某个科目或辅助核算，单击工具栏上的“明细账”按钮查询明细账。在明细账下，还可以双击某笔具体的业务，查看该业务的凭证。

引出 打印 预览 过滤 刷新 明细账 页面设置 关闭

科目余额表

科目代码	科目名称	期初余额		本期发生		本年累计		期末余额	
		借方	贷方	借方	贷方	借方	贷方	借方	贷方
1001	库存现金	6,875.00		15,200.00	350.00	34,089.00	19,210.00	21,725.00	
1002	银行存款	511,057.00		52,600.00	88,500.00	522,451.00	490,480.00	475,157.00	
1002.01	工商银行	511,057.00		52,600.00	88,500.00	522,451.00	490,480.00	475,157.00	
1002.02	中国银行								
1012	其他货币资金								
1101	交易性金融资产								
1121	应收票据								
1122	应收账款	157,600.00			52,600.00	60,000.00	252,600.00	105,000.00	
1122	[001]重庆嘉陵公司	99,600.00			49,600.00		249,600.00	50,000.00	
1122	[002]天津大华公司	58,000.00			3,000.00	60,000.00	3,000.00	55,000.00	
1123	预付账款								
1131	应收股利								
1132	应收利息								
1221	其他应收款	3,800.00			2,000.00	7,000.00	7,300.00	1,800.00	
1221.01	应收单位款								
1221.02	应收个人款	3,800.00			2,000.00	7,000.00	7,300.00	1,800.00	
1221.02	[101]孙正	2,000.00			2,000.00	2,000.00	5,000.00		
1221.02	[302]朱小明	1,800.00				5,000.00	2,300.00	1,800.00	

图 4－15　科目余额表（核算项目明细）

通过科目余额表查询总括数据，通过具体的科目查询明细的流水数据，针对具体的业务查询凭证数据。要求能熟练掌握这种查询方法，以便灵活应用。

4.3.3　试算平衡表

选择“账务处理”|“试算平衡表”，币别选择“(综合本位币)”，执行后如图 4－16 所示。

试算平衡表　**试算结果平衡**

期间：2019年第4期　币别：(综合本位币)

科目代码	科目名称	期初余额		本期发生额		期末余额	
		借方	贷方	借方	贷方	借方	贷方
1001	库存现金	6,875.00		15,200.00	350.00	21,725.00	
1002	银行存款	1,136,057.00		115,100.00	88,500.00	1,162,657.00	
1122	应收账款	157,600.00			52,600.00	105,000.00	
1221	其他应收款	3,800.00			2,000.00	1,800.00	
1231	坏账准备		5,090.00				5,090.00
1401	材料采购		80,000.00				80,000.00
1403	原材料	1,004,000.00				1,004,000.00	
1405	库存商品	3,569,000.00		10,000.00		3,579,000.00	
1601	固定资产	3,690,860.00				3,690,860.00	
1602	累计折旧		108,995.00				108,995.00
1701	无形资产	58,500.00				58,500.00	
2001	短期借款		200,000.00				200,000.00
2202	应付账款		276,850.00		11,600.00		288,450.00
2211	应付职工薪酬		13,200.00				13,200.00
2221	应交税费	16,800.00		1,600.00		18,400.00	
2241	其他应付款		2,100.00				2,100.00
4001	实收资本		7,615,444.00		62,500.00		7,677,944.00
4103	本年利润		1,478,000.00				1,478,000.00
4104	利润分配	119,022.00				119,022.00	
5001	生产成本	17,165.00		50,000.00		67,165.00	
5101	制造费用			20,000.00		20,000.00	
6001	主营业务收入						
6051	其他业务收入						
6401	主营业务成本						
6402	其他业务成本						
6403	税金及附加						
6601	销售费用						
6602	管理费用			3,650.00		3,650.00	
6603	财务费用			2,000.00		2,000.00	
	合计	9,779,679.00	9,779,679.00	217,550.00	217,550.00	9,853,779.00	9,853,779.00

图 4－16　试算平衡表

4.3.4　核算项目余额表

选择“账务处理”|“核算项目余额表”，设置如图 4－17 所示的条件。

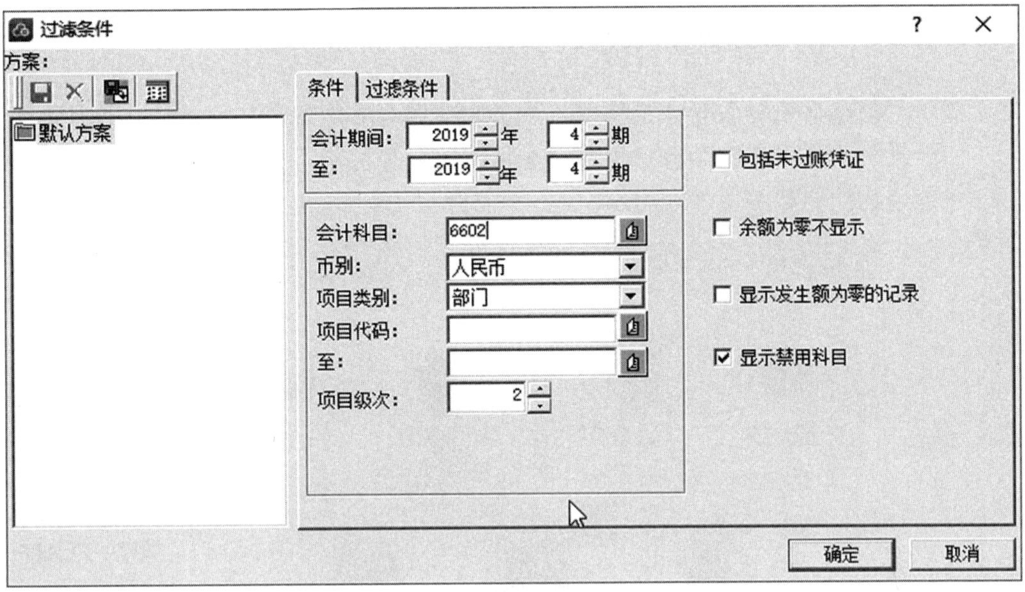

图 4－17　过滤条件

单击“确定”按钮后显示的结果如图 4－18 所示。

核算项目余额表　科目：管理费用(6602) 项目类别：部门 币别：人民

期间	项目代码	项目名称	期初余额		本期发生		本年累计		期末余额	
			借方	贷方	借方	贷方	借方	贷方	借方	贷方
2019.4	1	管理中心			3,300.00		25,850.00	22,550.00	3,300.00	
2019.4	1.01	行政部			3,300.00		25,850.00	22,550.00	3,300.00	
2019.4	2	供销中心			350.00		350.00		350.00	
2019.4	2.02	采购部			350.00		350.00		350.00	
		合计			3,650.00		26,200.00	22,550.00	3,650.00	

图 4－18　核算项目余额表

也可以双击某一行显示该核算项目的具体明细账，如图 4－19 所示。

核算项目明细账　科目：[6602]—管理费用　期间：2019年第4期　核算项目：[部门] – [1.01]行政部

日期	期间	凭证字号	摘要	借方	贷方	余额	
	2019.4		期初余额			平	
2019-04-16	2019.4	付－5	支付招待费	1,500.00		借	1,500.00
2019-04-18	2019.4	收－4	报销差旅费	1,800.00		借	3,300.00
	2019.4		本期合计	3,300.00		借	3,300.00
	2019.4		本年累计	25,850.00	22,550.00	借	3,300.00

图 4－19　核算项目明细账

对各种账表的查询结果，要通过有关查询参数的改变，观察其变化，以达到辅助管理的目的。

4.4 出纳业务处理

4.4.1 出纳管理业务处理内容

出纳是重要的会计工作岗位，负责核算与管理现金。出纳管理模块主要是对现金收入、支出和库存进行预算、支付、监督和控制，是资金管理的重要内容。出纳管理的功能如图 4-20 所示。

图 4-20 出纳管理功能

出纳管理业务处理流程如图 4-21 所示。

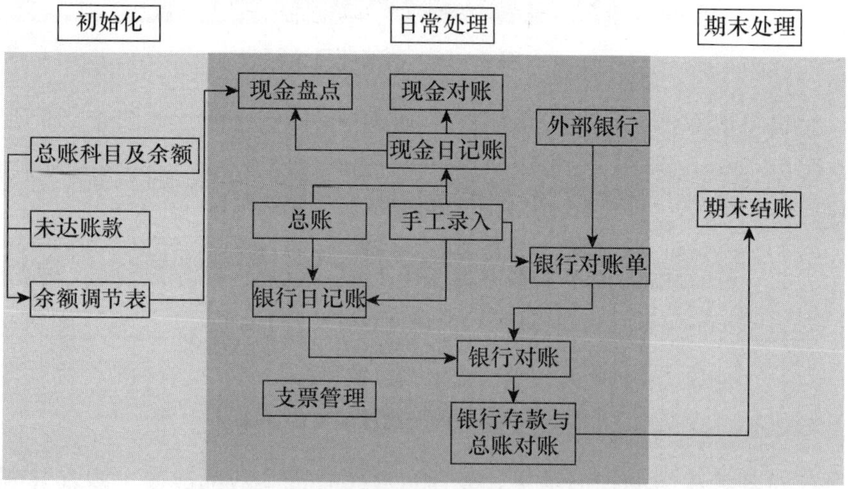

图 4-21 出纳管理业务处理流程

4.4.2　出纳管理

出纳管理主要包括现金日记账、现金盘点、现金对账、日报表等。其中日记账的登记有两种方法：(1) 直接从账务引入现金类凭证记录，可按日或期间登记日记账，能选择按对方科目或现金类科目进行登账；(2) 直接逐笔登记日记账，或录入日期、凭证字号后自动取凭证摘要、金额等信息登记日记账。

1. 启用出纳系统

如果初始化时没有启用出纳系统，可选择“初始化”|“启用出纳系统”进行启用。

2. 引入或录入现金日记账

在引入账务数据之前，应当先对前面的凭证进行审核、过账。

选择“出纳管理”|“现金日记账”，选择库存现金，如图 4-22 所示。

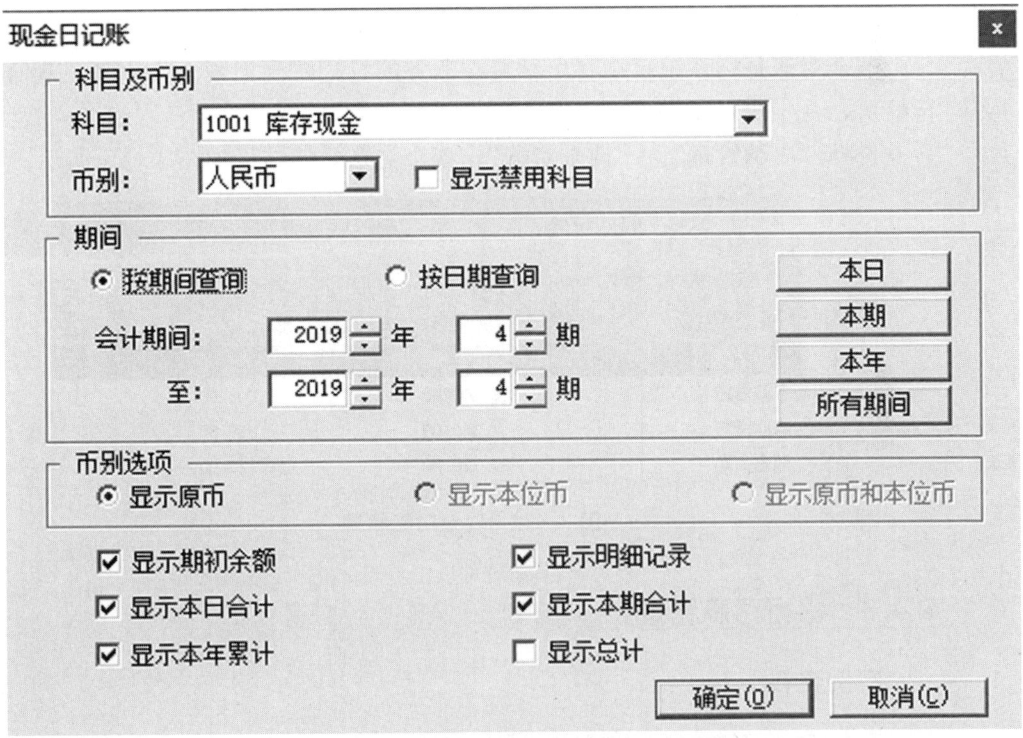

图 4-22　引入日记账条件设置

单击“确定”完成。

选择“引入”，期间模式要选择“引入本期所有凭证”，单击“引入”完成。完成后单击“关闭”返回现金日记账，如图 4-23 所示。

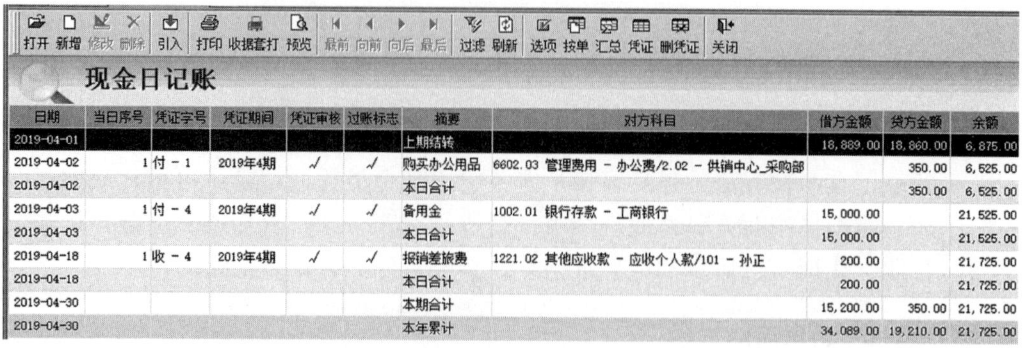

日期	当日序号	凭证字号	凭证期间	凭证审核	过账标志	摘要	对方科目	借方金额	贷方金额	余额
2019-04-01						上期结转		18,889.00	18,860.00	6,875.00
2019-04-02	1	付－1	2019年4期	√	√	购买办公用品	6602.03 管理费用 － 办公费/2.02 － 供销中心_采购部		350.00	6,525.00
2019-04-02						本日合计			350.00	6,525.00
2019-04-03	1	付－4	2019年4期	√	√	备用金	1002.01 银行存款 － 工商银行	15,000.00		21,525.00
2019-04-03						本日合计		15,000.00		21,525.00
2019-04-18	1	收－4	2019年4期	√	√	报销差旅费	1221.02 其他应收款 － 应收个人款/101 － 孙正	200.00		21,725.00
2019-04-18						本日合计		200.00		21,725.00
2019-04-30						本期合计		15,200.00	350.00	21,725.00
2019-04-30						本年累计		34,089.00	19,210.00	21,725.00

图 4－23　引入后的现金日记账

单击工具栏上的“新增”，可以实现手工录入。

3. 录入现金盘点单

出纳人员在每天业务终了后，需要对现金进行盘点，以核对现金日记账及实际库存现金，选择“出纳管理”｜“现金盘点单”，可以录入现金盘点单。

4. 现金对账

现金对账是指系统自动将出纳账与账务的日记账当期现金发生额、现金余额进行核对，并生成对账表。

选择“出纳管理”｜“现金对账”，现金对账后的结果如图 4－24 所示。

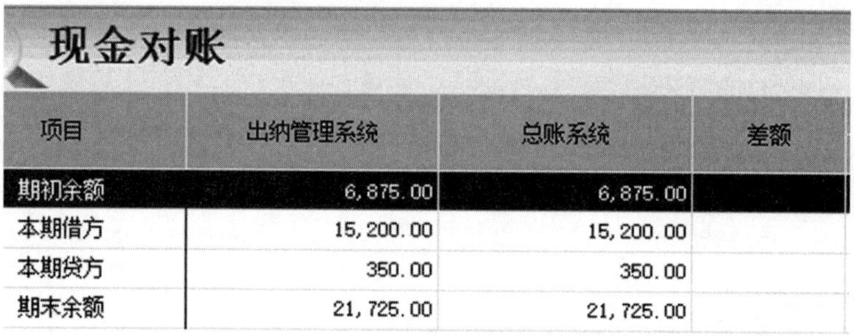

项目	出纳管理系统	总账系统	差额
期初余额	6,875.00	6,875.00	
本期借方	15,200.00	15,200.00	
本期贷方	350.00	350.00	
期末余额	21,725.00	21,725.00	

图 4－24　现金对账结果

4.4.3 银行存款管理

案例资料

2019 年 4 月底，工商银行账户对账单部分资料如表 4－2 所示。

表 4－2　　工商银行账户 4 月对账单（部分）

日期	摘要	结算方式	票号	借方金额（元）	贷方金额（元）
04-02	支付	现金支票	XJ445353	2 500.00	
04-04	支付	转账支票	ZZ30254	3 000.00	

续前表

日期	摘要	结算方式	票号	借方金额（元）	贷方金额（元）
04-08	收取	转账支票	ZZ8341		50 000.00
04-12	支付	其他	QT001	2 000.00	
04-12	支付	转账支票	ZZ123	33 345.00	
04-16	支付	转账支票	ZZR002	50 000.00	
04-20	支付	现金支票	XJ001	15 000.00	
04-20	收取	转账支票	ZZR003		49 600.00
04-20	支付	转账支票	ZZR004	1 500.00	

根据以上资料，进行银行对账，生成银行存款余额调节表。

中国银行期初及期末均无未达账，不进行银行对账。

操作过程

账务的银行存款与出纳的银行存款有可能不一致，例如已经开出银行票据，会计已经做账，但出纳由于特殊原因没有提交银行，这时就会出现不一致。从银行拿回票据时，出纳已经记账，但账务还没有入账，也会出现不一致。具体采用什么方式，依各单位的管理要求确定。

1. 录入或引入银行存款日记账

选择“出纳管理”|“银行存款日记账”，设置相关条件，这里采用默认设置，进入“银行存款日记账”。

如果没有导入账务的数据，开始进入时是空的，可以手工录入，也可从账务导入。选择“引入”，进入“引入日记账”，选择工商银行科目，期间模式选择“引入本期所有凭证”，单击“引入”，引入后银行存款日记账如图 4-25 所示。

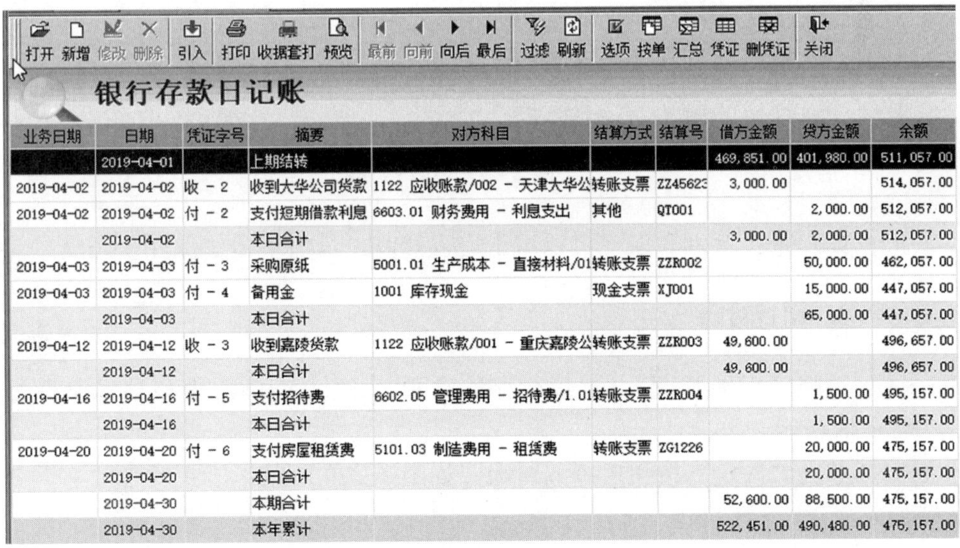

业务日期	日期	凭证字号	摘要	对方科目	结算方式	结算号	借方金额	贷方金额	余额
	2019-04-01		上期结转				469,851.00	401,980.00	511,057.00
2019-04-02	2019-04-02	收 - 2	收到大华公司贷款	1122 应收账款/002 - 天津大华公	转账支票	ZZ45623	3,000.00		514,057.00
2019-04-02	2019-04-02	付 - 2	支付短期借款利息	6603.01 财务费用 - 利息支出	其他	QT001		2,000.00	512,057.00
	2019-04-02		本日合计				3,000.00	2,000.00	512,057.00
2019-04-03	2019-04-03	付 - 3	采购原纸	5001.01 生产成本 - 直接材料/01	转账支票	ZZR002		50,000.00	462,057.00
2019-04-03	2019-04-03	付 - 4	备用金	1001 库存现金	现金支票	XJ001		15,000.00	447,057.00
	2019-04-03		本日合计					65,000.00	447,057.00
2019-04-12	2019-04-12	收 - 3	收到嘉陵贷款	1122 应收账款/001 - 重庆嘉陵公	转账支票	ZZR003	49,600.00		496,657.00
	2019-04-12		本日合计				49,600.00		496,657.00
2019-04-16	2019-04-16	付 - 5	支付招待费	6602.05 管理费用 - 招待费/1.01	转账支票	ZZR004		1,500.00	495,157.00
	2019-04-16		本日合计					1,500.00	495,157.00
2019-04-20	2019-04-20	付 - 6	支付房屋租赁费	5101.03 制造费用 - 租赁费	转账支票	ZG1226		20,000.00	475,157.00
	2019-04-20		本日合计					20,000.00	475,157.00
	2019-04-30		本期合计				52,600.00	88,500.00	475,157.00
	2019-04-30		本年累计				522,451.00	490,480.00	475,157.00

图 4-25　银行存款日记账

2. 输入银行对账单

选择“出纳管理”|“银行对账单”，再选择“工商银行”账户，设置条件后（这里使用默认条件），单击“确定”，进入银行对账单查询界面，如图 4-26 所示。

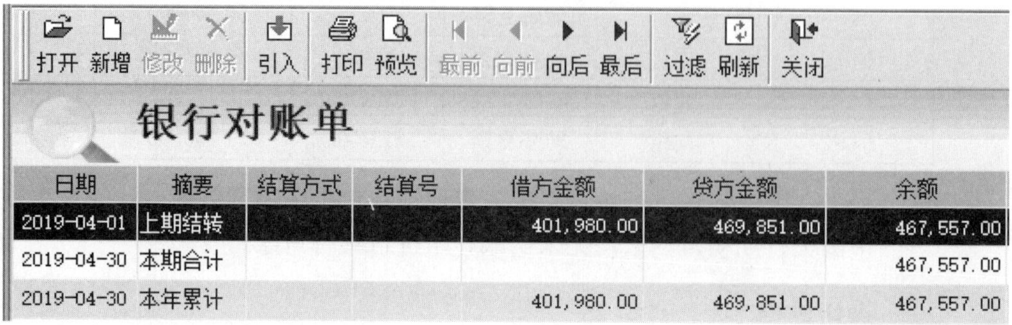

日期	摘要	结算方式	结算号	借方金额	贷方金额	余额
2019-04-01	上期结转			401,980.00	469,851.00	467,557.00
2019-04-30	本期合计					467,557.00
2019-04-30	本年累计			401,980.00	469,851.00	467,557.00

图 4-26　银行对账单

单击“新增”，录入银行对账单，输入完成后单击“保存”按钮。

录入银行对账单后如图 4-27 所示。

	日期	摘要	结算方式	结算号	借方金额	贷方金额	备注
1	2019-04-02	支付	现金支票	XJ445353	2,500.00		
2	2019-04-04	支付	转账支票	ZZ30254	3,000.00		
3	2019-04-08	收取	转账支票	ZZ8341		50,000.00	
4	2019-04-12	支付	其他	QT001	2,000.00		
5	2019-04-12	支付	转账支票	ZZ123	33,345.00		
6	2019-04-16	支付	转账支票	ZZR002	50,000.00		
7	2019-04-20	支付	现金支票	XJ001	15,000.00		
8	2019-04-20	收取	转账支票	ZZR003		49,600.00	
9	2019-04-20	支付	转账支票	ZZR004	1,500.00		

图 4-27　银行对账单

如果某行录入有误，可以双击进入修改。最后单击“保存”完成。

3. 银行对账

选择“出纳管理”|“银行存款对账”，进入科目选择和基本条件设置，如图 4-28 所示。

单击“确定”按钮后进入对账，如图 4-29 所示。

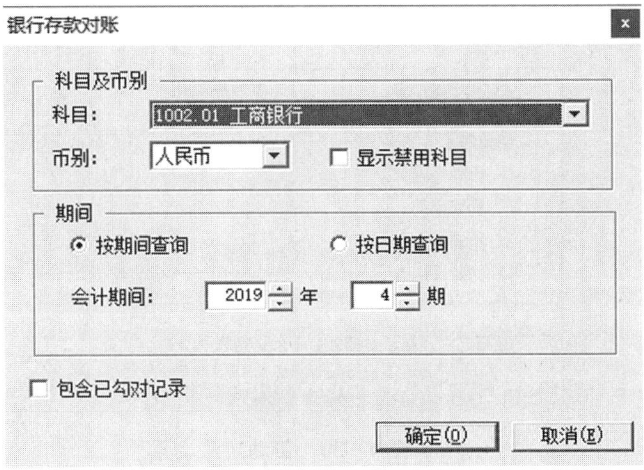

图 4-28　银行存款对账科目选择

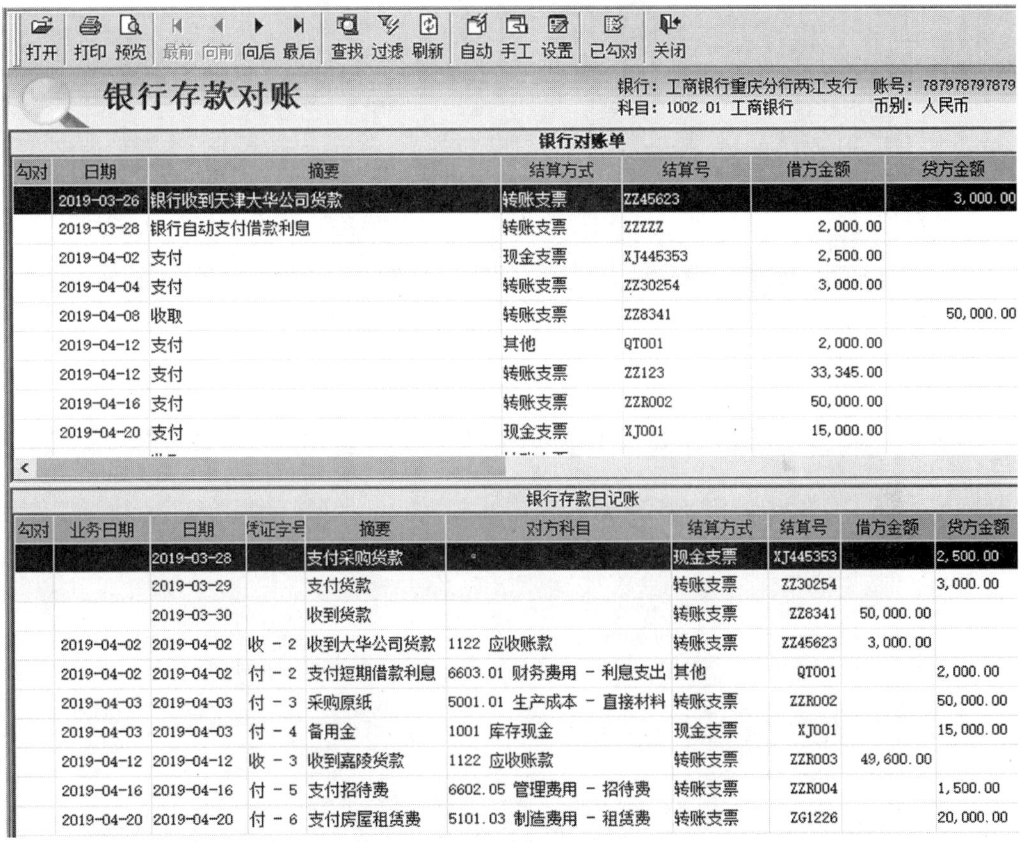

图 4-29　银行存款对账

可以选择手工对账或自动对账，本处选择自动对账，单击“自动”按钮，然后设置勾对条件，这里设置结算号相同，如图 4-30 所示。

选择的对账条件越多，对账越严格。如果不选择条件，则以金额相等为条件进行对账。按照上面的设置条件勾对的结果如图 4-31 所示（勾对后留下未勾对上的记录）。

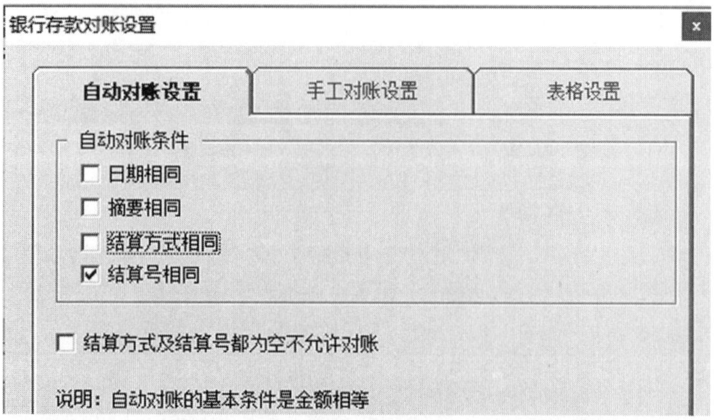

图 4-30　自动对账设置

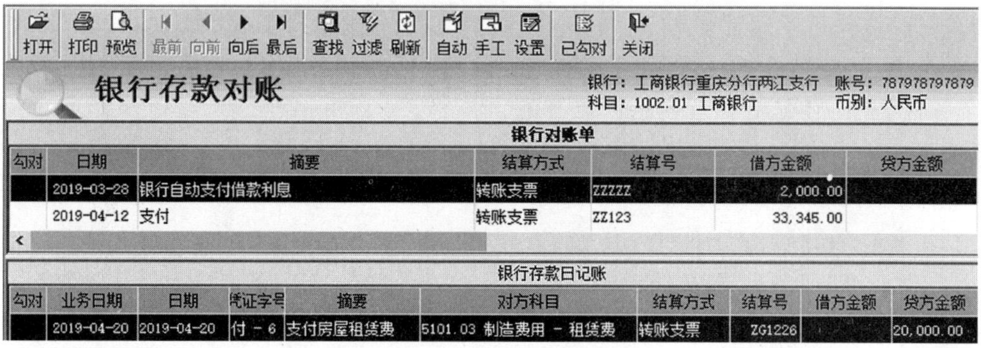

银行对账单

勾对	日期	摘要	结算方式	结算号	借方金额	贷方金额
	2019-03-28	银行自动支付借款利息	转账支票	ZZZZZ	2,000.00	
	2019-04-12	支付	转账支票	ZZ123	33,345.00	

银行存款日记账

勾对	业务日期	日期	凭证字号	摘要	对方科目	结算方式	结算号	借方金额	贷方金额
	2019-04-20	2019-04-20	付 - 6	支付房屋租赁费	5101.03 制造费用 - 租赁费	转账支票	ZG1226		20,000.00

图 4-31　自动对账后的结果

单击“已勾对”，可以查看已经勾对的记录，如图 4-32 所示。

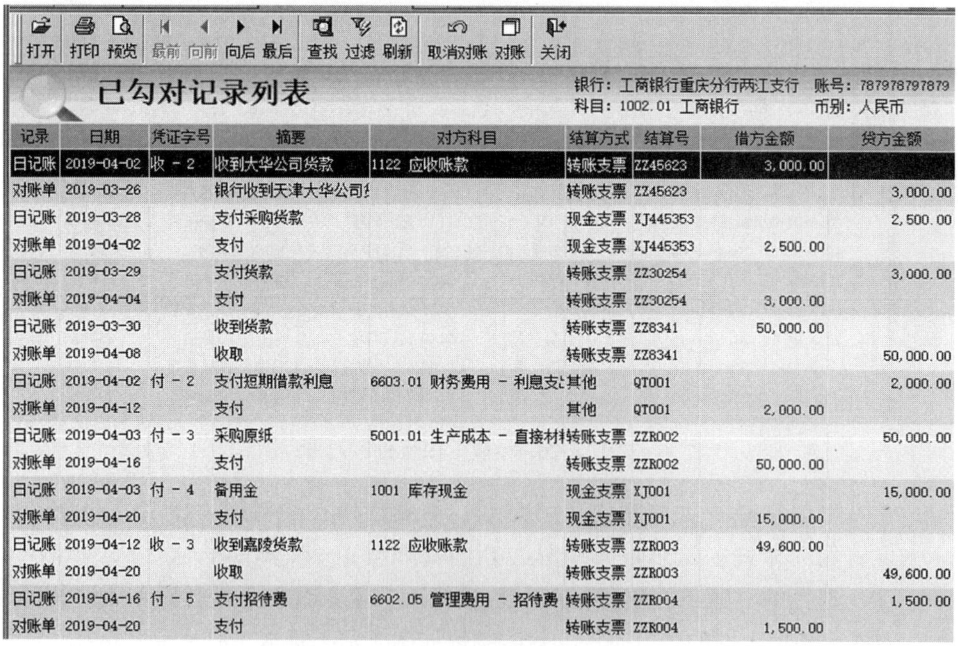

记录	日期	凭证字号	摘要	对方科目	结算方式	结算号	借方金额	贷方金额
日记账	2019-04-02	收 - 2	收到大华公司货款	1122 应收账款	转账支票	ZZ45623	3,000.00	
对账单	2019-03-26		银行收到天津大华公司(		转账支票	ZZ45623		3,000.00
日记账	2019-03-28		支付采购货款		现金支票	XJ445353		2,500.00
对账单	2019-04-02		支付		现金支票	XJ445353	2,500.00	
日记账	2019-03-29		支付货款		转账支票	ZZ30254		3,000.00
对账单	2019-04-04		支付		转账支票	ZZ30254	3,000.00	
日记账	2019-03-30		收到货款		转账支票	ZZ8341	50,000.00	
对账单	2019-04-08		收取		转账支票	ZZ8341		50,000.00
日记账	2019-04-02	付 - 2	支付短期借款利息	6603.01 财务费用 - 利息支	其他	QT001		2,000.00
对账单	2019-04-12		支付		其他	QT001	2,000.00	
日记账	2019-04-03	付 - 3	采购原纸	5001.01 生产成本 - 直接材	转账支票	ZZR002		50,000.00
对账单	2019-04-16		支付		转账支票	ZZR002	50,000.00	
日记账	2019-04-03	付 - 4	备用金	1001 库存现金	现金支票	XJ001		15,000.00
对账单	2019-04-20		支付		现金支票	XJ001	15,000.00	
日记账	2019-04-12	收 - 3	收到嘉陵货款	1122 应收账款	转账支票	ZZR003	49,600.00	
对账单	2019-04-20		收取		转账支票	ZZR003		49,600.00
日记账	2019-04-16	付 - 5	支付招待费	6602.05 管理费用 - 招待费	转账支票	ZZR004		1,500.00
对账单	2019-04-20		支付		转账支票	ZZR004	1,500.00	

图 4-32　对账结果

如果要取消勾对，可以单击“取消对账”按钮完成。

自动勾对后，还可对剩下的进行手工勾对。先选择要勾对的银行对账单业务，然后再选择对应的银行存款日记账业务，单击“手工”，完成勾对。

选择“出纳管理”|“余额调节表”，可以查看余额调节表，如图 4－33 所示。

余额调节表

银行：工商银行重庆分行两江支行　账号：787978797879
科目：1002.01 工商银行　币别：人民币　期间：2019年4期

企业未达账						银行未达账					
项目	日期	结算方式	结算号	金额	数据来源	项目	日期	凭证字号	结算方式	结算号	金额
银行存款日记账余额				475,157.00		银行对账单余额					459,812.00
加：银行已收，企业未收						加：企业已收，银行未收					
减：银行已付，企业未付				35,345.00		减：企业已付，银行未付					20,000.00
银行自动支付借款利息	2019-03-28	转账支票	ZZZZZ	2,000.00	初始数据结转	支付房屋租赁费	2019-04-20	付 - 6	转账支票	ZG1226	20,000.00
支付	2019-04-12	转账支票	ZZ123	33,345.00	手工录入						
调整后（银行存款日记账）余额				439,812.00		调整后（银行对账单）余额					439,812.00

图 4－33　余额调节表

4. 银行存款与总账对账

选择“出纳管理”|“银行存款与总账对账”，查看两边的账是否相等。

4.4.4　出纳期末结账

在本会计期间的工作结束后，可以进行期末结账。选择“出纳管理”|“出纳结账”，结出本会计期间借、贷发生额和余额，进入下一会计期间。

复习题

□ 思考题

1. 说明账务处理的主要流程。
2. 简述出纳管理与账务业务的关系。
3. 说明银行对账的基本方法。

□ 判断题

1. 录入凭证摘要的快速复制功能键为“//”。　（　　）
2. 现金日记账只能从账务中引入，不能直接输入。　（　　）
3. 现金日记账只能在月末一次引入。　（　　）
4. 现金日记账如果重复引入，就会出现重复的同样业务。　（　　）

5. 银行对账单可以从账务的银行账中引入，也可以直接输入。（　　）

6. 按照财政部的相关规定，特殊情况下允许对已经过账的凭证进行反过账。（　　）

7. 账务中错误的凭证只能采用红字冲销法进行冲销。（　　）

8. 凭证的制作人和审核人可以是同一人。（　　）

9. KIS 云专业版中，如果本期凭证没有过账，则不能查询当期科目余额表的数据。（　　）

10. 凭证审核后就不能再修改凭证，只能冲销后再新制一张。（　　）

11. 对于误操作引起的被删除的凭证，在本系统中都可以利用“恢复”功能进行恢复。（　　）

□ 单项选择题

1. 在新增凭证界面发现凭证录入错误，要将整个录入的内容删除，可以通过（　　）实现。

A. 还原　　B. 删除　　C. 作废　　D. 清除

2. 关于凭证的操作过程，最合适的流程是（　　）。

A. 录入→审核→过账　　B. 录入→过账→审核

C. 录入→编辑→过账　　D. 录入→检查→过账

3. 在科目余额表中，要查看某科目的明细账和相关凭证，正确的操作方法是（　　）。

A. 不必退出科目余额表，双击某科目，即可查看到相应的明细账和凭证

B. 退出科目余额表，选择账簿中的“明细分类账”进行查看

C. 在科目余额表直接查看明细账，然后选择“凭证查询”进行查看

D. 不必退出科目余额表，双击某科目，即可查看到相应的明细账，再双击明细记录，即可查看该张凭证

4. 以下四种报表中在报表查询前需要先设置的是（　　）。

A. 总分类账　　B. 日报表　　C. 多栏账　　D. 试算平衡表

5. 为控制账务操作人员对凭证号的修改，在基础设置的系统参数中需要选择（　　）参数进行控制。

A. 允许修改凭证号　　B. 不允许手工修改凭证号

C. 结账　　D. 账套权限

6. 某凭证制单员将借方金额误填入贷方，可用以下简便方法中的（　　）将金额放回借方。

A. 按回车键　　B. 按 Esc 键　　C. 按空格键　　D. 按左移键

7. 总账中会计科目如果使用过，在（　　）不能进行修改和删除。

A. 使用当天　　B. 本会计期间　　C. 本会计年度　　D. 任何时间内

8. 为了明确操作员的工作范围和职责，应为每个操作员设定（　　）。

A. 操作员代码　　B. 操作权限

C. 操作员姓名　　D. 操作时间

9. 如果账套的启用日期是 2019 年 1 月，则初始余额录入时需录入（　　）。

A. 期初余额　　B. 借方发生额　　C. 贷方发生额　　D. 三种都要

10. 填制凭证时，如输入的科目属于外币核算，则需要输入（　　）。

A. 外币原值　　B. 外币汇率

C. 外币币种　　D. 外币原值和汇率

11. 发现已记账的凭证有错误时，可用（　　）修改错误。

A. 红字冲销法　　B. 删除该凭证

C. 直接修改　　D. 都不对

12. 账务处理系统中，凭证输入和审核应由（　　）完成。

A. 一个人　　B. 两个人　　C. 财务经理　　D. 会计主管

13. 作为 KIS 云专业版的系统管理员，通过查看（　　）可以得到网络用户对 KIS 专业版的操作记录。

A. 用户管理　　B. 财务系统　　C. 业务系统　　D. 上机日志

14. KIS 云专业版中，以下关于出纳日记账获得方法的说法中正确的是（　　）。

A. 可以手工录入，也可以从总账引入

B. 可以手工录入，不可以从总账引入

C. 不可以手工录入，可以从总账引入

D. 可以从银行日记账中引入

15. 在金蝶 KIS 云专业版中，增加“银行存款 1002”的下级科目，下列科目编码中正确的是（　　）。

A. 1002.01　　B. 1002-01　　C. 100201　　D. 1002|01

□ 多项选择题

1. 凭证号整理功能需要满足的前提有（　　）。

A. 凭证已审核　　B. 凭证未审核且未过账

C. 凭证在已结账期间　　D. 凭证存在断号

2. 造成凭证不能过账的原因有（　　）。

A. 初始化工作没有完成　　B. 操作员没有过账的权力

C. 该凭证不是当期凭证　　D. 凭证未审核

3. 关于核算项目，下列说法正确的是（　　）。

A. 在科目中挂核算项目可起到以新增方式添加明细科目一样的效果

B. 任何时候会计科目下都能挂核算项目

C. 核算项目当中还可再挂核算项目或下设明细科目

D. 会计科目中可挂多个核算项目，且这些核算项目之间是并列平行的关系

4. 以下属于银行存款对账方式的是（　　）。

A. 自动方式　　B. 手工方式

C. 流水线方式　　D. 智能方式

5. 以下属于凭证的审核方式的是（　　）。

A. 单张审核　　B. 成批审核

C. 零星审核　　D. 全部审核

□ 参考答案

判断题

1. 正确；2. 错误；3. 错误；4. 错误；5. 错误；6. 错误；7. 错误；8. 错误；9. 错误；10. 错误；11. 错误。

单项选择题

1. A；2. A；3. D；4. C；5. B；6. C；7. C；8. B；9. A；10. D；11. A；12. B；13. D；14. A；15. A。

多项选择题

1. BD；2. ABCD；3. AD；4. AB；5. AB。

第 5 章

Chapter 5 采购和应付业务处理

5.1 采购管理

5.1.1 功能和流程

1. 功能

采购管理主要完成采购订单、采购入库、采购发票和查询有关数据等采购业务工作，最后生成采购的相关凭证。采购管理的基本功能如图 5-1 所示。

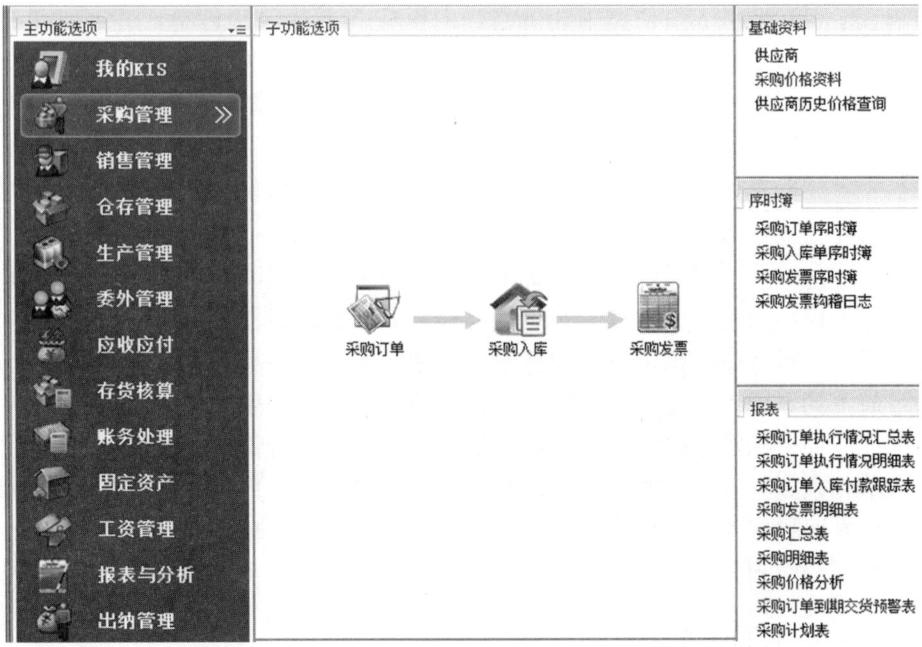

图 5-1 采购管理

2. 基本流程

采购业务的日常处理工作如图 5－2 所示。

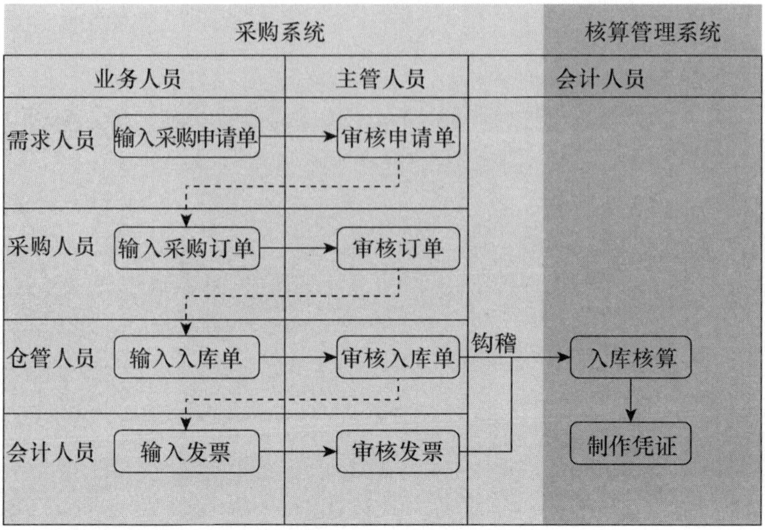

图 5－2 采购业务日常处理

企业的实际业务比较复杂，处理的过程也各不相同，有些步骤可以根据实际情况进行调整。

在采购业务中，主要有现购、赊购和退购业务。赊购是一种最常见的采购业务，是购销双方利用商业信用进行购销交易的一种业务。赊购的业务步骤如下：

（1）业务人员依据采购价格，向供应商下达采购订单，并跟踪订单执行情况；业务人员也可以根据实际情况进行订单变更或手工关闭订单。

（2）仓库管理人员收货完毕之后，直接填写采购入库单；还可以依据采购订单、采购发票直接制作采购入库单。

（3）会计收到已经确认的采购入库单，确认应付款，之后再根据应付情况进行具体付款业务。

（4）采购过程中发生的费用，在处理采购发票时，可以选择计入成本费用或不计入成本费用。计入成本费用的，最终入库核算时作为入库成本的一部分计算单位成本，运费中的税金可以进行单独处理，即入库核算时作为税金专项处理；不计入成本的，则不影响入库单位成本，直接计入期间费用。

（5）赊购中的采购入库单和采购发票必须进行钩稽。钩稽一方面用于核对入库单和收到的发票一致，即保证开了票的已经入库；另一方面能将入库单和对应的采购发票进行匹配，从而在入库单和发票之间建立一种关联，然后依据这种关联进行费用分配和入库核算。

3. 采购业务处理

采购中采购订单、采购入库单、采购发票是采购业务的三种关键单据，具体如下。

采购订单：采购订单是企业采购部门交给供应商作为订货依据的单据。它是采购订货业务工作中非常重要的管理单据，通过采购订单可以直接向供应商订货并且查询订单的收料情况和执行情况。

采购入库单：采购入库单是仓管人员收货入库的凭证。它是体现库存业务的重要单据，也是财务人员据以记账、核算成本的重要原始凭证。

采购发票：采购发票是供应商开给购货单位，据以付款、记账、纳税的依据。采购发票是采购管理的关键单据，它涉及采购成本，是采购管理与存货核算及应收应付的接口。采购发票是供应链的重要信息之一，是联系财务、业务系统的重要桥梁。

发票与入库单钩稽：钩稽的实际意义是采购发票与采购入库单的核对，钩稽的主要作用是进行实际成本的匹配确认，并通过外购入库核算，使采购入库单的成本与采购发票保持一致。

采购入库核算的主要业务处理流程如图 5－3 所示。

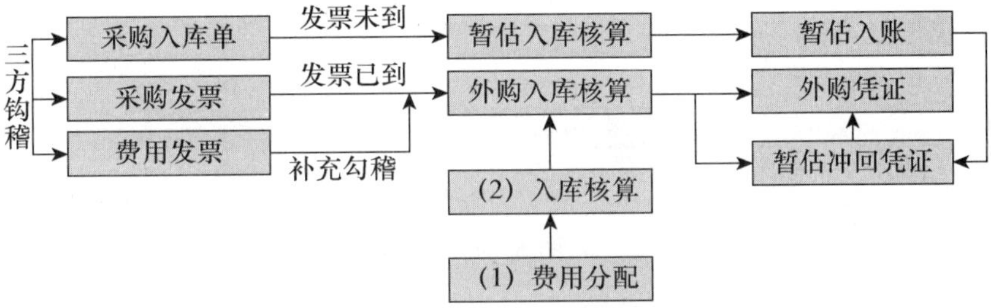

图 5－3　采购入库核算主要流程

在进行采购业务前，需要进行单据相关业务参数的设置。选择“基础设置”|“系统参数”，再根据业务需要选择“业务基础参数”和“业务参数”进行具体的设置。

5.1.2　常规采购业务

案例资料

(1) 4 月 1 日，业务员李天华向成都大成公司询问键盘的价格（95 元/个），经过评估后确认价格合理，随即向上级主管提出请购要求，请购数量为 300 个。领导同意向成都大成公司订购键盘 300 个，单价为 95 元，要求到货日期为 4 月 3 日。

(2) 4 月 3 日，收到所订购的键盘 300 个，将所收到的货物验收入原料库。填制采购入库单。

4 月 3 日，当天收到该笔货物的专用发票一张，发票号为 4001。

业务部门将采购发票交给财务部门，财务部门确定此业务所涉及的应付账款及采购成本，材料会计记材料明细账。

(3) 4 月 4 日，财务部门开出工商银行转账支票一张，支票号为 ZZ123，付清采购货款。

操作过程

1. 采购订单

（1）采购订单录入。选择“采购管理”｜“采购订单”，进入“采购订单（新增）”窗口，单击“新增”，输入采购订单，如图 5－4 所示。

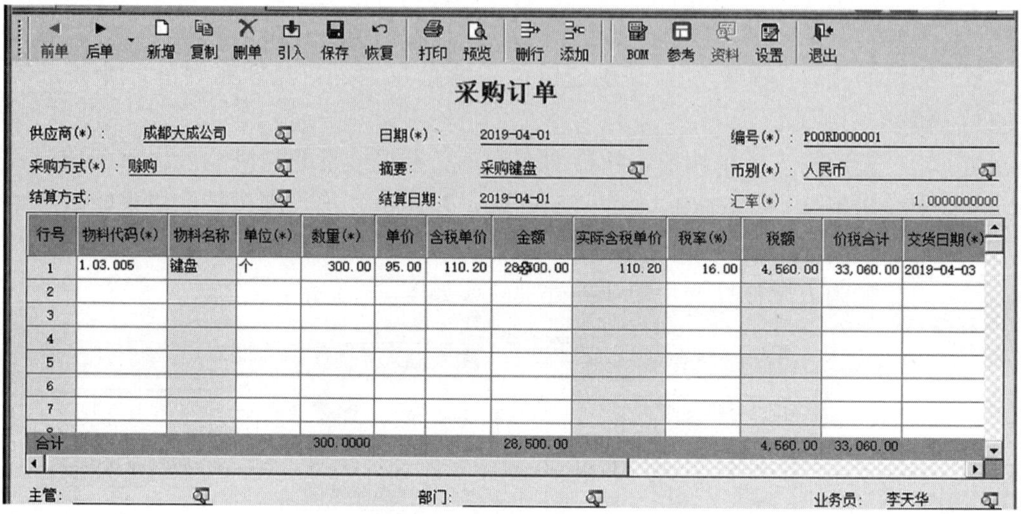

图 5－4 采购订单

在录入采购订单、采购发票的过程中，都可以查询基础资料、采购价格、库存。方法是选择“查看”菜单下的“库存查询”“历史价格查询”等功能实现。

对录入单据的有关设置，可以选择“选项”，根据需要进行设置，如“保存后立即新增”等。

输入完毕，单击“保存”按钮完成。

（2）采购订单审核。审核是业务处理的重要环节，通过审核操作，主管人员可以随时监控业务的开展状况，特别注意只有已审核的单据才可以被其他单据关联和获取数据，进行相关的业务处理。

采购订单的审核可以是采购订单的制作者自己进行审核（实际工作中原则上是另外的人员审核），方法是采购订单保存后，单击“审核”完成。

如果在进行审核时，系统提示“系统还未完成初始化，不能审核以后期间的单据”，需要先选择“初始化”｜“启用业务系统”，再选择“结束初始化”完成启用工作。

若另外一个人审核采购订单，选择“采购管理”｜“采购订单序时簿”，然后设置过滤条件。进入后，在“采购订单序时簿”上显示已经录入的单据。

审核的方法是：先选定要审核的单据，然后单击鼠标右键，从弹出的快捷菜单中选择“审核”功能，也可以单击“审核”按钮，如图 5－5 所示。

图 5-5　审核采购订单

如果需要取消审核，可选择“反审核”功能。未审核的采购订单可以进行修改。也可以双击某采购订单，调入该单据后再进行相关审核工作。

2. 填制并审核采购入库单

(1) 采购入库单录入。选择“采购管理”|“采购入库”，录入采购入库单的基本信息，如图 5-6 所示。

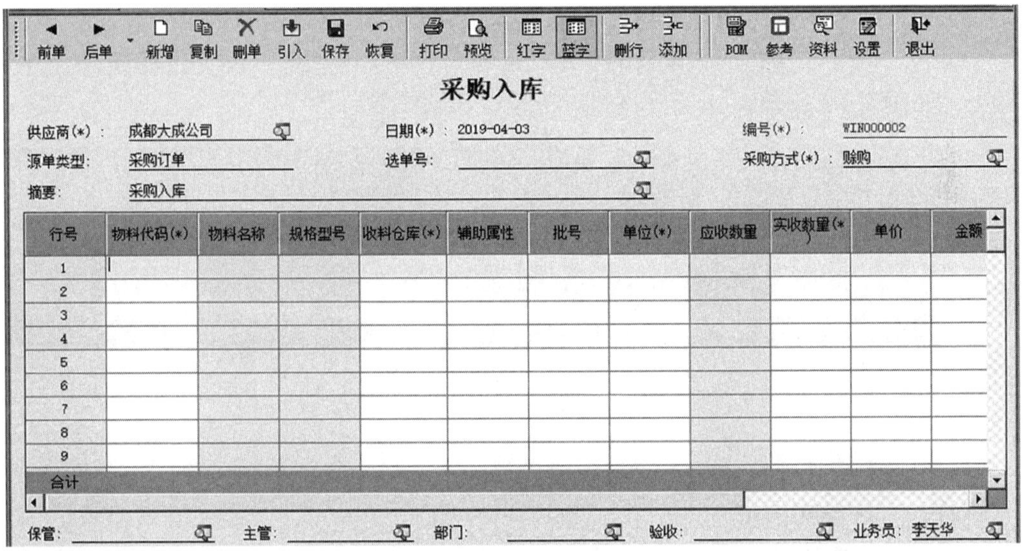

图 5-6　采购入库单

采购入库单可以通过前面录入的采购订单数据关联转入。先选择源单类型，此处选择“采购订单”，在“选单号”处按 F7 键可以调出已经审核的采购订单，如图 5-7 所示。

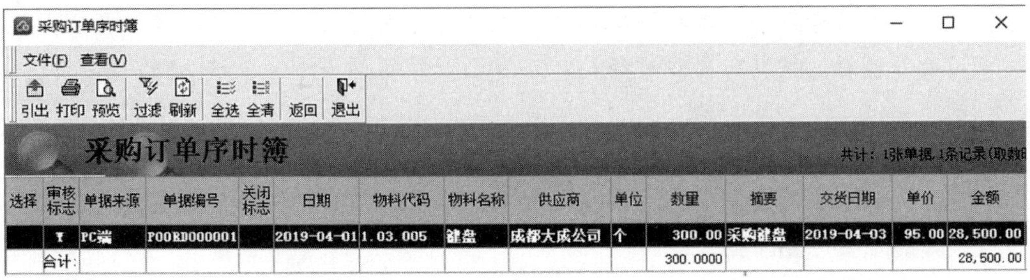

图 5-7　关联采购订单

选择的方法是，先在“选择”栏下单击，会显示“√”，若需要可以选择多行。单击“返回”，就自动将该单据选择的数据行传送到入库单中。最后再补充其他相关信息完成采购入库单的数据录入，如图 5－8 所示。

图 5－8　采购入库单

单击“保存”完成。

(2) 采购入库单审核。采购入库单保存后，可单击“审核”完成审核工作。

也可以选择“采购管理”｜“采购入库单序时簿”，设置过滤条件，然后进入，如图 5－9 所示。

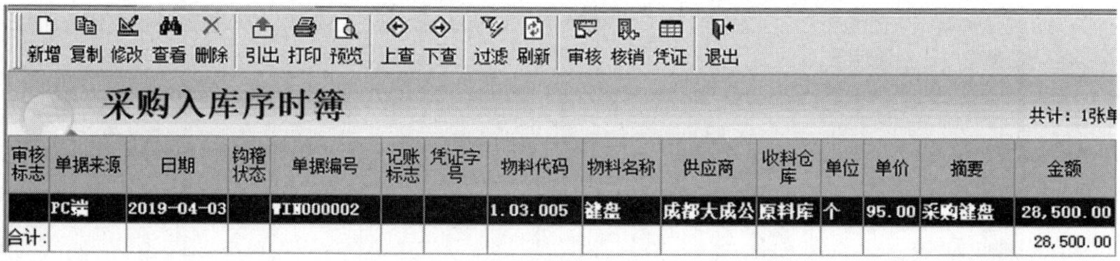

图 5－9　入库单审核

先选择要审核的单据行，然后单击“审核”完成审核工作。

操作提示

源单类型：指关联其他单据生成数据时，被关联单据的类型。入库单可以根据采购订单、采购发票生成。

关联是指单据之间建立的一种传递业务信息的关系，即在连续的业务处理过程中，将某一流程单据的业务信息传递给下一流程单据，使二者之间保持业务的连续性，同时也减少大量相同信息的重复录入。

选单号：关联单据的单据号。在“选单号”处按 F7 键，进入关联单据的过滤条件窗口。特别需要注意的是，只有已审核的单据才可以被关联。

3. 填制并审核采购发票

(1) 采购发票录入。采购发票是企业采购物料时供应商开具的凭据，是会计核算的重要原始单据。

增值税专用发票是增值税一般纳税人销售货物或者提供应税劳务开具的发票，

是购方支付增值税额并可按照增值税有关规定据以抵扣进项税额的凭证。

增值税普通发票（含电子发票和卷式发票）是增值税纳税人销售货物或者提供应税劳务、服务时，通过增值税税控系统开具的普通发票。

同时，发票还分蓝字发票和红字发票，蓝字发票是真正的采购发票，红字发票则是退货发票。

选择“采购管理”|“采购发票”，进入采购发票窗口，发票的种类在右上角进行选择，录入发票的基本信息，如图 5-10 所示。

图 5-10　采购发票

需要注意的是，若要采用采购入库单（或采购订单）的数据关联转入，必须在录入前审核相关的单据。先选择源单类型为“采购入库”，然后在“选单号”处按 F7 键，调入采购入库单，如图 5-11 所示。

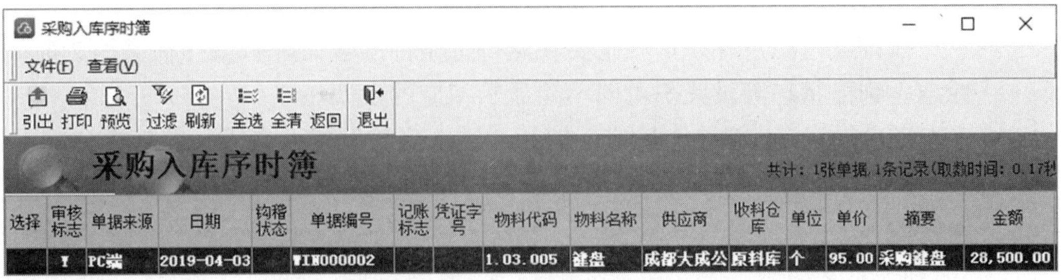

图 5-11　采购入库单

选择要转入数据的采购入库单，再单击“返回”按钮就将数据传回到发票中。然后补充相关信息，完成后的发票如图 5-12 所示。

单击“保存”结束发票的输入。

操作提示

采购发票是采购管理的关键业务单据，它涉及采购成本，是采购管理与存货核算的接口。

采购发票的生成有两种方法，一种是直接录入，另一种是通过关联采购订单或采购入库单生成。

在货物先入库、发票后到的情况下，如果发票上的价格与前面预估的价格不同，要以发票上的价格为准输入。

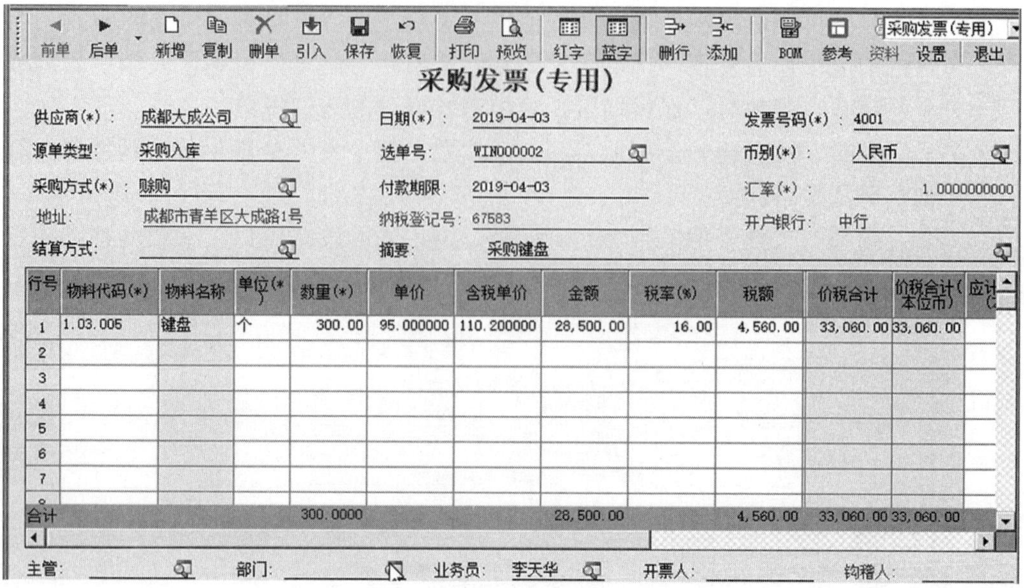

图 5-12　采购发票

（2）采购发票审核。保存发票后，可以在采购发票输入状态下单击“审核”完成审核工作。

若是另外一个人审核，可选择“采购管理”|“采购发票序时簿”，先设置条件，一般选择默认方案，同时要注意“钩稽状态”“审核状态”选项的选择（可设置为“全部”）。

在设置过滤条件时，一定要注意每个条件的含义，否则往往会因为时间、审核标志、钩稽状态等设置不对而不能显示相应的发票。

条件设定后，单击“确定”按钮，进入采购发票（专用）序时簿窗口，如图 5-13 所示。

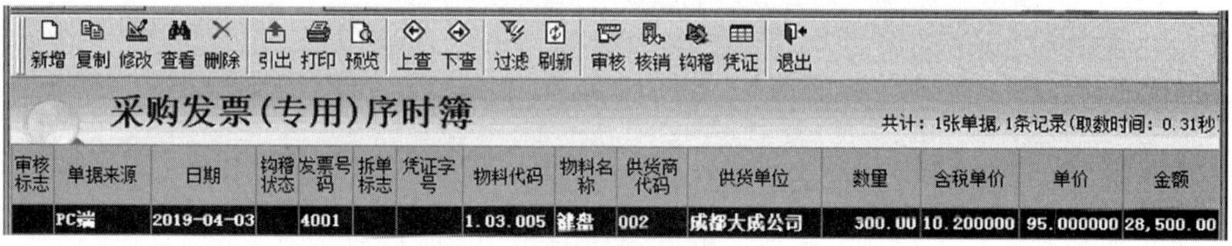

图 5-13　采购发票序时簿

先选择要审核的发票，单击“审核”按钮完成。

4. 发票与采购入库单的钩稽

采购发票与采购入库单由于产生的时间大多不同，发票上的数量、单价、金额与实际入库的数量、单价、金额都有可能不一致，这在实际工作中很常见。

采购发票的钩稽具有特殊性，其实质就是采购发票和采购入库单的核对，一些单位也叫作“配单”或者“结算”，就是采购发票与采购入库单进行匹配。钩稽的主要作用是进行实际成本的匹配确认，使采购入库单的成本与采购发票保持一致。

无论是本期还是以前期间的发票，钩稽后都作为钩稽当期发票来计算成本。

选择“采购管理”｜“采购发票序时簿”，设置过滤条件，进入采购发票序时簿。进入后，可选择“操作”下的子功能对光标所在的发票进行处理，如进行审核和钩稽。

如果发现钩稽有误，可以进行反钩稽，就是取消钩稽。操作方法是：在采购发票序时簿下，在所选的发票上单击鼠标右键，从弹出的快捷菜单中选择“反钩稽”功能，完成后系统会提示“反钩稽”成功。

选择“采购管理”｜“采购发票钩稽日志”，可以查看发票与入库单的钩稽日志情况。钩稽日志如图 5－14 所示。

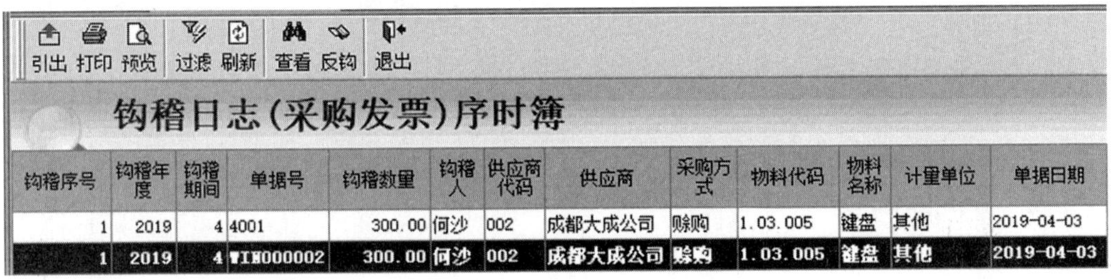

图 5－14　钩稽日志

5. 生成应付账款凭证

（1）设置凭证模板。采购发票（赊购）的凭证模板参数定义如表 5－1 所示，凭证类型为转账凭证。

表 5－1　采购发票（赊购）凭证模板

科目来源	科目	方向	金额来源	摘要	核算项目
凭证模板	在途物资	借	采购发票不含税金额		
凭证模板	应交税费——应交增值税——进项税额	借	采购发票税额		
凭证模板	应付账款	贷	采购发票价税合计		供应商

凭证模板根据业务的不同也分为多种，每种业务都必须制作相应的模板。每一种核算单据可设置多个凭证模板，通常情况下，指定某个凭证模板为默认凭证模板。

选择“存货核算”｜“业务凭证模板”，设置有关的凭证模板，选择“采购发票—赊购”，如图 5－15 所示。

双击凭证模板进行设置，凭证字为“转”，应付账款的核算项目为“供应商”（注意要选择对应单据上项目为“供应商”）。具体设置如图 5－16 所示。

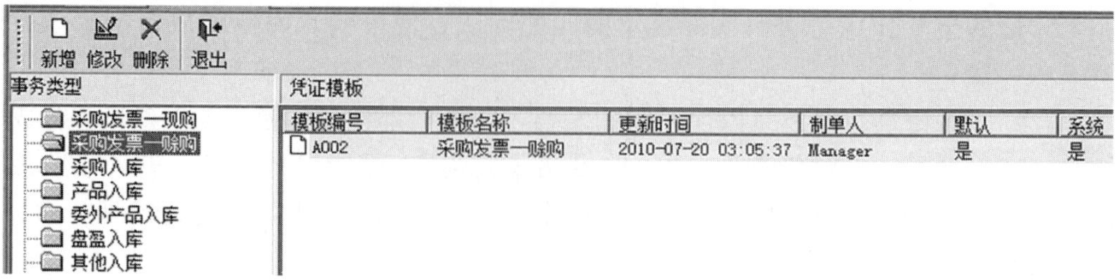

图 5-15 选择模板

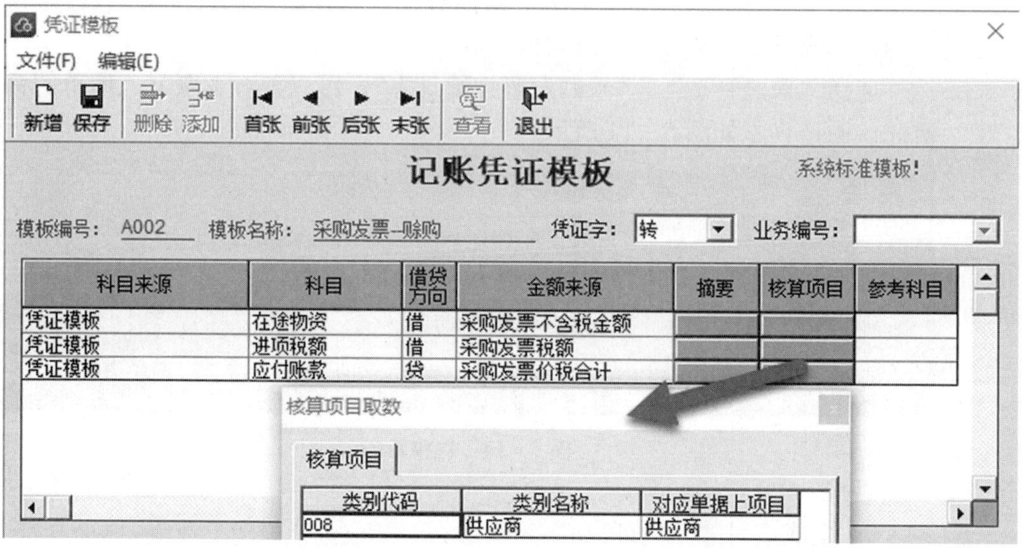

图 5-16 记账凭证模板

单击“保存”按钮完成设置。

对记账凭证模板中的相关参数，金蝶 KIS 云专业版一般都进行了预设置。在实际工作中首次使用时，务必要进入预置模板逐项仔细检查核对，看看预设置的内容是否与本单位的业务核算相一致，不满足要求时可进行修改或自己新增模板完全重新设置。在使用过程中也可以根据需要实时调整。

（2）外购入库核算。外购入库核算主要是针对企业对外采购并已收到采购发票的入库材料成本进行核算，通过外购入库核算将采购发票金额反填到对应的采购入库单，从而根据采购入库单入库数量来计算单位入库成本。所以外购入库核算中显示的是已和入库单进行钩稽的采购发票信息，没有发票与之钩稽的采购入库是暂估入库，需要进行估价入账核算，不属于外购入库核算的范围。

选择“存货核算”|“外购入库核算”，先设置过滤条件（本处使用默认条件），然后进入外购入库核算，如图 5-17 所示。

单击“钩稽”，可以查看钩稽的情况。

单击“核算”，系统自动进行相关的核算工作。

外购入库核算成功后，系统将采购发票上的不含税金额加上应计入采购成本的费用，除以对应采购入库单上的入库数量，计算出此次采购的单位入库成本，并回

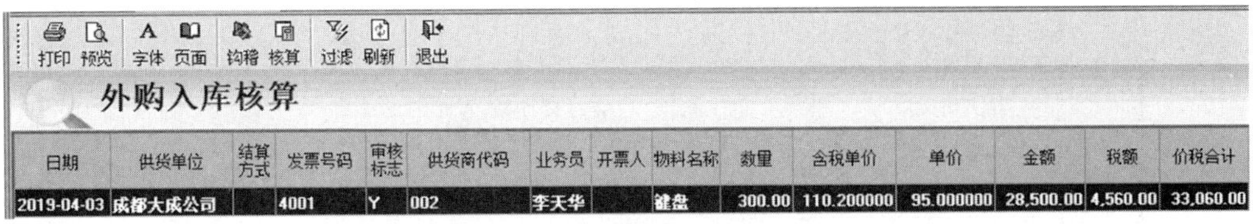

图 5－17　外购入库核算

填到采购入库单，保持采购成本的一致性。

（3）生成凭证。选择“存货核算”｜“业务生成凭证”，选择“采购发票—赊购”，单击“重设”按钮，先设置过滤条件（这里选择默认条件），系统按照设置条件过滤出采购发票，选择需要生成凭证的发票，如图 5－18 所示。

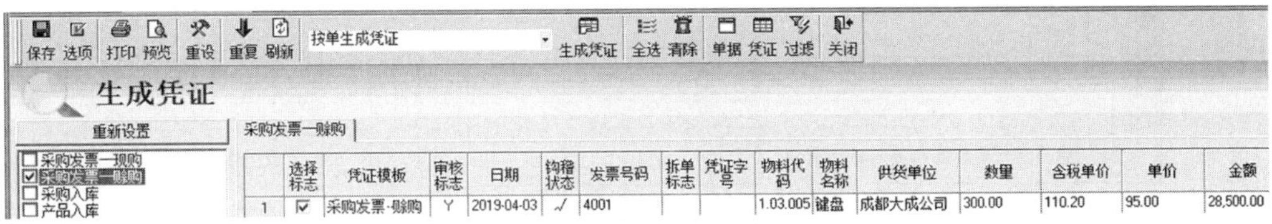

图 5－18　选择需要生成凭证的发票

在正式生成凭证前，可以单击“选项”按钮，设置有关凭证生成过程中的相关处理方式，如图 5－19 所示。

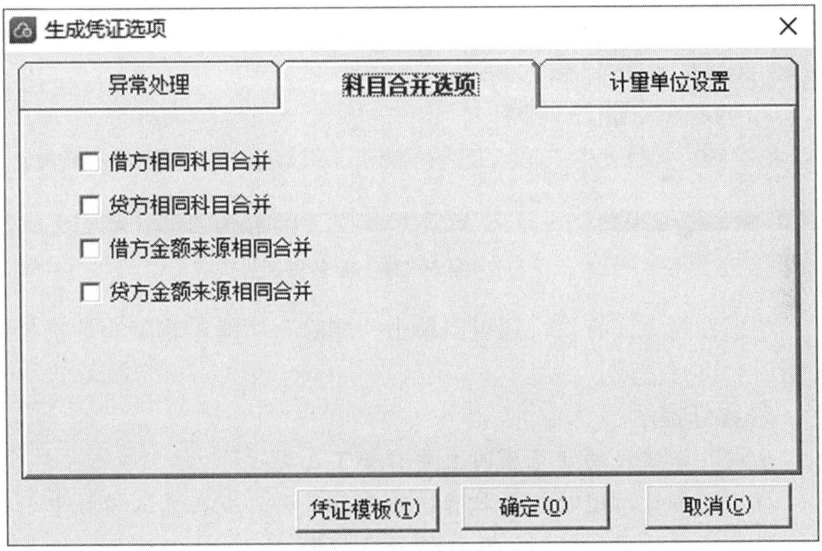

图 5－19　生成凭证选项设置

选择要生成凭证的发票（勾选选择标志），单击“生成凭证”按钮，则根据凭证模板自动生成相关凭证。若生成凭证不成功，系统会提示出错的原因，如凭证模板的科目没有设置到末级等。找到出错原因后，予以更正再生成凭证。

生成的凭证可以单击“凭证”功能调入凭证查看，还可进行修改，如将日期改为与业务日期相同。采购发票生成的凭证如图 5－20 所示。

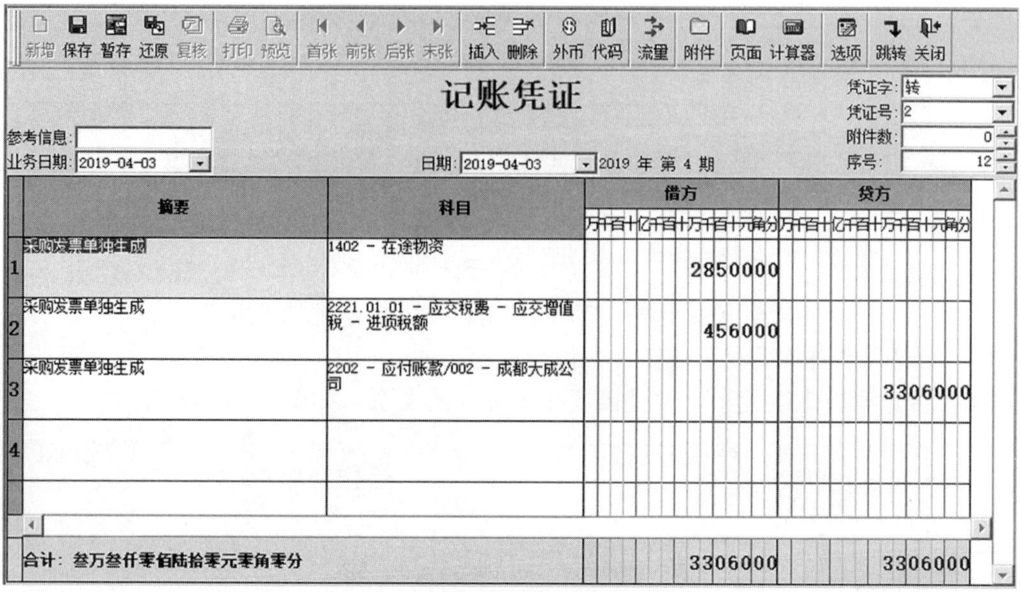

图 5-20 采购发票生成的凭证

若进行了修改，单击“保存”完成。

还可以进行凭证查询，选择“存货核算”|“业务凭证序时簿”，查询结果如图 5-21 所示。

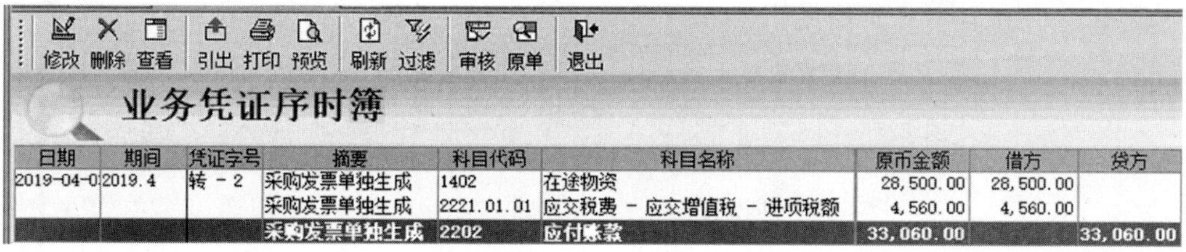

图 5-21 业务凭证

如果发现凭证有误，还可以单击“删除”功能，删除当前选择的凭证，修改有关错误后再行生成。

操作提示

生成凭证错误的常见原因主要有如下几类：

找不到科目，这时应采取的措施是补录科目或在凭证模板中调整科目来源。

科目不是最明细级别，凭证借贷不平衡，一般是因为金额来源设置不正确。

单据上数据为零，取不到核算项目，此时应对科目进行调整。

凭证不能保存，原因是业务系统当前会计期间小于账务系统的当前会计期间。

6. 生成入库凭证

（1）设置采购入库单凭证模板。采购入库单生成凭证模板的有关项目和参数如表 5-2 所示。

表 5-2　凭证模板项目

科目来源	科目	借贷方向	金额来源	摘要	核算项目
单据上物料的存货科目		借	采购入库单实际成本	采购入库	物料
凭证模板	在途物资	贷	采购入库单实际成本	采购入库	

选择“存货核算”｜“业务凭证模板”功能。选择事务类型下的“采购入库”，再选择“采购入库单（票已到）”凭证模板进行设置，如图 5-22 所示。

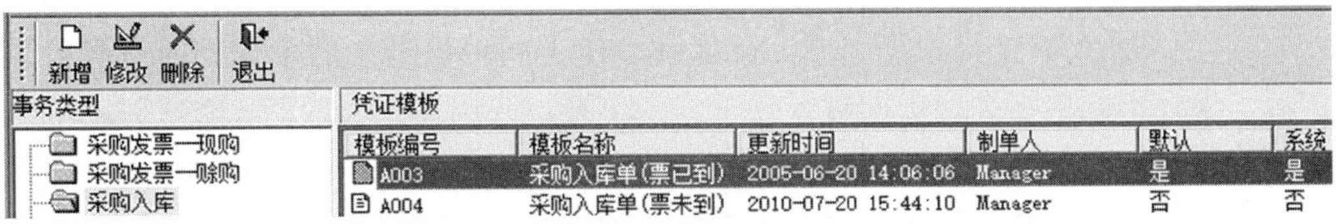

图 5-22　事务类型

双击“采购入库单（票已到）”，对凭证模板进行修改，如图 5-23 所示。

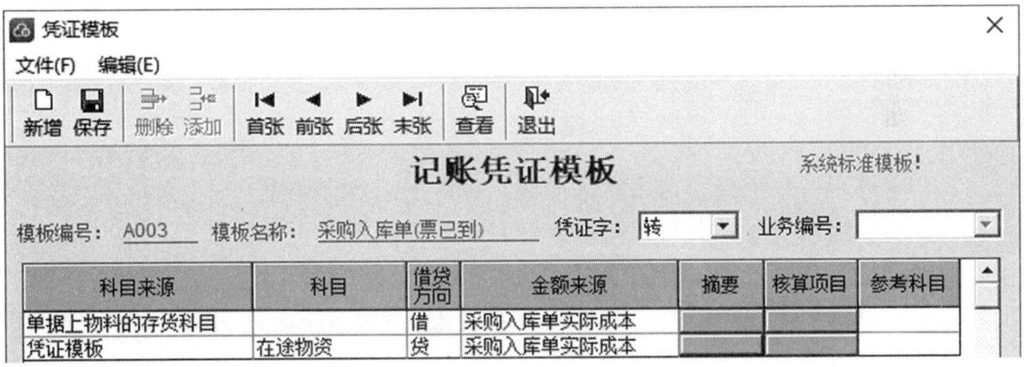

图 5-23　记账凭证模板设置

单据上物料的存货科目是在基础设置中，辅助核算设置物料资料时设置的，即 1405。必要时可再进行检查核对。

设置凭证字为“转”，单击“保存”按钮完成。

（2）生成凭证。选择“存货核算”｜“业务生成凭证”，选择“采购入库”凭证模板。选择模板如图 5-24 所示。

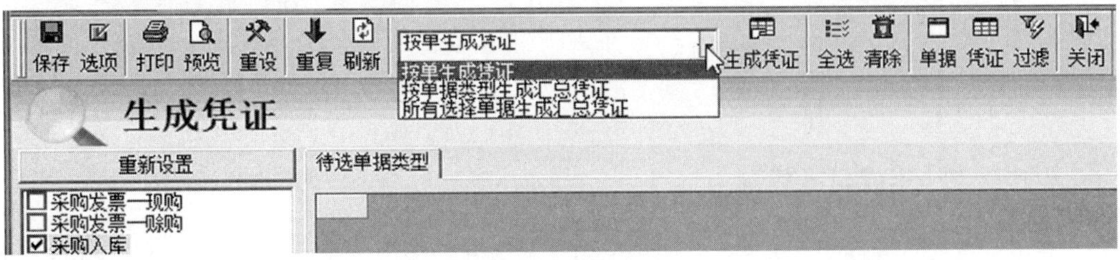

图 5-24　选择模板

此外，在生成凭证前，还可以选择凭证生成的方式。

1）按单生成凭证。对于选择的单据以一对一方式生成凭证，即一张单据就生成一张凭证。

如果在一个单据类型里面选择了多张单据，使用这种模式生成凭证时，系统为每一张单据生成对应的一张凭证，在单据上记录各自不同的凭证号。

2）按单据类型生成汇总凭证。实现对于同一个单据类型中的单据汇总生成一张凭证，对于选项中设置成科目合并的，凭证借贷方存在相同科目则合并反映（核算项目和单位必须相同）。

3）所有选择单据生成汇总凭证。使不同单据类型的单据同时选择有效，即如果在不同单据类型中同时选择了多张单据，使用这种模式汇总生成凭证。

单击“重设”，选择要生成凭证的采购入库单，本处业务的处理方法是不管发票到或没有到，全部都走在途物资，如图 5-25 所示。

图 5-25 选择入库单

进入后系统自动选用默认模板（可以手工选择调整）。

系统在生成凭证时，先检查所有的凭证模板是否设置正确，检查通过后，再根据单据上物料的计价方法取对应的模板。

单击“生成凭证”完成凭证生成。凭证生成后，可以单击“凭证”按钮查看凭证，并可进行修改。

通过选择“存货核算”|“业务凭证序时簿”，可查看凭证，如果生成的凭证不正确，也可删除凭证，更正错误后再生成。

生成的凭证按照业务凭证序时簿列示，如图 5-26 所示。

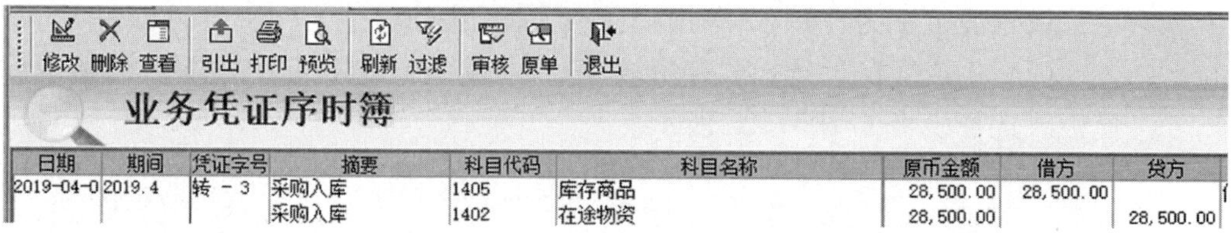

图 5-26 业务凭证

7. 生成付款凭证

（1）付款单。选择“应收应付”|“付款单”，进入付款单录入。付款单如图 5-27 所示。具体明细数据通过源单（采购发票）转入。

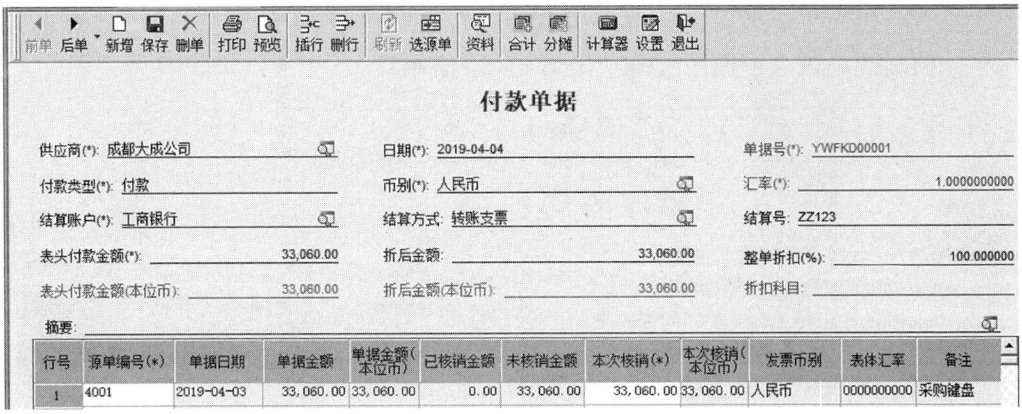

图 5 - 27　付款单

（2）审核付款单。付款单首先要选择具有审核权限的人员进行审核（具体与设置有关）。原则上要更换操作员，一般由部门领导审核。

如果设置为制单人可审核，可以在输入付款单时审核。

选择“应收应付”｜“付款单序时簿”进行每张付款单据的审核。单击“审核”按钮，审核人也变为执行审核的人。

（3）凭证模板。选择“应收应付”｜“应收应付凭证模板”，选择事务类型为“付款”，如图 5 - 28 所示。

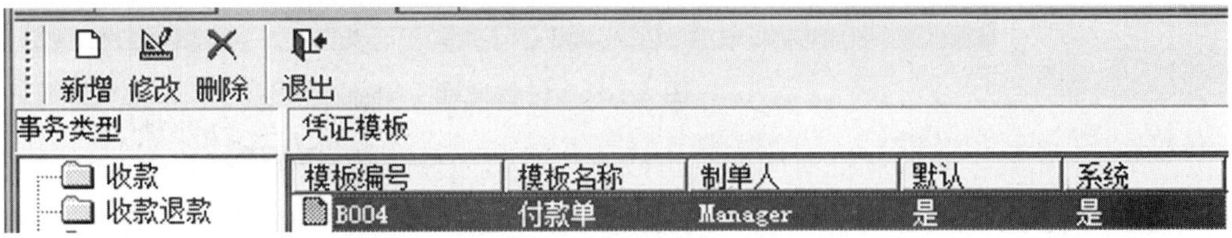

图 5 - 28　凭证模式设置

选择该模板进行定义，如图 5 - 29 所示。

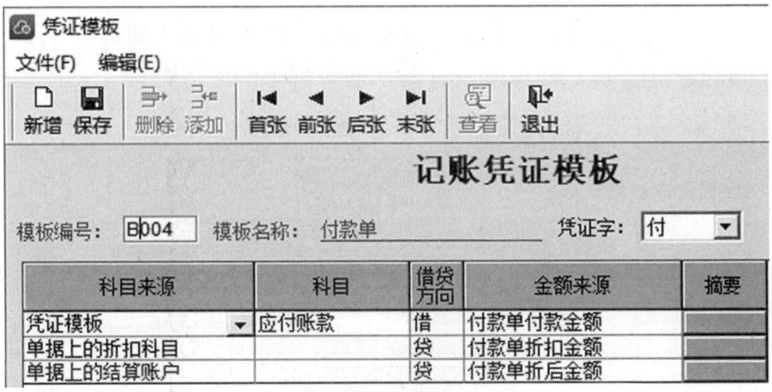

图 5 - 29　记账凭证模板

设置完成，退出设置模式。

（4）生成凭证。选择“应收应付”|“应收应付生成凭证”，选择事务类型为“付款”，进入单据序时簿，如图 5－30 所示。

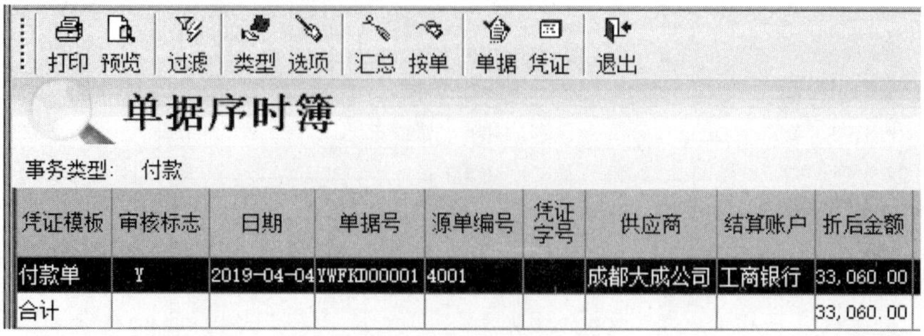

图 5－30　单据序时簿

在单据序时簿下，选择付款单，单击“按单”（按单生成凭证），对付款单生成凭证。

生成的凭证通过选择“应收应付”|“业务凭证序时簿”查看或修改，如图 5－31 所示。

图 5－31　付款凭证

如果生成的凭证有问题，可以删除，然后修改生成中的有关设置后再生成。

在后面的业务处理中，主要体现关键步骤，详细的过程可参照本例的处理方法。

8. 常规业务处理的基本流程

常规采购业务体现了采购主要业务的实现，其业务处理具有典型性，仔细分析单据之间的数据关系、处理流程有助于理解整个的业务处理，具体如图 5－32 所示。

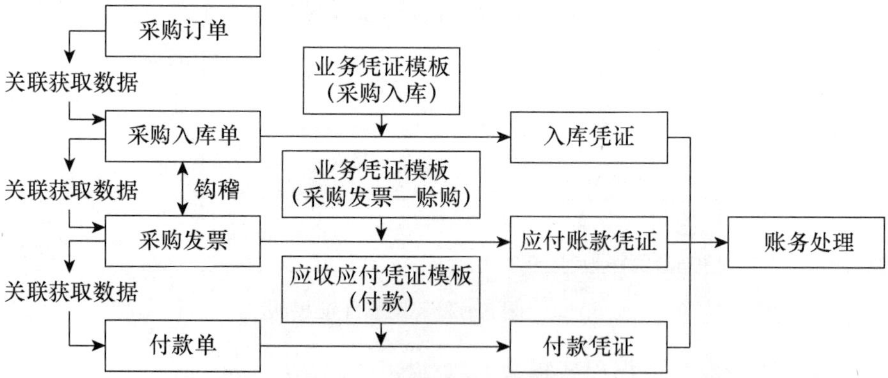

图 5－32　常规采购业务处理流程

5.1.3　采购现结业务

案例资料

4 月 4 日，向成都大成公司购买鼠标 30 箱，单价为 600 元/箱（无税单价），直接验收入原料库。同时收到专用发票一张（发票号 1121），立即以工商银行转账支票（支票号 ZZ011）支付其货款。确定采购成本，进行付款处理。

操作过程

1. 填制采购入库单并审核

选择“采购管理”｜“采购入库”，直接录入采购入库单，注意采购方式为“现购”，计量单位为“箱”，如图 5-33 所示。

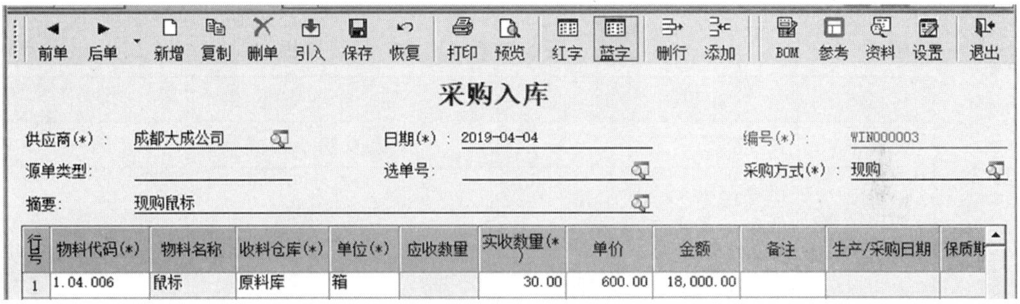

图 5-33　采购入库单

录入完成后，单击“保存”完成。选择“采购管理”｜“采购入库单序时簿”完成审核。如果是录入采购入库单的同一人完成审核，也可在保存后直接单击“审核”完成（采购入库单保存后会自动显示该功能按钮）。

2. 填制采购发票并审核

选择“采购管理”｜“采购发票”，采用采购入库单数据关联转入，发票的录入如图 5-34 所示。

图 5-34　采购发票

单击“保存”按钮完成录入。

选择“采购管理”|“采购发票序时簿”，审核录入的发票。如果是录入采购发票的同一人完成审核，也可在保存后直接单击“审核”完成（采购发票保存后会自动显示该功能按钮）。

3. 发票与采购入库单的钩稽

选择“采购发票”|“采购发票序时簿”，设置选择条件，进入采购发票序时簿。

选择待钩稽的发票，再选择“钩稽”功能。完成钩稽后系统会提示“钩稽成功”。

4. 付款凭证生成

（1）设置凭证模板。采购发票（现购）凭证模板参数定义如表 5 - 3 所示，凭证类型为付款凭证。

表 5 - 3　采购发票（现购）凭证模板

科目来源	科目	方向	金额来源	摘要	核算项目
凭证模板	在途物资	借	采购发票不含税金额		
凭证模板	应交税费——应交增值税——进项税额	借	采购发票税额		
凭证模板	银行存款——工商银行	贷	采购发票价税合计		

选择“存货核算”|“业务凭证模板”，事务类型选择“采购发票—现购”，然后双击“采购发票—现购”进入修改状态。凭证模板如图 5 - 35 所示。

图 5 - 35　记账凭证模板

单击“保存”完成设置。

（2）生成凭证。选择“存货核算”|“业务生成凭证”，选择“采购发票—现购”，单击“重设”按钮，系统过滤出采购发票，选择需要生成凭证的记录，如图 5 - 36 所示。

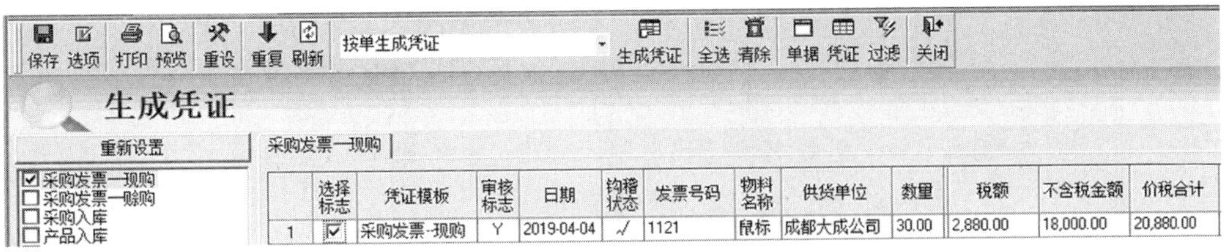

图 5-36　选择需要生成凭证的发票

单击“生成凭证”按钮，则根据凭证模板自动生成。

如果生成凭证不成功，可单击“查看报告”（生成凭证的时候会将生成过程形成报告），里面会显示生成不成功的出错原因，如果本案例将凭证类型设置成了“转”就会出现错误。遇到未能生成凭证，查看出错原因，然后去修改凭证模板，再进行凭证的生成。

可以进行凭证查询，选择“存货核算”|“业务凭证序时簿”，如图 5-37 所示。

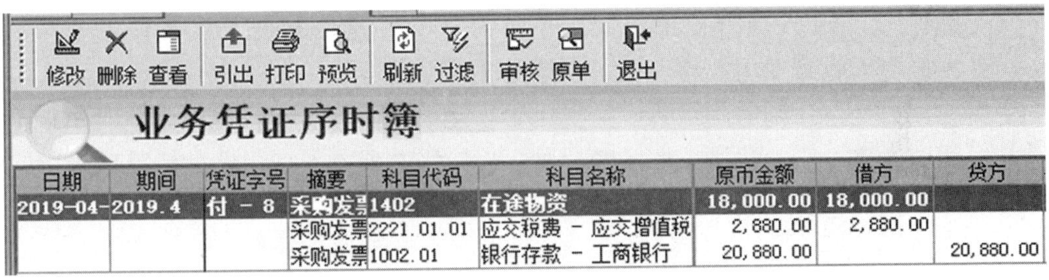

图 5-37　业务凭证

5. 采购入库凭证生成

（1）设置采购入库单凭证模板。前面已经设置过，可核对检查。

（2）生成凭证。选择“存货核算”|“业务生成凭证”，选择“采购入库”凭证模板，单击“重设”按钮，选择要生成凭证的采购入库单。生成凭证如图 5-38 所示。

图 5-38　生成凭证

单击“生成凭证”按钮，完成凭证生成。

通过选择“存货核算”|“业务凭证序时簿”，可查看凭证。如果生成的凭证不正确，也可删除凭证，更正错误后再生成。

生成的凭证按照业务凭证序时簿列示，如图 5－39 所示。

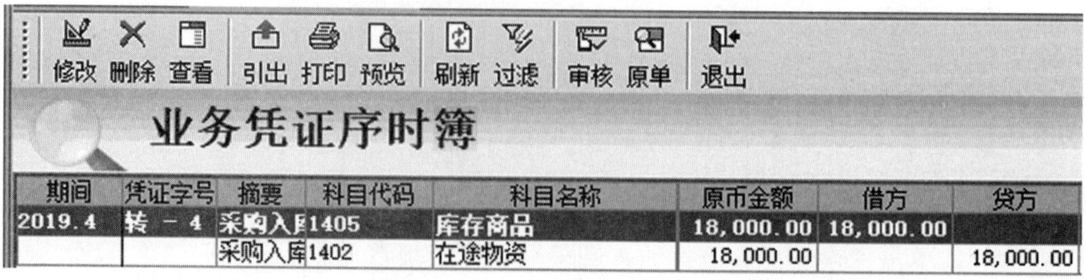

期间	凭证字号	摘要	科目代码	科目名称	原币金额	借方	贷方
2019.4	转 － 4	采购入库	1405	库存商品	18,000.00	18,000.00	
		采购入库	1402	在途物资	18,000.00		18,000.00

图 5－39　业务凭证

5.1.4　采购运费处理

案例资料

4 月 6 日，向成都大成公司购买 2TB 硬盘 200 盒，单价为 800 元/盒，验收入原料库。同时还购买鼠标 5 箱，单价为 600 元/箱，验收入原料库。

当天收到专用发票一张，发票号 110101。

另外，在采购的过程中，发生了一笔运输费 600 元，税率为 10%，收到相应的运费发票一张，费用按照金额分配。确定采购成本及应付账款，款项未付。

操作过程

1. 填制并审核采购入库单

选择“采购管理”｜“采购入库”，直接录入采购入库单，如图 5－40 所示。

行号	物料代码(*)	物料名称	收料仓库(*)	单位(*)	应收数量	实收数量(*)	单价	金额	备注	生产/采购日期
1	1.01.002	2TB硬盘	原料库	盒		200.00	800.00	160,000.00		
2	1.04.006	鼠标	原料库	箱		5.00	600.00	3,000.00		

图 5－40　采购入库单

录入完成后，单击“保存”完成。可选择“采购管理”｜“采购入库单序时簿”完成审核。

2. 填制采购专用发票

选择“采购管理”｜“采购发票”，采用采购入库单的数据关联转入（注意要两行一起选择）。发票的录入如图 5－41 所示。

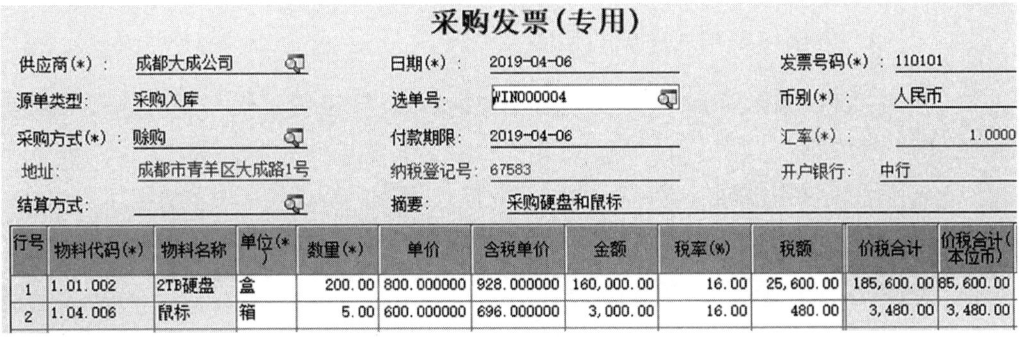

采购发票(专用)

供应商(*)：成都大成公司　日期(*)：2019-04-06　发票号码(*)：110101

源单类型：采购入库　选单号：WIN000004　币别(*)：人民币

采购方式(*)：赊购　付款期限：2019-04-06　汇率(*)：1.0000

地址：成都市青羊区大成路1号　纳税登记号：67583　开户银行：中行

结算方式：　摘要：采购硬盘和鼠标

行号	物料代码(*)	物料名称	单位(*)	数量(*)	单价	含税单价	金额	税率(%)	税额	价税合计	价税合计(本位币)
1	1.01.002	2TB硬盘	盒	200.00	800.000000	928.000000	160,000.00	16.00	25,600.00	185,600.00	85,600.00
2	1.04.006	鼠标	箱	5.00	600.000000	696.000000	3,000.00	16.00	480.00	3,480.00	3,480.00

图 5－41　采购发票

采购运费的处理：在采购发票中有一栏“应计成本费用”，运费在此录入，最后通过外购入库核算来计算正确的成本值。手工计算的分配表如表 5－4 所示。

表 5－4　　**运费分配表**　　单位：元

物料名称	价税合计	比例	运费	分配费用	税	分配税
2TB 硬盘	185 600.00	98%	540.00	529.20	60.00	58.80
鼠标	3 480.00	2%		10.80		1.20
	189 080.00			540.00		60.00

将运费按照上面的数据输入采购发票，如图 5－42 所示。

采购发票(专用)

供应商(*)：成都大成公司　日期(*)：2019-04-06　发票号码(*)：110101

源单类型：采购入库　选单号：WIN000004　币别(*)：人民币

采购方式(*)：赊购　付款期限：2019-04-06　汇率(*)：1.00000000

地址：成都市青羊区大成路1号　纳税登记号：67583　开户银行：中行

结算方式：　摘要：采购硬盘和鼠标

行号	物料代码(*)	物料名称	单位(*)	数量(*)	单价	含税单价	金额	税率(%)	税额	价税合计	应计成本费用(本位币)	运费税金(本位币)
1	1.01.002	2TB硬盘	盒	200.00	800.000000	928.000000	160,000.00	16.00	25,600.00	185,600.00	529.20	58.80
2	1.04.006	鼠标	箱	5.00	600.000000	696.000000	3,000.00	16.00	480.00	3,480.00	10.80	1.20

图 5－42　采购发票（录入运费部分）

单击“保存”按钮完成录入。

应计成本费用包括“计入成本”和“不计入成本”两种类型。如果是“计入成本”，则在入库核算时会将费用作为入库成本的一部分来计算入库的单位成本；如果是“不计入成本”，则在入库核算时不会将费用作为入库成本的一部分，而直接作为期间费用处理。

操作提示

运费还可以按照传统的会计方式处理，直接计入管理费用。中小企业和核算要求不是特别精细的企业可以采用这种方式。

选择“采购管理”｜“采购发票序时簿”，审核录入的发票。

3. 发票与采购入库单的钩稽

选择“采购管理”|“采购发票序时簿”，先设置条件，然后进入采购发票（专用）序时簿。

选择待钩稽的发票，再选择“钩稽”功能，如图 5-43 所示。

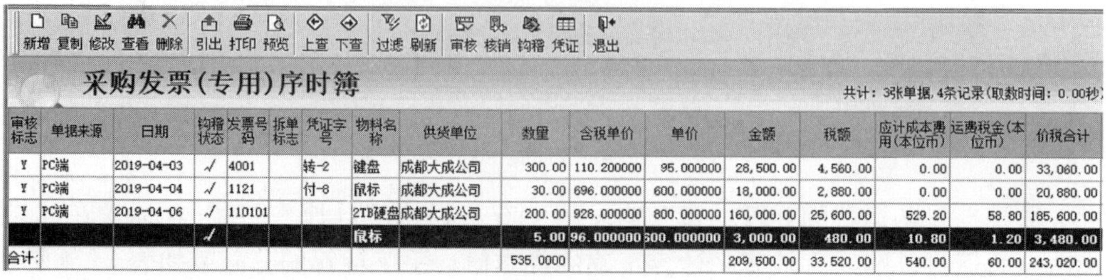

审核标志	单据来源	日期	钩稽状态	发票号码	拆单标志	凭证字号	物料名称	供货单位	数量	含税单价	单价	金额	税额	应计成本费用(本位币)	运费税金(本位币)	价税合计
Y	PC端	2019-04-03	√	4001		转-2	键盘	成都大成公司	300.00	110.200000	95.000000	28,500.00	4,560.00	0.00	0.00	33,060.00
Y	PC端	2019-04-04	√	1121		付-8	鼠标	成都大成公司	30.00	696.000000	600.000000	18,000.00	2,880.00	0.00	0.00	20,880.00
Y	PC端	2019-04-06	√	110101			2TB硬盘	成都大成公司	200.00	928.000000	800.000000	160,000.00	25,600.00	529.20	58.80	185,600.00
			√				鼠标		5.00	96.000000	500.000000	3,000.00	480.00	10.80	1.20	3,480.00
合计:									535.0000			209,500.00	33,520.00	540.00	60.00	243,020.00

图 5-43 采购发票钩稽

选择“存货核算”|“外购入库核算”，进入后如图 5-44 所示。

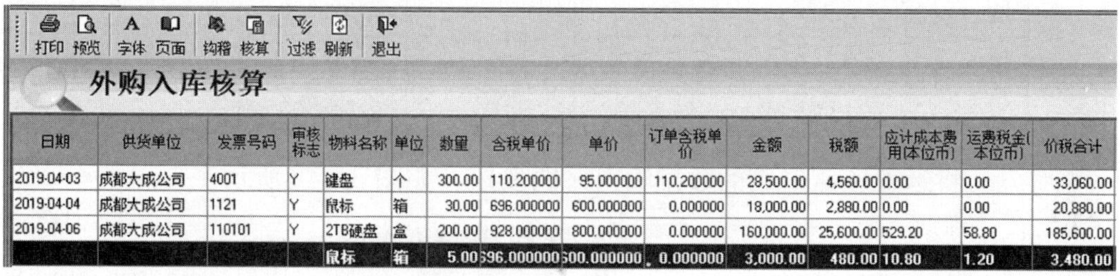

日期	供货单位	发票号码	审核标志	物料名称	单位	数量	含税单价	单价	订单含税单价	金额	税额	应计成本费用(本位币)	运费税金(本位币)	价税合计
2019-04-03	成都大成公司	4001	Y	键盘	个	300.00	110.200000	95.000000	110.200000	28,500.00	4,560.00	0.00	0.00	33,060.00
2019-04-04	成都大成公司	1121	Y	鼠标	箱	30.00	696.000000	600.000000	0.000000	18,000.00	2,880.00	0.00	0.00	20,880.00
2019-04-06	成都大成公司	110101	Y	2TB硬盘	盒	200.00	928.000000	800.000000	0.000000	160,000.00	25,600.00	529.20	58.80	185,600.00
				鼠标	箱	5.00	596.000000	500.000000	0.000000	3,000.00	480.00	10.80	1.20	3,480.00

图 5-44 费用分配后的入库单

选择要核算的发票，单击“核算”完成。

采购核算后，重新按照采购发票和运费计算了入库单的数据。选择“采购管理”|“采购入库单序时簿”，选择采购入库单后可查看相关数据，如图 5-45 所示。

行号	物料代码(*)	物料名称	收料仓库(*)	单位(*)	应收数量	实收数量(*)	单价	金额	备注	生产/采购日期
1	1.01.002	2TB硬盘	原料库	盒	0.00	200.00	802.65	160,529.20		
2	1.04.006	鼠标	原料库	箱	0.00	5.00	602.16	3,010.80		

图 5-45 采购入库单

4. 生成应付账款凭证

（1）设置凭证模板。为处理运费，定义一个专用的凭证模板，如表 5-5 所示。

表 5-5　　采购发票（赊购）凭证模板

科目来源	科目	方向	金额来源	摘要	核算项目
凭证模板	在途物资	借	采购发票不含税金额		
凭证模板	应交税费——应交增值税——进项税额	借	采购发票税额		
凭证模板	应付账款	贷	采购发票价税合计		供应商
凭证模板	在途物资	借	采购发票应计成本费用		
凭证模板	应交税费——应交增值税——进项税额	借	采购发票运费税金		
凭证模板	应付账款	贷	采购费用		供应商

选择“存货核算”|“业务凭证模板”，进入后在“采购发票—赊购”下增加新的凭证模板，设置结果如图 5-46 所示。

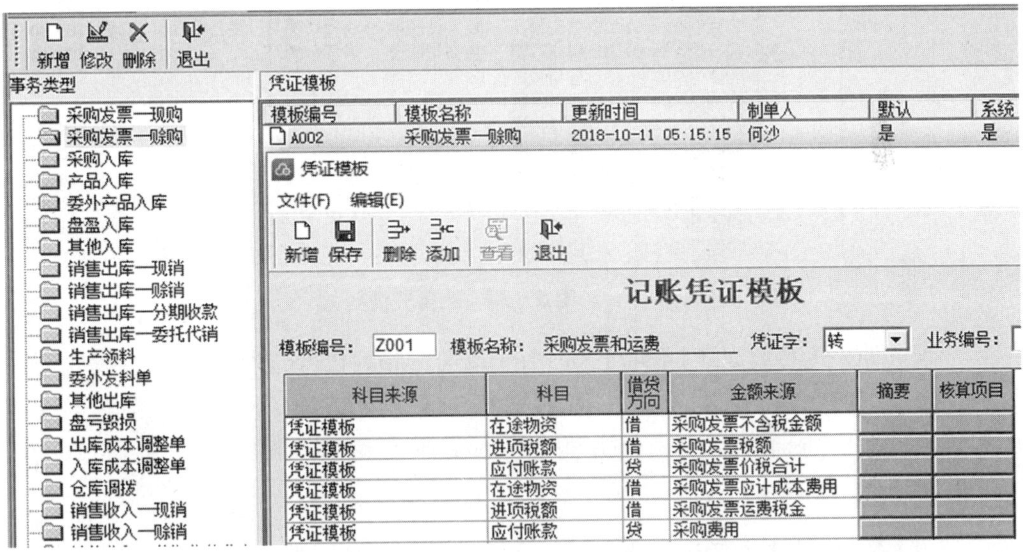

图 5-46　记账凭证模板

在设置时，首先要注意设置摘要，具体摘要内容可自行设置；其次是在设置应付账款的核算项目时，类别选择“供应商”，“对应单据上项目”选择“供应商”。

在应用金蝶 KIS 云专业版的过程中，除了软件本身提供的模板，还需要根据本单位的情况增加业务处理的凭证模板，以便在日常处理中应用。

（2）生成采购货物的应付账款凭证。选择“存货核算”|“业务生成凭证”，选择“采购发票—赊购”，单击“重设”按钮，系统过滤出采购发票，选择需要生成凭证的发票，凭证模板选择“采购发票和运费”，凭证生成方式选择“按单生成凭证”，如图 5-47 所示。

图 5-47　选择需要生成凭证的发票

单击“生成凭证”，则根据凭证模板自动生成凭证。

选择“存货核算”｜“业务凭证序时簿”，生成的凭证如图 5-48 所示。

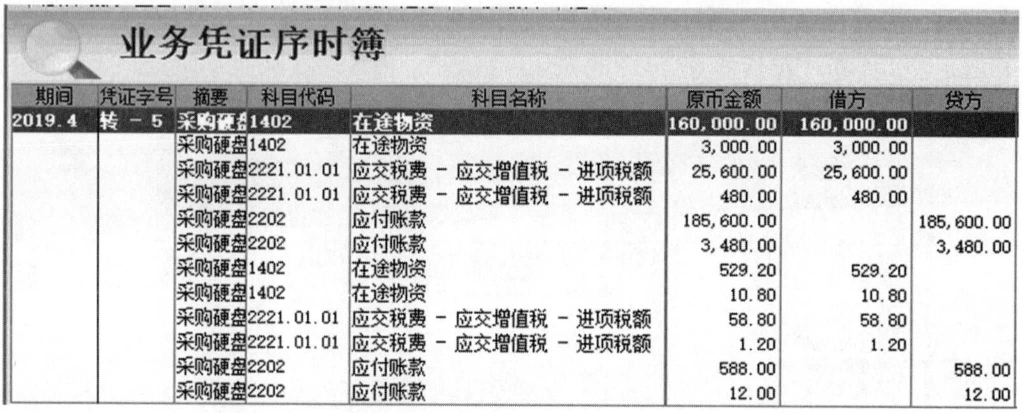
业务凭证序时簿

期间	凭证字号	摘要	科目代码	科目名称	原币金额	借方	贷方
2019.4	转 - 5	采购硬盘	1402	在途物资	160,000.00	160,000.00	
		采购硬盘	1402	在途物资	3,000.00	3,000.00	
		采购硬盘	2221.01.01	应交税费 - 应交增值税 - 进项税额	25,600.00	25,600.00	
		采购硬盘	2221.01.01	应交税费 - 应交增值税 - 进项税额	480.00	480.00	
		采购硬盘	2202	应付账款	185,600.00		185,600.00
		采购硬盘	2202	应付账款	3,480.00		3,480.00
		采购硬盘	1402	在途物资	529.20	529.20	
		采购硬盘	1402	在途物资	10.80	10.80	
		采购硬盘	2221.01.01	应交税费 - 应交增值税 - 进项税额	58.80	58.80	
		采购硬盘	2221.01.01	应交税费 - 应交增值税 - 进项税额	1.20	1.20	
		采购硬盘	2202	应付账款	588.00		588.00
		采购硬盘	2202	应付账款	12.00		12.00

图 5-48　业务凭证

如果运费发票不同期到达，由于以前的物料已经进行核算并生成凭证，无法再修改以前期间的采购发票，所以只能变通处理，方法是用成本调整单（选择“存货核算”｜“成本调整单”）处理应计入成本的运费，运费的税金通过手工凭证来输入。

5. 采购入库凭证生成

选择“存货核算”｜“业务生成凭证”，再选择“采购入库”凭证模板，单击“重设”按钮，选择要生成凭证的采购入库单（2TB 硬盘和鼠标）。

单击“生成凭证”按钮完成凭证生成。

选择“存货核算”｜“业务凭证序时簿”，可查看凭证，如图 5-49 所示。

业务凭证序时簿

期间	凭证字号	摘要	科目代码	科目名称	原币金额	借方	贷方
2019.4	转 - 6	采购入库	1405	库存商品	160,529.20	160,529.20	
		采购入库	1405	库存商品	3,010.80	3,010.80	
		采购入库	1402	在途物资	160,529.20		160,529.20
		采购入库	1402	在途物资	3,010.80		3,010.80

图 5-49　业务凭证

5.1.5　暂估入库报销处理

案例资料

4 月 9 日，收到重庆大江公司提供的上月已验收入库的 100 盒 2TB 硬盘的专用发票一张（发票号：230618），发票单价为 790 元。进行暂估入库报销处理（暂估差额生成方式采用单到冲回方式），确定采购成本及应付账款。

操作过程

1. 暂估业务处理方法

所谓暂估业务，就是物料先到发票后到的采购业务，而且是在不同会计期间到达。

当发票和物料不同时到达时，仓库先收到了货物，仓库先入账，财务部门在当前期间以后才收到发票入账，所以在发票到达前实际的仓库账与财务账是有差异的，这种情况适合采用估价入库核算。其中有一点要注意：采购发票在当月无法到达，采购发票与物料入库的处理不在同一个会计期间内，所以财务上一般使用暂估入库，在核算成本时人为地给该物料一个预估单位成本。

采购暂估入账的业务处理流程如图 5-50 所示。

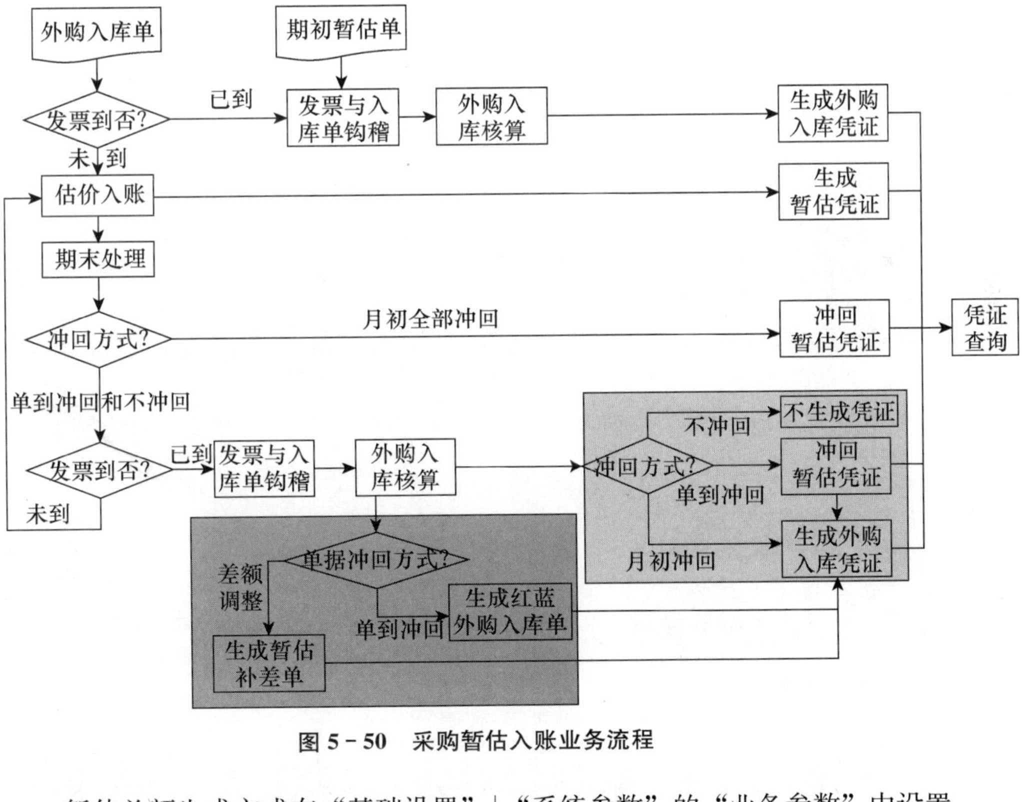

图 5-50　采购暂估入账业务流程

暂估差额生成方式在“基础设置”|“系统参数”的“业务参数”中设置。此参数可选“差额调整”和“单到冲回”。

在“差额调整”方式下，当期获得的发票金额（不含税）与以前期间暂估的入库单暂估金额不一致时，系统自动生成采购入库暂估补差单。

在“单到冲回”方式下，当期获得的发票金额（不含税）与以前期间暂估的入库单暂估金额不一致时，系统自动生成与原来相同的红字入库单和发票金额相同的蓝字入库单。

2. 录入并审核采购发票

本案例采用的是单到冲回的方式。

选择“采购管理”|“采购发票”，输入有关基本信息，生成采购发票（专用），如图 5-51 所示。

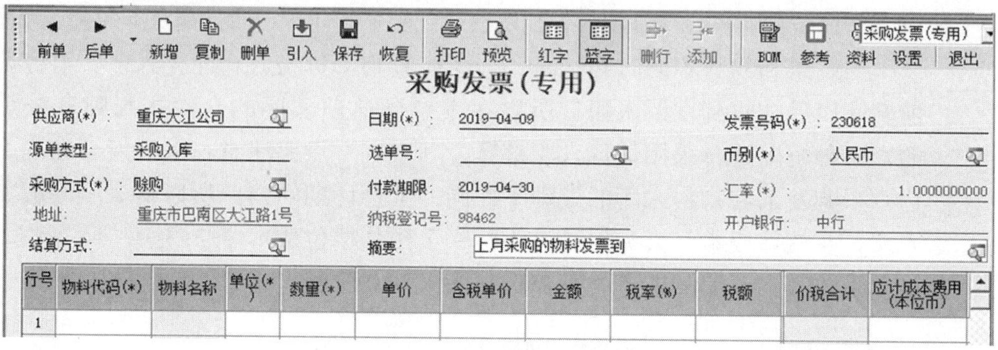

图 5-51 采购发票

源单类型选择“采购入库”，在“选单号”处按 F7 键，设置条件时要将时间条件选为“全部”，以显示启用前的暂估入库单，如图 5-52 所示。

图 5-52 采购入库单（暂估入库单）

先选择单据，单击“返回”按钮，然后将单价改为与发票相同的数据，如图 5-53 所示。

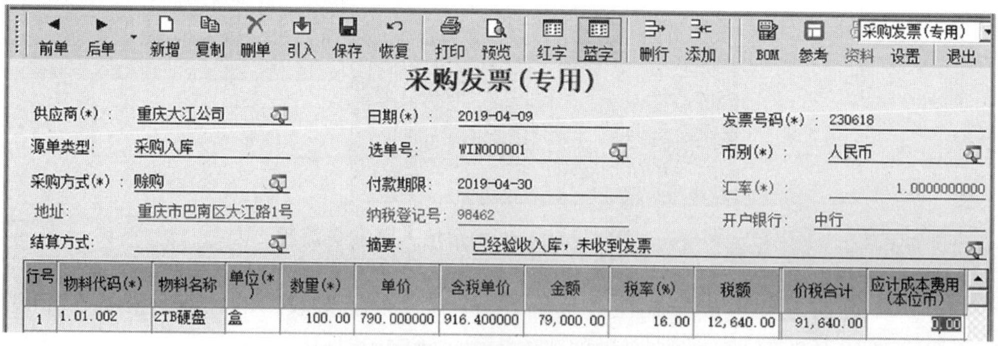

图 5-53 采购发票

单击“保存”按钮完成。

3. 与暂估入库单钩稽

选择“采购管理”|“采购发票序时簿”，选择本案例输入的发票，单击“审核”按钮完成审核。

单击“钩稽”，进行发票和入库单的钩稽。

4. 生成应付账款

选择“存货核算”|“外购入库核算”，进行外购入库的核算工作，单击“核算”完成。

选择“存货核算”|“业务生成凭证”，再选择“采购发票—赊购”，单击“重设”按钮，选择本案例要生成凭证的发票，凭证模板为“采购发票—赊购”，选择“生成凭证”完成凭证生成。

选择“存货核算”|“业务凭证序时簿”，查看生成的凭证，如图 5 - 54 所示。

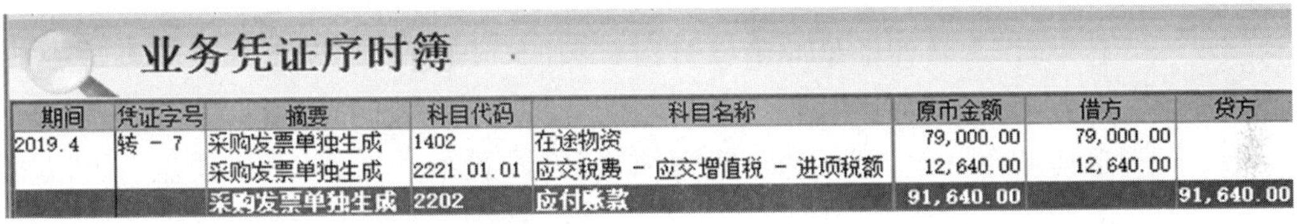
业务凭证序时簿

期间	凭证字号	摘要	科目代码	科目名称	原币金额	借方	贷方
2019.4	转 - 7	采购发票单独生成	1402	在途物资	79,000.00	79,000.00	
		采购发票单独生成	2221.01.01	应交税费 - 应交增值税 - 进项税额	12,640.00	12,640.00	
		采购发票单独生成	2202	应付账款	91,640.00		91,640.00

图 5 - 54　业务凭证

选择“存货核算”|“存货暂估明细表”，可以查看暂估明细的情况，如图 5 - 55 所示。

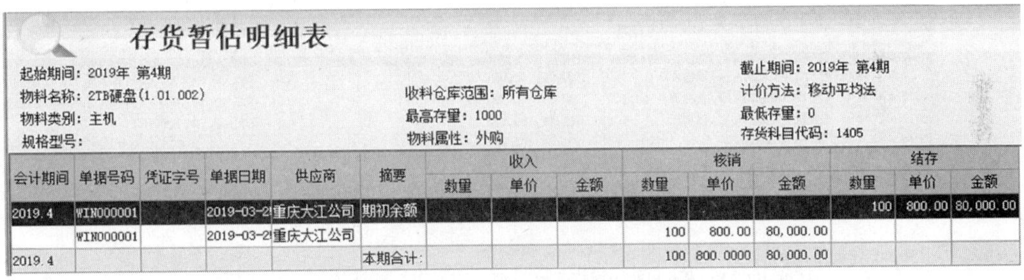
存货暂估明细表

起始期间：2019年 第4期　　截止期间：2019年 第4期
物料名称：2TB硬盘(1.01.002)　　收料仓库范围：所有仓库　　计价方法：移动平均法
物料类别：主机　　最高存量：1000　　最低存量：0
规格型号：　　物料属性：外购　　存货科目代码：1405

会计期间	单据号码	凭证字号	单据日期	供应商	摘要	收入			核销			结存		
						数量	单价	金额	数量	单价	金额	数量	单价	金额
2019.4	WIN000001		2019-03-2	重庆大江公司	期初余额							100	800.00	80,000.00
	WIN000001		2019-03-2	重庆大江公司					100	800.00	80,000.00			
2019.4					本期合计:				100	800.0000	80,000.00			

图 5 - 55　存货暂估明细

5. 生成入库凭证

选择“存货核算”|“业务生成凭证”，通过“采购入库”重设选单，过滤条件的红蓝标志选择“全部”，会发现备注“外购入库成本核算自动生成”生成的两张单据，如图 5 - 56 所示。

单击“生成凭证”，自动生成两张凭证。

选择“存货核算”|“业务凭证序时簿”，生成的凭证如图 5 - 57 所示。

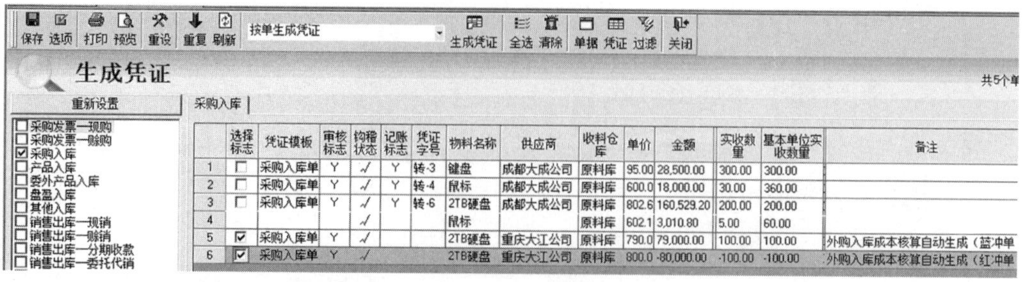

按单生成凭证

生成凭证 共5个单

采购入库

	选择标志	凭证模板	审核标志	钩稽状态	记账标志	凭证字号	物料名称	供应商	收料仓库	单价	金额	实收数量	基本单位实收数量	备注
1	☐	采购入库单	Y	√	Y	转-3	键盘	成都大成公司	原料库	95.00	28,500.00	300.00	300.00	
2	☐	采购入库单	Y	√	Y	转-4	鼠标	成都大成公司	原料库	600.0	18,000.00	30.00	360.00	
3	☐	采购入库单	Y	√	Y	转-6	2TB硬盘	成都大成公司	原料库	802.6	160,529.20	200.00	200.00	
4				√			鼠标		原料库	602.1	3,010.80	5.00	60.00	
5	☑	采购入库单	Y	√			2TB硬盘	重庆大江公司	原料库	790.0	79,000.00	100.00	100.00	外购入库成本核算自动生成（蓝冲单
6	☑	采购入库单	Y	√			2TB硬盘	重庆大江公司	原料库	800.0	-80,000.00	-100.00	-100.00	外购入库成本核算自动生成（红冲单

图 5-56 采购入库单

业务凭证序时簿

期间	凭证字号	摘要	科目代码	科目名称	原币金额	借方	贷方
2019.4	转 - 8	采购入库	1405	库存商品	79,000.00	79,000.00	
		采购入库	1402	在途物资	79,000.00		79,000.00
2019.4	转 - 9	采购入库	1405	库存商品	-80,000.00	-80,000.00	
		采购入库	1402	在途物资	-80,000.00		-80,000.00

图 5-57 业务凭证

其中转-9 号凭证是冲销原暂估金额的。因为基础设置的系统参数中的暂估差额生成方式是“单到冲回”，所以这里是通过红字进行冲销的。

选择“存货核算”|“存货明细账”，设置条件选择 2TB 硬盘，可以查看 2TB 硬盘的明细账，在上面已经反映了冲销及最新的实际数据，如图 5-58 所示。

存货明细账

起始期间：2019年 第4期　截止期间：2019年 第4期　仓库代码范围：所有仓库
存货名称：2TB硬盘(1.01.002)　计量单位：盒　计价方法：移动平均法
存货类别：主机　最高存量：1000　最低存量：0
规格型号：　物料属性：外购　存货科目代码：1405

会计期间	凭证字号	单据号码	事务类型	收（发）仓库名称	收入			发出			结存			备注
					数量	单价	金额	数量	单价	金额	数量	单价	金额	
2019.4			期初结存								200	820.0000	164,000.00	
2019.4	转-8	WIN000005	采购入库	原料库	100	790.00	79,000.00				300	810.00	243,000.00	外购入库成本核算自动生成（蓝冲单）
2019.4	转-9	WIN000006	采购入库	原料库	-100	800.00	-80,000.00				200	815.00	163,000.00	外购入库成本核算自动生成（红冲单）
2019.4	转-6	WIN000004	采购入库	原料库	200	802.65	160,529.20				400	808.82	323,529.20	
2019.4			本期合计		200	797.6460	159,529.20							

图 5-58 2TB 硬盘存货明细账

5.1.6 采购物料结算前退货

案例资料

4 月 9 日，收到成都大成公司提供的液晶显示器，数量 52 台，单价为 1 200 元。验收入原料库。

4 月 10 日，仓库反映有 2 台液晶显示器有质量问题，退回给供应商，办理相关出库手续。

收到成都大成公司开具的 50 台液晶显示器的专用发票一张（发票号：181021），单价 1 200 元，编制有关凭证。

操作过程

1. 填制并审核采购入库单

选择“采购管理”|“采购入库”，直接录入采购入库单，如图 5－59 所示。

录入完成后，单击“保存”完成。然后进行审核。

图 5－59　采购入库单

2. 填制并审核红字采购入库单

对退货部分，填制红字采购入库单。

选择“采购管理”|“采购入库”，先单击“红字”，表示输入的是红字入库单，然后再输入相关资料，如图 5－60 所示（数据显示为红字）。

图 5－60　采购入库单（红字）

录入完成后，单击“保存”按钮完成。然后进行审核。

3. 填制并审核采购发票，进行采购入库单钩稽

（1）录入发票。选择“采购管理”|“采购发票”，通过采购入库单的数据关联转入，数量改为发票数量。录入的采购发票（专用）如图 5－61 所示。

单击“保存”完成录入。然后审核。

（2）拆分采购入库单。一张采购入库单拆分成的两张单据，除单据头、单据号码完全相同，被拆分后的单据减去拆分部分称为母单，单据号码不变，可继续拆分，拆分出的数量形成的单据称为子单，不能再拆分，在原单据号后加 A 标记，母单继续拆分后，子单编号加 B，C，依此类推。单据体中除数量、金额可能变动外，

图 5－61　采购发票

其他如计量单位、单价等均不变。

采购入库单拆分的目的主要是与发票相钩稽。

选择“采购管理”｜“采购入库单序时簿”，然后选择要拆分的单据（成都大成公司，液晶显示器，数量为 52），再选择“操作”｜“拆分单据”，如图 5－62 所示。

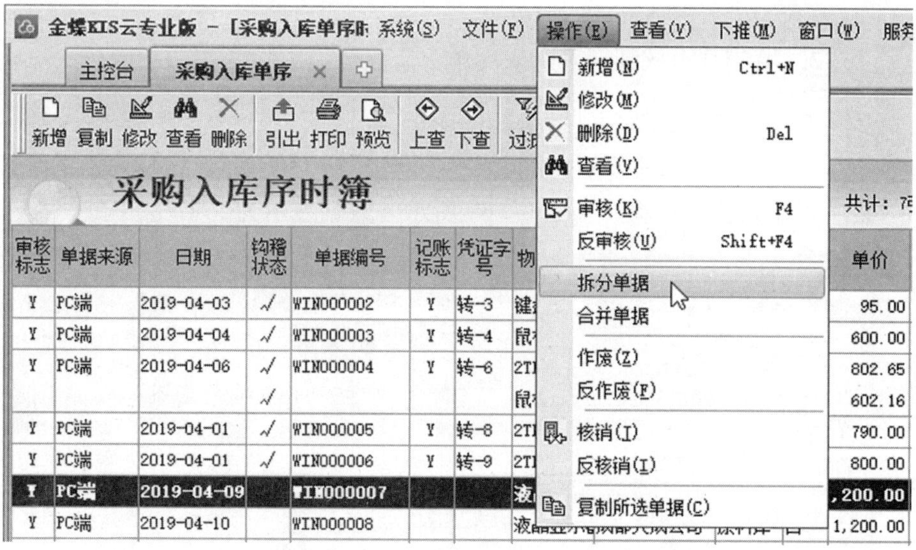

图 5－62　拆分功能

选择拆分单据后，进入拆分单据输入状态，在“拆分数量”中输入要拆分的数量，其他信息是不能修改的，如图 5－63 所示。

图 5－63　拆分入库单

单击“保存”按钮，会显示拆分单据成功。

选择“采购管理”|“采购入库单序时簿”，就能看到拆分出来的入库单，如图 5-64 所示。

采购入库序时簿　　共计：8张单据,9条记录(取数时

审核标志	单据来源	日期	钩稽状态	单据编号	记账标志	凭证字号	物料名称	供应商	收料仓库	单位	单价	摘要	金额	实收数量
Y	PC端	2019-04-03	√	WIN000002	Y	转-3	键盘	成都大成公司	原料库	个	95.00	采购键盘	28,500.00	300.00
Y	PC端	2019-04-04	√	WIN000003	Y	转-4	鼠标	成都大成公司	原料库	箱	600.00	现购鼠标	18,000.00	30.00
Y	PC端	2019-04-06	√	WIN000004	Y	转-6	2TB硬盘	成都大成公司	原料库	盒	802.65	采购硬盘和目	160,529.20	200.00
			√				鼠标		原料库	箱	602.16		3,010.80	5.00
Y	PC端	2019-04-01	√	WIN000005	Y	转-8	2TB硬盘	重庆大江公司	原料库	盒	790.00		79,000.00	100.00
Y	PC端	2019-04-01	√	WIN000006	Y	转-9	2TB硬盘	重庆大江公司	原料库	盒	800.00		-80,000.00	-100.00
Y	PC端	2019-04-09		WIN000007			液晶显示器	成都大成公司	原料库	台	1,200.00	采购液晶显示	60,000.00	50.00
Y	PC端	2019-04-10		WIN000008			液晶显示器	成都大成公司	原料库	台	1,200.00	因质量问题退	-2,400.00	-2.00
Y	PC端	2019-04-09		WIN000007A			液晶显示	成都大成公司	原料库	台	1,200.00	采购液晶显	2,400.00	2.00
合计:													269,040.00	585.0000

图 5-64　拆分后的入库单

拆分出来的单据在原来的入库单编号上增加了“A”。单击“审核”按钮，完成对拆分后的入库单的审核。

(3) 采购发票钩稽。选择“采购管理”|“采购发票序时簿”，先设置选择条件，进入采购发票序时簿。

选择待钩稽的发票（成都大成公司，液晶显示器，数量为 50），再选择“钩稽”功能完成钩稽。

4. 生成应付账款凭证

选择“存货核算”|“外购入库核算”，再选择需要核算的单据，单击“核算”完成。

选择“存货核算”|“业务生成凭证”，再选择“采购发票—赊购”，单击“重设”，系统过滤出采购发票，选择需要生成凭证的记录（成都大成公司，液晶显示器，数量为 50）。

单击“生成凭证”按钮，则根据凭证模板自动生成。

选择“存货核算”|“业务凭证序时簿”，凭证如图 5-65 所示。

业务凭证序时簿

期间	凭证字号	摘要	科目代码	科目名称	原币金额	借方	贷方
2019.4	转 - 10	采购发票单独生成	1402	在途物资	60,000.00	60,000.00	
		采购发票单独生成	2221.01.01	应交税费 - 应交增值税 - 进项税额	9,600.00	9,600.00	
		采购发票单独生成	2202	应付账款	69,600.00		69,600.00

图 5-65　业务凭证

5. 生成入库凭证

选择“存货核算”|“业务生成凭证”，再选择“采购入库”，单击“重设”按

钮，红蓝标志条件注意选择“全部”，选择要生成凭证的采购入库单（涉及液晶显示器的三张入库、退货、拆分的入库单），如图 5－66 所示。

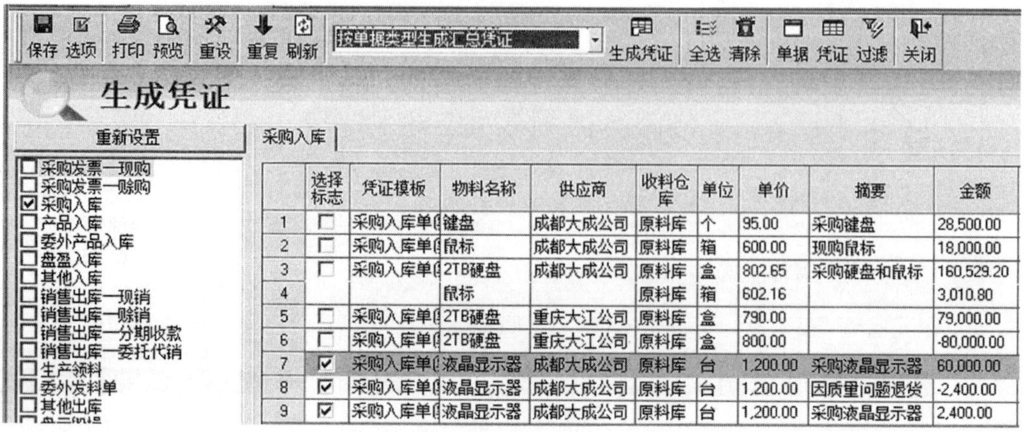

	选择标志	凭证模板	物料名称	供应商	收料仓库	单位	单价	摘要	金额
1	☐	采购入库单	键盘	成都大成公司	原料库	个	95.00	采购键盘	28,500.00
2	☐	采购入库单	鼠标	成都大成公司	原料库	箱	600.00	现购鼠标	18,000.00
3	☐	采购入库单	2TB硬盘	成都大成公司	原料库	盒	802.65	采购硬盘和鼠标	160,529.20
4			鼠标		原料库	箱	602.16		3,010.80
5	☐	采购入库单	2TB硬盘	重庆大江公司	原料库	盒	790.00		79,000.00
6	☐	采购入库单	2TB硬盘	重庆大江公司	原料库	盒	800.00		-80,000.00
7	☑	采购入库单	液晶显示器	成都大成公司	原料库	台	1,200.00	采购液晶显示器	60,000.00
8	☑	采购入库单	液晶显示器	成都大成公司	原料库	台	1,200.00	因质量问题退货	-2,400.00
9	☑	采购入库单	液晶显示器	成都大成公司	原料库	台	1,200.00	采购液晶显示器	2,400.00

图 5－66　选择入库单

凭证生成方式选择“按单据类型生成汇总凭证”，单击“生成凭证”按钮。

通过选择“存货核算”|“业务凭证序时簿”，生成的凭证如图 5－67 所示。

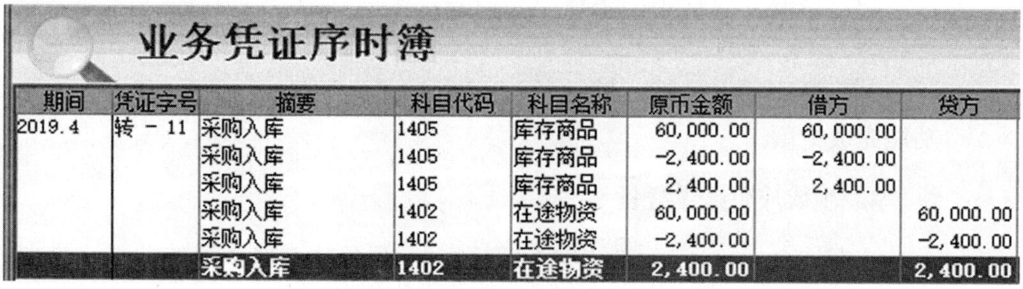

期间	凭证字号	摘要	科目代码	科目名称	原币金额	借方	贷方
2019.4	转 － 11	采购入库	1405	库存商品	60,000.00	60,000.00	
		采购入库	1405	库存商品	-2,400.00	-2,400.00	
		采购入库	1405	库存商品	2,400.00	2,400.00	
		采购入库	1402	在途物资	60,000.00		60,000.00
		采购入库	1402	在途物资	-2,400.00		-2,400.00
		采购入库	1402	在途物资	2,400.00		2,400.00

图 5－67　业务凭证

5.1.7　采购结算后退货

案例资料

4 月 15 日，前期从成都大成公司购入的键盘质量有问题，从原料库退回 4 个给供货方，单价为 95 元，同时收到退货红字专用发票一张（081055）。对采购入库单和红字专用采购发票进行业务处理。

操作过程

1. 填制并审核红字入库单

选择“采购管理”|“采购入库”，先选择“红字”，表示输入的是红字入库单，然后再输入相关资料，如图 5－68 所示（数据为红字）。

图 5-68　采购入库单

录入完成后，单击“保存”按钮完成。然后进行审核。

2. 填制并审核红字采购发票，进行采购入库单钩稽

（1）录入发票。选择“采购管理”|“采购发票”，先单击“红字”，采用采购入库单的数据关联转入，为红字显示。红字采购发票如图 5-69 所示。

图 5-69　采购发票（红字）

单击“保存”按钮完成录入。然后进行审核。

（2）采购发票钩稽。选择“采购管理”|“采购发票序时簿”，单击进入采购发票过滤窗口，设置选择条件（红蓝标志选择为全部），进入采购发票序时簿。

选择待钩稽的发票，再选择“钩稽”功能。

3. 生成应付账款冲销凭证

先进行“外购入库核算”，选择红字退货发票，然后选择“核算”功能完成。

选择“存货核算”|“业务生成凭证”，再选择“采购发票—赊购”，单击“重设”按钮，注意设置过滤红字发票条件（红蓝标志为“红字”），选择需要生成凭证的红字发票。

单击“生成凭证”按钮，则根据凭证模板自动生成。

可以进行凭证查询，选择“存货核算”|“业务凭证序时簿”，如图 5-70 所示。

业务凭证序时簿

期间	凭证字号	摘要	科目代码	科目名称	原币金额	借方	贷方
2019.4	转 - 12	采购发票单独生成	1402	在途物资	-380.00	-380.00	
		采购发票单独生成	2221.01.01	应交税费 - 应交增值税 - 进项税额	-60.80	-60.80	
		采购发票单独生成	2202	应付账款	-440.80		-440.80

图 5-70　业务凭证

4. 生成入库凭证

选择“存货核算”|“业务生成凭证”，选择“采购入库”，单击“重设”按钮，红蓝字注意选择“全部”，选择要生成凭证的红字采购入库单（成都大成公司，键盘，数量为—4）。

单击“生成凭证”按钮。

通过选择“存货核算”|“业务凭证序时簿”，生成的凭证如图 5-71 所示。

业务凭证序时簿

期间	凭证字号	摘要	科目代码	科目名称	原币金额	借方	贷方
2019.4	转 - 13	采购入库	1405	库存商品	-380.00	-380.00	
		采购入库	1402	在途物资	-380.00		-380.00

图 5-71　业务凭证

5.1.8　暂估入库处理

案例资料

4 月 20 日，收到上海大坤公司提供的 HP 激光打印机 50 台。由于到月底发票仍未收到，每台的暂估价为 1 500 元，进行暂估记账处理。

操作过程

1. 输入并审核采购入库单

选择“采购管理”|“采购入库”，直接录入采购入库单，如图 5-72 所示。

采购入库

供应商(*)：上海大坤公司　日期(*)：2019-04-20　编号(*)：WIN000010

源单类型：　选单号：　采购方式(*)：赊购

摘要：暂估入库

行号	物料代码(*)	物料名称	收料仓库(*)	单位(*)	应收数量	实收数量(*)	单价	金额	备注	生产/采购日期
1	3.02.010	HP激光打印机	配套用品库	台		50.00	1,500.00	75,000.00		

图 5-72　采购入库单

录入完成后，单击“保存”按钮完成。然后审核。

2. 生成采购暂估凭证

选择“存货核算”|“业务生成凭证”，再选择“采购入库”，单击“重设”，选择要生成凭证的上海大坤公司采购入库单。

单击“生成凭证”按钮完成凭证生成。

通过选择“存货核算”|“业务凭证序时簿”，可查看凭证。

生成的凭证按照业务凭证序时簿列示，如图 5-73 所示。

业务凭证序时簿

期间	凭证字号	摘要	科目代码	科目名称	原币金额	借方	贷方
2019.4	转 - 14	采购入库	1405	库存商品	75,000.00	75,000.00	
		采购入库	1402	在途物资	75,000.00		'5,000.00

图 5-73　业务凭证

5.1.9 采购查询

1. 采购汇总表

选择“采购管理”|“采购汇总表”，然后设置具体的查询条件，日期设置为 2019 年 4 月 1 日至 2019 年 4 月 30 日，如图 5-74 所示。

采购汇总表

起始日期：2019-04-01　　截止日期：2019-(

物料代码范围：所有物料　　汇总依据：1—2级

供应商代码范围：所有供应商

1级物料类别	2级物料类别	发票			入库			差异		
		数量(基本)	数量(常用)	金额(本位币)	数量(基本)	数量(常用)	金额	数量(基本)	数量(常用)	金额
配套用品	配套硬件[3.02](小计				50	50	75,000.00	-50	-50	-75,000.00
配套用品[					50	50	75,000.00	-50	-50	-75,000.00
原材料	键盘[1.03](小计)	296	296	28,120.00	296	296	28,120.00			
原材料	鼠标[1.04](小计)	420	420	21,000.00	420	420	21,010.80			-10.80
原材料	显示器[1.02](小计)	50	50	60,000.00	50	50	60,000.00			
原材料	主机[1.01](小计)	300	300	239,000.00	200	200	159,529.20	100	100	79,470.80
原材料[1]		1,066	1,066	348,120.00	966	966	268,660.00	100	100	79,460.00
合计		1,066	1,066	348,120.00	1,016	1,016	343,660.00	50	50	4,460.00

图 5-74　采购汇总表

2. 采购明细表

选择“采购管理”|“采购明细表”，然后设置具体的查询条件，可以查看具体的明细情况。可以根据具体需要，查询相关的采购信息。

5.2 应付款业务

5.2.1 基本功能

应收应付系统是通过对购货发票和销售发票的后续处理，以及对业务资金运用进行分析的综合管理，对采购和销售资金流的全过程进行有效的控制和跟踪，实现对企业的资金信息管理。应收应付系统的主要功能如图 5-75 所示。

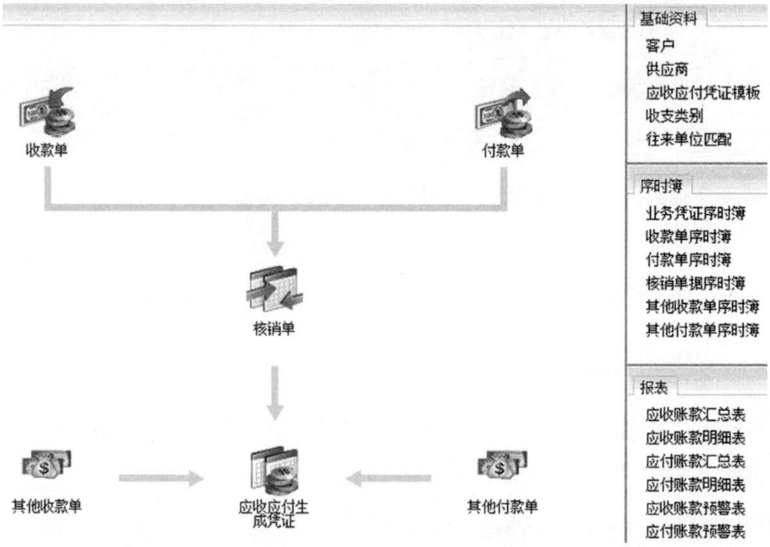

图 5-75 应收应付系统的主要功能

应付相关的功能则主要是针对采购处理相关的应付款业务。

5.2.2 一般付款业务

案例资料

4 月 20 日，财务部开出工商银行转账支票一张（支票号 ZZ7777），金额 916 400 元，支付重庆大江公司前欠 2TB 硬盘货款。

操作过程

1. 填制并审核付款单

企业的应付账款情况可选择“应收应付”|“应付账款明细表”实时查看。

选择“应收应付”|“付款单”，进入付款单录入，其数据通过源单（采购发票）关联转入，选择要付款的 2TB 硬盘发票，然后将数据传递过来，更改付款额即可。付款单如图 5-76 所示。

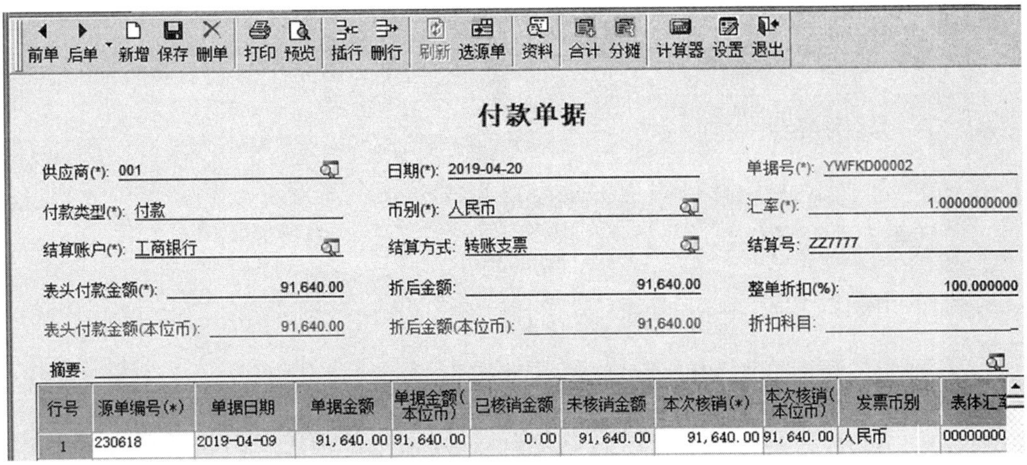

图 5－76 付款单

先保存，然后审核。

也可选择“应收应付”|“付款单序时簿”进行付款单据的审核。

2. 凭证模板

选择“应收应付”|“应收应付生成凭证”，选择事务类型为“付款”，进入“单据序时簿”，如图 5－77 所示。

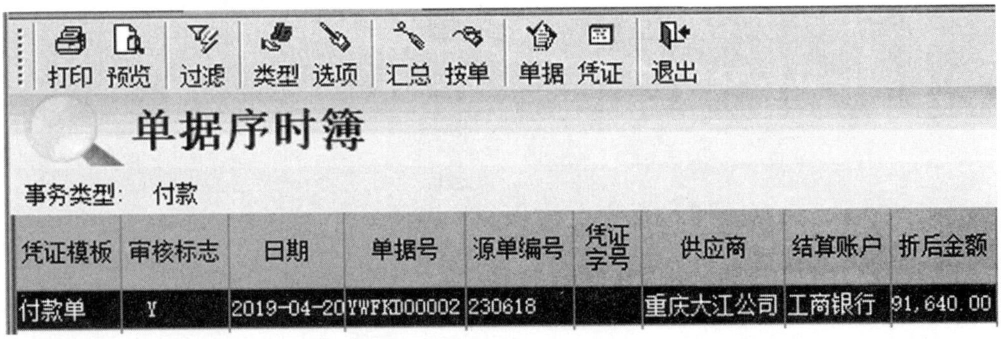

图 5－77 付款单据

单击“按单”(按单生成凭证）按钮，生成凭证。

生成的凭证通过选择“应收应付”|“业务凭证序时簿”查看，如图 5－78 所示。

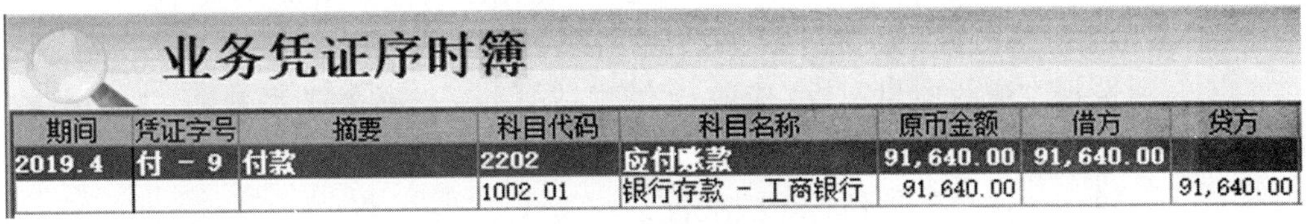

图 5－78 付款凭证

5.2.3 预付款支付

案例资料

4 月 20 日，预付南京天华商行购货定金 90 000 元，工商银行支票已经开出，转账支票号 ZF002。

操作过程

1. 填制并审核付款单

选择“应收应付”|“付款单”，进入预付单录入，付款类型为“预付款”。付款单如图 5－79 所示。

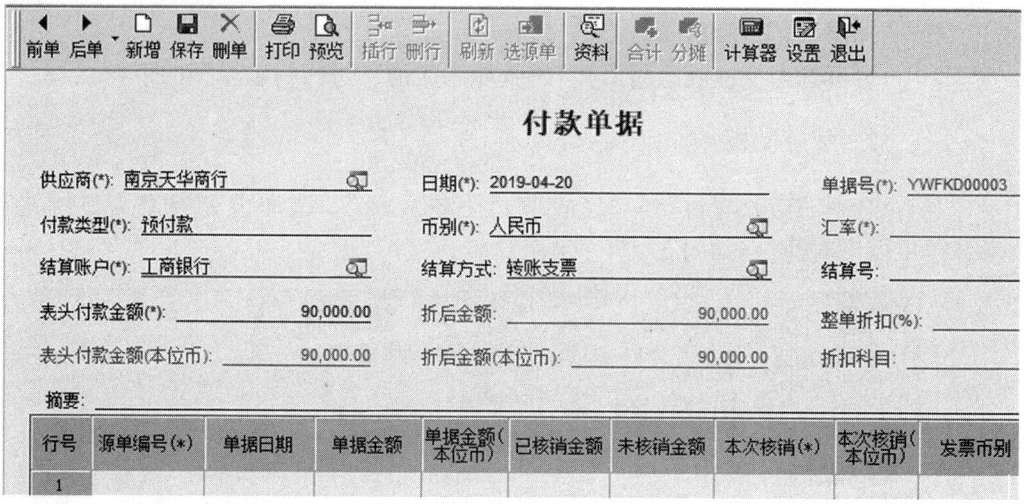

图 5－79 付款单

先保存，然后审核。

也可选择“应收应付”|“付款单序时簿”，进行付款单的审核。

2. 生成凭证

设置凭证模板。选择“应收应付”|“应收应付凭证模板”，事务类型选择“预付款”，双击“预付单”进行修改。预付款凭证模板如图 5－80 所示。

单击“保存”完成。

选择“应收应付”|“应收应付生成凭证”，事务类型选择“预付款”，进入“单据序时簿”，如图 5－81 所示。

单击“按单”按钮，生成凭证。

通过选择“应收应付”|“业务凭证序时簿”查看凭证，如图 5－82 所示。

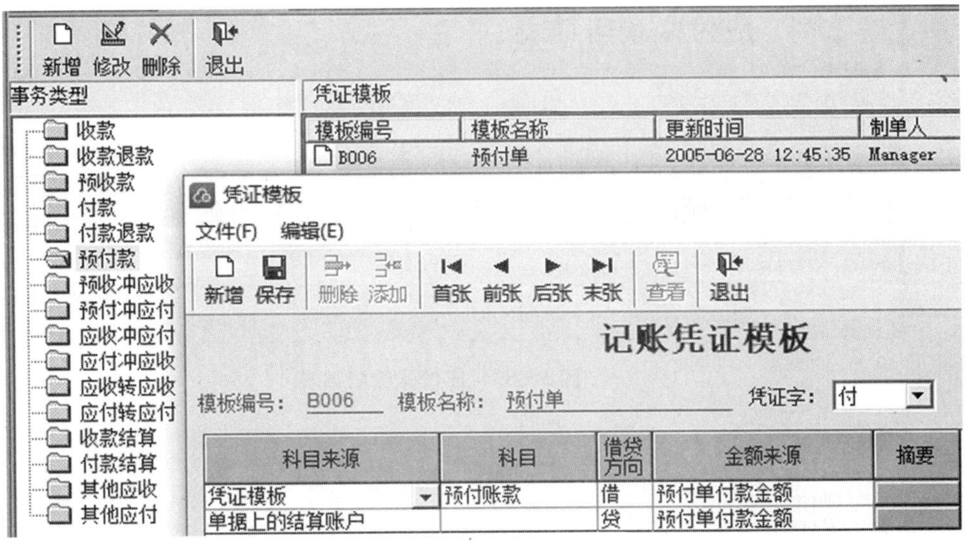

图 5－80　预付款凭证模板

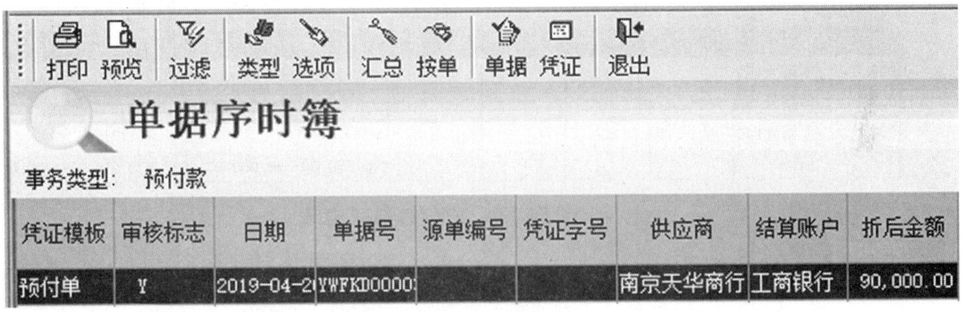

图 5－81　付款单据

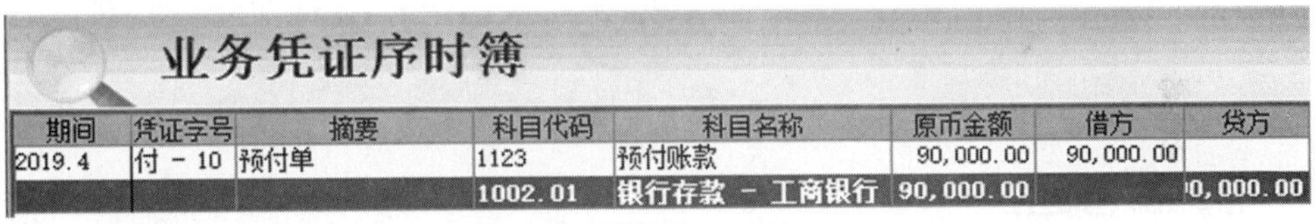

图 5－82　预付款凭证

5.2.4　账表查询

1.　应付账款明细表

选择“应收应付” | “应付账款明细表”，选择期间和单位，结果如图 5－83 所示。

2.　应付账款汇总表

选择“应收应付” | “应付账款汇总表”，设置查询期间，如图 5－84 所示。

应付账款明细表

起始日期：2019-01-01　　截止日期：2019-04

供应商代码范围：001 — 001　　部门代码范围：所有　　业务员代码范围：所

币别：人民币

日期	单据类型	单据编号	供应商名称	摘要	凭证号	预付金额	应付金额	实付金额	期末余额
			重庆大江公司(期初)						276,850.00
2019-04-0	采购发票(	230618	重庆大江公司	已经验收入库，未收到发票	转 - 7		91,640.00		368,490.00
2019-04-2	付款单据(	YWFKD00002	重庆大江公司		付 - 9			91,640.00	276,850.00
			重庆大江公司(小计)				91,640.00	91,640.00	276,850.00
			总计				91,640.00	91,640.00	276,850.00

图 5－83　应付账款明细表

应付账款汇总表

起始日期：2019-01-01　　截止日期：

供应商代码范围：所有　　部门代码范围：所有　　业务员代码

币别：人民币

供应商代码	供应商名称	部门代码	部门名称	业务员代码	业务员名称	期初余额	预付金额	应付金额	实付金额	期末余额
001	重庆大江公					276,850.00		91,640.00	91,640.00	276,850.00
002	成都大成公							291,299.20	33,060.00	258,239.20
003	南京天华商						90,000.00			-90,000.00
004	上海大坤公									
	合计					276,850.00	90,000.00	382,939.20	124,700.00	445,089.20

图 5－84　应付账款汇总表

其他账表可根据需要查询。

复习题

思考题

1. 采购业务处理的主要流程有哪些？
2. 采购与应付账款之间的业务关系如何？
3. 凭证模板的作用是什么？
4. 简述采购发票与采购入库单之间钩稽的作用。

判断题

1. 凭证模板是系统预置的，相关业务直接使用凭证模板生成凭证即可。（　　）

2. 根据业务的需要，企业可自己设置凭证模板。（　）
3. 采购发票只能在输入的时候进行审核。（　）
4. 没有采购订单是不能进行采购入库的。（　）
5. 采购暂估差额生成方式有单到冲回和差额调整两种方式。（　）
6. 在采购业务处理中，可以设置“制单和审核可为同一人”。（　）
7. 采购业务处理的系统参数设置在基础设置时完成。（　）
8. 采购管理中生成的业务凭证不能修改和删除。（　）
9. 核算项目中的供应商在基础设置完成后，就不能再新增了。（　）
10. 基础设置中设置的供应商和在采购管理中设置的供应商是不同的。（　）
11. 采购入库与采购发票数量不相等时需要拆单钩稽。（　）

□ 单项选择题

1. 确定入库单与发票的对应关系，进行入库核算的操作是（　）。

A. 关联　B. 钩稽　C. 核销　D. 复制

2. 下列计价方法中在 KIS 云专业版中不能实现的是（　）。

A. 分批认定法　B. 移动平均法

C. 计划成本法　D. 先进先出法

3. 在 KIS 云专业版业务系统中，暂估冲回确认的依据是（　）。

A. 以前期间入库单已经与当期发票钩稽

B. 以前期间入库单没有与当期发票钩稽

C. 以前期间入库单已经与当期发票关联

D. 入库单与发票的钩稽日期在以后期间

4. 可以通过单据序时簿上的（　）按钮来查询与之关联的单据。

A. 上查、下查　B. 关联　C. 核销　D. 查看

5. 入库单和发票分为红字单据和蓝字单据，若要录入红字单据必须在录入单据时点击工具栏上的（　）按钮。

A. 新增　B. 复制　C. 红字　D. 蓝字

6. 暂估采购差额处理方式为单到冲回，本期的采购发票与以前期间的暂估入库单钩稽并进行入库成本核算后，会生成（　）。

A. 一张红字采购入库单

B. 一张蓝字采购入库单

C. 一张红字采购入库单和一张蓝字采购入库单

D. 一张成本调整单

7. 计量单位组内有两个计量单位，基本计量单位 a 为默认计量单位，换算率为 1，b 计量单位的换算率是 12，是指（　）。

A. 1b=12a　B. 1a=12b　C. a×b=12　D. 不确定

8. 一种单据类型可以有（　　）凭证模板。

A. 1个　　B. 2个　　C. 多个　　D. 5个

9. 下列功能中采购系统没有的是（　　）。

A. 采购询价　　B. 采购订单　　C. 采购入库　　D. 采购发票

10. 系统参数中设置了“制单和审核可为同一人”，表示（　　）。

A. 同一个人既可制单又可以审核

B. 自己制作的单据可以自己审核，也可以审核别人制作的单据，别人也可以审核自己制作的单据

C. 只能审核别人制作的单据

D. 自己制作的单据只能别人审核

□ 多项选择题

1. 以下（　　）单据之间进行钩稽。

A. 采购入库　　B. 采购发票　　C. 生产领料　　D. 产品入库

2. 存货核算中通过“业务生成凭证”功能生成的凭证，可以在业务凭证序时簿中实现（　　）。

A. 修改　　B. 删除　　C. 查看　　D. 审核

3. 业务系统中，单据不允许删除的情况包括（　　）。

A. 单据已审核　　B. 单据已核销

C. 单据为以前期间的单据　　D. 单据已过账

4. 业务凭证模板可以进行（　　）。

A. 新增　　B. 修改　　C. 删除　　D. 合并

5. 在采购管理中，必须录入的单据是（　　）。

A. 采购订单　　B. 采购入库单　　C. 采购发票　　D. 采购计划

□ 参考答案

判断题

1. 错误；2. 正确；3. 错误；4. 错误；5. 正确；6. 正确；7. 正确；8. 错误；9. 错误；10. 错误；11. 正确。

单项选择题

1. B；2. C；3. B；4. A；5. C；6. C；7. B；8. C；9. A；10. B。

多项选择题

1. AB；2. ABCD；3. ABCD；4. ABC；5. BC。

第 6 章 Chapter 6 销售与应收业务处理

6.1 销售管理

6.1.1 基本功能

销售管理模块的功能主要是完成销售报价、销售订单、销售出库、销售发票、查询账表等一系列销售管理工作。主要功能如图 6－1 所示。

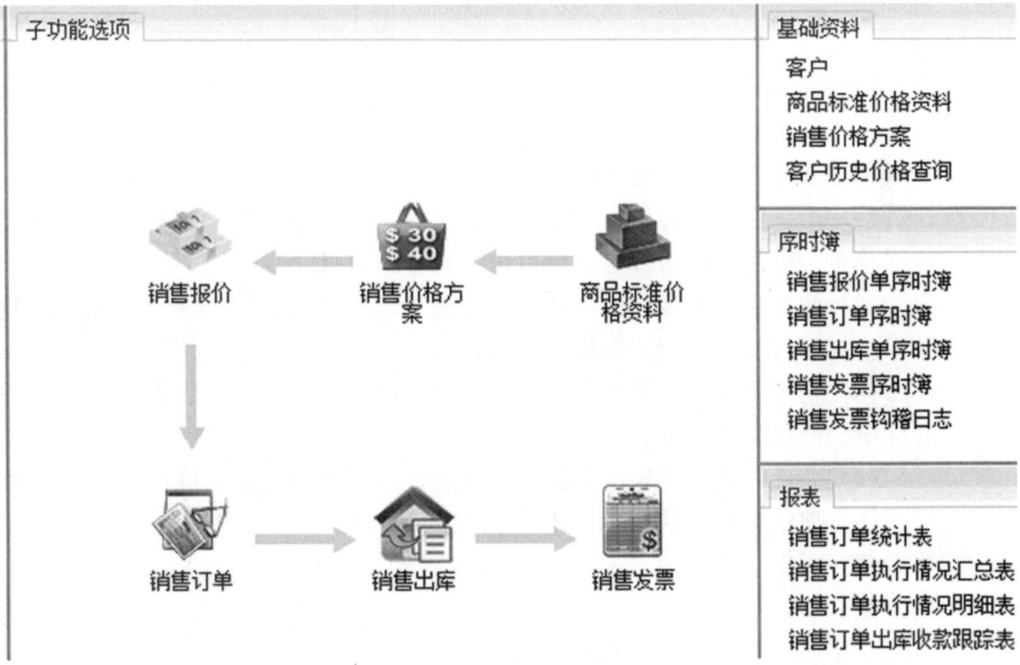

图 6－1 销售管理主要功能

6.1.2 销售业务处理流程

销售业务涉及多种单据，单据处理流程如图 6－2 所示。

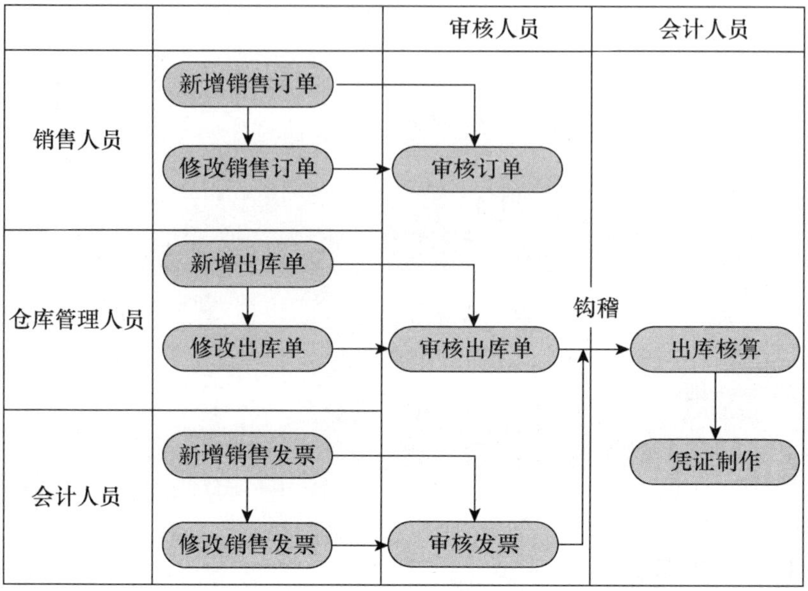

图 6－2 销售业务单据处理流程

前三列加上“钩稽”的操作在销售管理模块中处理，最后一列中的出库核算和凭证制作的操作在存货核算模块中处理。

此流程是销售业务的主要流程，而企业的实际业务比较复杂，处理的过程也各不相同。即使是此基本流程图中的各项步骤也并非一成不变，有些步骤可以根据实际情况进行调整。

销售业务的处理方法和流程如下：

（1）由销售部业务员根据市场、客户和成本信息进行销售报价，向系统录入销售报价单。录入的销售报价单可以由销售主管审批。

（2）业务人员将客户提出的产品需求整理后将销售订单录入系统，以形成销售订单。销售订单还可依据报价单生成。

（3）仓库管理人员备货完毕之后，填写销售出库单。销售出库单还可以依据销售订单、销售发票、采购入库单和产品入库单生成。

（4）会计收到已经确认的销售出库单，按照销售出库单进行开票和收款。

（5）现销中的销售出库单和销售发票的钩稽主要是可以核对销售出库单和销售发票，保证出库和开票信息的一致，另外从会计核算来讲可以保证成本与收入的匹配。

销售业务的处理流程如图 6－3 所示。

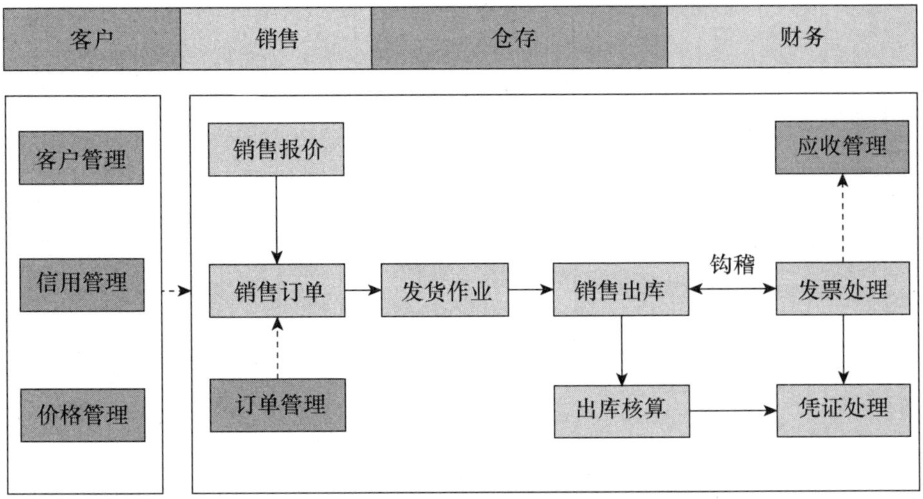

图 6-3　销售业务处理流程

6.1.3　常规销售业务

案例资料

（1）4 月 5 日，天津大华公司欲购买 10 台税控Ⅱ号，向销售部了解价格。销售部报价为 6 500 元/台。填制并审核报价单。

该客户了解情况后，要求订购 20 台，发货日期为 4 月 8 日。填制并审核销售订单。销售部向库房发出发货通知。

（2）4 月 8 日，从成品库向天津大华公司发出其所订货物，并据此开具专用销售发票一张（发票号：LJ0401）。

业务部门将销售发票（留存联）交给财务部门，财务部门结转此业务的收入和成本。

（3）4 月 12 日，财务部收到天津大华公司转账支票一张，金额 150 800 元，支票号 ZP1155，款项入工行账户。据此填制收款单并审核。

操作过程

1. 填制并审核报价单

（1）填制报价单。销售报价单是销售部门综合企业销售政策、产品成本、目标利润率、以往价格资料和当前的市场情况等因素，向客户提出的销售报价。

选择“销售管理”｜“销售报价”，输入报价的有关信息。销售报价单如图 6-4 所示。

在金蝶 KIS 云专业版中，单据的显示项目可以单击“设置”功能进行设置，如图 6-5 所示。

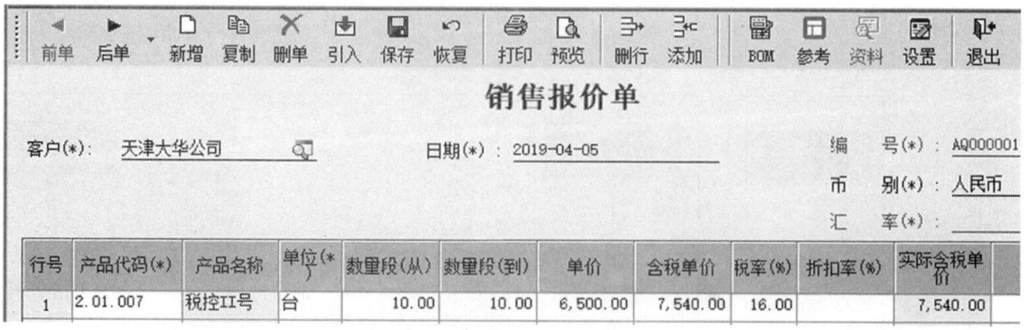

图 6-4 销售报价单

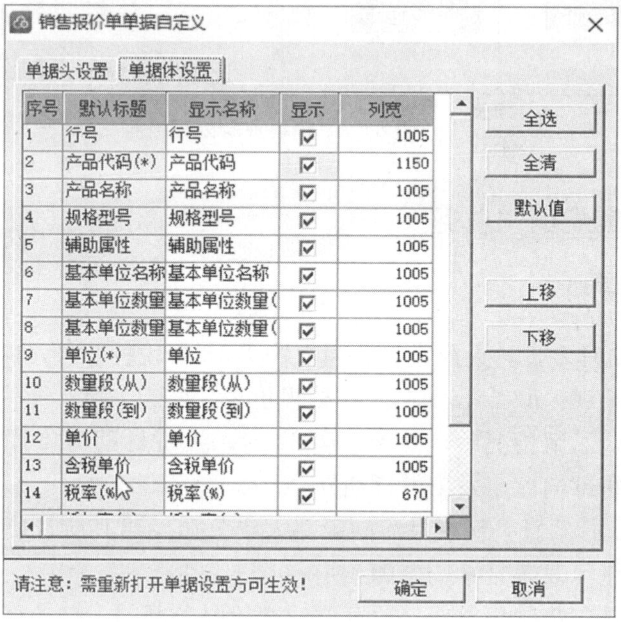

图 6-5 单据格式定义

可以定义单据头和单据体，勾选某项目就显示该项目，还可以通过“上移”“下移”来调整顺序。设置完毕，点击“确定”结束设置。

销售报价单输入后单击“保存”完成。

（2）审核。选择“销售管理”|“销售报价单序时簿”，再选择要审核的报价单，单击“审核”按钮完成审核工作，如图 6-6 所示。

图 6-6 审核销售报价单

2. 填制并审核销售订单

销售订单是企业销售部门交给客户作为订货依据的单据。销售订单是销售订货业务工作中非常重要的管理单据，通过销售订单可以查询销售订单的发货情况和执行状况。单据填制后要审核。

选择“销售管理”|“销售订单”，输入基本信息后，单据的信息通过销售报价单关联转入，然后修改数量，如图 6-7 所示。

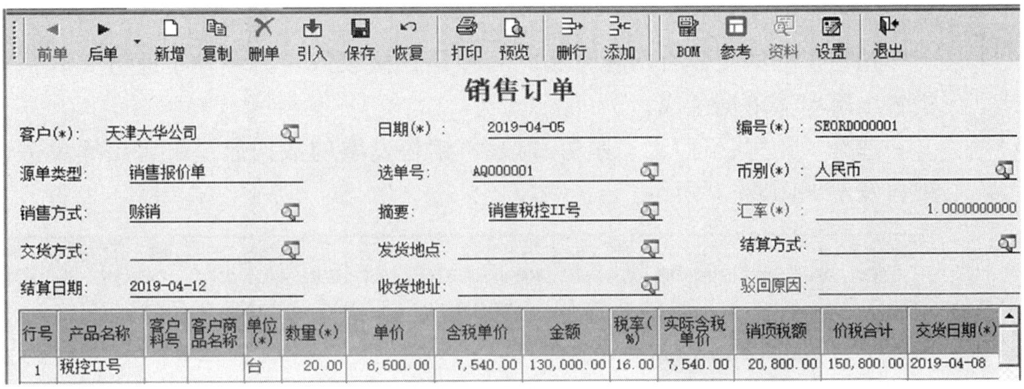

图 6-7　销售订单

单击“保存”完成录入工作。

选择“销售管理”|“销售订单序时簿”，条件过滤选择“默认方案”，进入销售订单序时簿，先选择要审核的销售订单，然后单击“审核”完成。

3. 填制并审核销售出库单

销售出库单是仓库管理人员发货出库的凭据。它有两种生成方式：一是直接录入；二是从销售订单、销售发票、产品入库单、采购入库单等关联生成。

选择“销售管理”|“销售出库”，本处采用销售订单关联的方式输入销售出库单，如图 6-8 所示。

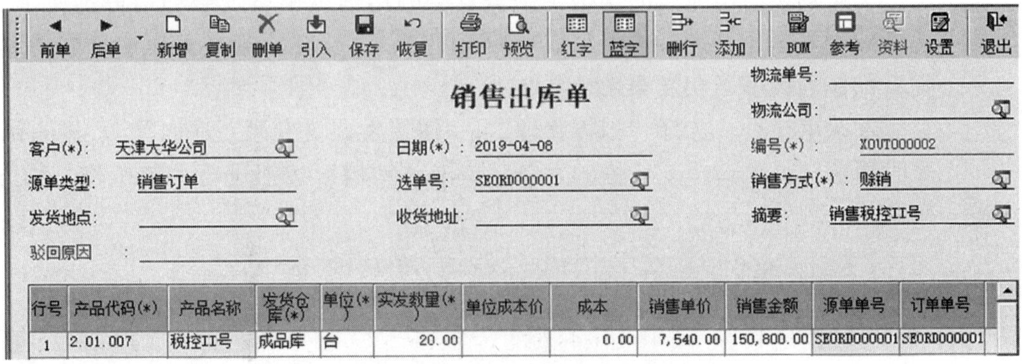

图 6-8　销售出库单

然后再输入或核对发货仓库等信息，单击“保存”完成。

选择“销售管理”|“销售出库单序时簿”，进入销售出库序时簿，选择要审核的销售出库单，单击“审核”完成审核工作。

4. 填制并审核销售发票

（1）填制发票。销售发票在形式上分为增值税专用和增值税普通两种，具体还要分为蓝字发票、红字发票。蓝字发票是真正的销售发票，红字发票是指退货发票。

销售发票是销售管理的关键环节，它涉及销售收入，是销售管理与存货核算的接口。

销售发票的生成有两种方法，一种是直接录入，另一种是通过关联销售订单、销售出库单等单据生成。

选择“销售管理”|“销售发票”，销售发票的数据通过销售出库单关联输入。销售发票如图 6－9 所示。

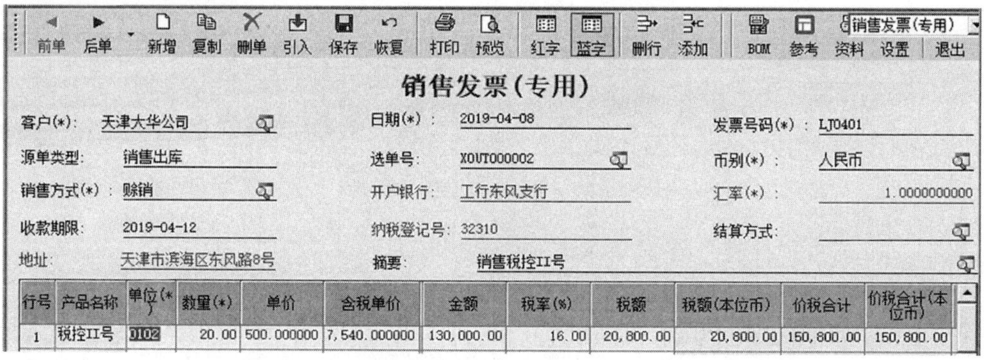

图 6－9 销售发票

单击“保存”完成录入。

（2）审核发票。销售发票的审核在“销售管理”|“销售发票序时簿”中进行，注意过滤条件的设置，选择“默认方案”，将钩稽状态设置为“全部”，通过“审核”功能对发票完成审核。

（3）发票与出库单的钩稽。销售发票的钩稽是销售发票和销售出库单的匹配，钩稽的主要作用是进行收入和成本的匹配确认。无论本期还是以前期间的发票，钩稽后都作为钩稽当期发票来计算收入。

发票审核后，选择“销售管理”|“销售发票（专用）序时簿”，进入销售发票序时簿窗口，先选择要钩稽的发票，单击“钩稽”按钮进行钩稽操作，如图 6－10 所示。

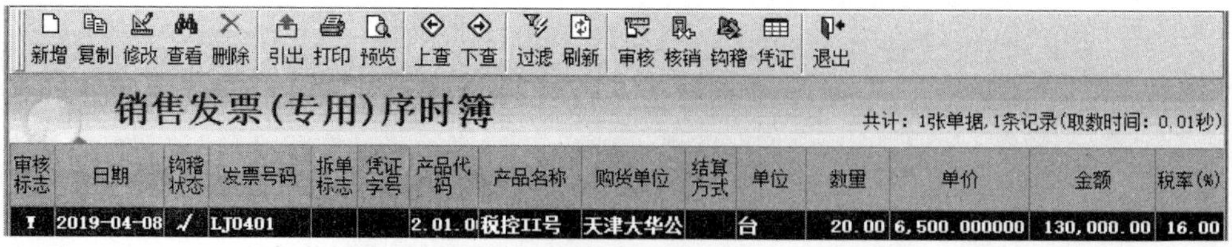

图 6－10 销售发票钩稽

选择“销售管理”|“钩稽日志（销售发票）序时簿”，可以查看钩稽的情况。如果钩稽不对，可以取消钩稽，找到原因更正后再钩稽，如图 6－11 所示。

图 6－11　钩稽日志

双击钩稽的记录，可以查看具体的单据。

操作提示

一张销售发票可以与多张销售出库单钩稽，多张发票也可以与一张销售出库单钩稽，同样，多张销售发票可以与多张销售出库单钩稽。

如果只发出部分商品，但发票全额开给对方，发票数量大于销售出库单数量，钩稽前需要在销售发票序时簿中先将该发票进行拆分处理，钩稽的单据间数量要相等。

同样，如果货物全部发出，但只开出部分销售发票，发票数量小于销售出库单数量，钩稽前需要在销售出库单序时簿中先将销售出库单进行拆分处理，钩稽的单据间数量要相等。

已经钩稽的销售发票可以通过反钩稽取消钩稽操作。

5. 根据销售发票生成销售收入凭证

（1）赊销凭证。销售收入（赊销）凭证模板参数定义如表 6－1 所示。

表 6－1　　销售收入（赊销）凭证模板

科目来源	科目	借贷方向	金额来源	摘要	核算项目
凭证模板	应收账款	借	销售发票价税合计		购货单位
单据上物料的销售收入科目		贷	销售发票不含税金额		
凭证模板	应交税费——应交增值税——销项税额	贷	销售发票税额		

选择“存货核算”|“业务凭证模板”，事务类型选择“销售收入—赊销”。

设置“销售收入—赊销”的凭证模板，直接在原来的模板上进行修改，如图 6－12 所示。

设置完成后，单击“保存”按钮，然后退出参数的定义。选择“编辑”|“设为默认模板”，将新定义的模板设置为默认模板。

（2）生成凭证。选择“存货核算”|“业务生成凭证”，进入后再选择“销售收入—赊销”。

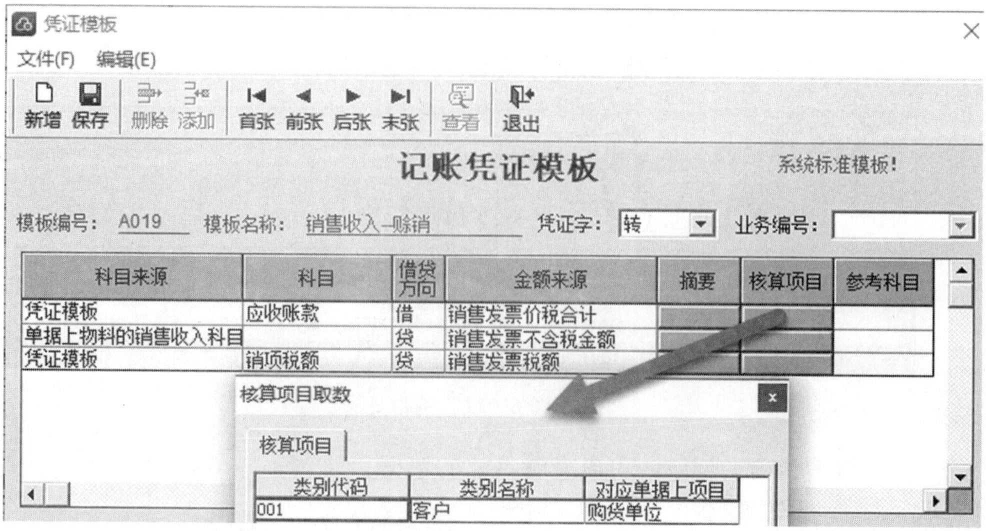

图 6-12 记账凭证模板

在生成凭证之前，可以单击“选项”按钮，设置生成凭证的有关参数。

单击“重设”按钮，然后设置过滤条件，再选择要生成凭证的发票，如图 6-13 所示。

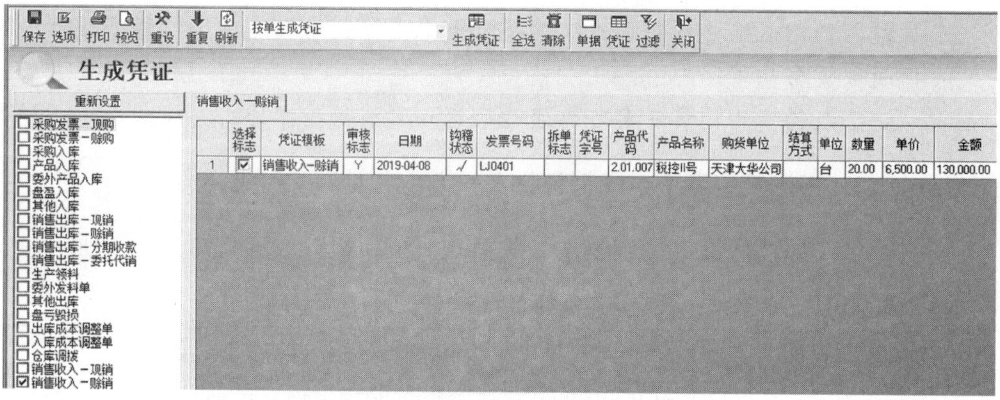

图 6-13 选择销售发票

单击“生成凭证”按钮，即完成凭证的生成。

选择“存货核算”|“业务凭证序时簿”，可以查看生成的凭证，如图 6-14 所示。

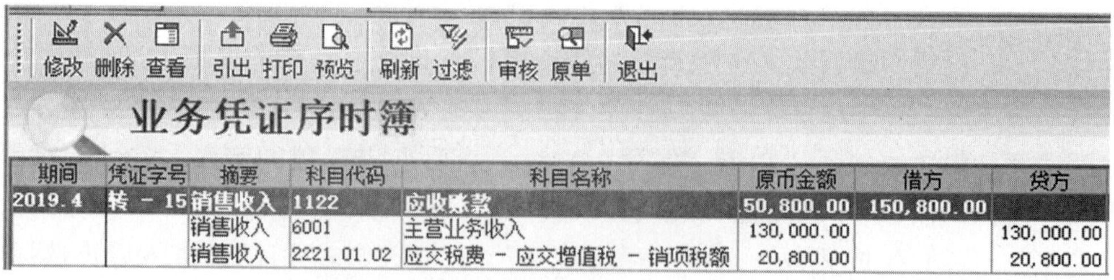

图 6-14 生成的销售收入凭证

6. 销售出库生成凭证

（1）赊销凭证。销售出库（赊销）凭证模板参数定义如表 6-2 所示。

表 6-2　　销售出库（赊销）凭证模板

科目来源	科目	借贷方向	金额来源	摘要	核算项目
单据上物料的销售成本科目	主营业务成本	借	产品出库单实际成本		
单据上物料的存货科目	库存商品	贷	产品出库单实际成本		

选择“存货核算”｜“业务凭证模板”，选择事务类型为“销售出库—赊销”。

设置“销售出库—赊销”的凭证模板，直接在原来的模板上进行修改，如图 6-15 所示。

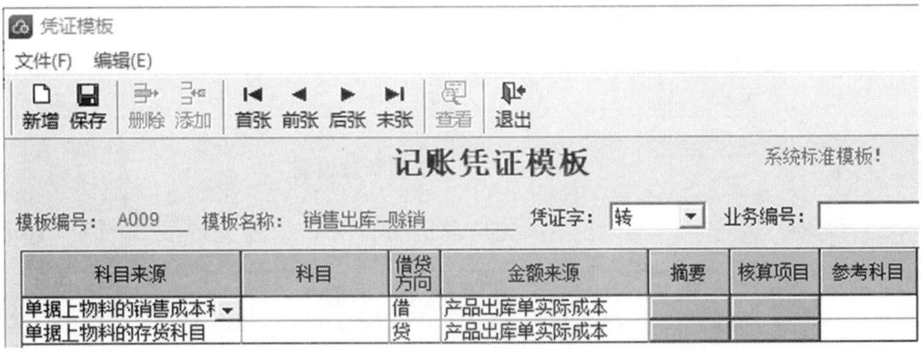

图 6-15　记账凭证模板

设置完成后，单击“保存”完成设置。

（2）出库核算。出库核算功能主要用来核算存货的出库成本。因此，在生成凭证前，务必进行存货出库核算，以生成相应的成本数据。

选择“存货核算”｜“存货出库核算”，再选择结转本期所有存货，如图 6-16 所示。

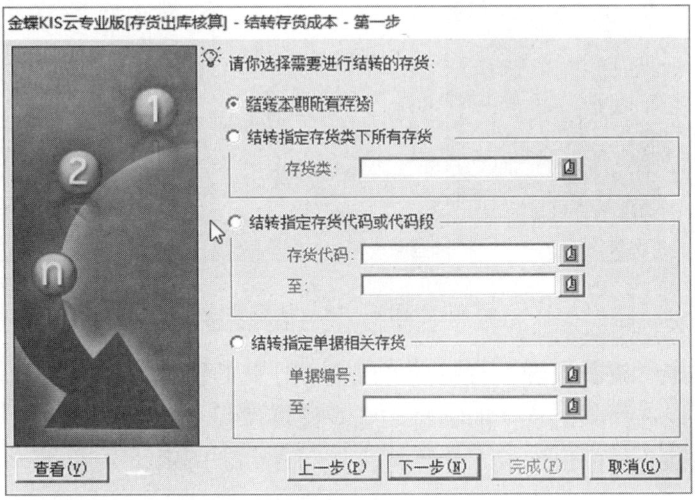

图 6-16　结转存货成本

单击“下一步”按钮，选择和填写有关选项，如图 6－17 所示。

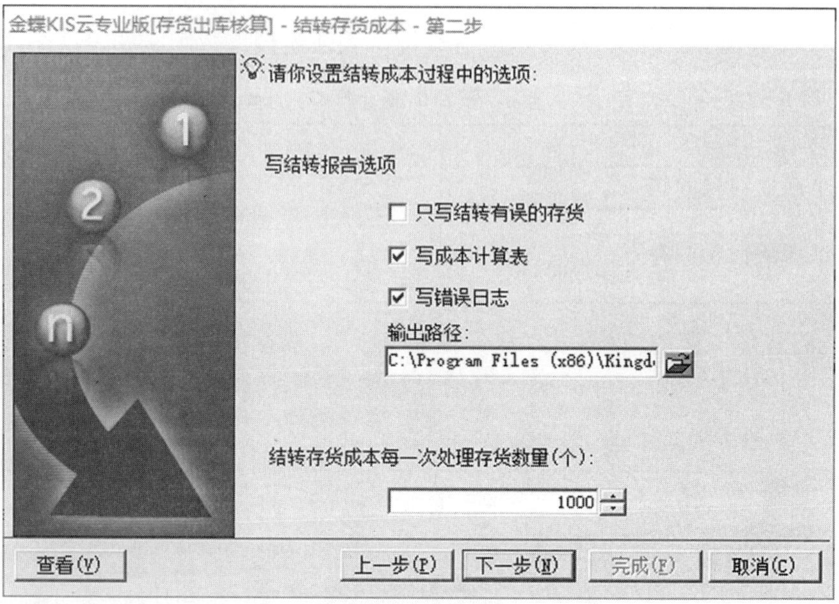

图 6－17　结转参数设置

单击“下一步”按钮，系统自动进行计算，计算完成后如图 6－18 所示。

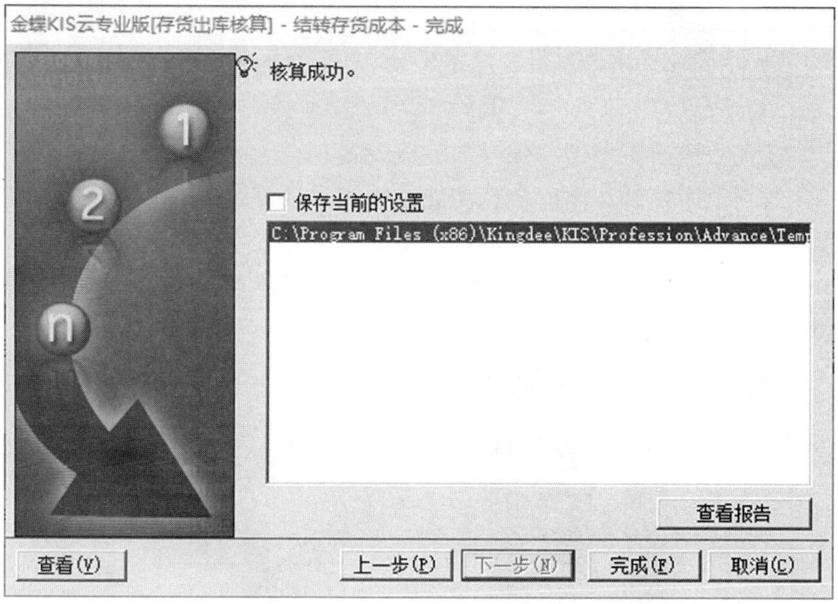

图 6－18　核算完成

单击“查看报告”按钮，可以查看计算的情况，如图 6－19 所示。

可以选择某个具体的物料，查看计算过程，如图 6－20 所示。

税控Ⅱ号的出库成本计算过程如图 6－21 所示。

结转存货成本报告

会计期间:2019年 第4期
结转物料数：6

物料名称	仓库（组）	状态	附件
2TB硬盘(1.01.002)	总仓	结转成功	成本计算表
液晶显示器(1.02.004)	总仓	结转成功	成本计算表
键盘(1.03.005)	总仓	结转成功	成本计算表
鼠标(1.04.006)	总仓	结转成功	成本计算表
税控II号(2.01.007)	总仓	结转成功	成本计算表
HP激光打印机(3.02.010)	总仓	结转成功	成本计算表

图 6－19　结转存货成本报告

成 本 计 算 表

会计期间：2019年 第4期
物料名称：2TB硬盘(1.01.002)　　计量单位：盒　　计价方法：移动平均法

事务类型	单据号码	收入	发出	结存
期初余额				200*820=164000 合计:200*820=164000（数量,单价,金额）
采购入库	WIN000005	100*790=79000		
				300*810=243000 合计:300*810=243000
红字采购入库	WIN000006		100*800=80000	
				200*815=163000 合计:200*815=163000
采购入库	WIN000004	200*802.65=160529.2		
				400*808.82=323529.2 合计:400*808.82=323529.2

图 6－20　成本计算表

成 本 计 算 表

会计期间：2019年 第4期
物料名称：税控II号(2.01.007)　　计量单位：其他　　计价方法：移动平均法

事务类型	单据号码	收入	发出	结存
期初余额				380*4800=1824000 合计:380*4800=1824000（数量,单价,金额）
销售出库	XOUT000002		20*4800=96000	
				360*4800=1728000 合计:360*4800=1728000

图 6－21　税控Ⅱ号成本计算

经过出库核算后，前面录入的销售出库单就自动写入了出库成本。选择“销售管理”|“销售出库单序时簿”，可以查看税控Ⅱ号销售出库单的成本数据，如图 6－22 所示。

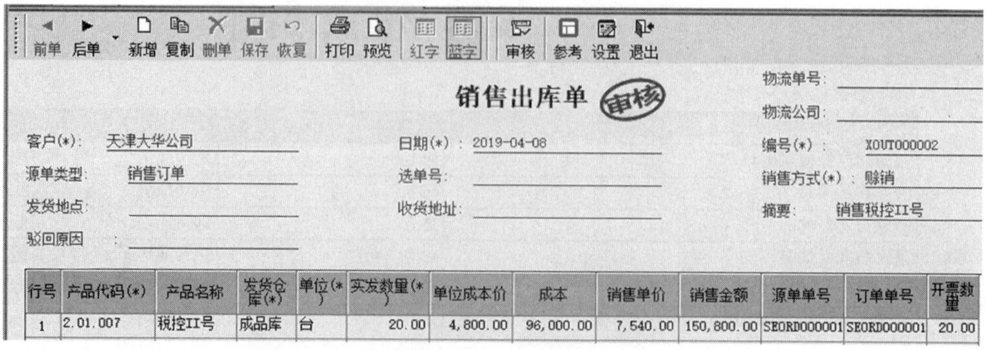

前单 后单 新增 复制 删单 保存 恢复 打印 预览 红字 蓝字 审核 参考 设置 退出

销售出库单 审核

物流单号：
物流公司：
客户(*)：天津大华公司　日期(*)：2019-04-08　编号(*)：XOUT000002
源单类型：销售订单　选单号：　销售方式(*)：赊销
发货地点：　收货地址：　摘要：销售税控II号
驳回原因：

行号	产品代码(*)	产品名称	发货仓库(*)	单位(*)	实发数量(*)	单位成本价	成本	销售单价	销售金额	源单单号	订单单号	开票数量
1	2.01.007	税控II号	成品库	台	20.00	4,800.00	96,000.00	7,540.00	150,800.00	SEORD000001	SEORD000001	20.00

图 6－22　销售出库单（税控Ⅱ号）

（3）生成凭证。选择“存货核算”｜“业务生成凭证”，进入后再选择“销售出库—赊销”。

单击“重设”按钮，然后设置过滤条件，再选择本次销售出库要生成凭证的出库单（天津大华公司，税控Ⅱ号，数量为 20）。

单击“生成凭证”按钮，即完成凭证的生成。

选择“存货核算”｜“业务凭证序时簿”，可以查看生成的凭证，如图 6－23 所示。

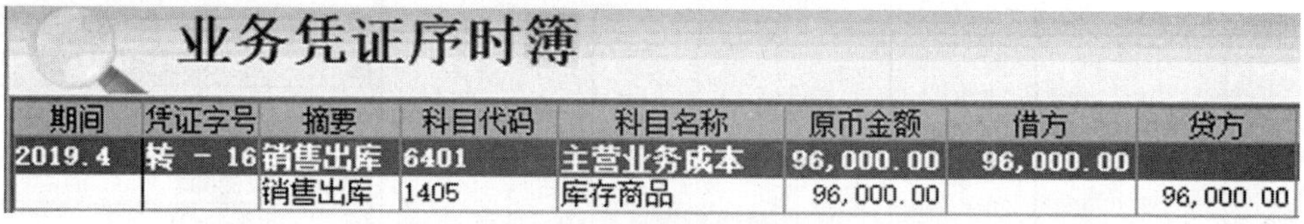

业务凭证序时簿

期间	凭证字号	摘要	科目代码	科目名称	原币金额	借方	贷方
2019.4	转 － 16	销售出库	6401	主营业务成本	96,000.00	96,000.00	
		销售出库	1405	库存商品	96,000.00		96,000.00

图 6－23　生成的销售出库凭证

如果有物料是采用全月一次平均法计算销售成本，应放到月末一次性结转。移动平均法是逐笔结转。

7. 填制并审核收款单

选择“应收应付”｜“收款单”，输入表头信息后通过销售发票进行关联数据转入。收款单如图 6－24 所示。

前单 后单 新增 保存 删单 打印 预览 插行 删行 刷新 选源单 资料 合计 分摊 计算器 设置 退出

收款单据

客户(*)：天津大华公司　日期(*)：2019-04-12　单据号(*)：YWSKD00001
收款类型(*)：收款　币别(*)：人民币　汇率(*)：1
结算账户(*)：工商银行　结算方式：转账支票　结算号：ZP1155
表头收款金额(*)：150,800.00　折后金额：150,800.00　整单折扣(%)：
表头收款金额(本位币)：150,800.00　折后金额(本位币)：150,800.00　折扣科目：
摘要：收取销售款

行号	源单编号(*)	单据日期	单据金额	单据金额(本位币)	已核销金额	未核销金额	本次核销(*)	本次核销(本位币)	发票币别
1	LJ0401	2019-04-08	150,800.00	50,800.00	0.00	150,800.00	150,800.00	150,800.00	人民币

图 6－24　收款单

填制完成，单击“保存”结束。

选择“应收应付”｜“收款单序时簿”，再选择要审核的收款单，单击“审核”按钮进行审核。

8. 收款凭证生成

选择“应收应付”｜“应收应付凭证模板”，事务类型选择“收款”，对凭证模板进行修改或确认。

销售收款凭证模板参数定义如表 6－3 所示。

表 6－3　　销售收款凭证模板

科目来源	科目	借贷方向	金额来源	摘要	核算项目
单据上的结算账户		借	收款单折后金额		
单据上的折扣项目		借	收款单折扣金额		
凭证模板	应收账款	贷	收款单收款金额		客户

设置的凭证模板如图 6－25 所示。

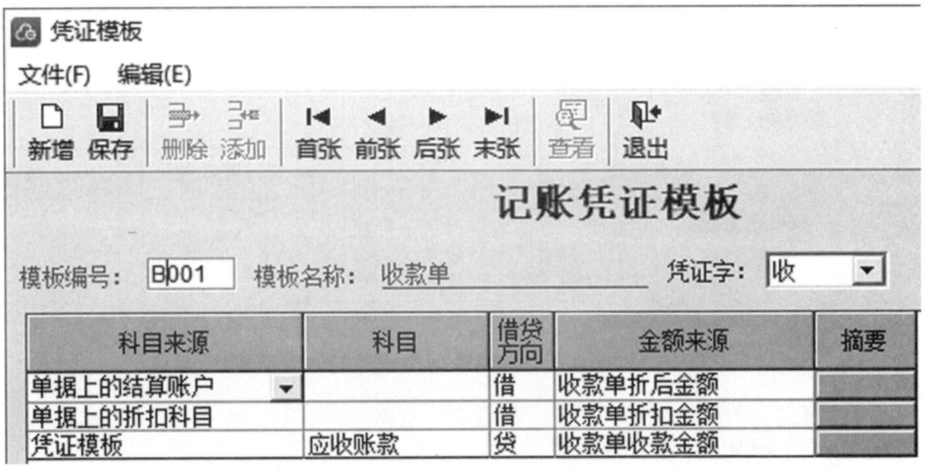

图 6－25　收款单凭证模板

选择“应收应付”｜“应收应付生成凭证”，事务类型选择“收款”，进入单据序时簿，如图 6－26 所示。

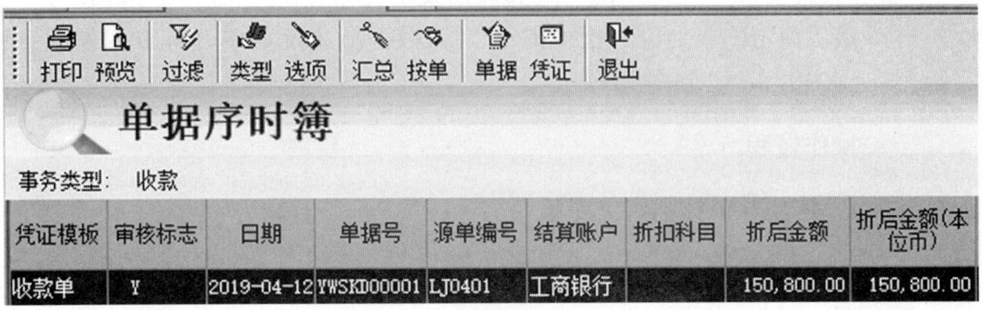

图 6－26　单据序时簿

单击“按单”生成凭证。

选择“应收应付”|“业务凭证序时簿”，可以查看生成的凭证，如图 6－27 所示。

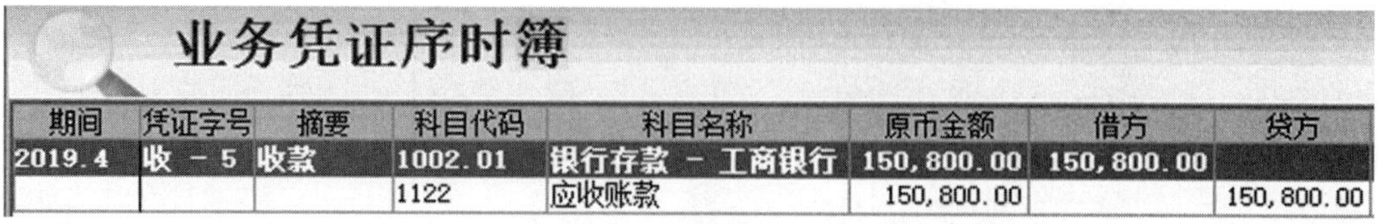
业务凭证序时簿

期间	凭证字号	摘要	科目代码	科目名称	原币金额	借方	贷方
2019.4	收 － 5	收款	1002.01	银行存款 － 工商银行	150,800.00	150,800.00	
			1122	应收账款	150,800.00		150,800.00

图 6－27　业务凭证

9. 常规销售业务处理流程

常规销售业务的处理流程如图 6－28 所示。

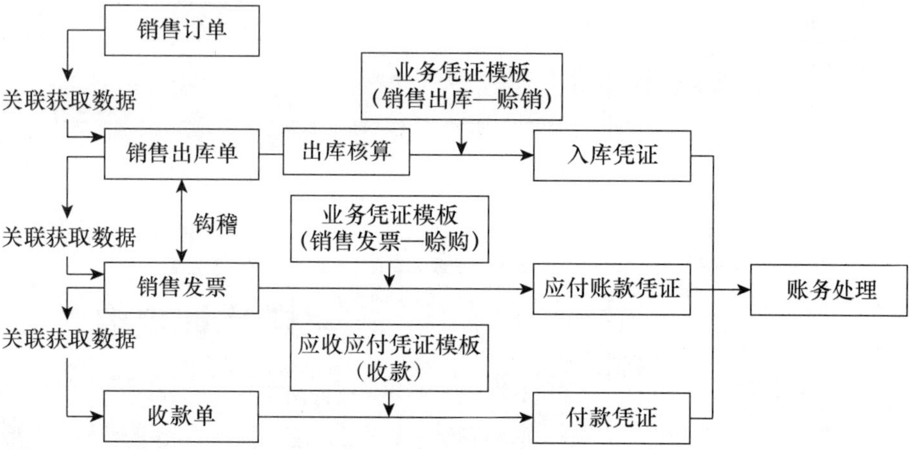

图 6－28　常规销售业务的处理流程

6.1.4 商业折扣的处理

案例资料

4 月 12 日，销售部向天津大华公司出售 HP 激光打印机 10 台，报价为 2 400 元/台（含税价为 2 784 元），通知库房发货。

最后商定的成交价为报价的 90%，根据上述发货单开具专用发票一张（发票号：LJ0402），记录应收账款。

操作过程

1. 填制并审核销售出库单

选择“销售管理”|“销售出库”，按照案例资料输入销售出库单，如图 6－29 所示。

图 6-29　销售出库单

单击“保存”按钮完成。然后审核。

2. 根据销售出库单填制并审核销售发票

选择“销售管理”|“销售发票”，销售发票的数据通过销售出库单关联输入，录入折扣率，如图 6-30 所示。

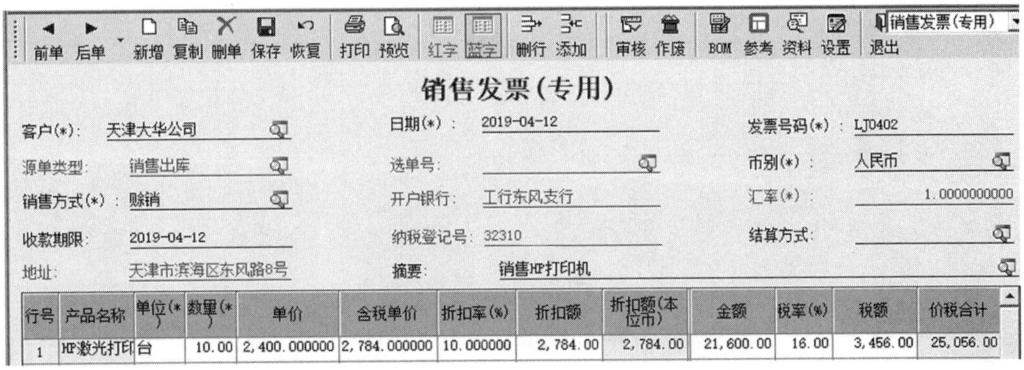

图 6-30　销售发票

单击“保存”，然后进行审核。

选择“销售管理”|“销售发票”，进入销售发票序时簿窗口。选择要钩稽的发票，单击“钩稽”按钮完成。

3. 生成应收账款凭证

选择“存货核算”|“业务生成凭证”，进入后再选择“销售收入—赊销”。

单击“重设”按钮，然后设置过滤条件，进入后再选择要生成凭证的发票(HP 激光打印机)，单击“生成凭证”按钮，即完成凭证的生成。

选择“存货核算”|“业务凭证序时簿”，可以查看生成的凭证，如图 6-31 所示。

业务凭证序时簿

期间	凭证字号	摘要	科目代码	科目名称	原币金额	借方	贷方
2019.4	转 - 17	销售收入	1122	应收账款	25,056.00	25,056.00	
		销售收入	6001	主营业务收入	21,600.00		21,600.00
		销售收入	2221.01.02	应交税费 - 应交增值税	3,456.00		3,456.00

图 6 - 31 生成的销售收入凭证

4. 销售出库生成凭证

(1) 出库核算。选择“存货核算”|“存货出库核算”，再选择结转本期所有存货（也可以直接指定 HP 激光打印机），完成核算。

经过出库核算后，前面录入的销售出库单就自动写入了出库成本。选择“销售管理”|“销售出库单序时簿”，可以查看 HP 激光打印机销售出库单的成本数据，如图 6 - 32 所示。

销售出库单 审核

物流单号：

物流公司：

客户(*)：天津大华公司　　日期(*)：2019-04-12　　编号(*)：

源单类型：　　选单号：　　销售方式(*)

发货地点：　　收货地址：　　摘要：销

驳回原因：

行号	产品代码(*)	产品名称	发货仓库(*)	单位(*)	实发数量(*)	单位成本价	成本	销售单价	销售金额	源单
1	3.02.010	HP激光打印机	配套用品	台	10.00	1,800.00	18,000.00	2,784.00	27,840.00	

图 6 - 32 销售出库单

销售出库单的销售单价和销售金额仅仅是当时的情况。销售最后是以发票为准的。

(2) 生成凭证。选择“存货核算”|“业务生成凭证”，进入后再选择“销售出库—赊销”。

单击“重设”按钮，然后设置过滤条件，再选择本次销售出库要生成凭证的出库单（天津大华公司，HP 激光打印机）。

单击“生成凭证”按钮，即完成凭证的生成。

选择“存货核算”|“业务凭证序时簿”，可以查看生成的凭证，如图 6 - 33 所示。

业务凭证序时簿

期间	凭证字号	摘要	科目代码	科目名称	原币金额	借方	贷方
2019.4	转 - 18	销售出库	6401	主营业务成本	18,000.00	18,000.00	
		销售出库	1405	库存商品	18,000.00		18,000.00

图 6 - 33 生成的销售出库凭证

6.1.5　现结业务

案例资料

4 月 15 日，向湖南奇迹公司销售专用发票打印纸 200 箱，每箱 180 元（含税价 208.80 元）；通用发票打印纸 150 箱，每箱 150 元（含税价 174.00 元）。专用发票已开（发票号：LJ0403），商品已出库，款项转账支票已经收到，入工商银行账户，支票号 YZ1121。

操作过程

1. 填制并审核销售出库单

选择“销售管理”|“销售出库”，输入销售出库单，如图 6-34 所示。销售出库单上的单价为含税单价，注意销售方式为“现销”。

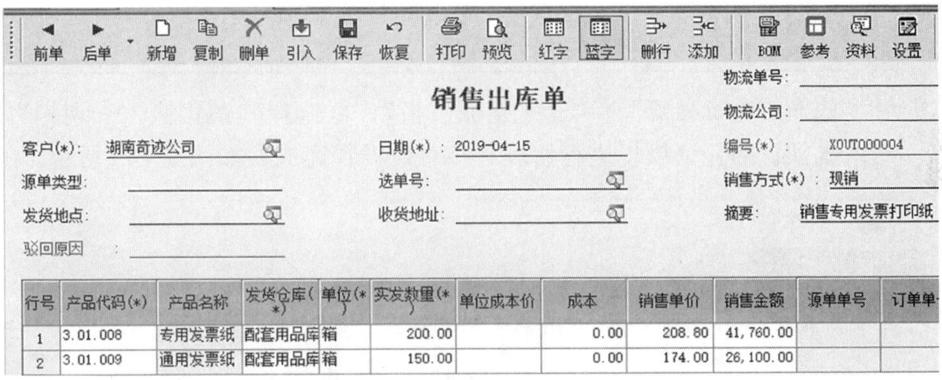

前单 后单 新增 复制 删单 引入 保存 恢复 打印 预览 红字 蓝字 删行 添加 BOM 参考 资料 设置

销售出库单

物流单号：
物流公司：
客户(*)：湖南奇迹公司　日期(*)：2019-04-15　编号(*)：XOUT000004
源单类型：　选单号：　销售方式(*)：现销
发货地点：　收货地址：　摘要：销售专用发票打印纸
驳回原因：

行号	产品代码(*)	产品名称	发货仓库(*)	单位(*)	实发数量(*)	单位成本价	成本	销售单价	销售金额	源单单号	订单单
1	3.01.008	专用发票纸	配套用品库	箱	200.00		0.00	208.80	41,760.00		
2	3.01.009	通用发票纸	配套用品库	箱	150.00		0.00	174.00	26,100.00		

图 6-34　销售出库单

单击“保存”完成。然后进行审核。

2. 填制并审核销售发票

选择“销售管理”|“销售发票”，销售发票的数据通过销售出库单关联输入，注意销售方式为“现销”，如图 6-35 所示。

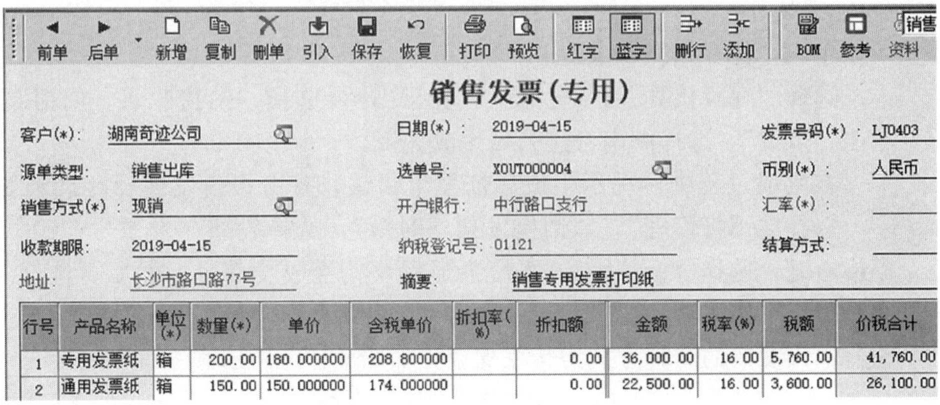

前单 后单 新增 复制 删单 引入 保存 恢复 打印 预览 红字 蓝字 删行 添加 BOM 参考 资料

销售发票(专用)

客户(*)：湖南奇迹公司　日期(*)：2019-04-15　发票号码(*)：LJ0403
源单类型：销售出库　选单号：XOUT000004　币别(*)：人民币
销售方式(*)：现销　开户银行：中行路口支行　汇率(*)：
收款期限：2019-04-15　纳税登记号：01121　结算方式：
地址：长沙市路口路77号　摘要：销售专用发票打印纸

行号	产品名称	单位(*)	数量(*)	单价	含税单价	折扣率(%)	折扣额	金额	税率(%)	税额	价税合计
1	专用发票纸	箱	200.00	180.000000	208.800000		0.00	36,000.00	16.00	5,760.00	41,760.00
2	通用发票纸	箱	150.00	150.000000	174.000000		0.00	22,500.00	16.00	3,600.00	26,100.00

图 6-35　销售发票

单击“保存”，然后完成审核。

选择“销售管理”｜“销售发票序时簿”，选择需要钩稽的销售发票，单击“钩稽”完成钩稽工作。

3. 生成收款凭证

现销凭证模板参数定义如表 6－4 所示，凭证类型为收款凭证。

表 6－4　　现销凭证模板

科目来源	科目	方向	金额来源	摘要	核算项目
结算方式对应的银行科目	银行存款——工商银行	借	销售发票价税合计		
单据上物料的销售收入科目		贷	销售发票不含税金额		
凭证模板	应交税费——应交增值税——销项税额	贷	销售发票税额		

选择“存货核算”｜“业务凭证模板”，再选择“销售收入—现销”凭证模板，对系统预置的凭证模板进行修改和核对，设置完成后如图 6－36 所示。

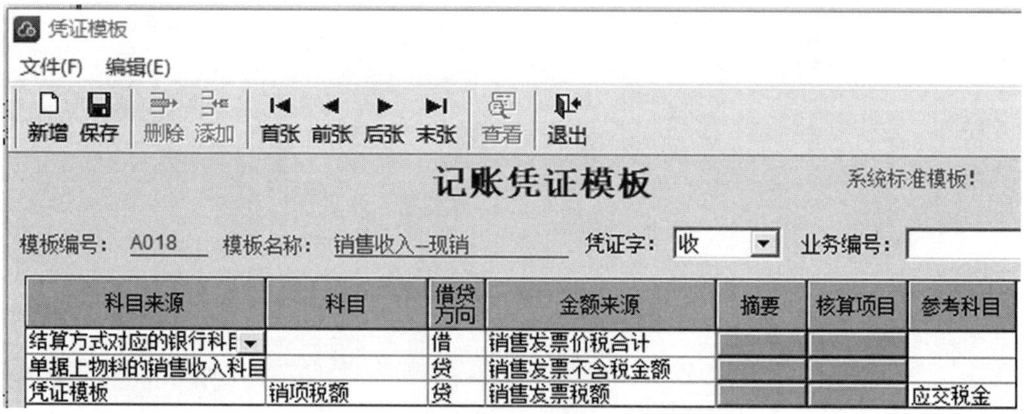

图 6－36　记账凭证模板

单击“保存”完成设置。

选择“存货核算”｜“业务生成凭证”，再选择“销售收入—现销”凭证模板，单击“重设”，选择湖南奇迹公司生成凭证。

在生成过程中，提示生成凭证发生错误，查看报告发现没有录入结算方式。

选择“销售管理”｜“销售发票序时簿”，选择发票（发票号：LJ0403）。单击鼠标右键，选择“反钩稽”，系统会显示反钩稽成功信息。然后再选择“反审核”，会提示反审核成功。

输入发票的结算方式为转账支票，如图 6－37 所示。

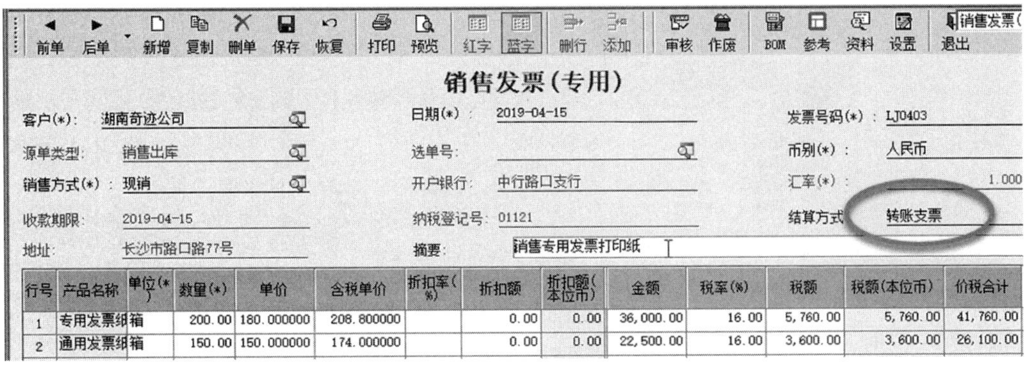

图 6－37　修改发票

保存后先审核，再钩稽。

选择“存货核算”|“业务生成凭证”，再选择“销售收入—现销”凭证模板，单击“重设”，选择湖南奇迹公司生成凭证。

在生成过程中，提示生成凭证发生错误，查看报告发现“单据［LJ0403］上的结算方式［转账支票］没有录入核算科目!”

出错原因分析：在基础设置中，结算方式没有输入对应科目（每一种结算方式是与具体的银行账号对应的），选择“基础设置”|“结算方式”，将转账支票的科目设置为“1002.01”，如图 6－38 所示。

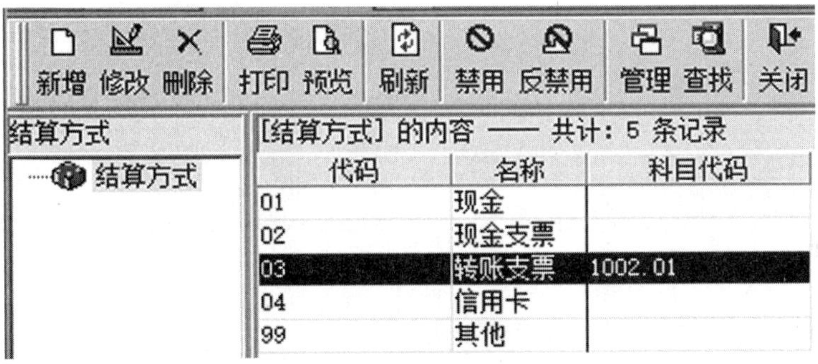

图 6－38　结算方式科目设置

操作提示

在实际工作中，需要按照银行分别设置支票。如中国银行转账支票、工商银行转账支票等。

在业务处理中遇到问题，要从业务处理流程去检查，充分利用系统提供的信息分析存在问题的原因，然后寻找解决方法。

然后选择“存货核算”|“业务生成凭证”生成凭证（事务类型为“销售收入—现销”）。选择“存货核算”|“业务凭证序时簿”，生成的凭证如图 6－39 所示。

单击“修改”功能修改该凭证，补充输入银行结算方式和支票号。

业务凭证序时簿

凭证字号	摘要	科目代码	科目名称	原币金额	借方	贷方
收 - 6	销售收入现	1002.01	银行存款 - 工商银行	41,760.00	41,760.00	
	销售收入现	1002.01	银行存款 - 工商银行	26,100.00	26,100.00	
	销售收入现	6001	主营业务收入	36,000.00		36,000.00
	销售收入现	6001	主营业务收入	22,500.00		22,500.00
	销售收入现	2221.01.02	应交税费 - 应交增值税 - 销项税额	5,760.00		5,760.00
	销售收入现	2221.01.02	应交税费 - 应交增值税 - 销项税额	3,600.00		3,600.00

图 6-39 收款凭证

4. 销售出库生成凭证

（1）出库核算。选择“存货核算”|“存货出库核算”，再选择结转本期所有存货（可以直接指定相关种类），完成核算。

经过出库核算后，前面录入的销售出库单就自动写入了出库成本，具体可查看相关销售出库单核对。

（2）设置凭证模板。先选择“存货核算”|“业务凭证模板”，选择“销售出库—现销”模板，设置如图 6-40 所示。

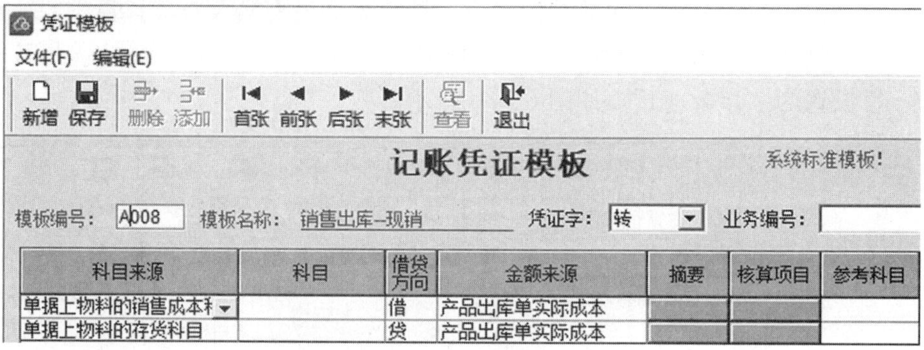

图 6-40 记账凭证模板

（3）生成凭证。选择“存货核算”|“业务生成凭证”，进入后再选择“销售出库—现销”。

单击“重设”按钮，然后设置过滤条件，再选择本次销售出库要生成凭证的出库单（湖南奇迹公司）。

单击“生成凭证”按钮，即完成凭证的生成。

选择“存货核算”|“业务凭证序时簿”，可以查看生成的凭证，如图 6-41 所示。

业务凭证序时簿

凭证字号	摘要	科目代码	科目名称	原币金额	借方	贷方
转 - 19	销售出库	6401	主营业务成本	8,000.00	8,000.00	
	销售出库	6401	主营业务成本	4,500.00	4,500.00	
	销售出库	1405	库存商品	8,000.00		8,000.00
	销售出库	1405	库存商品	4,500.00		4,500.00

图 6-41 生成的销售出库凭证

凭证生成工作并不要求绝对实时处理，这里主要是按照业务流程，体现每种业务的处理方法和流程。

6.1.6　其他业务收入处理

案例资料

4 月 15 日，销售部在向天津大华公司销售商品过程中，发生了一笔系统调试服务费 800 元（含税），税率 6%。客户尚未支付该笔款项。增加设置收入类别：001 调试服务费，其他业务收入；002 其他业务税金，应交税费——应交增值税——销项税额。

操作过程

1. 设置收支类别

收支类别是金蝶 KIS 云专业版针对应收应付模块的其他收款单和其他付款单而设计的，它分为收入类别和支出类别，分别在其他收款单、其他付款单中引用。通过收支类别的定义，可以统计和核算非主营业务收支的分类，收支类别同时绑定会计科目，在生成凭证时引用。

选择“基础设置”|“收支类别”，选择“收入类别”，新增“001 调试服务费”，调试服务费收入作为企业非主营业务收入，因此选择对应科目为“其他业务收入”，如图 6-42 所示。

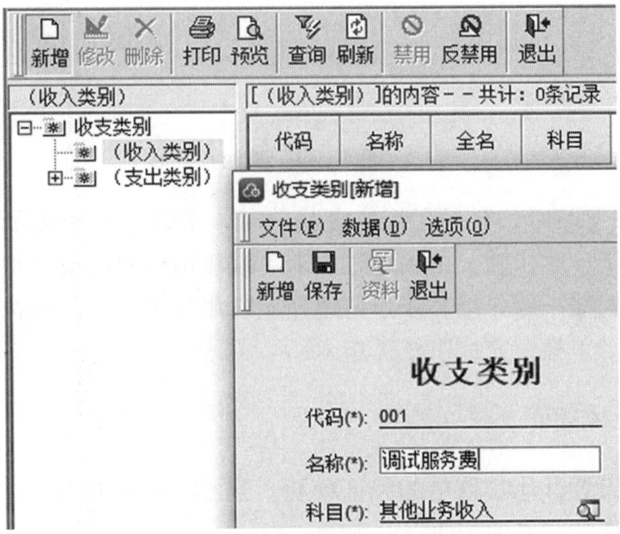

图 6-42　收支类别

再增加“002 其他业务税金”，对应科目为“应交税费——应交增值税——销项税额”，设置完成后如图 6-43 所示。

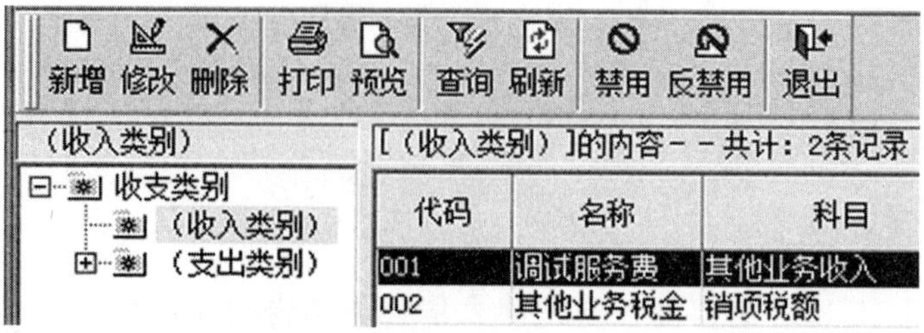

图 6－43　收支类别

2. 填制和审核其他收款单

选择“应收应付”｜“其他收款单”，输入应收调试服务费相关数据，应结算金额在输入明细后自动计算生成，如图 6－44 所示。

图 6－44　其他收款单

单击“保存”，在保存其他应收单时，系统会给予提示：此单审核后，会生成客户的一笔应收账款，可以通过收款单或核销单对此单进行后续收款处理。为确保同财务的对账一致，结算账户请选择应收账款、其他应收款或同类型科目。

单击“审核”完成审核工作。

3. 生成凭证

（1）设置其他收款单的凭证模板。选择“应收应付”｜“应收应付凭证模板”，事务类型选择“其他应收”。

然后设置凭证模板，设置完成的凭证模板如图 6－45 所示。

（2）生成凭证。选择“应收应付”｜“应收应付生成凭证”，事务类型选择“其他应收”，进入单据序时簿，如图 6－46 所示。

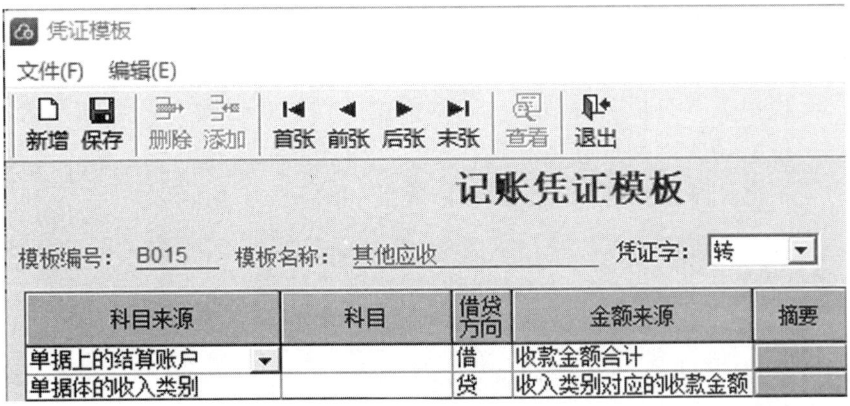

科目来源	科目	借贷方向	金额来源	摘要
单据上的结算账户		借	收款金额合计	
单据体的收入类别		贷	收入类别对应的收款金额	

图 6 - 45　凭证模板

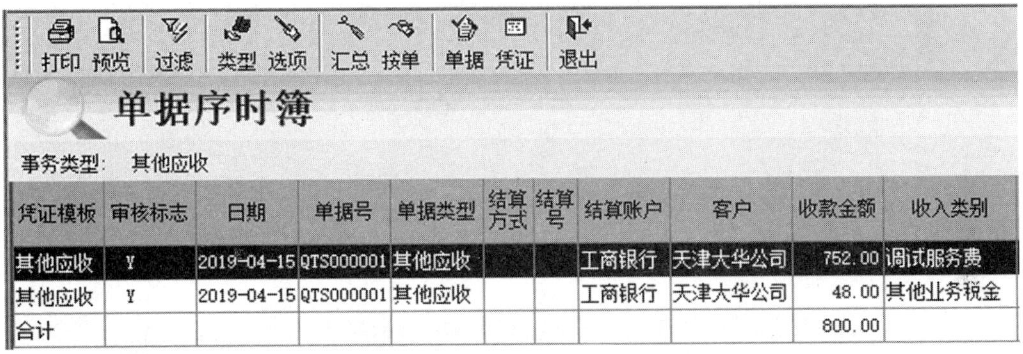

凭证模板	审核标志	日期	单据号	单据类型	结算方式	结算号	结算账户	客户	收款金额	收入类别
其他应收	Y	2019-04-15	QTS000001	其他应收			工商银行	天津大华公司	752.00	调试服务费
其他应收	Y	2019-04-15	QTS000001	其他应收			工商银行	天津大华公司	48.00	其他业务税金
合计									800.00	

图 6 - 46　其他应收单据

选择两张单据（按 Ctrl＋Shift 键继续选），单击“汇总”生成凭证，即两张单据合并生成一张凭证。

选择“应收应付”|“业务凭证序时簿”，查看生成的凭证，如图 6 - 47 所示。

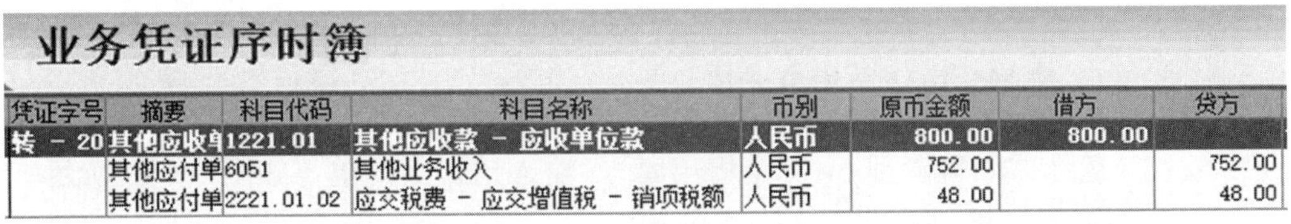

凭证字号	摘要	科目代码	科目名称	币别	原币金额	借方	贷方
转 - 20	其他应收单	1221.01	其他应收款 - 应收单位款	人民币	800.00	800.00	
	其他应付单	6051	其他业务收入	人民币	752.00		752.00
	其他应付单	2221.01.02	应交税费 - 应交增值税 - 销项税额	人民币	48.00		48.00

图 6 - 47　业务凭证

6.1.7　代垫运费

案例资料

4 月 15 日，销售部在向天津大华公司销售商品过程中，为其垫付了运费 2 000 元（含税），税率 10%，已用工商银行现金支票（XJ04001）支付了该运费。客户尚未支付该笔款项。运费发票直接由运输方给天津大华公司，本单位不再另开运费发票。

操作过程

代垫运费有很多种情况，如本单位垫付时，运输方开具的是给本单位的发票，本单位就需要给购货方再开具发票，同时还涉及运费的税、是否增收一部分等。

本案例采用账务处理直接输入凭证如图 6－48 所示。

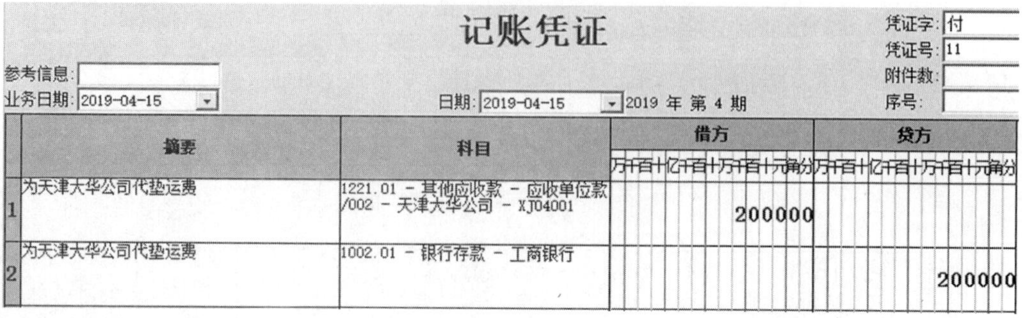

图 6－48　记账凭证

6.1.8　汇总开票业务

案例资料

4 月 15 日，销售部向辽宁飞鸽公司出售税控Ⅱ号 50 台，无税报价为 6 400 元/台（含税价 7 424 元），货物从成品库发出。

4 月 16 日，销售部向辽宁飞鸽公司出售 HP 激光打印机 50 台，无税报价为 2 300 元/台（含税价 2 668 元），货物从配套用品库发出。

根据上述两张出库单开具专用发票一张（发票号：LJ0410），并制作凭证。

操作过程

1. 填制并审核销售出库单

选择“销售管理”｜“销售出库”，输入销售出库单，如图 6－49 所示。

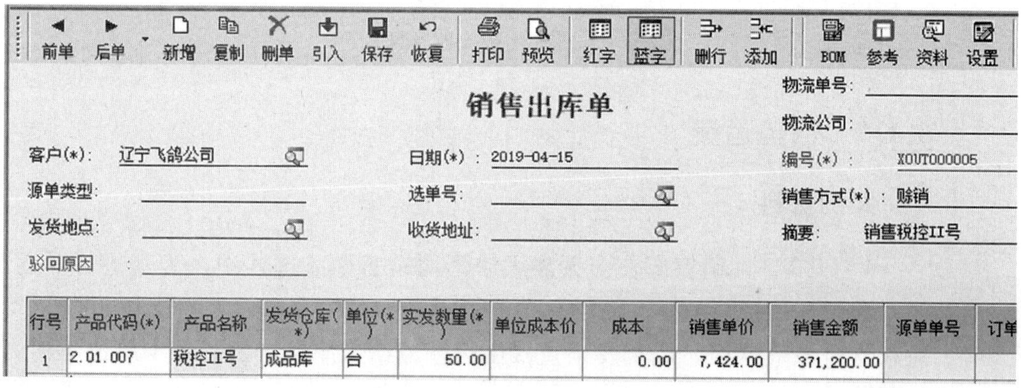

图 6－49　销售出库单

先保存，然后审核完成。

按照同样的方法输入另一笔业务，如图 6－50 所示。

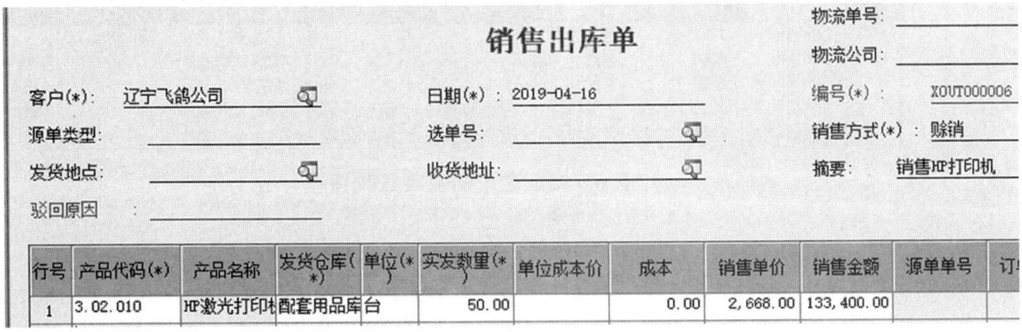

销售出库单

物流单号:
物流公司:
客户(*): 辽宁飞鸽公司　日期(*): 2019-04-16　编号(*): XOUT000006
源单类型:　选单号:　销售方式(*): 赊销
发货地点:　收货地址:　摘要: 销售HP打印机
驳回原因:

行号	产品代码(*)	产品名称	发货仓库(*)	单位(*)	实发数量(*)	单位成本价	成本	销售单价	销售金额	源单单号	订
1	3.02.010	HP激光打印机	配套用品库	台	50.00		0.00	2,668.00	133,400.00		

图 6－50　销售出库单

保存后进行审核。

2. 填制并审核销售发票

选择"销售管理"｜"销售发票"，销售发票的数据通过销售出库单关联转入(同时选择两笔转入)。销售发票如图 6－51 所示。

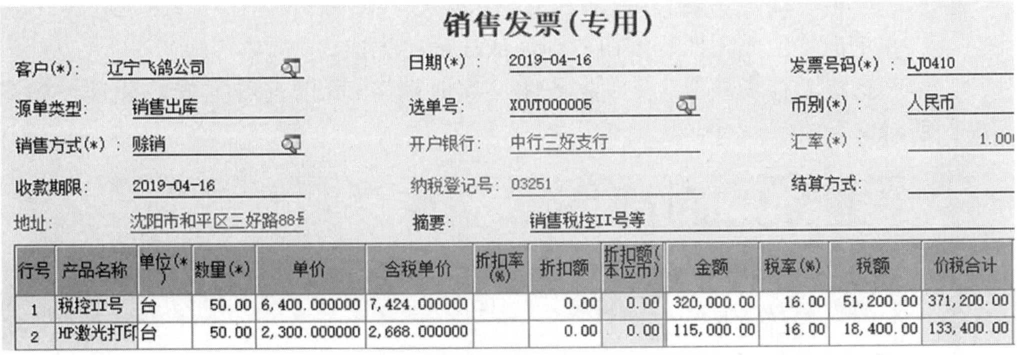

销售发票(专用)

客户(*): 辽宁飞鸽公司　日期(*): 2019-04-16　发票号码(*): LJ0410
源单类型: 销售出库　选单号: XOUT000005　币别(*): 人民币
销售方式(*): 赊销　开户银行: 中行三好支行　汇率(*): 1.00
收款期限: 2019-04-16　纳税登记号: 03251　结算方式:
地址: 沈阳市和平区三好路88号　摘要: 销售税控II号等

行号	产品名称	单位(*)	数量(*)	单价	含税单价	折扣率(%)	折扣额	折扣额(本位币)	金额	税率(%)	税额	价税合计
1	税控II号	台	50.00	6,400.000000	7,424.000000		0.00	0.00	320,000.00	16.00	51,200.00	371,200.00
2	HP激光打印	台	50.00	2,300.000000	2,668.000000		0.00	0.00	115,000.00	16.00	18,400.00	133,400.00

图 6－51　销售发票

先保存，然后审核发票。

选择"销售管理"｜"销售发票序时簿"，选择辽宁飞鸽公司发票，单击"钩稽"完成。

3. 生成应收账款凭证

选择"存货核算"｜"业务生成凭证"，进入后再选择"销售收入—赊销"。

单击"重设"按钮，然后设置过滤条件，再选择要生成凭证的发票(辽宁飞鸽公司)。单击"生成凭证"，即完成凭证的生成。

选择"存货核算"｜"业务凭证序时簿"，可以查看生成的凭证，如图 6－52 所示。

业务凭证序时簿

凭证字号	摘要	科目代码	科目名称	原币金额	借方	贷方
转 - 21	销售收入	1122	应收账款	371,200.00	371,200.00	
	销售收入	1122	应收账款	133,400.00	133,400.00	
	销售收入	6001	主营业务收入	320,000.00		320,000.00
	销售收入	6001	主营业务收入	115,000.00		115,000.00
	销售收入	2221.01.02	应交税费 - 应交增值税 - 销项税额	51,200.00		51,200.00
	销售收入	2221.01.02	应交税费 - 应交增值税 - 销项税额	18,400.00		18,400.00

图 6 - 52　生成的应收账款凭证

4. 销售出库生成凭证

（1）出库核算。选择“存货核算”｜“存货出库核算”，再选择结转本期所有存货（可以直接指定相关种类），完成核算。

经过出库核算后，前面录入的销售出库单就自动写入了出库成本，具体可查看相关销售出库单核对。

（2）生成凭证。选择“存货核算”｜“业务生成凭证”，进入后再选择“销售出库—赊销”。

单击“重设”按钮，然后设置过滤条件，再选择本次销售出库要生成凭证的两张出库单（辽宁飞鸽公司）。

单击“生成凭证”按钮，即完成凭证的生成。

选择“存货核算”｜“业务凭证序时簿”，可以查看生成的凭证，如图 6 - 53 所示。

业务凭证序时簿

凭证字号	摘要	科目代码	科目名称	原币金额	借方	贷方
转 - 22	销售出库	6401	主营业务成本	240,000.00	240,000.00	
	销售出库	1405	库存商品	240,000.00		240,000.00
转 - 23	销售出库	6401	主营业务成本	90,000.00	90,000.00	
	销售出库	1405	库存商品	90,000.00		90,000.00

图 6 - 53　业务凭证

6.1.9　分次开票业务

案例资料

4 月 16 日，销售部向重庆嘉陵公司出售 HP 激光打印机 65 台，无税报价为 2 300 元/台（含税价 2 668 元），货物从配套用品库发出。

4 月 17 日，应客户要求，对上述所发出的商品开具两张专用销售发票，第一张发票中列示的数量为 40 台（发票号：LJ0411），第二张发票中列示的数量为 25 台（发票号：LJ0412）。

对发票和出库单进行钩稽。制作相关凭证。

操作过程

1. 填制并审核销售出库单

选择“销售管理”|“销售出库”，输入销售出库单，如图 6-54 所示。

销售出库单

物流单号：
物流公司：
客户(*)：重庆嘉陵公司　日期(*)：2019-04-16　编号(*)：XOUT000007
源单类型：　选单号：　销售方式(*)：赊销
发货地点：　收货地址：　摘要：销售HP打印机
驳回原因：

行号	产品代码(*)	产品名称	发货仓库(*)	单位(*)	实发数量(*)	单位成本价	成本	销售单价	销售金额	源单单号	订
1	3.02.010	HP激光打印机	配套用品库	台	65.00		0.00	2,668.00	173,420.00		

图 6-54　销售出库单

先保存，然后审核。

2. 填制并审核发票

(1) 开出第一张发票。选择“销售管理”|“销售发票”，销售发票的数据通过销售出库单关联输入，并修改销售数量为 40。销售发票如图 6-55 所示。

销售发票(专用)

客户(*)：重庆嘉陵公司　日期(*)：2019-04-17　发票号码(*)：LJ0411
源单类型：销售出库　选单号：XOUT000007　币别(*)：人民币
销售方式(*)：赊销　开户银行：工行双碑支行　汇率(*)：
收款期限：2019-04-30　纳税登记号：32788　结算方式：
地址：重庆市沙坪坝区双碑路9　摘要：销售HP打印机

行号	产品名称	单位(*)	数量(*)	单价	含税单价	折扣率(%)	折扣额	金额	税率(%)	税额	价税合计
1	HP激光打印机	台	40.00	2,300.000000	2,668.000000		0.00	92,000.00	16.00	14,720.00	106,720.00

图 6-55　销售发票

先保存，然后审核。

(2) 开出第二张发票。先对销售出库单进行拆单，这样后续才能进行对应的钩稽。

选择“销售管理”|“销售出库序时簿”，先选择要拆分的出库单（重庆嘉陵公司），单击鼠标右键，选择“拆分单据”，进入后将拆分数量输入为 25。拆分销售出库单如图 6-56 所示。

销售出库单 审核

				物流单号:	
				物流公司:	
客户(*):	重庆嘉陵公司	日期(*):	2019-04-16	编号(*):	XOUT000007
源单类型:		选单号:		销售方式(*):	赊销
发货地点:		收货地址:		摘要:	销售HP打印机
驳回原因:					

行号	产品代码(*)	产品名称	发货仓库(*)	单位(*)	实发数量(*)	单位成本价	成本	拆分数量	销售单价	销售金额
1	3.02.010	HP激光打印机	配套用品库	台	65.00		0.00	25.00	2,668.00	173,420.00

图 6－56　拆分销售出库单

然后保存。

选择“销售管理”|“销售发票”，销售发票的数据通过拆分的销售出库单关联输入，检查核对数量。销售发票如图 6－57 所示。

销售发票(专用)

客户(*):	重庆嘉陵公司	日期(*):	2019-04-17	发票号码(*):	LJ0412
源单类型:	销售出库	选单号:	XOUT000007A	币别(*):	人民币
销售方式(*):	赊销	开户银行:	工行双碑支行	汇率(*):	
收款期限:	2019-04-17	纳税登记号:	32788	结算方式:	
地址:	重庆市沙坪坝区双碑路9	摘要:	销售HP打印机		

行号	产品名称	单位(*)	数量(*)	单价	含税单价	折扣率(%)	折扣额	金额	税率(%)	税额	价税合计
1	HP激光打印机	台	25.00	2,300.000000	2,668.000000		0.00	57,500.00	16.00	9,200.00	66,700.00

图 6－57　销售发票

先保存，然后审核。

3. 进行销售发票钩稽

选择“销售管理”|“销售发票序时簿”，单击“钩稽”进行发票和销售出库单的钩稽工作。

4. 生成应收账款凭证

选择“存货核算”|“业务生成凭证”，进入后再选择“销售收入—赊销”。单击“重设”按钮，再选择要生成凭证的发票（重庆嘉陵公司的两张发票，商品为 HP 激光打印机）。

选择“所有选择单据生成汇总凭证”，单击“生成凭证”，完成凭证的生成。

选择“存货核算”|“业务凭证序时簿”，可以查看生成的凭证，如图 6－58 所示。

业务凭证序时簿

凭证字号	摘要	科目代码	科目名称	原币金额	借方	贷方
转 - 24	销售收入	1122	应收账款	106,720.00	106,720.00	
	销售收入	1122	应收账款	66,700.00	66,700.00	
	销售收入	6001	主营业务收入	92,000.00		92,000.00
	销售收入	6001	主营业务收入	57,500.00		57,500.00
	销售收入	2221.01.02	应交税费 - 应交增值税 - 销项税额	14,720.00		14,720.00
	销售收入	2221.01.02	应交税费 - 应交增值税 - 销项税额	9,200.00		9,200.00

图 6 - 58　生成的应收账款凭证

5. 销售出库生成凭证

(1) 出库核算。选择“存货核算”|“存货出库核算”，再选择结转本期所有存货（可以直接指定相关种类），完成核算。

经过出库核算后，前面录入的销售出库单就自动写入了出库成本，具体可查看相关销售出库单核对。

(2) 生成凭证。选择“存货核算”|“业务生成凭证”，进入后再选择“销售出库—赊销”。单击“重设”按钮，然后设置过滤条件，再选择本次销售出库要生成凭证的出库单（重庆嘉陵公司的两张销售出库单）。

选择“所有选择单据生成汇总凭证”，按单据类型生成汇总凭证，单击“生成凭证”按钮，即完成凭证的生成。

选择“存货核算”|“业务凭证序时簿”，可以查看生成的凭证，如图 6 - 59 所示。

业务凭证序时簿

凭证字号	摘要	科目代码	科目名称	原币金额	借方	贷方
转 - 25	销售出库	6401	主营业务成本	72,000.00	72,000.00	
	销售出库	6401	主营业务成本	45,000.00	45,000.00	
	销售出库	1405	库存商品	72,000.00		72,000.00
	销售出库	1405	库存商品	45,000.00		45,000.00

图 6 - 59　业务凭证

6.1.10　开票直接发货

案例资料

4 月 17 日，销售部向上海长江公司出售 HP 激光打印机 50 台，无税报价为 2 300 元/台（含税价 2 668 元），物品从配套用品库发出，据此开具专用销售发票一张（发票号：LJ0413），并制作凭证。

操作过程

1. 填制并审核销售发票

选择“销售管理”|“销售发票”，输入有关业务信息。销售发票如图 6 - 60 所示。

销售发票(专用)

客户(*)：上海长江公司　日期(*)：2019-04-17　发票号码(*)：LJ0413
源单类型：　选单号：　币别(*)：人民币
销售方式(*)：赊销　开户银行：工行海东支行　汇率(*)：1.0000000000
收款期限：2019-04-30　纳税登记号：65432　结算方式：
地址：上海市徐汇区海东路1号　摘要：销售HP打印机

行号	产品代码(*)	产品名称	单位(*)	数量(*)	单价	含税单价	折扣率(%)	折扣额	金额	税率(%)	税额	价税合计
1	3.02.010	HP激光打印机	台	50.00	2,300.000000	2,668.000000		0.00	115,000.00	16.00	18,400.00	133,400.00

图 6-60　销售发票

先保存，然后审核。

2. 填制并审核销售出库单

选择“销售管理”|“销售出库”，本处采用发票关联的方式输入销售出库单。销售出库单如图 6-61 所示。

销售出库单

物流单号：
物流公司：
客户(*)：上海长江公司　日期(*)：2019-04-17　编号(*)：XOUT000008
源单类型：销售发票(专用)　选单号：LJ0413　销售方式(*)：赊销
发货地点：　收货地址：　摘要：销售HP打印机
驳回原因：

行号	产品代码(*)	产品名称	发货仓库(*)	单位(*)	实发数量(*)	单位成本价	成本	销售单价	销售金额	源单单号	订
1	3.02.010	HP激光打印机	配套用品库	台	50.00		0.00	2,668.00	133,400.00	LJ0413	

图 6-61　销售出库单

先保存，然后审核。

3. 进行销售发票钩稽

选择“销售管理”|“销售发票序时簿”，进入销售发票序时簿窗口。

选定需要钩稽的销售发票（上海长江公司），单击“钩稽”完成。

4. 生成应收账款凭证

选择“存货核算”|“业务生成凭证”，进入后再选择“销售收入—赊销”。单击“重设”按钮，进入后选择要生成凭证的发票（上海长江公司）。

单击“生成凭证”，即完成凭证的生成。

选择“存货核算”|“业务凭证序时簿”，可以查看生成的凭证，如图 6-62 所示。

业务凭证序时簿

凭证字号	摘要	科目代码	科目名称	原币金额	借方	贷方
转 － 26	销售收入	1122	应收账款	133,400.00	133,400.00	
	销售收入	6001	主营业务收入	115,000.00		115,000.00
	销售收入	2221.01.02	应交税费 － 应交增值税 － 销项税额	18,400.00		18,400.00

图 6－62　生成的应收账款凭证

5. 销售出库生成凭证

（1）出库核算。选择“存货核算”｜“存货出库核算”，再选择结转本期所有存货（可以直接指定相关种类），完成核算。经过出库核算后，前面录入的销售出库单就自动写入了出库成本，具体可查看相关销售出库单核对。

（2）生成凭证。选择“存货核算”｜“业务生成凭证”，进入后再选择“销售出库—赊销”。单击“重设”按钮，然后设置过滤条件，再选择本次销售出库要生成凭证的出库单（上海长江公司销售出库单）。

选择“按单生成凭证”，单击“生成凭证”按钮，即完成凭证的生成。

选择“存货核算”｜“业务凭证序时簿”，可以查看生成的凭证，如图 6－63 所示。

业务凭证序时簿

凭证字号	摘要	科目代码	科目名称	原币金额	借方	贷方
转 － 27	销售出库	6401	主营业务成本	90,000.00	90,000.00	
	销售出库	1405	库存商品	90,000.00		90,000.00

图 6－63　业务凭证

6.1.11　分期收款发出商品

案例资料

4 月 19 日，销售部向上海长江公司出售税控Ⅱ号 120 台。由成品库发货，无税单价为 6 600 元/台（含税价 7 656 元）。由于金额较大，客户要求以分期付款形式购买该商品。经协商，客户分 3 次付款，并据此开具相应销售发票。

第一次开具的专用发票（发票号：LJ0414），数量为 40 台，无税单价 6 600 元/台。

业务部门将该业务所涉及的出库单及销售发票交给财务部门，财务部门据此制作凭证。

操作过程

1. 填制并审核销售出库单

选择“销售管理”｜“销售出库”，输入相关业务信息，特别注意要将销售方式设置为“分期收款销售”。销售出库单如图 6－64 所示。

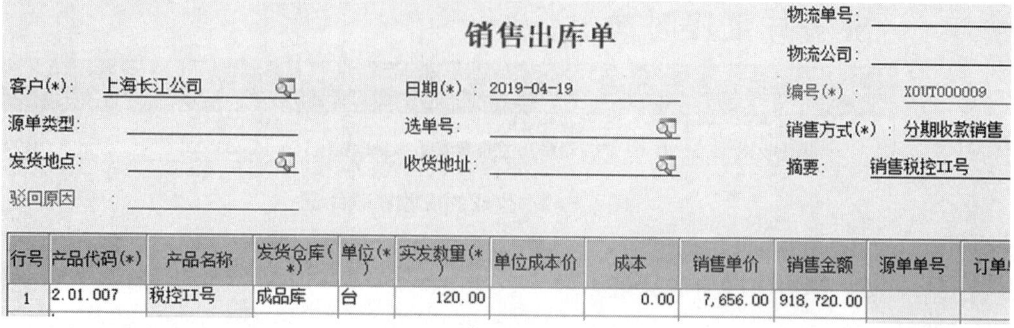

销售出库单

物流单号:
物流公司:
客户(*): 上海长江公司　　日期(*): 2019-04-19　　编号(*): XOUT000009
源单类型:　　选单号:　　销售方式(*): 分期收款销售
发货地点:　　收货地址:　　摘要: 销售税控II号
驳回原因:

行号	产品代码(*)	产品名称	发货仓库(*)	单位(*)	实发数量(*)	单位成本价	成本	销售单价	销售金额	源单单号	订单
1	2.01.007	税控II号	成品库	台	120.00		0.00	7,656.00	918,720.00		

图 6-64　销售出库单

先保存，然后审核。

2. 填制并审核销售发票

选择“销售管理”|“销售发票”，直接输入发票信息，不通过关联转入，以便后续拆分单据，销售方式为“分期收款销售”。销售发票如图 6-65 所示。

销售发票(专用)

客户(*): 上海长江公司　　日期(*): 2019-04-19　　发票号码(*): LJ0414
源单类型:　　选单号:　　币别(*): 人民币
销售方式(*): 分期收款销售　　开户银行: 工行海东支行　　汇率(*): 1.000000000
收款期限: 2019-04-30　　纳税登记号: 65432　　结算方式:
地址: 上海市徐汇区海东路1号　　摘要: 分期收款销售税控II号

行号	产品代码(*)	产品名称	单位(*)	数量(*)	单价	含税单价	折扣率(%)	折扣额	金额	税率(%)	税额	价税合计
1	2.01.007	税控II号	台	40.00	6,600.000000	7,656.000000		0.00	264,000.00	16.00	42,240.00	306,240.00

图 6-65　销售发票

先保存，然后审核。

3. 生成分期收款发出商品凭证

在实时结转销售情况下，分期收款发出商品要制作记账凭证。

（1）设置凭证模板。销售出库（分期收款发出商品）凭证模板参数定义如表 6-5 所示。

表 6-5　销售出库（分期收款发出商品）凭证模板

科目来源	科目	借贷方向	金额来源	摘要	核算项目
凭证模板	发出商品	借	产品出库单实际成本		
单据上物料的存货科目		贷	产品出库单实际成本		

选择“存货核算”|“业务凭证模板”，再选择“销售出库—分期收款”，设置销售出库（分期收款发出商品）的凭证模板，直接在原来的模板上进行修改。凭证模板定义如图 6-66 所示。

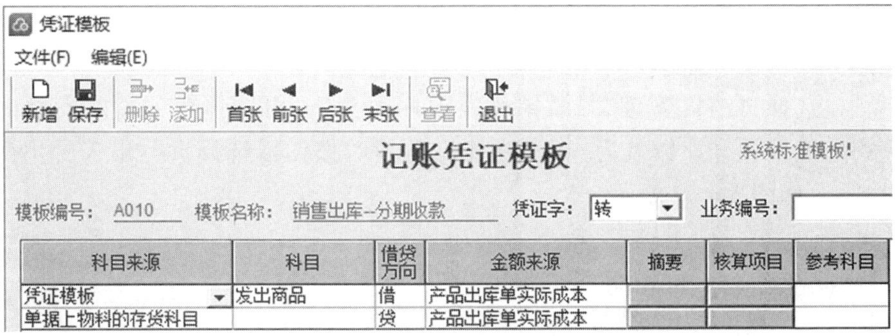

图6-66　记账凭证模板

设置完成后，单击“保存”。

（2）出库核算。选择“存货核算”|“存货出库核算”，再选择结转本期所有存货（可以直接指定相关种类），完成核算。

经过出库核算后，前面录入的销售出库单就自动写入了出库成本，具体可查看相关销售出库单核对。

（3）生成凭证。选择“存货核算”|“业务生成凭证”，进入后再选择“销售出库—分期收款”，单击“重设”按钮，然后设置过滤条件，再选择要生成凭证的出库单（上海长江公司，税控Ⅱ号）。

单击“生成凭证”按钮，即完成凭证的生成。

选择“存货核算”|“业务凭证序时簿”，可以查看生成的凭证，如图6-67所示。

业务凭证序时簿

凭证字号	摘要	科目代码	科目名称	原币金额	借方	贷方
转 - 28	销售出库	1406	发出商品	576,000.00	576,000.00	
	销售出库	1405	库存商品	576,000.00		576,000.00

图6-67　生成的发出商品凭证

4. 拆分出库单和发票钩稽

选择“销售管理”|“销售出库序时簿”，再选择要拆分的分期收款发出商品出库单（上海长江公司，税控Ⅱ号），单击鼠标右键选择“拆分单据”，在拆分数量中输入40，如图6-68所示。

图6-68　拆分单据

单击“保存”按钮完成拆分，这时在销售出库单序时簿中会显示出新拆分的单据（如果没有显示，单击“刷新”）。

选择“销售管理”|“销售发票序时簿”，再选择要钩稽的发票（上海长江公司，税控Ⅱ号，数量为 40），单击“钩稽”按钮，选择拆分出来的出库单（数量为 40），如图 6-69 所示。

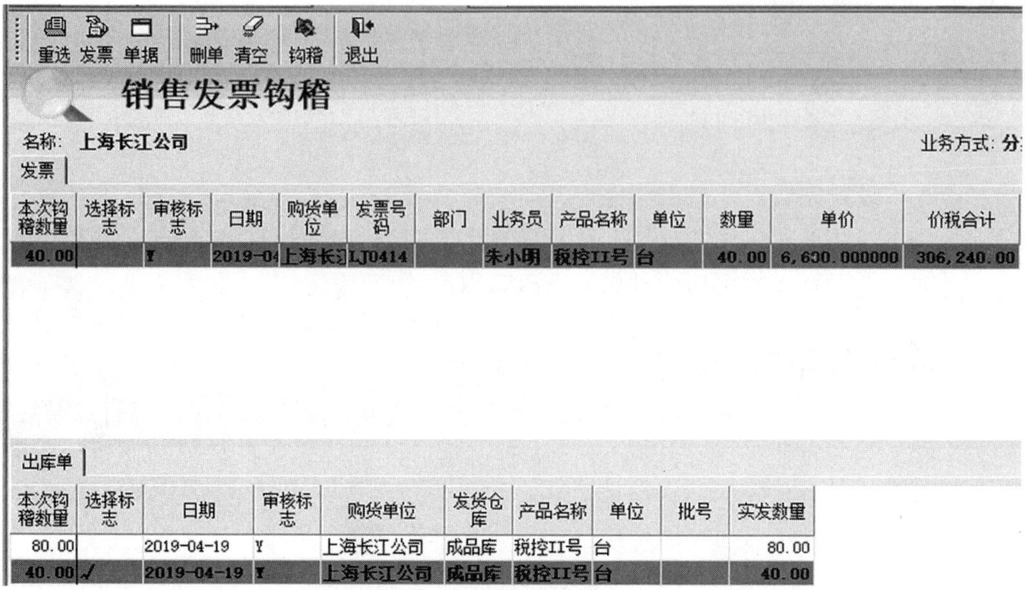

图 6-69　销售发票钩稽

删除不需要钩稽的出库单（数量为 80 的出库单）后，单击“钩稽”按钮完成。

5. 分期收款凭证

（1）设置凭证模板。销售收入（分期收款发出）凭证模板参数定义如表 6-6 所示。

表 6-6　销售收入（分期收款发出）凭证模板

科目来源	科目	借贷方向	金额来源	摘要	核算项目
凭证模板	应收账款	借	销售发票价税合计		购货单位
单据上物料的销售收入科目		贷	销售发票不含税金额		
凭证模板	销项税额	贷	销售发票税额		
单据上物料的销售成本科目		借	分期收款销售出库单的实际成本		
凭证模板	发出商品	贷	分期收款销售出库单的实际成本		

选择“存货核算”|“业务凭证模板”，事务类型选择“销售收入—分期收款发出”。

由于款项未收到，需要新设置凭证模板，凭证模板设置为“销售收入—分期应收”。设置完成后，凭证模板定义如图 6－70 所示。

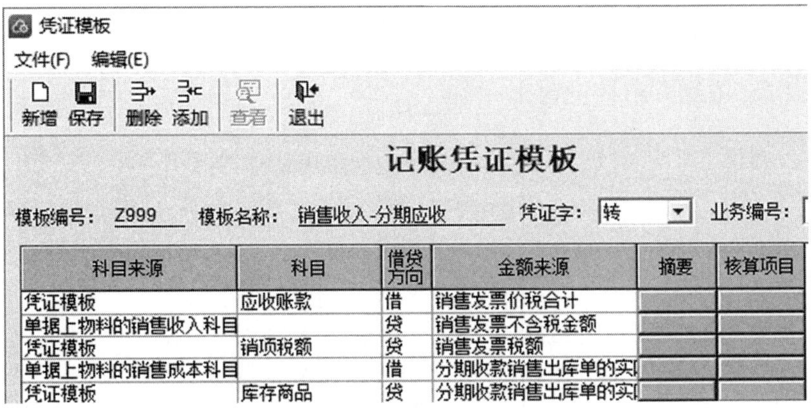

图 6－70　记账凭证模板

注意：应收账款的核算项目为“客户”，对应单据上项目为“购货单位”。

设置完成后，单击“保存”按钮，然后退出模板参数的定义。选择“编辑”|“设为默认模板”。

(2) 生成凭证。选择“存货核算”|“业务生成凭证”，进入后再选择“销售收入—分期收款发出”。

单击“重设”按钮，然后设置过滤条件，再选择要生成凭证的发票（上海长江公司，税控Ⅱ号，数量为 40），凭证模板选择“销售收入—分期应收”。

单击“生成凭证”按钮，即完成凭证的生成。

选择“存货核算”|“业务凭证序时簿”，可以查看生成的凭证，如图 6－71 所示。

业务凭证序时簿

凭证字号	科目代码	科目名称	原币金额	借方	贷方
转－29	1122	应收账款	306,240.00	306,240.00	
	6001	主营业务收入	264,000.00		264,000.00
	2221.01.02	应交税费－应交增值税－销项税额	42,240.00		42,240.00
	6401	主营业务成本	192,000.00	192,000.00	
	1405	库存商品	192,000.00		192,000.00

图 6－71　生成的凭证

6.1.12　委托代销业务

案例资料

4 月 19 日，销售部委托辽宁飞鸽公司代为销售税控Ⅱ号 50 台，售价为 6 500 元/台（含税价 7 540 元），货物从成品库发出。

4 月 20 日，收到辽宁飞鸽公司的委托代销清单一张，结算税控Ⅱ号 30 台，售价为 6 500 元/台。立即开具销售专用发票（发票号：LJ0415）给辽宁飞鸽公司。

业务部门将该业务所涉及的出库单及销售发票交给财务部门，财务部门据此结转收入等业务。

操作过程

1. 填制并审核销售出库单

选择“销售管理”|“销售出库”，在销售出库单中输入相关业务信息，注意销售方式为“委托代销”，如图 6-72 所示。

销售出库单

物流单号：
物流公司：
客户(*)：辽宁飞鸽公司
日期(*)：2019-04-19
编号(*)：XOUT000010
源单类型：
选单号：
销售方式(*)：委托代销
发货地点：
收货地址：
摘要：委托代销税控II号
驳回原因：

行号	产品代码(*)	产品名称	发货仓库(*)	单位(*)	实发数量(*)	单位成本价	成本	销售单价	销售金额	源单单号	订单
1	2.01.007	税控II号	成品库	台	50.00		0.00	7,540.00	377,000.00		

图 6-72 销售出库单

先保存，然后审核。

2. 填制并审核销售发票

选择“销售管理”|“销售发票”，在销售发票（专用）中直接输入发票信息，不通过关联输入，以便后续拆分单据，注意销售方式为“委托代销”，如图 6-73 所示。

销售发票(专用)

客户(*)：辽宁飞鸽公司
日期(*)：2019-04-20
发票号码(*)：LJ0415
源单类型：
选单号：
币别(*)：人民币
销售方式(*)：委托代销
开户银行：中行三好支行
汇率(*)：1.0000000
收款期限：2019-04-20
纳税登记号：03251
结算方式：
地址：沈阳市和平区三好路88号
摘要：委托代销税控II号

行号	产品代码(*)	产品名称	单位(*)	数量(*)	单价	含税单价	折扣率(%)	折扣额	金额	税率(%)	税额	价税合计
1	2.01.007	税控II号	台	30.00	6,500.000000	7,540.000000		0.00	195,000.00	16.00	31,200.00	226,200.00

图 6-73 销售发票

先保存，然后审核完成。

3. 委托代销出库凭证

（1）设置凭证模板。销售出库（委托代销）凭证模板参数定义如表 6-7 所示。

表 6－7　　销售出库（委托代销）凭证模板

科目来源	科目	借贷方向	金额来源	摘要	核算项目
凭证模板	发出商品	借	产品出库单实际成本		
单据上物料的存货科目		贷	产品出库单实际成本		

选择“存货核算”｜“业务凭证模板”，事务类型选择“销售出库—委托代销”。

设置“销售出库—委托代销”凭证模板，直接在原来的模板上进行修改。凭证模板定义如图 6－74 所示。

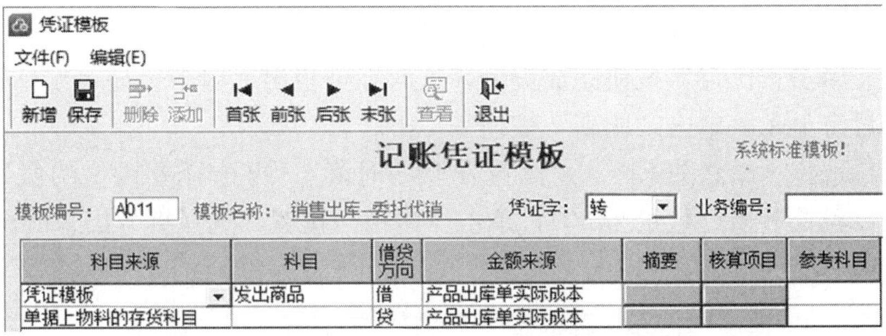

图 6－74　销售出库（委托代销）凭证模板定义

设置完成后，单击“保存”完成。

（2）出库核算。选择“存货核算”｜“存货出库核算”，再选择结转本期所有存货（可以直接指定相关种类），完成核算。经过出库核算后，前面录入的销售出库单就自动写入了出库成本，具体可查看相关销售出库单核对。

（3）生成凭证。选择“存货核算”｜“业务生成凭证”，进入后选择“销售出库—委托代销”，单击“重设”按钮，再选择要生成凭证的出库单（辽宁飞鸽公司，税控Ⅱ号，数量为 50）。

单击“生成凭证”按钮，即完成凭证的生成。

选择“存货核算”｜“业务凭证序时簿”，可以查看生成的凭证，如图 6－75 所示。

图 6－75　生成的委托代销凭证

4. 拆分出库单和发票钩稽

选择“销售管理”｜“销售出库单序时簿”，在销售出库单下选择要拆分的委托代销出库单（辽宁飞鸽公司，税控Ⅱ号，数量为 50），接着选择菜单“操作”｜“拆分单据”，在拆分数量中输入 30，如图 6－76 所示。

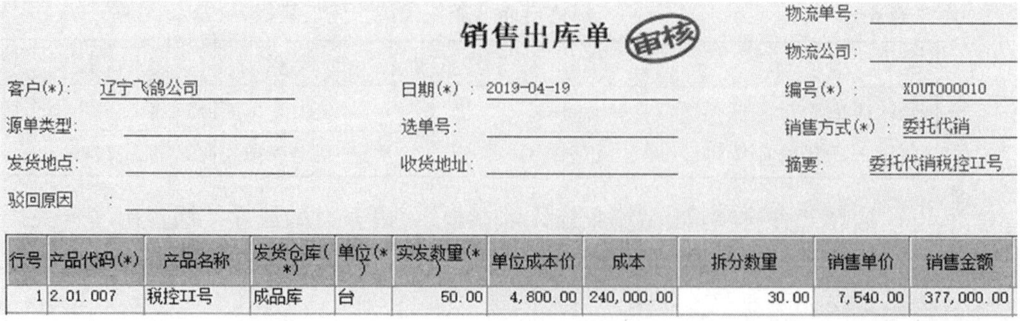

图 6-76　拆分单据

单击“保存”按钮完成拆分，这时在销售出库单中会显示出新拆分的单据（如果没有显示，单击“刷新”按钮）。

选择“销售管理”|“销售发票序时簿”，再选择要钩稽的发票（辽宁飞鸽公司，税控Ⅱ号，数量为 30），单击“钩稽”按钮，选择拆分出来的出库单，如图 6-77 所示。

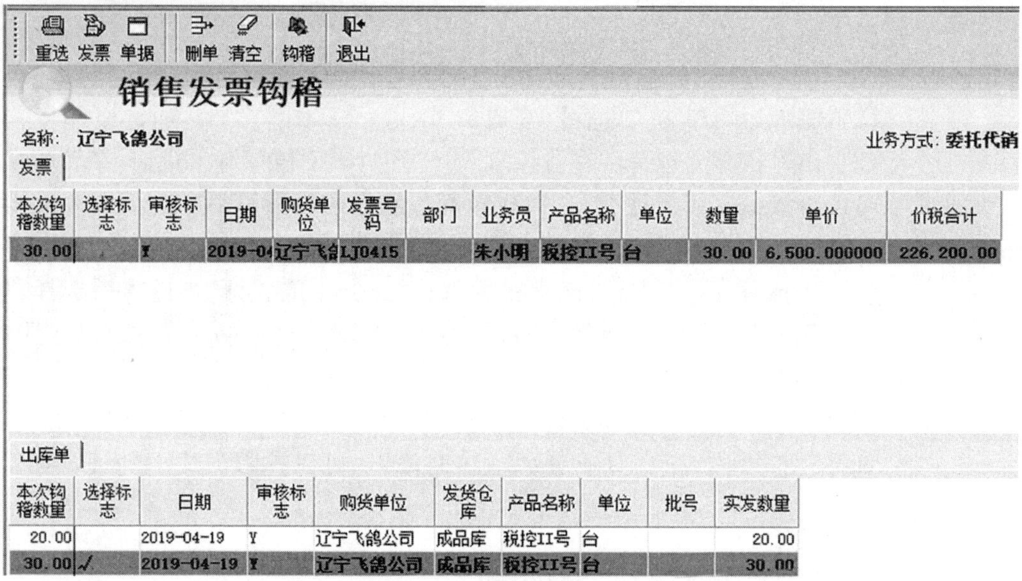

图 6-77　销售发票钩稽

先删除不需要钩稽的出库单（数量为 20 的出库单），单击“钩稽”完成。

5. 委托代销应收凭证

（1）设置凭证模板。销售收入（委托代销）凭证模板参数定义如表 6-8 所示。

表 6-8　　销售收入（委托代销）凭证模板

科目来源	科目	方向	金额来源	摘要	核算项目
凭证模板	应收账款	借	销售发票价税合计		购货单位

续前表

科目来源	科目	方向	金额来源	摘要	核算项目
单据上物料的销售收入科目		贷	销售发票不含税金额		
凭证模板	销项税额	贷	销售发票税额		
单据上物料的销售成本科目		借	委托代销出库单的实际成本		
凭证模板	发出商品	贷	委托代销出库单的实际成本		

选择“存货核算”|“业务凭证模板”，事务类型选择“销售收入—委托代销”。新增“销售收入—委托应收”凭证模板，如图 6－78 所示。

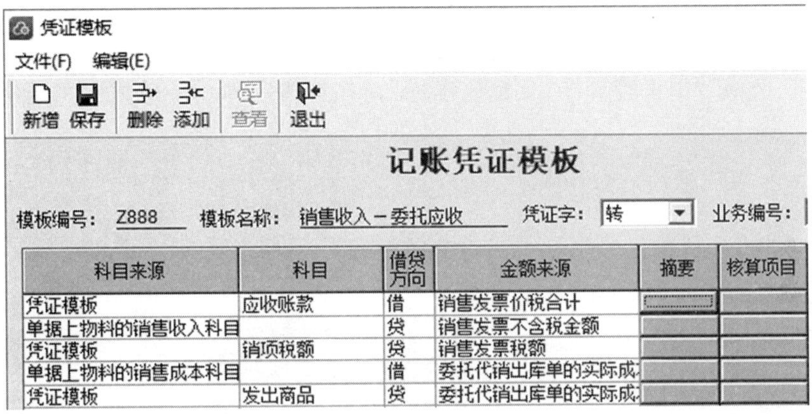

科目来源	科目	借贷方向	金额来源	摘要	核算项目
凭证模板	应收账款	借	销售发票价税合计		
单据上物料的销售收入科目		贷	销售发票不含税金额		
凭证模板	销项税额	贷	销售发票税额		
单据上物料的销售成本科目		借	委托代销出库单的实际成		
凭证模板	发出商品	贷	委托代销出库单的实际成		

图 6－78　记账凭证模板定义

注意：应收账款科目的核算项目类别名称为“客户”，对应单据上项目为“购货单位”。

设置完成后，单击“保存”按钮，然后退出模板参数的定义。选择“编辑”|“设为默认模板”，将新设置的模板设为默认模板。

（2）生成凭证。选择“存货核算”|“业务生成凭证”，进入后再选择“销售收入—委托代销”。

单击“重设”按钮，然后设置过滤条件，再选择要生成凭证的发票（辽宁飞鸽公司，税控Ⅱ号，数量为 30）。

凭证模板选择“销售收入—委托应收”，单击“生成凭证”，即完成凭证的生成。

选择“存货核算”|“业务凭证序时簿”，可以查看生成的凭证，如图 6－79 所示。

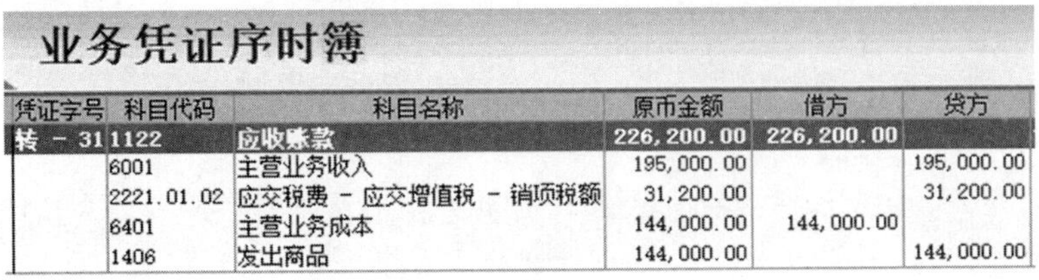

凭证字号	科目代码	科目名称	原币金额	借方	贷方
转 - 31	1122	应收账款	226,200.00	226,200.00	
	6001	主营业务收入	195,000.00		195,000.00
	2221.01.02	应交税费 - 应交增值税 - 销项税额	31,200.00		31,200.00
	6401	主营业务成本	144,000.00	144,000.00	
	1406	发出商品	144,000.00		144,000.00

图 6－79　生成的凭证

6.1.13 开票前退货业务

案例资料

4 月 20 日，销售部出售给湖南奇迹公司税控Ⅱ号 12 台，单价为 6 400 元/台（含税价 7 424 元），成品库发出。

4 月 21 日，销售部出售给湖南奇迹公司的税控Ⅱ号因质量问题，退回 2 台，单价 6 400 元/台，收回成品库待修。

开具相应的专用发票一张（发票号：LJ0416），数量为 10 台。

操作过程

1. 填制并审核销售出库单

选择“销售管理”|“销售出库”，在销售出库单中输入相关业务信息，如图 6-80 所示。

行号	产品代码(*)	产品名称	发货仓库(*)	单位(*)	实发数量(*)	单位成本价	成本	销售单价	销售金额	源单单号
1	2.01.007	税控II号	成品库	台	12.00		0.00	7,424.00	89,088.00	

图 6-80 销售出库单

先保存，然后审核。

2. 填制并审核红字销售出库单

选择“销售管理”|“销售出库”，在销售出库单中单击“红字”（表示退货），通过关联销售出库单转入数据，然后将数量更改为 2，如图 6-81 所示。

行号	产品代码(*)	产品名称	发货仓库(*)	单位(*)	实发数量(*)	单位成本价	成本	销售单价	销售金额	源单单号
1	2.01.007	税控II号	成品库	台	2.00		0.00	7,424.00	14,848.00	XOUT000011

图 6-81 销售出库单（红字）

注意在关联源单时，要关联与本笔业务相关的那张源单。

先保存，然后完成审核。

3. 填制并审核销售发票

选择“销售管理”|“销售发票”，在销售发票中通过关联销售出库单输入有关业务信息，然后修改数量为 10，如图 6－82 所示。

销售发票(专用)

客户(*)：湖南奇迹公司　日期(*)：2019-04-21　发票号码(*)：LJ0416

源单类型：销售出库　选单号：XOUT000011　币别(*)：人民币

销售方式(*)：赊销　开户银行：中行路口支行　汇率(*)：1.0000000000

收款期限：2019-04-30　纳税登记号：01121　结算方式：

地址：长沙市路口路77号　摘要：销售税控II号

行号	产品代码(*)	产品名称	单位(*)	数量(*)	单价	含税单价	折扣率(%)	折扣额	金额	税率(%)	税额	价税合计
1	2.01.007	税控II号	台	10.00	6,400.000000	7,424.000000		0.00	64,000.00	16.00	10,240.00	74,240.00

图 6－82　销售发票

先保存，然后审核。

选择“销售管理”|“销售发票序时簿”，再选择湖南奇迹公司发票（税控Ⅱ号），单击“钩稽”，进入销售发票钩稽，系统提示数量不一致，选“否”（选单钩稽）进入销售发票钩稽，如图 6－83 所示。

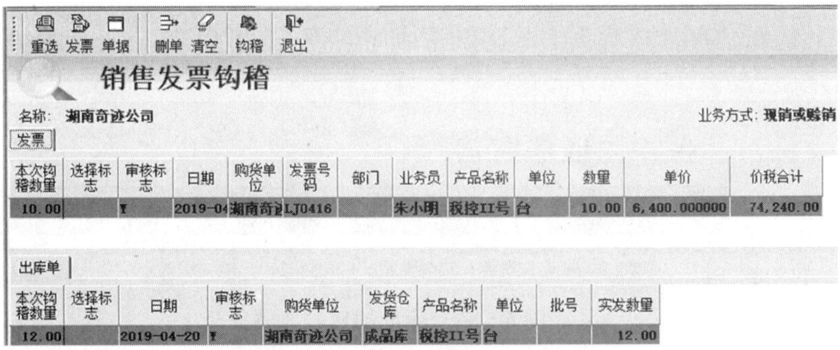

重选 发票 单据 删单 清空 钩稽 退出

销售发票钩稽

名称：湖南奇迹公司　业务方式：现销或赊销

发票

本次钩稽数量	选择标志	审核标志	日期	购货单位	发票号码	部门	业务员	产品名称	单位	数量	单价	价税合计
10.00		Y	2019-04	湖南奇迹	LJ0416		朱小明	税控II号	台	10.00	6,400.000000	74,240.00

出库单

本次钩稽数量	选择标志	日期	审核标志	购货单位	发货仓库	产品名称	单位	批号	实发数量
12.00		2019-04-20	Y	湖南奇迹公司	成品库	税控II号	台		12.00

图 6－83　销售发票钩稽

数量不一致是不能钩稽的。

选择出库单，再选择要拆分的单据，单击鼠标右键显示弹出菜单后，选择“选择单据”，然后会显示销售出库序时簿，如图 6－84 所示。

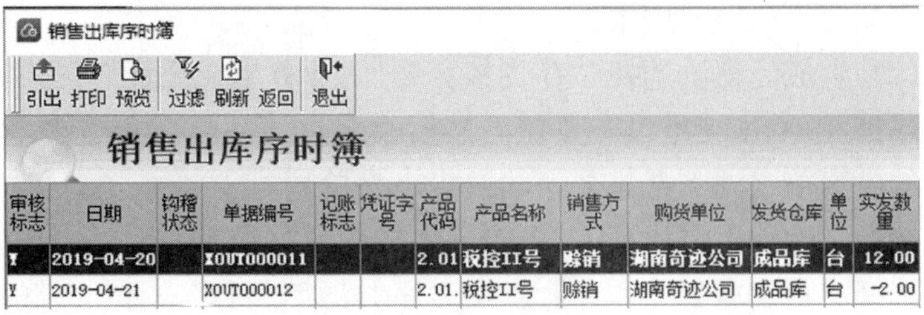

销售出库序时簿

引出 打印 预览 过滤 刷新 返回 退出

销售出库序时簿

审核标志	日期	钩稽状态	单据编号	记账标志	凭证字号	产品代码	产品名称	销售方式	购货单位	发货仓库	单位	实发数量
Y	2019-04-20		XOUT000011			2.01	税控II号	赊销	湖南奇迹公司	成品库	台	12.00
Y	2019-04-21		XOUT000012			2.01.	税控II号	赊销	湖南奇迹公司	成品库	台	-2.00

图 6－84　销售出库序时簿

先选择第一笔，然后按 Ctrl＋Shift 键选择第二笔，选择“返回”，再次进入销售发票钩稽，如图 6－85 所示。

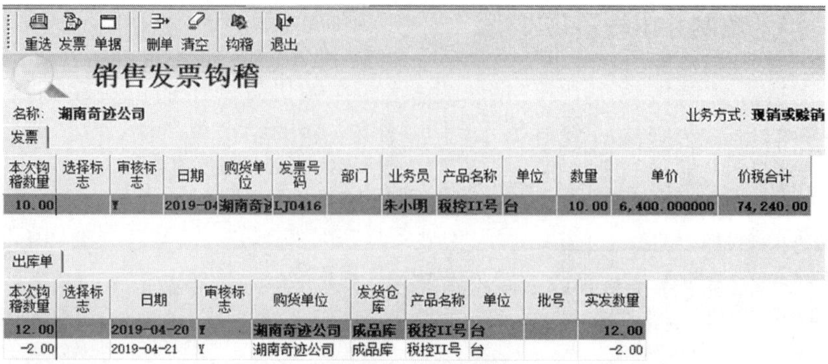

本次钩稽数量	选择标志	审核标志	日期	购货单位	发票号码	部门	业务员	产品名称	单位	数量	单价	价税合计
10.00		Y	2019-04	湖南奇迹	LJ0416		朱小明	税控II号	台	10.00	6,400.000000	74,240.00

本次钩稽数量	选择标志	日期	审核标志	购货单位	发货仓库	产品名称	单位	批号	实发数量
12.00		2019-04-20	Y	湖南奇迹公司	成品库	税控II号	台		12.00
-2.00		2019-04-21	Y	湖南奇迹公司	成品库	税控II号	台		-2.00

图 6－85　销售发票钩稽

同时选择发货和退货的出库单，数量分别为 12 和－2，然后选择销售发票，单击“钩稽”完成钩稽工作。

4. 生成应收账款凭证

选择“存货核算”|“业务生成凭证”，进入后再选择“销售收入—赊销”。单击“重设”按钮，再选择要生成凭证的发票（湖南奇迹公司，税控Ⅱ号，数量为 10）。

单击“生成凭证”按钮，即完成凭证的生成。

选择“存货核算”|“业务凭证序时簿”，可以查看生成的凭证，如图 6－86 所示。

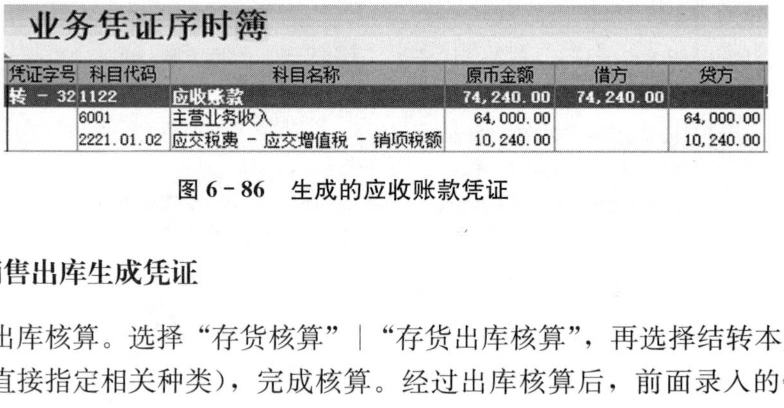

凭证字号	科目代码	科目名称	原币金额	借方	贷方
转 － 32	1122	应收账款	74,240.00	74,240.00	
	6001	主营业务收入	64,000.00		64,000.00
	2221.01.02	应交税费 － 应交增值税 － 销项税额	10,240.00		10,240.00

图 6－86　生成的应收账款凭证

5. 销售出库生成凭证

（1）出库核算。选择“存货核算”|“存货出库核算”，再选择结转本期所有存货（可以直接指定相关种类），完成核算。经过出库核算后，前面录入的销售出库单就自动写入了出库成本。

（2）生成凭证。选择“存货核算”|“业务生成凭证”，进入后再选择“销售出库—赊销”。单击“重设”按钮，然后设置过滤条件，再选择本次销售出库要生成凭证的出库单（湖南奇迹公司的销售出库单）。

选择“按单生成凭证”，单击“生成凭证”按钮，即完成凭证的生成。

选择“存货核算”|“业务凭证序时簿”，可以查看生成的凭证，如图 6－87 所示。

业务凭证序时簿

凭证字号	科目代码	科目名称	原币金额	借方	贷方
转 - 33	6401	主营业务成本	57,600.00	57,600.00	
	1405	库存商品	57,600.00		57,600.00

图 6-87 业务凭证

6.1.14 委托代销退货业务

案例资料

4 月 21 日，委托辽宁飞鸽公司销售的税控Ⅱ号退回 2 台，入成品库。由于已经开具发票，故开具红字专用发票一张（发票号：LJ0417），单价 6 500 元（含税价 7 540 元）。

操作过程

1. 填制并审核红字销售出库单

选择“销售管理”|“销售出库”，在销售出库单中单击“红字”（表示退货），通过关联销售出库单转入数据（辽宁飞鸽公司，税控Ⅱ号，数量为 30，销售方式为“委托代销”），更改数量为 2，如图 6-88 所示。

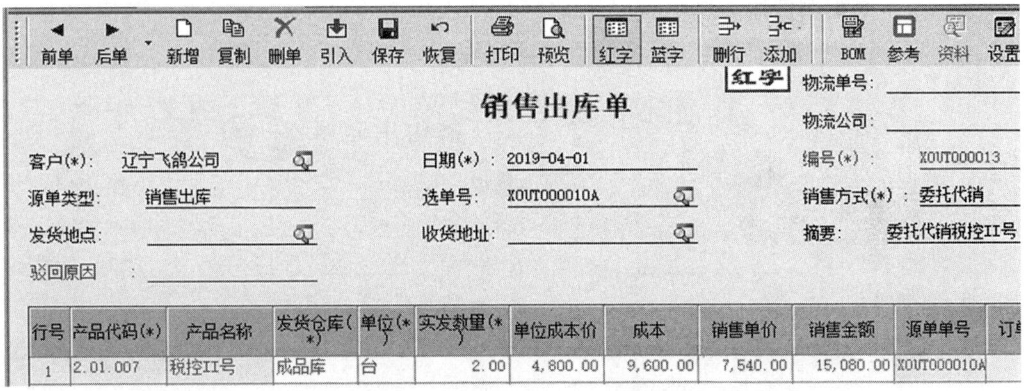

图 6-88 销售出库单（红字）

先保存，然后审核。

2. 填制并审核红字销售发票

选择“销售管理”|“销售发票”，在销售发票中单击“红字”，通过关联红字销售出库单输入有关业务信息（辽宁飞鸽公司，税控Ⅱ号，数量为－2），然后核对数量、单价等，如图 6-89 所示。

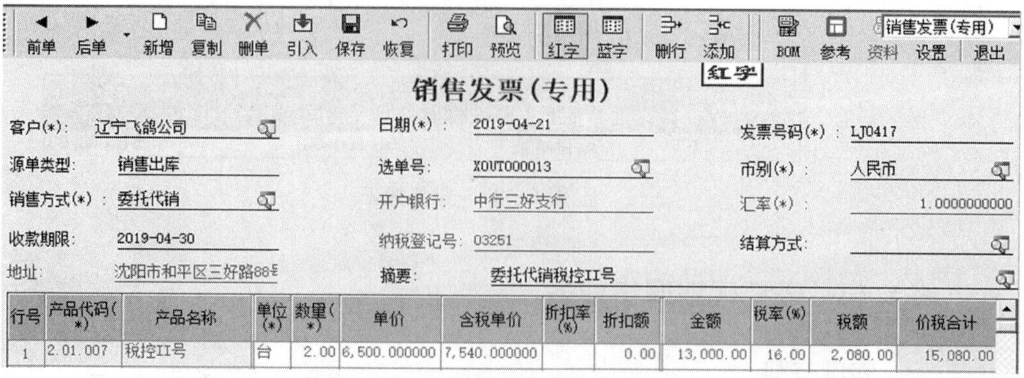

图 6-89　销售发票（红字）

先保存，然后审核。

选择“销售管理”|“销售发票序时簿”，过滤条件中红蓝标志选择“红字”，进入后选择辽宁飞鸽公司的退货发票，单击“钩稽”按钮完成对红字入库单的钩稽工作。

3. 生成委托代销退货出库凭证

（1）红字出库单成本调整。红字出库中，如果红字出库单关联了蓝字出库单，退货成本会自动取蓝字出库单的成本。如果不是关联输入，就需要直接输入退货的入库成本。

本案例使用关联方式转入数据，其出库成本数据自动转入。选择“销售管理”|“销售出库单序时簿”即可查看红字出库单，如图 6-90 所示。

图 6-90　销售出库单（红字）

（2）生成凭证。选择“存货核算”|“业务生成凭证”，进入后再选择“销售出库—委托代销”，单击“重设”按钮，然后设置过滤条件，红蓝标志选择“红字”，再选择要生成凭证的出库单（辽宁飞鸽公司，数量为−2）。

单击“生成凭证”按钮，即完成凭证的生成。

选择“存货核算”|“业务凭证序时簿”，可以查看生成的凭证，如图 6-91 所示。

业务凭证序时簿

凭证字号	科目代码	科目名称	原币金额	借方	贷方
转 - 34	1406	发出商品	-9,600.00	-9,600.00	
	1405	库存商品	-9,600.00		-9,600.00

图 6-91　生成的委托代销凭证

4. 生成应收账款凭证

选择“存货核算”|“业务生成凭证”，进入后再选择“销售收入—委托代销”。单击“重设”按钮，然后设置过滤条件，红蓝标志设为“红字”，再选择要生成凭证的发票（辽宁飞鸽公司，数量为−2）。

单击“生成凭证”，即完成凭证的生成。

选择“供应链”|“存货核算”|“凭证管理”|“凭证查询”，可以查看生成的凭证，如图 6-92 所示。

业务凭证序时簿

凭证字号	科目代码	科目名称	原币金额	借方	贷方
转 - 35	1122	应收账款	-15,080.00	-15,080.00	
	6001	主营业务收入	-13,000.00		-13,000.00
	2221.01.02	应交税费 - 应交增值税 - 销项税额	-2,080.00		-2,080.00
	6401	主营业务成本	-9,600.00	-9,600.00	
	1406	发出商品	-9,600.00		-9,600.00

图 6-92　生成的应收账款凭证

6.1.15　直运销售业务

案例资料

（1）4 月 21 日，销售部接到业务信息，上海长江公司欲购买联想服务器 2 台。经协商以单价为 30 000 元/台成交，增值税税率为 16%，含税价 34 800 元。随后，销售部填制相应销售订单。

销售部经联系以每台 20 000 元的价格向上海大坤公司发出采购订单，并要求对方直接将货物送到上海长江公司。

（2）4 月 22 日，货物送至上海长江公司，上海大坤公司凭送货签收单根据订单开具了一张专用发票（发票号：DK04022）给销售部。

销售部根据销售订单给上海长江公司开具专用发票（发票号：LJ0422）一张。

销售部将此业务的采购、销售发票交给财务部，财务部制作应收应付凭证，结转收入和成本。

操作过程

1. 填制并审核销售订单

选择“销售管理”|“销售订单”，如图 6-93 所示。

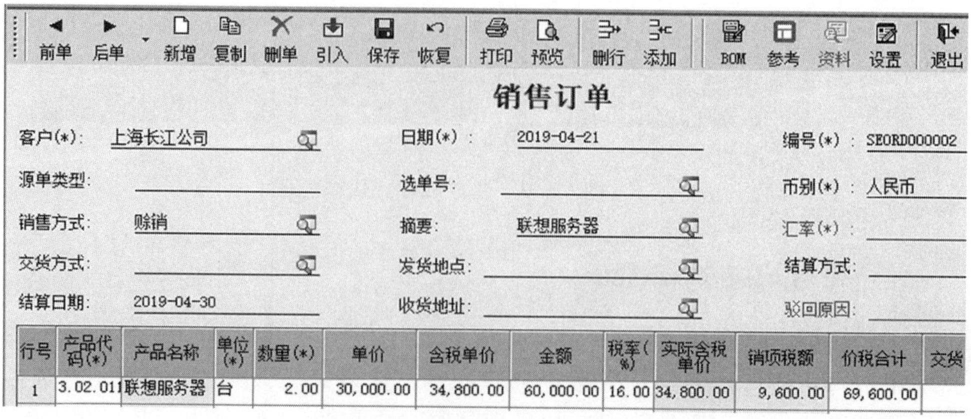

图 6－93　销售订单

先保存，然后审核。

2. 采购订单

选择“采购管理”|“采购订单”，输入采购订单，如图 6－94 所示。

图 6－94　采购订单

先保存，然后审核。

3. 填制采购发票并审核

选择“采购管理”|“采购发票”，采用采购订单的数据关联转入，采购发票如图 6－95 所示。

图 6－95　采购发票

先保存，然后审核。

4. 填制并审核销售发票

选择“销售管理”｜“销售发票”，输入有关业务信息，通过销售订单关联数据转入，如图 6－96 所示。

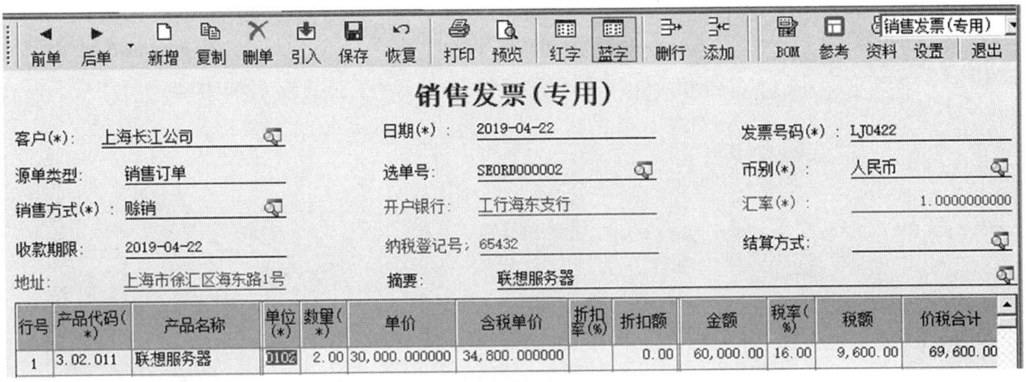

图 6－96　销售发票

先保存，然后审核。

5. 生成应收账款凭证

选择“存货核算”｜“业务生成凭证”，进入后再选择“销售收入—赊销”。单击“重设”按钮，再选择要生成凭证的发票（上海长江公司，联想服务器）。

单击“生成凭证”按钮，即完成凭证的生成。

选择“存货核算”｜“业务凭证序时簿”，可以查看生成的凭证，如图 6－97 所示。

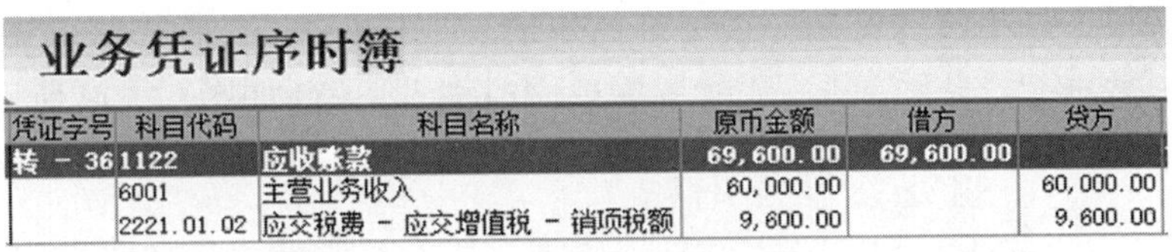

图 6－97　生成的应收账款凭证

6. 生成应付账款凭证

（1）设置凭证模板。采购发票（直运业务）的凭证模板参数定义如表 6－9 所示，凭证类型为转账凭证。

表 6－9　　采购发票（直运业务）凭证模板

科目来源	科目	方向	金额来源	摘要	核算项目
凭证模板	主营业务成本	借	采购发票不含税金额		

续前表

科目来源	科目	方向	金额来源	摘要	核算项目
凭证模板	应交税费——应交增值税——进项税额	借	采购发票税额		
凭证模板	应付账款	贷	采购发票价税合计		供应商

选择“存货核算”｜“业务凭证模板”，再选择“采购发票—赊购”凭证模板。

单击“新增”按钮，将凭证字设为“转”，应付账款的核算项目为“供应商”（注意要选择对应单据上的项目为“供货单位”）。记账凭证模板如图 6－98 所示。

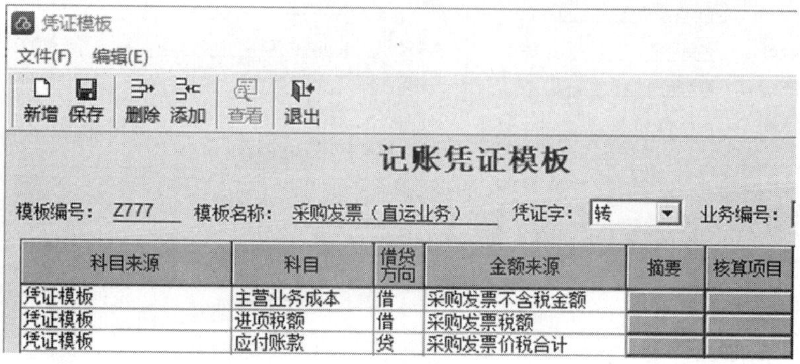

图 6－98 记账凭证模板

单击“保存”按钮完成设置。

（2）生成凭证。因为直运业务的商品没有入库和出库，所以不需要执行“存货出库核算”。

选择“存货核算”｜“业务生成凭证”，再选择“采购发票—赊购”，单击“重设”按钮，系统过滤出相关采购发票，选择需要生成凭证的记录（上海大坤公司，联想服务器），凭证模板选择“采购发票（直运业务）”。

单击“生成凭证”完成凭证的生成。

选择“存货核算”｜“业务凭证序时簿”，凭证如图 6－99 所示。

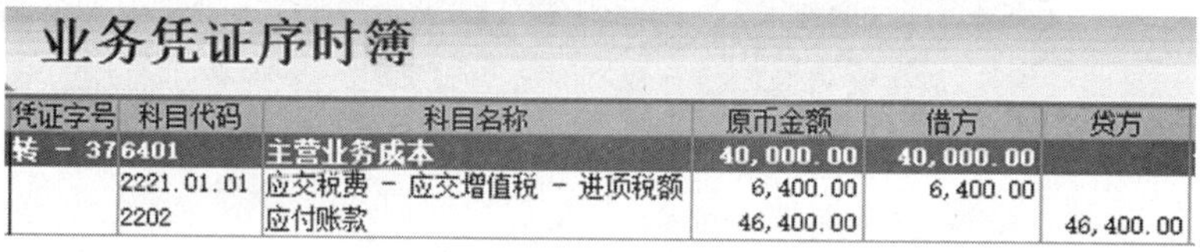

图 6－99 业务凭证

6.1.16 结转销售成本

1. 进行出库核算

选择“存货核算”｜“存货出库核算”，再选择“结转本期所有存货”，然后进行核算。

2. 生成出库成本结转凭证

(1) 生成凭证。如果物料中有使用全月一次平均计价的，就需要在月末计算物料的出库成本。

要分别按“销售出库—现销”“销售出库—赊销”“销售出库—分期收款”“销售出库—委托代销”“其他出库”进行凭证的生成。

本案例物料采用的是移动平均法，均在发生时生成凭证。

(2) 检查未生成凭证的单据。选择“销售管理”|“销售出库序时簿”，查看是否存在没有生成凭证的单据，方法是看“凭证字号”栏，若“凭证字号”栏是空的，就表示没有生成凭证，如图 6-100 所示。

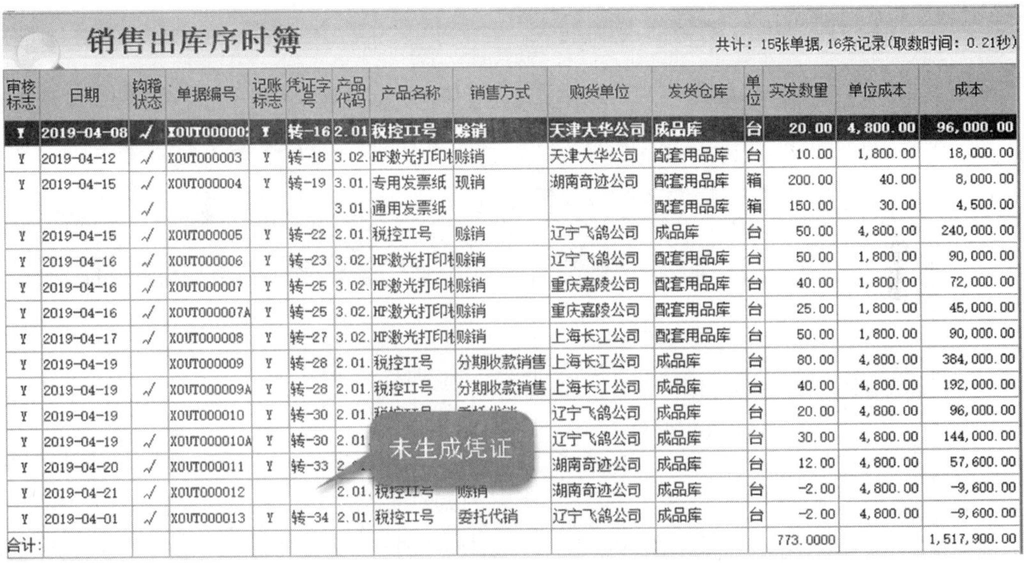

销售出库序时簿

共计：15张单据，16条记录(取数时间：0.21秒)

审核标志	日期	钩稽状态	单据编号	记账标志	凭证字号	产品代码	产品名称	销售方式	购货单位	发货仓库	单位	实发数量	单位成本	成本
Y	2019-04-08	√	XOUT00000:	Y	转-16	2.01	税控II号	赊销	天津大华公司	成品库	台	20.00	4,800.00	96,000.00
Y	2019-04-12	√	XOUT000003	Y	转-18	3.02.	HP激光打印机	赊销	天津大华公司	配套用品库	台	10.00	1,800.00	18,000.00
Y	2019-04-15	√	XOUT000004	Y	转-19	3.01.	专用发票纸	现销	湖南奇迹公司	配套用品库	箱	200.00	40.00	8,000.00
		√				3.01.	通用发票纸			配套用品库	箱	150.00	30.00	4,500.00
Y	2019-04-15	√	XOUT000005	Y	转-22	2.01.	税控II号	赊销	辽宁飞鸽公司	成品库	台	50.00	4,800.00	240,000.00
Y	2019-04-16	√	XOUT000006	Y	转-23	3.02.	HP激光打印机	赊销	辽宁飞鸽公司	配套用品库	台	50.00	1,800.00	90,000.00
Y	2019-04-16	√	XOUT000007	Y	转-25	3.02.	HP激光打印机	赊销	重庆嘉陵公司	配套用品库	台	40.00	1,800.00	72,000.00
Y	2019-04-16	√	XOUT000007A	Y	转-25	3.02.	HP激光打印机	赊销	重庆嘉陵公司	配套用品库	台	25.00	1,800.00	45,000.00
Y	2019-04-17	√	XOUT000008	Y	转-27	3.02.	HP激光打印机	赊销	上海长江公司	配套用品库	台	50.00	1,800.00	90,000.00
Y	2019-04-19		XOUT000009	Y	转-28	2.01.	税控II号	分期收款销售	上海长江公司	成品库	台	80.00	4,800.00	384,000.00
Y	2019-04-19	√	XOUT000009A	Y	转-28	2.01.	税控II号	分期收款销售	上海长江公司	成品库	台	40.00	4,800.00	192,000.00
Y	2019-04-19		XOUT000010	Y	转-30	2.01.	[illegible]	[illegible]	辽宁飞鸽公司	成品库	台	20.00	4,800.00	96,000.00
Y	2019-04-19	√	XOUT000010A	Y	转-30	2.01.	[illegible]	[illegible]	辽宁飞鸽公司	成品库	台	30.00	4,800.00	144,000.00
Y	2019-04-20	√	XOUT000011	Y	转-33	[illegible]	[illegible]	[illegible]	湖南奇迹公司	成品库	台	12.00	4,800.00	57,600.00
Y	2019-04-21	√	XOUT000012			2.01.	税控II号	赊销	湖南奇迹公司	成品库	台	-2.00	4,800.00	-9,600.00
Y	2019-04-01	√	XOUT000013	Y	转-34	2.01.	税控II号	委托代销	辽宁飞鸽公司	成品库	台	-2.00	4,800.00	-9,600.00
合计:												773.0000		1,517,900.00

图 6-100 销售出库序时簿

选择“存货核算”|“业务生成凭证”，选择“销售出库—赊销”，单击“重设”，选择未生成凭证的单据。生成凭证如图 6-101 所示。

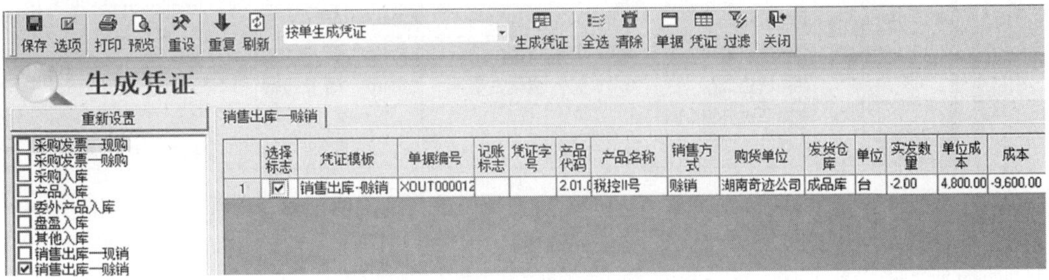

	选择标志	凭证模板	单据编号	记账标志	凭证字号	产品代码	产品名称	销售方式	购货单位	发货仓库	单位	实发数量	单位成本	成本
1	☑	销售出库-赊销	XOUT000012			2.01.0	税控II号	赊销	湖南奇迹公司	成品库	台	-2.00	4,800.00	-9,600.00

图 6-101 生成凭证

单击“生成凭证”，即完成凭证生成工作。

选择“存货核算”|“业务凭证序时簿”，查看生成的凭证，如图 6-102 所示。

业务凭证序时簿

凭证字号	科目代码	科目名称	原币金额	借方	贷方
转 - 38	6401	主营业务成本	-9,600.00	-9,600.00	
	1405	库存商品	-9,600.00		-9,600.00

图 6-102　业务凭证

按照同样的方法，选择“销售管理”|“销售发票序时簿”，查看是否存在没有生成凭证的单据，如有则补充生成凭证。类似的方法也同样适用于相关的业务单据。

6.1.17　销售查询

1. 客户单位销售情况明细表

选择“销售管理”|“客户单位销售情况明细表”，可以查询对客户的销售情况，日期条件设置为 2019 年 4 月 1 日至 2019 年 4 月 30 日，结果如图 6-103 所示。

日期	客户代码	客户名称	产品代码	产品名称	发票号码	单位	销售数量	销售数量(基本)	单位(常用)	销售量(常F	销售收入
2019-04-1	001	重庆嘉陵公司	3.02.010	HP激光打印机	LJ0411	台	40	40	台	40	92,000.00
2019-04-1	001	重庆嘉陵公司	3.02.010	HP激光打印机	LJ0412	台	25	25	台	25	57,500.00
	001	重庆嘉陵公司(小计)					65	65		65	149,500.00
2019-04-0	002	天津大华公司	2.01.007	税控II号	LJ0401	台	20	20	台	20	130,000.00
2019-04-1	002	天津大华公司	3.02.010	HP激光打印机	LJ0402	台	10	10	台	10	21,600.00
	002	天津大华公司(小计)					30	30		30	151,600.00
2019-04-1	003	上海长江公司	2.01.007	税控II号	LJ0414	台	40	40	台	40	264,000.00
2019-04-1	003	上海长江公司	3.02.010	HP激光打印机	LJ0413	台	50	50	台	50	115,000.00
2019-04-2	003	上海长江公司	3.02.011	联想服务器	LJ0422	台	2	2	台	2	60,000.00
	003	上海长江公司(小计)					92	92		92	439,000.00
2019-04-1	004	辽宁飞鸽公司	2.01.007	税控II号	LJ0410	台	50	50	台	50	320,000.00
2019-04-2	004	辽宁飞鸽公司	2.01.007	税控II号	LJ0415	台	30	30	台	30	195,000.00
2019-04-2	004	辽宁飞鸽公司	2.01.007	税控II号	LJ0417	台	-2	-2	台	-2	-13,000.00
2019-04-1	004	辽宁飞鸽公司	3.02.010	HP激光打印机	LJ0410	台	50	50	台	50	115,000.00
	004	辽宁飞鸽公司(小计)					128	128		128	617,000.00
2019-04-2	005	湖南奇迹公司	2.01.007	税控II号	LJ0416	台	10	10	台	10	64,000.00
2019-04-1	005	湖南奇迹公司	3.01.008	专用发票纸	LJ0403	箱	200	200	箱	200	36,000.00
	005	湖南奇迹公司	3.01.009	通用发票纸	LJ0403	箱	150	150	箱	150	22,500.00
	005	湖南奇迹公司(小计)					360	360		360	122,500.00
		合计					675	675		675	1,479,600.00

图 6-103　客户单位销售情况明细表

2. 销售收入汇总表

选择“销售管理”|“销售收入汇总表”，查看销售收入情况，查询条件按照默认设置，结果如图 6-104 所示。

会计期间	1级物料类别	2级物料类别	数量	单价	销售收入
2019.4	产成品	税控机[2.01](小计)	148	6,486.4865	960,000.00
2019.4	产成品[2](小计)		148	6,486.4865	960,000.00
2019.4	配套用品	配套材料[3.01](小计)	350	167.1429	58,500.00
2019.4	配套用品	配套硬件[3.02](小计)	177	2,605.0847	461,100.00
2019.4	配套用品[3](小计)		527	985.9583	519,600.00
2019.4	本期小计		675	2,192.0000	1,479,600.00
	合计		675	2,192.0000	1,479,600.00

图 6－104　销售收入汇总表

6.2　应收业务处理

6.2.1　基本功能

应收系统是通过对销售发票的后续处理，以及对业务资金运用进行分析的综合管理系统，对销售资金流的全过程进行有效的控制和跟踪，实现对企业的资金信息管理。

销售货物后，就产生了应收账款，应收账款是与现金管理相关联的，形成一体化的业务处理。

应收账款的实际情况可以通过应收账款汇总表实时了解。

选择"应收应付"|"应收账款汇总表"，日期条件设置为 2019 年 1 月 1 日至 2019 年 4 月 30 日，结果如图 6－105 所示。

客户名称	期初余额	预收金额	应收金额	实收金额	期末余额
重庆嘉陵公司	99,600.00		173,420.00		273,020.00
天津大华公司	58,000.00		175,856.00	150,800.00	83,056.00
上海长江公司			509,240.00		509,240.00
辽宁飞鸽公司			715,720.00		715,720.00
湖南奇迹公司			74,240.00		74,240.00
(合计)	157,600.00		1,648,476.00	150,800.00	1,655,276.00

图 6－105　应收账款汇总表

6.2.2　收款处理

案例资料

(1) 4 月 15 日，收到天津大华公司交来转账支票一张，金额 25 056 元，支票号 ZS001，用以归还前欠货款，款项转入工商银行账户。

（2）4 月 22 日，收到重庆嘉陵公司支付货款的转账支票一张，金额 99 600 元，工商银行支票号 SS587135。

（3）4 月 22 日，收到上海长江公司支付货款的转账支票一张，金额 400 000 元，工商银行支票号 SS631258。

操作过程

1. 填制并审核收款单

选择“应收应付”|“收款单”，先填写表头部分。收款单据如图 6－106 所示。

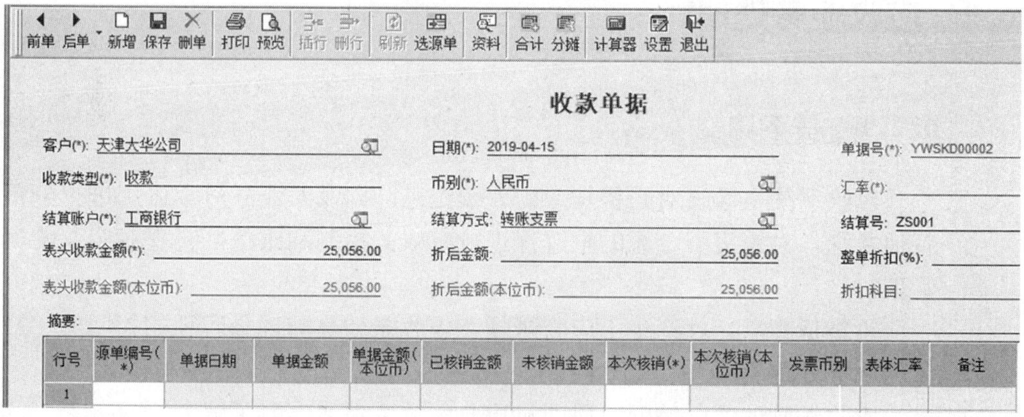

前单 后单 新增 保存 删单 打印 预览 插行 删行 刷新 选源单 资料 合计 分摊 计算器 设置 退出

收款单据

客户(*): 天津大华公司　日期(*): 2019-04-15　单据号(*): YWSKD00002

收款类型(*): 收款　币别(*): 人民币　汇率(*):

结算账户(*): 工商银行　结算方式: 转账支票　结算号: ZS001

表头收款金额(*): 25,056.00　折后金额: 25,056.00　整单折扣(%):

表头收款金额(本位币): 25,056.00　折后金额(本位币): 25,056.00　折扣科目:

摘要:

行号	源单编号(*)	单据日期	单据金额	单据金额(本位币)	已核销金额	未核销金额	本次核销(*)	本次核销(本位币)	发票币别	表体汇率	备注
1											

图 6－106　收款单据

在“源单编号”栏按 F7 键，系统调出相关的源单供选择，如图 6－107 所示。

收款源单

打印 预览 过滤 刷新 返回 计算器 冻结列 退出

收款源单

单据类型	销售方式	单据编号	客户	日期	摘要	汇率	单据金额（原币）	单据金额（本位币）	已核销金额（原币）	未核销金额（原币）
期初应收			天津大华公司	2019-03-10		1	58,000.00	58,000.00	0.00	58,000.00
销售发票	赊销	LJ0402	天津大华公司	2019-04-12	销售HP打印机	1	25,056.00	25,056.00	0.00	25,056.00
其他应收		QTS000001	天津大华公司	2019-04-15	调试服务费	1	800.00	800.00	0.00	800.00
合计							83,856.00	83,856.00	0.00	83,856.00

图 6－107　收款源单

选择金额为 25 056 元的应收款，单击“返回”，数据传送到收款单据，如图 6－108 所示。

收款单据

客户(*): 天津大华公司　日期(*): 2019-04-15　单据号(*): YWSKD00002
收款类型(*): 收款　币别(*): 人民币　汇率(*):
结算账户(*): 工商银行　结算方式: 转账支票　结算号: ZS001
表头收款金额(*): 25,056.00　折后金额: 25,056.00　整单折扣(%):
表头收款金额(本位币): 25,056.00　折后金额(本位币): 25,056.00　折扣科目:
摘要:

行号	源单编号(*)	单据日期	单据金额	单据金额(本位币)	已核销金额	未核销金额	本次核销(*)	本次核销(本位币)	发票币
1	LJ0402	2019-04-12	25,056.00	25,056.00	0.00	25,056.00	25,056.00	25,056.00	人民币

图 6 - 108　收款单据（源单数据）

单击“保存”，然后进行审核。

2. 收款凭证生成

选择“应收应付”|“应收应付生成凭证”，事务类型选择“收款”，进入单据序时簿，如图 6 - 109 所示。

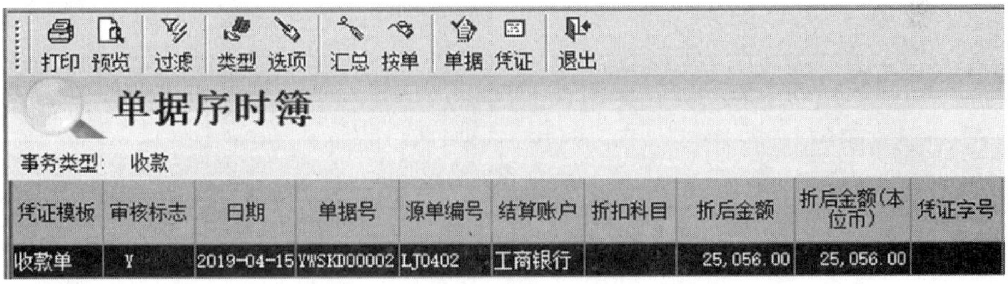

凭证模板	审核标志	日期	单据号	源单编号	结算账户	折扣科目	折后金额	折后金额(本位币)	凭证字号
收款单	Y	2019-04-15	YWSKD00002	LJ0402	工商银行		25,056.00	25,056.00	

图 6 - 109　单据序时簿

单击“按单”按钮生成凭证。

选择“应收应付”|“业务凭证序时簿”，查看生成的凭证，如图 6 - 110 所示。

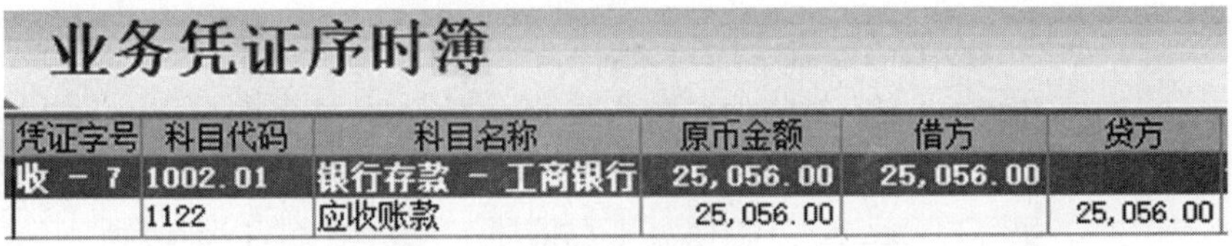

凭证字号	科目代码	科目名称	原币金额	借方	贷方
收 - 7	1002.01	银行存款 - 工商银行	25,056.00	25,056.00	
	1122	应收账款	25,056.00		25,056.00

图 6 - 110　业务凭证

3. 其他收款业务的处理

（1）收款单据。按照同样的方法录入另外两笔收款单据。

案例资料中业务（2）的收款单据如图 6 - 111 所示，业务（3）的收款单据如图 6 - 112 所示。

收款单据

客户(*): 重庆嘉陵公司　日期(*): 2019-04-22　单据号(*): YWSKD00003
收款类型(*): 收款　币别(*): 人民币　汇率(*):
结算账户(*): 工商银行　结算方式: 转账支票　结算号: SS587135
表头收款金额(*): 99,600.00　折后金额: 99,600.00　整单折扣(%):
表头收款金额(本位币): 99,600.00　折后金额(本位币): 99,600.00　折扣科目:
摘要:

行号	源单编号(*)	单据日期	单据金额	单据金额(本位币)	已核销金额	未核销金额	本次核销(*)	本次核销(本位币)	发票币
1	期初应收	2019-02-25	99,600.00	99,600.00	0.00	99,600.00	99,600.00	99,600.00	人民币

图 6－111　收款单据（重庆嘉陵公司）

收款单据

客户(*): 上海长江公司　日期(*): 2019-04-22　单据号(*): YWSKD00004
收款类型(*): 收款　币别(*): 人民币　汇率(*):
结算账户(*): 工商银行　结算方式: 转账支票　结算号: SS631258
表头收款金额(*): 400,000.00　折后金额: 400,000.00　整单折扣(%):
表头收款金额(本位币): 400,000.00　折后金额(本位币): 400,000.00　折扣科目:
摘要:

行号	源单编号(*)	单据日期	单据金额	单据金额(本位币)	已核销金额	未核销金额	本次核销(*)	本次核销(本位币)	发票币
1	LJ0413	2019-04-17	133,400.00	133,400.00	0.00	133,400.00	133,400.00	133,400.00	人民币
2	LJ0414	2019-04-19	306,240.00	306,240.00	0.00	306,240.00	266,600.00	266,600.00	人民币
3									
4									
合计			439,640.00	439,640.00	0.00	439,640.00	400,000.00	400,000.00	

图 6－112　收款单据（上海长江公司）

在收款时，同时选择核销以前的欠款。

（2）生成凭证。生成的收款凭证如图 6－113 所示。

业务凭证序时簿

凭证字号	科目代码	科目名称	原币金额	借方	贷方
收 - 8	1002.01	银行存款 - 工商银行	99,600.00	99,600.00	
	1122	应收账款	99,600.00		99,600.00
收 - 9	1002.01	银行存款 - 工商银行	400,000.00	400,000.00	
	1122	应收账款	400,000.00		400,000.00

图 6－113　收款凭证

6.2.3　预收款处理

案例资料

4 月 13 日，天津大华公司交来转账支票一张，金额 25 000 元，支票号 ZS002，作为预购货物的定金，入工商银行账户。

操作过程

1. 填制并审核预收单

选择“应收应付”|“收款单”，收款类型为“预收款”，输入业务信息。收款单据如图 6－114 所示。

收款单据

客户(*): 天津大华公司　日期(*): 2019-04-13　单据号(*): YWSKD00005

收款类型(*): 预收款　币别(*): 人民币　汇率(*):

结算账户(*): 工商银行　结算方式: 转账支票　结算号: ZS002

表头收款金额(*): 25,000.00　折后金额: 25,000.00　整单折扣(%):

表头收款金额(本位币): 25,000.00　折后金额(本位币): 25,000.00　折扣科目:

摘要:

行号	源单编号(*)	单据日期	单据金额	单据金额(本位币)	已核销金额	未核销金额	本次核销(*)	本次核销(本位币)	发票币
1									

图 6－114　预收单

先保存，然后审核。注意收款类型一开始就要选择“预收款”。

2. 收款凭证生成

选择“应收应付”|“应收应付生成凭证”，事务类型选择“预收款”，进入单据序时簿，可以看到天津大华公司的预收款。

在生成记账凭证窗口，单击“按单”按钮生成凭证。

选择“应收应付”|“业务凭证序时簿”，查看生成的凭证，如图 6－115 所示。

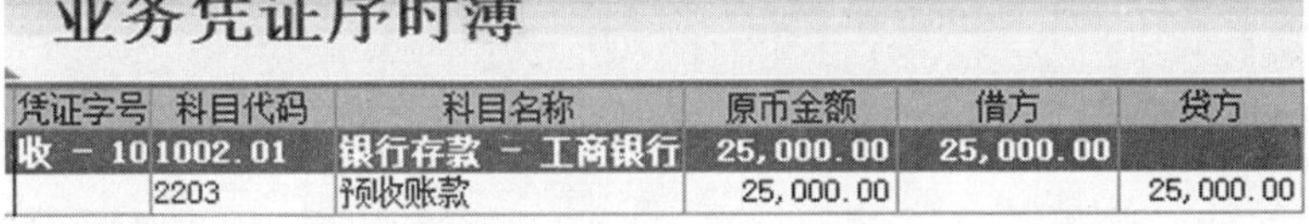
业务凭证序时簿

凭证字号	科目代码	科目名称	原币金额	借方	贷方
收 － 10	1002.01	银行存款 － 工商银行	25,000.00	25,000.00	
	2203	预收账款	25,000.00		25,000.00

图 6－115　业务凭证

6.2.4　坏账处理

案例资料

4 月 20 日，经确认天津大华公司以前欠款 28 000 元，部分货物在运输途中遭遇损失，决定作为坏账处理。

操作过程

选择“账务处理”|“凭证录入”，录入坏账凭证，应收账款为红字，记账凭证

如图 6－116 所示。

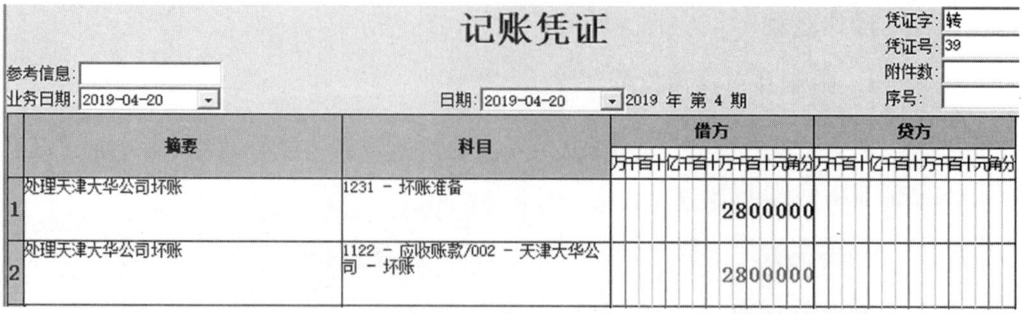

图 6－116　记账凭证

单击“保存”完成凭证制作。

6.2.5　应收应付核销业务

1. 应收应付核销的基本方法

在企业实际业务中，应收应付业务往往会交叉，甚至是多角交叉，相互之间的核销就很重要。在金蝶 KIS 云专业版中，主要通过核销单实现。

选择“应收应付”｜“核销单”，进入核销单制作，如图 6－117 所示。

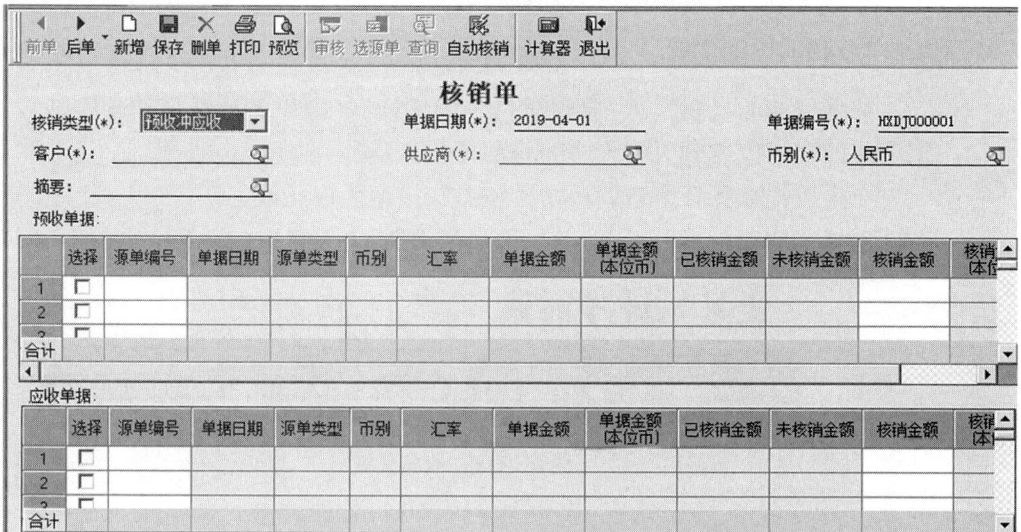

图 6－117　核销单

相关项目的填列方法如下。

客户、供应商：核销单主要是对往来单位之间的收付款核销，在预付冲应付时，客户灰色显示，表示不必填入；在预收冲应收时，供应商灰色显示，表示不必填入。

转入客户、转出客户：当核销类型选择“应收转应收”，需要选择 2 个客户，这 2 个客户不能为相同客户，都为必填项。

转入供应商、转出供应商：当核销类型选择“应付转应付”，需要选择 2 个供应商，这 2 个供应商不能为相同供应商，都为必填项。

核销类型：核销类型分为六种，包括预付冲应付、预收冲应收、应付冲应收、应收冲应付、应收转应收和应付转应付。分别处理收付款间的核销业务。

币别：指核销结算使用哪种货币。系统默认为本位币，用户可以修改。如果是预付冲应付、预收冲应收，则此币别控制的是预收付款；选择应收冲应付和应付冲应收时，币别控制的是核销所选发票币别。

源单编号：此处调入期初应收应付、赊购（赊销）发票、其他应付（收）单或委外加工费用单，并显示对应赊购（赊销）发票或其他应付（收）单的编号，期初应收应付不显示单据编号。

单据日期：指调入单据的制单日期。

源单类型：指调入单据的单据类型。

单据金额：所选单据的金额（价税合计金额）。

单据金额（本位币）：所选单据制单时的本位币金额（价税合计金额）。

已结算金额：所选单据的已结算金额。此处支持分次核销以及一次对多单核销。

未结算金额：所选单据的未结算金额。

核销金额：本次对应此张单据的核销金额。此处核销金额必须上下合计相等，否则不能保存。

核销金额（本位币）：本次对应此张单据的核销金额对应本位币。如果是本位币发票，则此处金额和实付金额相同；如果是外币源单，对应本位币金额则是按源单上汇率折算的金额。

币别：指当前所选发票或预收付款单的币别。核销单据中不允许混合核销，即表体的单据必须是同一种币别。

2. 预收冲应收

在发生销售业务前客户已支付全部或部分货款，并已计入预收账款，当发生实际销售业务时又生成应收账款，这时可以在往来核销中将收到的预收款直接冲减应收款。

案例资料

4 月 20 日，经过与天津大华公司商定，前付来的 25 000 元定金用于冲销其应收款项。

操作过程

选择“应收应付”|“核销单”，核销类型选择“预收冲应收”，客户选择“天津大华公司”。

在预收单据表中的“源单编号”处，按 F7 键选择预收单转入。

在应收单据表中的“源单编号”处，按 F7 键选择应收单据中期初单据转入。

数据转入后如图 6－118 所示。

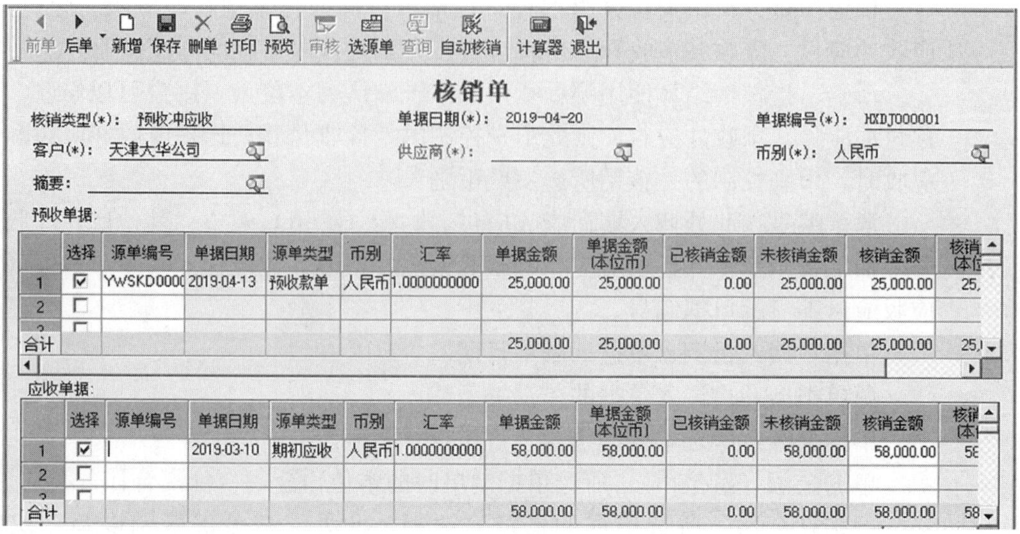

图 6－118　核销单

然后单击“自动核销”按钮，这时应收单据中核销金额会变为 25 000 元。

先保存，然后审核完成。

选择“应收应付”｜“应收应付凭证模板”，事务类型选择“预收冲应收”，在原来的模板上进行核对和修改，预收冲应收凭证模板如图 6－119 所示。

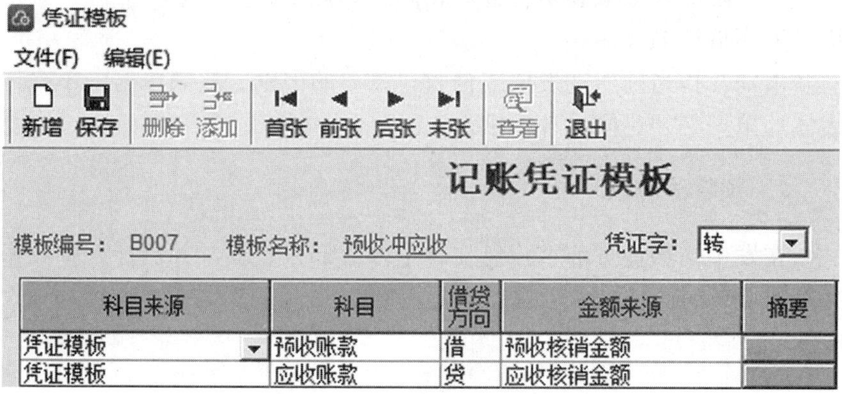

图 6－119　记账凭证模板

选择“应收应付”｜“应收应付生成凭证”，事务类型选择“预收冲应收”，过滤条件中核销日期选择 2019 年 3 月 1 日至 2019 年 4 月 30 日，然后会显示预收冲应收的单据。

单击“按单”生成凭证。

选择“应收应付”｜“业务凭证序时簿”，生成的凭证如图 6－120 所示。

业务凭证序时簿

凭证字号	科目代码	科目名称	原币金额	借方	贷方
转 - 40	2203	预收账款	25,000.00	25,000.00	
	1122	应收账款	25,000.00		25,000.00

图 6 - 120 预收冲应收凭证

3. 预付冲应付

在发生采购业务前已向供应商支付部分定金，并已计入预付账款，当发生实际采购业务时又生成应付账款，这时可以在往来核销中将已支付的预付款直接冲减应付款。

4. 应收冲应付

当某个往来单位与公司的业务关系具有双重身份时，即它既是公司的客户又是供应商，可能会发生以下业务：企业向该单位采购物资产生应付账款，企业又向该单位销售物资产生应收账款，这时可以通过此模块将应收账款与应付账款进行冲转。这只是其中的一种应用。同样，此模块还可以处理三角债业务，处理和用户的客户及供应商之间发生业务的情况。

5. 应付冲应收

当某个往来单位与公司的业务关系具有双重身份，即它既是公司的客户又是供应商，可能会发生以下的业务：企业向该单位采购物资产生应付账款，企业向该单位销售物资产生应收账款，这时可以通过此模块将应付账款与应收账款进行冲转。这只是其中的一种应用。此模块还可以处理三角债业务，处理和用户的客户及供应商之间发生业务的情况。

6. 应收转应收

当发生三角债业务时，可能会出现债权转移的需要，如企业向 A 单位销售物资产生应收账款，同时 B 单位欠 A 单位的货款，此时 A 单位与企业达成协议，直接由 B 单位支付给企业，同时 A 单位与 B 单位之间的欠款抵销，这时可以通过此模块将应收账款进行转移。

7. 应付转应付

当发生三角债业务时，可能会出现债务转移的需要，如企业向 A 单位采购物资产生应付账款，同时 A 单位欠 B 单位的货款，此时 A 单位与企业达成协议，直接由企业支付给 B 单位，同时 A 单位与 B 单位之间的欠款抵销，这时可以通过此模块将应付账款进行转移。

6.2.6 计提坏账准备

案例资料

4 月末，计提坏账准备。根据计算，应计提的坏账准备为 4 565 元。

操作过程

选择“账务处理”|“凭证录入”，核算项目选择财务部，记账凭证如图 6-121 所示。

图 6-121 计提坏账凭证

6.2.7 往来核销

1. 启用往来核销功能

选择“基础设置”|“系统参数”，再选择“财务参数”，然后选择“启用往来业务核销”，如图 6-122 所示。

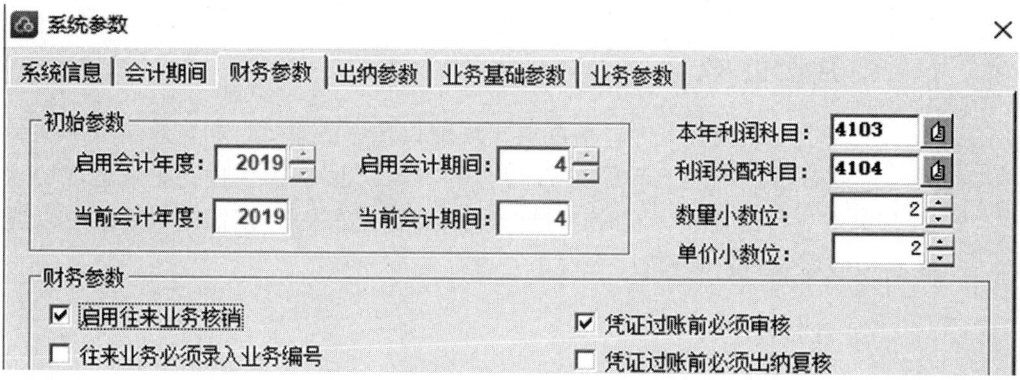

图 6-122 启用往来业务核销

2. 往来核销

（1）审核凭证。在进行往来核销前，需要将相关的凭证审核记账。

以具有凭证审核功能的操作员进入系统，选择“应收应付”｜“业务凭证序时簿”，逐一审核凭证。

简便的方法是，先选择凭证，然后按 F4 键完成审核。

在账务处理中审核未审核的凭证，然后全部记账。

(2) 进行往来核销。选择“账务处理”｜“往来核销”，首先输入要核销的会计科目，然后再输入核算项目，如图 6－123 所示。

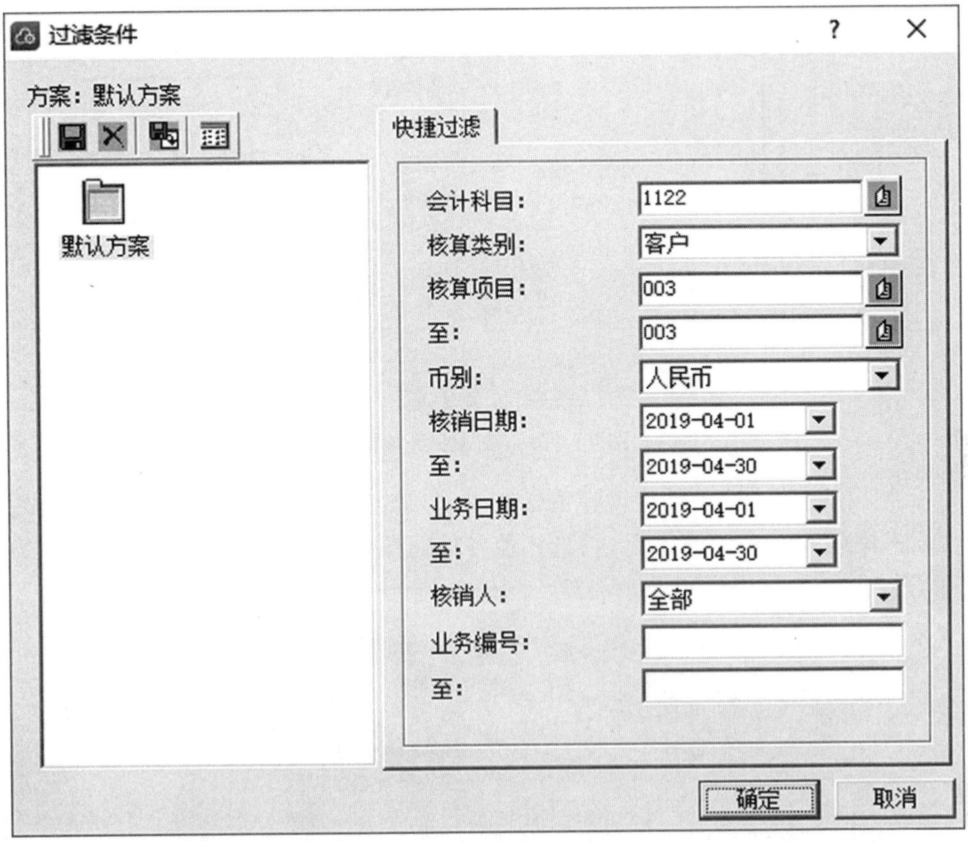

图 6－123　往来核销过滤条件

进入后如图 6－124 所示。

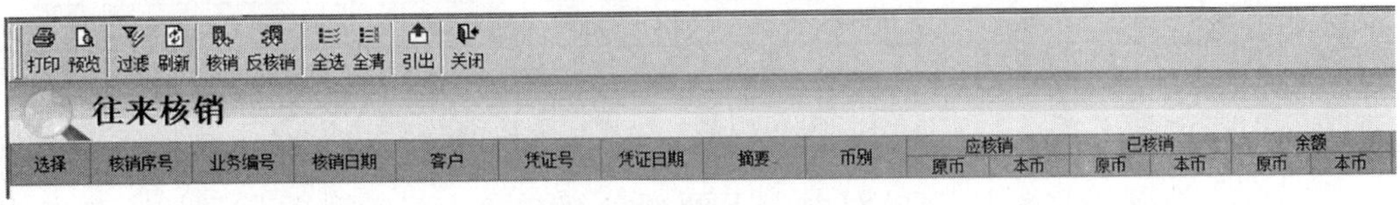

图 6－124　往来核销

核销的业务处理过程如下：

进入后，单击工具栏中的“核销”按钮，然后设置会计科目、核算项目（往来单位）、排序方式等，注意业务日期要包含期初业务的日期，如图 6－125 所示。

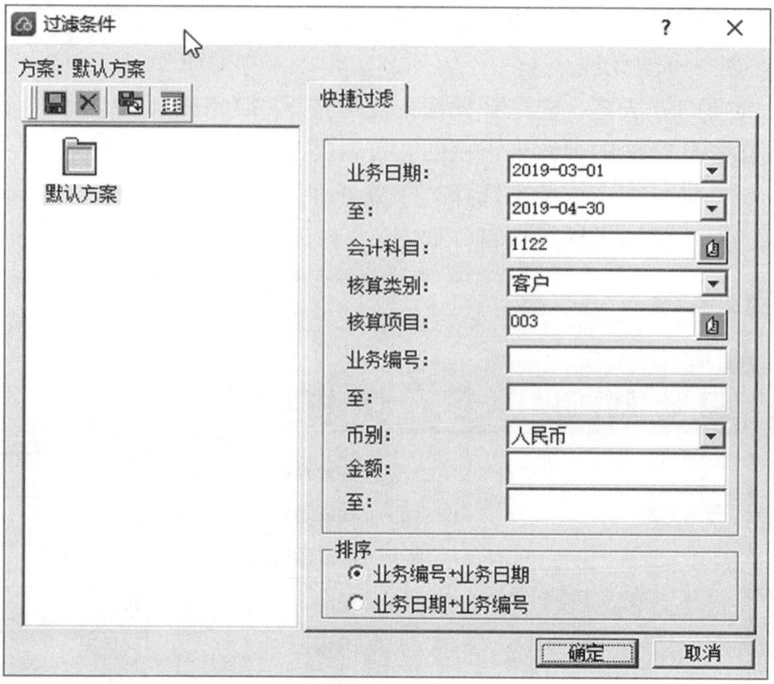

图 6－125　往来业务核销条件设置

核销的过滤条件设置完成，单击“确定”，进入核销的处理界面。先设置核销日期为“2019－04－30”，再选择业务进行核销，如图 6－126 所示。

图 6－126　往来业务核销

“往来业务核销”界面由上下两部分组成，上半部分是需要进行核销的记录，下半部分是收款或付款业务。如果是资产类科目，则借方发生额在上面，贷方发生额在下面；如果是负债类科目，则是贷方发生额在上面，借方发生额在下面。

在核销界面提供了以下三个选项，可以多选：

1）业务编号不相同核销。该选项只是一个辅助功能，是为了弥补用户一时大意未输入业务编号或输入错误业务编号而提供的一种补救功能。因此建议用户不到万不得已最好不要使用该功能。

2）按倒序进行内部冲销。内部金额进行冲销时，如果不选择此选项，则负数金额的冲销是从第一条正数金额开始；如果选择了此选项，则负数金额的冲销从该笔金额上面的倒数第一条正数金额开始。注意：如果负数金额在第一条，那么选择此选项后从最后一条正数金额开始冲销。

3）内部冲销时金额相等优先。即如果在一个核销的内部区域内有金额相等、方向相反的冲销记录，应优先核销。否则按照系统原来的处理程序，负数金额从该区域内的第一笔正数金额开始按照排列的顺序依次核销，直到核销完为止。

系统提供两种核销方式：手工核销和自动核销。手工核销时，用户选择相同的业务编号，核销的原则是按业务编号相同但业务发生相反的记录进行。在选择的方框中显示一个选中的记号，如果用户选择了不同的业务编号，核销时系统则应提示：不同的业务编号不可以进行核销。系统的核销方式为自动核销时，系统自动对所有业务编号相同但业务发生相反的记录进行核销，余额为未核销金额。

一经核销，如果全部金额都核销了，则该笔记录不再显示，表示这笔记录已被核销完成，如果是部分核销，则应显示未核销金额。

单击“自动”进行自动核销后，单击“关闭”，显示核销结果，如图 6－127 所示。

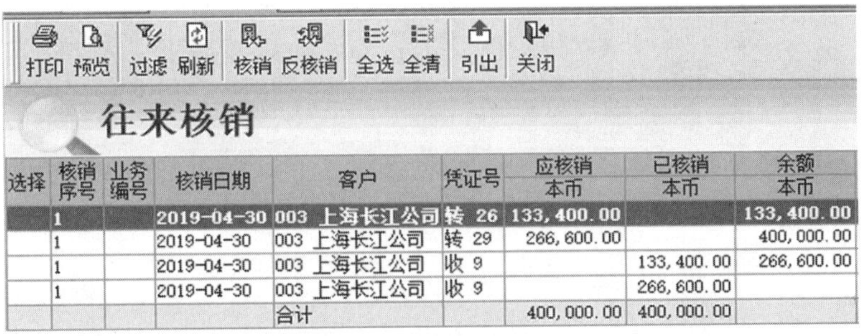

选择	核销序号	业务编号	核销日期	客户	凭证号	应核销 本币	已核销 本币	余额 本币
	1		2019-04-30	003 上海长江公司	转 26	133,400.00		133,400.00
	1		2019-04-30	003 上海长江公司	转 29	266,600.00		400,000.00
	1		2019-04-30	003 上海长江公司	收 9		133,400.00	266,600.00
	1		2019-04-30	003 上海长江公司	收 9		266,600.00	
				合计		400,000.00	400,000.00	

图 6－127　核销结果

可以选择“反核销”取消核销，然后重新进行核销。还可以逐一按单位进行核销。

如果没有显示核销的结果，应注意检查设置的过滤条件。

3. 往来对账单

选择“账务处理”｜“往来对账单”，设置条件，如图 6－128 所示。

往来对账单格式如图 6－129 所示。

4. 账龄分析

选择“账务处理”｜“账务账龄分析表”，设置条件，如图 6－130 所示。输入条件时，要注意日期。

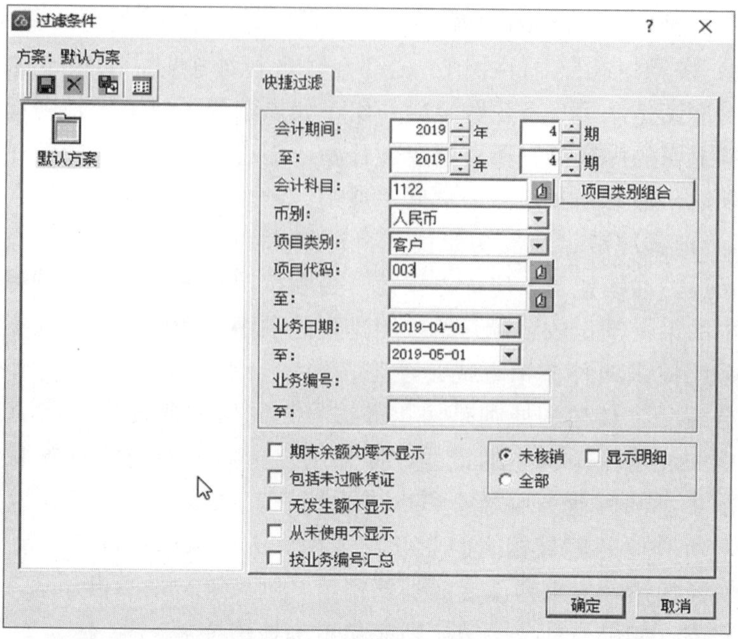

图 6－128　往来对账单条件设置

图 6－129　往来对账单格式

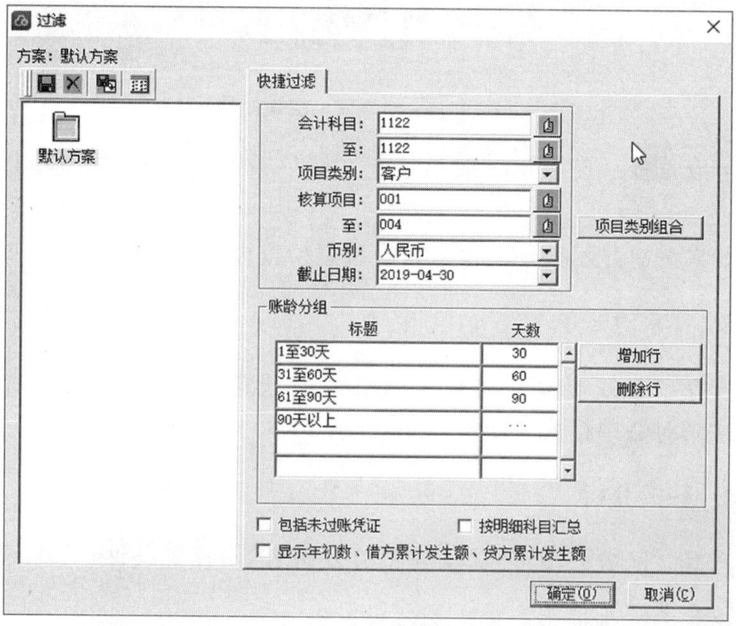

图 6－130　账龄分析条件

账龄分析表格式如图 6－131 所示。

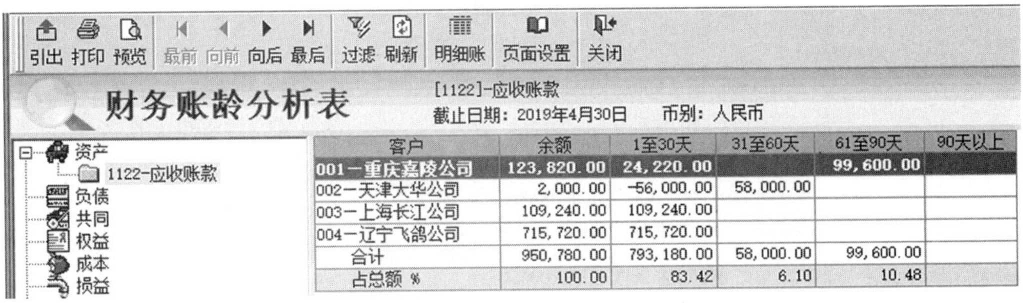

客户	余额	1至30天	31至60天	61至90天	90天以上
001－重庆嘉陵公司	123,820.00	24,220.00		99,600.00	
002－天津大华公司	2,000.00	-56,000.00	58,000.00		
003－上海长江公司	109,240.00	109,240.00			
004－辽宁飞鸽公司	715,720.00	715,720.00			
合计	950,780.00	793,180.00	58,000.00	99,600.00	
占总额 %	100.00	83.42	6.10	10.48	

图 6－131　账龄分析表

6.2.8　账表查询

1. 应收账款明细表

选择“应收应付”｜“应收账款明细表”，过滤条件设置：日期为 2019 年 1 月 1 日至 2019 年 4 月 30 日，客户为 003（上海长江公司），结果如图 6－132 所示。

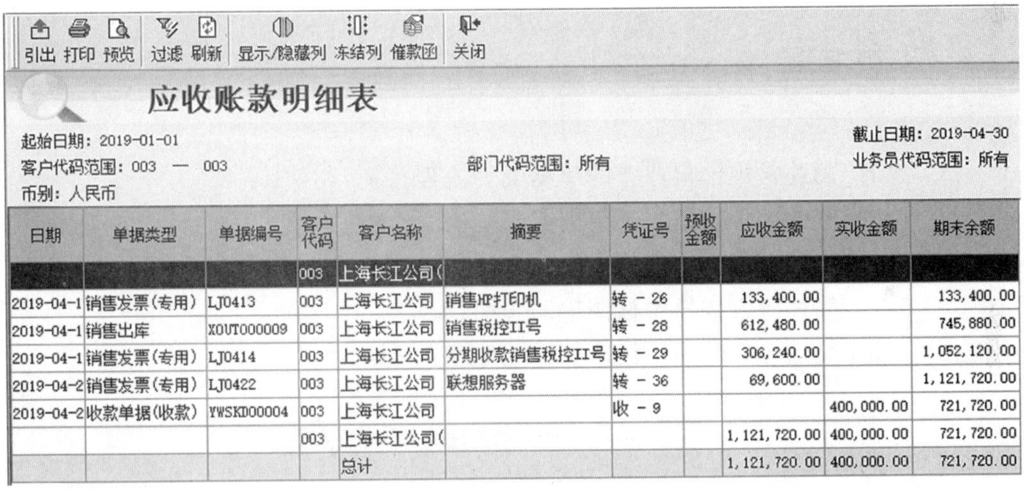

日期	单据类型	单据编号	客户代码	客户名称	摘要	凭证号	预收金额	应收金额	实收金额	期末余额
			003	上海长江公司(						
2019-04-1	销售发票(专用)	LJ0413	003	上海长江公司	销售HP打印机	转－26		133,400.00		133,400.00
2019-04-1	销售出库	XOUT000009	003	上海长江公司	销售税控II号	转－28		612,480.00		745,880.00
2019-04-1	销售发票(专用)	LJ0414	003	上海长江公司	分期收款销售税控II号	转－29		306,240.00		1,052,120.00
2019-04-2	销售发票(专用)	LJ0422	003	上海长江公司	联想服务器	转－36		69,600.00		1,121,720.00
2019-04-2	收款单据(收款)	YWSKD00004	003	上海长江公司		收－9			400,000.00	721,720.00
			003	上海长江公司(				1,121,720.00	400,000.00	721,720.00
				总计				1,121,720.00	400,000.00	721,720.00

图 6－132　应收账款明细表

2. 应收账款汇总表

选择“应收应付”｜“应收账款汇总表”，如图 6－133 所示。

应付账款的有关数据也可按照类似方式查询。

其他账表可根据需要查询。

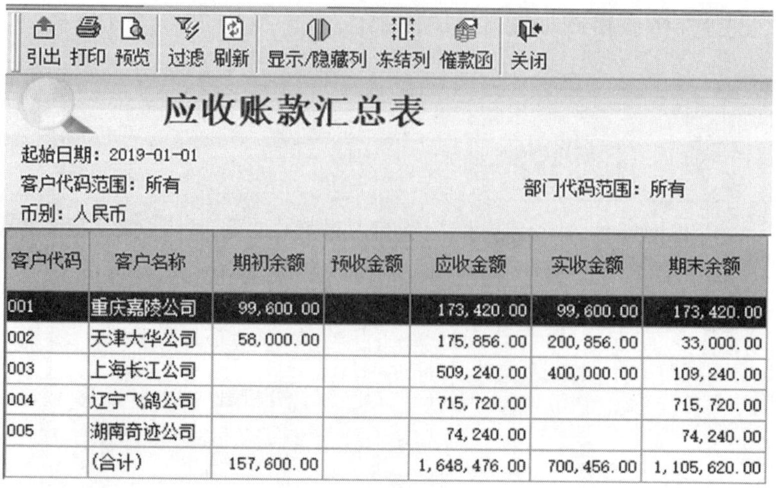

应收账款汇总表

起始日期：2019-01-01

客户代码范围：所有　　部门代码范围：所有

币别：人民币

客户代码	客户名称	期初余额	预收金额	应收金额	实收金额	期末余额
001	重庆嘉陵公司	99,600.00		173,420.00	99,600.00	173,420.00
002	天津大华公司	58,000.00		175,856.00	200,856.00	33,000.00
003	上海长江公司			509,240.00	400,000.00	109,240.00
004	辽宁飞鸽公司			715,720.00		715,720.00
005	湖南奇迹公司			74,240.00		74,240.00
	(合计)	157,600.00		1,648,476.00	700,456.00	1,105,620.00

图 6－133　应收账款汇总表

复习题

思考题

1. 简述常规销售业务的单据处理流程。
2. 简述销售发票与销售出库单钩稽的作用。
3. 简述拆单的作用与方法。
4. 简述应收应付中核销单的作用。
5. 简述账务处理中往来核销的处理方法。

判断题

1. 业务单据制作完成必须立即生成业务凭证。　（　　）
2. 对应业务必须先设置好凭证模板，才能生成业务凭证。　（　　）
3. 销售业务凭证生成后，就不能补充或修改凭证数据。　（　　）
4. 生成销售出库凭证前，必须先进行存货出库核算。　（　　）
5. 存货出库核算是计算存货的销售收入。　（　　）
6. 存货核算需要在销售发票和销售出库单没有钩稽前执行。　（　　）
7. 在生成业务凭证时，只能选择默认凭证模板。　（　　）
8. 结算方式一旦设定，就不能增加。　（　　）

9. 销售出库单一旦生成凭证，之后即使出库成本有变化也不能更改。（　　）

10. 在移动平均法下，销售出库单的单位成本是动态变化的。（　　）

11. 在全月一次加权平均法下，全月销售出库单的单位成本都是相同的。（　　）

12. 必须要有销售订单才能制作销售出库单。（　　）

13. 销售发票和销售出库单的数量不相同直接就可以进行钩稽。（　　）

14. 往来核销通过核销单完成。（　　）

15. 往来核销需要启用才能使用。（　　）

16. 往来核销后的业务，就不能取消核销。（　　）

17. 往来核销处理后会影响凭证数据。（　　）

18. 销售账表查询中要设置过滤条件，增加的查询过滤条件不能保存供后续使用。（　　）

19. 应收应付中的业务凭证序时簿可以进行凭证过账。（　　）

20. 在业务中生成的凭证，只有在业务凭证序时簿中审核以后，才能在账务处理中过账。（　　）

□ 单项选择题

1. 销售发票钩稽时，若销售出库单的数量大于销售发票的数量，需要（　　）。

A. 对销售出库单进行拆单　　B. 对销售发票进行拆单

C. 合并销售发票和销售出库单　　D. 进行存货出库核算

2. 销售订单可以通过（　　）关联输入数据。

A. 销售报价单　　B. 销售订单

C. 销售出库单　　D. 销售发票

3. 已经审核的销售出库单在审核后发现数据有误，需要进行修改，应当（　　）。

A. 取消审核　　B. 取消钩稽　　C. 重新输入　　D. 删除

4. 红字销售发票输入并正常保存后，在销售发票中查询时，没有显示该发票，原因是（　　）。

A. 没有审核　　B. 没有钩稽

C. 过滤条件的红蓝标志设置不对　　D. 作废标志设置不对

5. 在销售管理的各种序时簿中，为了简化不同需要的查询，可以在过滤条件中通过设置（　　）来实现。

A. 默认方案　　B. 多个方案

C. 多个条件　　D. 多种表格设置

6. 在存货核算中生成的凭证需要在业务凭证序时簿中（　　）后，才能在账务处理中过账。

A. 审核　　B. 复核　　C. 过账　　D. 管理

7. 出库单和销售发票分为红字单据和蓝字单据，若要录入红字单据必须在录入单据时点击工具栏上的（　　）按钮。

A. 新增　　B. 复制　　C. 红字　　D. 蓝字

8. 在销售管理中新增了一张销售方式为赊销的发票，则该张发票的凭证处理应在（　　）中完成。

A. 销售管理　　B. 存货核算

C. 应收应付　　D. 账务处理

9. 销售出库单中，必须录入的项目是（　　）。

A. 购货单位　　B. 交货地点

C. 摘要　　D. 备注

10. KIS 云专业版中需要在财务处理模块进行往来核销，首先必须（　　）。

A. 对科目设置“往来业务核算”

B. 在系统参数设置“启用往来业务核销”

C. 在系统参数设置“往来业务必须录入业务编号”

D. 在科目下设核算项目管理

11. 在新会计准则中，不支持的计价方法是（　　）。

A. 加权平均法　　B. 后进先出法　　C. 先进先出法　　D. 移动加权法

12. 系统默认可进行单据修改操作的人员是（　　）。

A. 有审核权限的所有人员　　B. 单据的制作人

C. 系统管理员　　D. 账套管理员

13. 以下关于 KIS 云专业版中单据拆分的说法中正确的是（　　）。

A. 拆分出来的子单可以继续拆分

B. 拆分后的母单可以继续拆分

C. 单据拆分只能进行一次，不能多次拆分

D. 以上说法都正确

14. 应收应付不支持的业务单据是（　　）。

A. 收款单　　B. 其他应收单

C. 应收票据　　D. 核销单

□ 多项选择题

1. 业务单据制作完成后，可以（　　）生成凭证。

A. 立即　　B. 当月内　　C. 本季内　　D. 当年内

2. 在销售管理中，必须填制的单据是（　　）。

A. 销售报价单　　B. 销售订单

C. 销售出库单　　D. 销售发票

3. 销售发票钩稽是进行（　　）两种单据的钩稽。

A. 销售报价单　　B. 销售订单

C. 销售出库单　　D. 销售发票

4. 销售发票可以通过（　　）关联输入发票数据。

A. 销售报价单　　B. 销售订单

C. 销售出库单　　D. 销售发票

5. 销售出库单可以通过（　　）关联输入数据。

A. 产品入库单　　B. 销售订单

C. 采购入库单　　D. 销售发票

6. 销售管理中的单据可以通过基础设置实现（　　）。

A. 制单人审核　　B. 不能由制单人审核

C. 制单人和非制单人审核　　D. 系统管理员审核

7. 核销单可实现（　　）方面的核销。

A. 预收冲应收　　B. 应收冲应付和应收转应收

C. 预付冲应付　　D. 应付冲应收和应付转应付

8. 往来业务核销提供了（　　）方式。

A. 手工选择核销　B. 自动核销　C. 匹配核销　D. 顺序核销

9. KIS 云专业版中销售出库单录入方法包括（　　）。

A. 直接录入

B. 关联发票生成、关联订单生成，如果为红单还可关联原销售出库单

C. 关联采购入库单、产品入库单生成

D. 银行对账单生成

10. 在金蝶 KIS 云专业版中，客户发生销售退货，不合理的处理方法为（　　）。

A. 制作“盘亏单 ”

B. 制作“其他入库单”

C. 制作销售出库单，输入负值

D. 关联销售出库蓝字单据制作销售出库红单

11. 账务管理中往来管理的内容包括（　　）。

A. 与往来业务相关的设置　　B. 核销管理

C. 往来对账单　　D. 账龄分析表

□ 参考答案

判断题

1. 错误；2. 正确；3. 错误；4. 正确；5. 错误；6. 错误；7. 错误；8. 错误；9. 正确；10. 正确；11. 正确；12. 错误；13. 错误；14. 错误；15. 正确；16. 错误；17. 错误；18. 错误；19. 错误；20. 正确。

单项选择题

1. A；2. A；3. A；4. C；5. B；6. A；7. C；8. B；9. A；10. A；11. B；12. B；13. B；14. C。

多项选择题

1. AB；2. CD；3. CD；4. BC；5. ABCD；6. ABC；7. ABCD；8. AB；9. ABC；10. ABC；11. ABCD。

第 7 章 Chapter 7 仓存和存货核算业务处理

7.1 仓存管理

7.1.1 基本业务和功能

1. 基本功能

仓存管理的主要功能是完成物料的入库、在库、出库、调拨、盘点等一系列管理工作。基本功能如图 7-1 所示。

图 7-1 仓存管理功能

2. 仓存管理系统与其他系统的接口关系

在采购和销售系统中，订单、出入库单、发票三方关联，订单中的物料价格、出入库单中的物料数量都会关联到发票中，实现业务的完整关联记录。

在制作单据时，可以通过引用源单来实现单据间的关联。其作用主要体现在两方面：第一，在单据序时簿中通过对单据的上查下查，实现有引用关系的单据关联查询；第二，快速录单，通过引用源单可以将源单的关联信息自动填入单据中，加快单据的录入速度。

3. 入库

一般情况下，物料的入库按不同的来源渠道分为外购入库、产品入库、盘盈入库、其他入库四种方式。

外购入库和退料流程如图 7－2 所示。

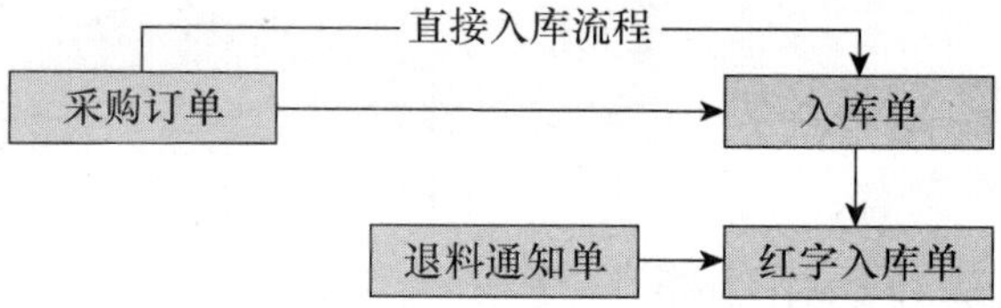

图 7－2　外购入库和退料流程

生产入库的是企业生产加工的自制产品，通过产品入库单据录入系统，入库产品成本由财务人员在存货核算系统中计算核定。

4. 调拨

调拨是指将物料从一个仓库转移到另一个仓库，如图 7－3 所示。

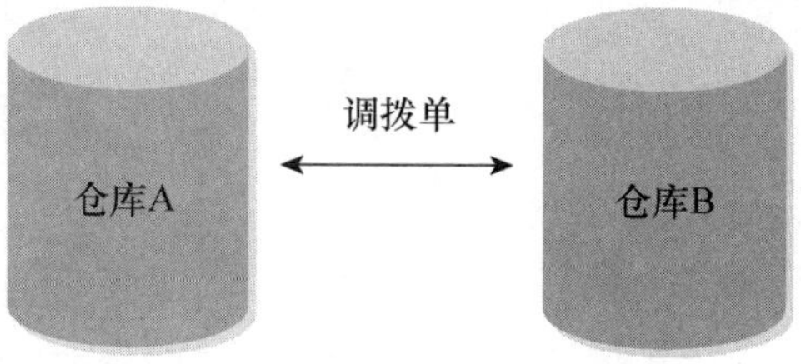

图 7－3　调拨

有些企业拥有很多仓库，常常需要将物料进行调配，此时就会用到仓库调拨。仓库调拨的关键是要注意调入仓库和调出仓库，不要误调。调拨处理中一般不涉及调拨物料的成本确定。

调拨的调出一方会减少仓库的库存，调入的一方会增加库存，从总量上并没有增加或减少。

7.1.2　产成品入库业务

案例资料

（1）4 月 5 日，成品库收到二车间加工的专用发票纸 300 箱，通用发票纸 400 箱，均入配套用品库。

（2）4 月 10 日，成品库收到当月一车间加工的 30 台税控Ⅱ号产成品入库。

4 月 25 日收到财务部门提供的完工产品成本。其中税控Ⅱ号成本每台 3 000 元，计 90 000 元，随即做成本分配，生成记账凭证。专用发票纸的成本每箱 50 元，计 15 000 元；通用发票纸的成本每箱 40 元，计 16 000 元，随即做成本分配，生成记账凭证。

操作过程

1. 发票打印纸入库

选择“仓存管理”|“产品入库”，在产品入库单中选择默认条件，输入产品入库信息，如图 7－4 所示。

图 7－4　发票打印纸入库

先保存，然后审核。

2. 税控Ⅱ号入库

选择“仓存管理”|“产品入库”，在产品入库单中输入产品入库信息，如图 7－5 所示。

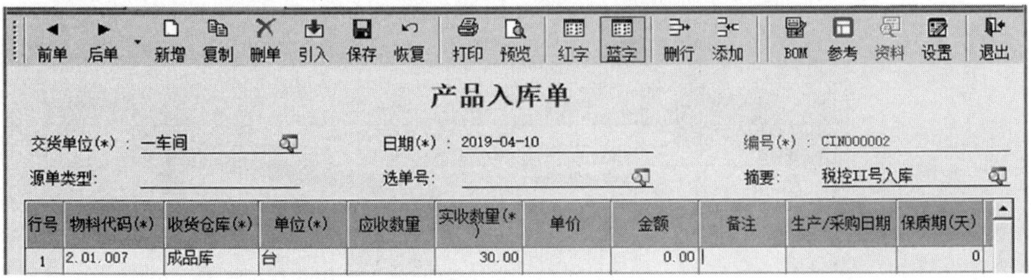

图 7－5　税控Ⅱ号入库

先保存，然后审核。

3. 产品入库核算

选择“存货核算”|“自制入库核算”，过滤条件采用默认设置，输入单位成本，如图 7-6 所示。

图 7-6 自制入库核算

单击“核算”按钮，系统会提示核算成功。

4. 生成入库凭证

(1) 设置凭证模板。产品入库模板参数定义如表 7-1 所示，凭证类型为转账凭证。

表 7-1 产品入库凭证模板

科目来源	科目	方向	金额来源	摘要	核算项目
单据上物料的存货科目	库存商品	借	产品入库单实际成本		
凭证模板	生产成本/直接材料	贷	产品入库单实际成本		

说明：为简化定义，这里将成本都列为直接材料。

选择“存货核算”|“业务凭证模板”，事务类型选择“产品入库”。

双击“产品入库单”模板，设置有关参数。记账凭证模板如图 7-7 所示。

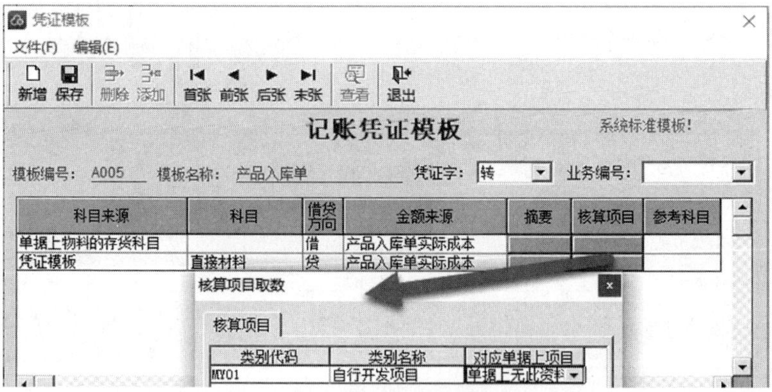

图 7-7 记账凭证模板

单击“保存”完成设置。

（2）生成凭证。选择“存货核算”|“业务生成凭证”，再选择“产品入库”，单击“重设”，系统过滤出所有产品入库单据，选择相应的产品入库单。

单击“选项”，异常处理中选择“忽略错误继续处理下一张单据”，数据不完整或保存前处理选择“保存凭证前调出凭证修改界面手工调整”。这是由于产品入库单没有自定义核算项目的信息，所以需要在生成凭证过程中补充输入。

选择的产品入库单如图 7－8 所示。

产品入库

	选择标志	凭证模板	审核标志	日期	单据编号	凭证字号	物料代码	物料名称	交货单位	收货仓库	单价	单位	实收数量	金额
1	☑	产品入库单	Y	2019-04-05	CIN000001		3.01.008	专用发票纸	二车间	配套用品库	50.00	箱	300.00	15,000.00
2							3.01.009	通用发票纸		配套用品库	40.00	箱	400.00	16,000.00
3	☑	产品入库单	Y	2019-04-10	CIN000002		2.01.007	税控II号	一车间	成品库	3,000.00	台	30.00	90,000.00

图 7－8　选择需要生成凭证的单据

单击“生成凭证”按钮。

生成第一张凭证时补充核算项目，凭证如图 7－9 所示。

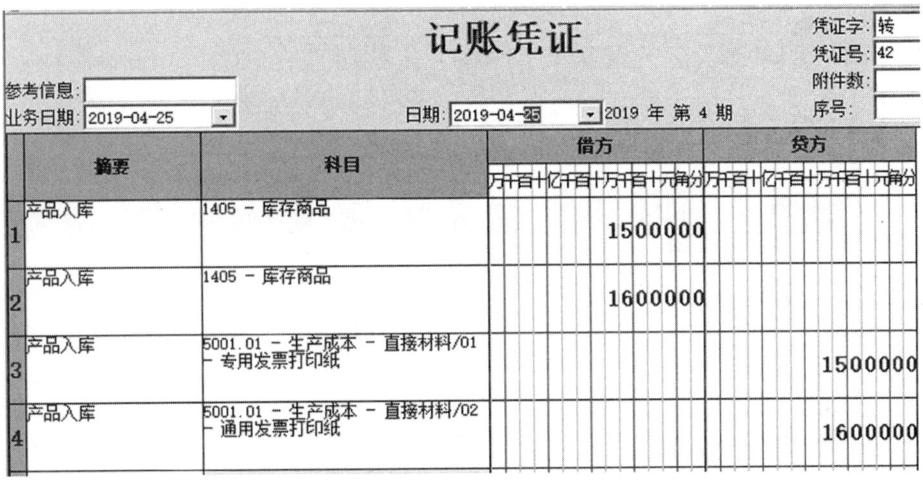

图 7－9　发票打印纸凭证

单击“保存”完成第一张凭证。第二张凭证补充税控Ⅱ号作为核算项目，如图 7－10 所示。

图 7－10　税控Ⅱ号凭证

7.1.3 物料领用

案例资料

4 月 10 日，一车间向原料库领用 CN 处理器 100 盒，2TB 硬盘 100 盒，用于生产税控Ⅱ号产品。

操作过程

1. 录入领料单

选择“仓存管理”|“生产领料”，在领料单中输入领料数据，领料用途项目按 F7 键进入后新增“01 生产用”，如图 7-11 所示。

图 7-11 领料单

先保存，然后审核完成。

2. 生成领料凭证

(1) 设置凭证模板。生产领用凭证模板参数定义如表 7-2 所示，凭证类型为转账凭证。

表 7-2 生产领用凭证模板

科目来源	科目	方向	金额来源	摘要	核算项目
凭证模板	生产成本——直接材料	借	生产领料单实际成本		
凭证模板	库存商品	贷	生产领料单实际成本		

选择“存货核算”|“业务凭证模板”，再选择“生产领料”事务类型。

单击“新增”，建立新的“生产领料 B”模板，设置有关参数。记账凭证模板如图 7-12 所示。

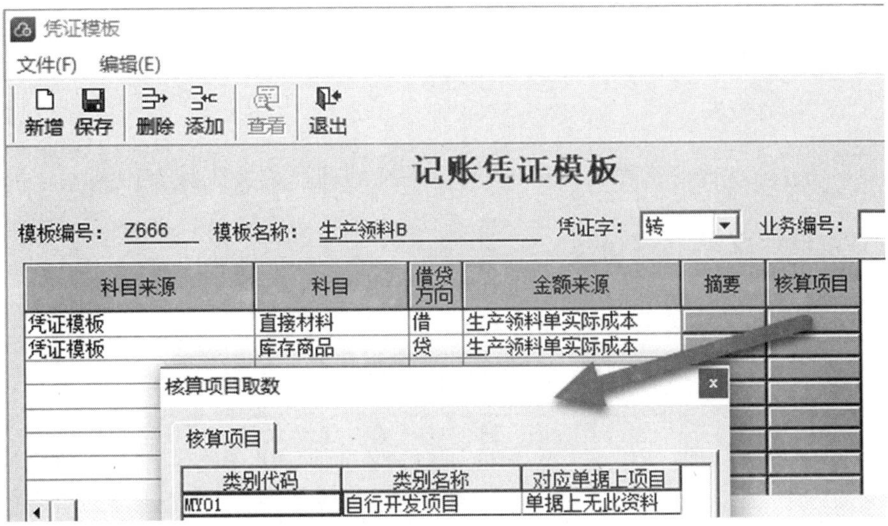

图 7-12 记账凭证模板

单击“保存”完成设置，然后设置为默认模板。

(2) 生成凭证。选择“存货核算”|“存货出库核算”，再选择“结转本期所有存货”，然后进行核算。

选择“存货核算”|“业务生成凭证”，再选择“生产领料”，单击“重设”，系统过滤出单据，选择需要生成凭证的单据，如图 7-13 所示。

生产领料

	选择标志	凭证模板	审核标志	日期	凭证字号	物料名称	领料部门	领料用途	发料仓库	单位	实发数量	单价	金额
1	☑	生产领料B	Y	2019-04-10		CN处理器	一车间	生产用	原料库	盒	100.0	1,200.00	120,000.00
2						2TB硬盘			原料库	盒	100.0	808.82	80,882.30

图 7-13 选择需要生成凭证的单据

凭证生成的选项设置中选择“保存凭证前调出凭证修改界面手工调整”。

单击“生成凭证”。系统显示凭证时，补充输入核算项目“税控Ⅱ号”，如图 7-14 所示。

图 7-14 补充核算项目后的凭证

7.1.4 调拨业务

案例资料

4 月 20 日，将原料库中的 50 盒 CN 处理器调拨到配套用品库，价格相同。

操作过程

1. 调拨业务处理

选择“仓存管理”|“调拨”，在调拨单中输入调拨信息，如图 7－15 所示。

图 7－15　调拨单

先保存，然后审核。

选择“存货核算”|“存货出库核算”，选择“结转本期所有存货”后完成存货的出库核算。

选择“仓存管理”|“调拨单序时簿”，在仓库调拨序时簿中可查看调拨单的调拨成本情况，如图 7－16 所示。

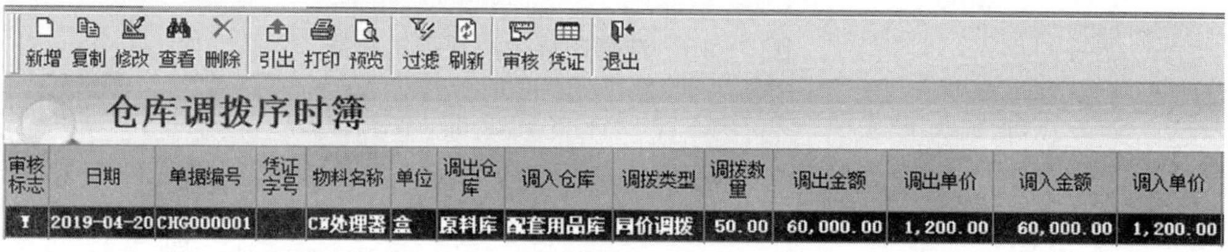

图 7－16　仓库调拨序时簿

2. 不同类型仓库的调拨业务

实仓和虚仓是系统赋予仓库的一个称谓，为了有效区别管理赠品和正品，软件提供不同类型的仓库管理，核算成本的仓库称为实仓，不核算成本的仓库称为虚仓。实仓和虚仓的类型定义在基础设置的辅助核算仓库的设置中完成，仓库类型可以选择普通仓、虚仓、其他三种。

（1）实仓同实仓之间的调拨业务：这种业务主要处理不同实仓间的货品调拨。由于实仓是需要核算货品成本的，因此不同实仓间的调拨存在两种情况：同价调拨和异价调拨。

（2）实仓同虚仓之间的调拨业务：这种业务处理的是实仓和虚仓的货品调拨。由于虚仓是不需要核算货品成本的，因此不同仓库类型间的调拨只有一种情况——异价调拨。所有从实仓调拨到虚仓的货品成本单价自动为零；所有从虚仓调拨到实仓的货品，用户需要为货品赋予单价，并作为入库成本参与实仓的货品成本核算。

（3）虚仓同虚仓之间的调拨业务：这种业务处理虚仓间的货品调拨。由于虚仓是不需要核算成本的，因此不同虚仓间的调拨只有一种情况——同价调拨。所有虚仓的货品在调拨前后，单价为零，只对数量进行管理，因此虚仓调拨单不存在成本核算，也不会生成凭证。

7.1.5　盘点业务

案例资料

4 月 25 日，对原料库的键盘进行盘点，发现键盘多 1 个。经确认，该键盘的成本为 95 元/个。

操作过程

1. 填制与审核盘点报告单

选择“仓存管理”｜“盘盈入库”，在盘盈入库单中输入有关盘盈数据，如图 7－17 所示。

盘盈入库单

日期(*)：2019-04-25　　编号(*)：YADJ000001

行号	物料代码(*)	物料名称	仓库名称(*)	单位(*)	账存数量	实存数量	单价	盘盈数量(*)	盘盈金额	备注
1	1.03.005	键盘	原料库	个	296.00	297.00	95.00	1.00	95.00	

图 7－17　盘点报告单

先保存，再审核。

2. 生成凭证

（1）设置凭证模板。盘盈入库凭证模板参数定义如表 7－3 所示，凭证类型为转账凭证。

表 7－3　　盘盈入库凭证模板

科目来源	科目	方向	金额来源	摘要	核算项目
单据上物料的存货成本	库存商品	借	盘盈入库单实际成本		
凭证模板	待处理财产损溢/待处理流动资产损溢	贷	盘盈入库单实际成本		

选择“存货核算”｜“业务凭证模板”，再选择“盘盈入库”。双击“盘盈入库单”，设置有关的参数。记账凭证模板如图 7－18 所示。

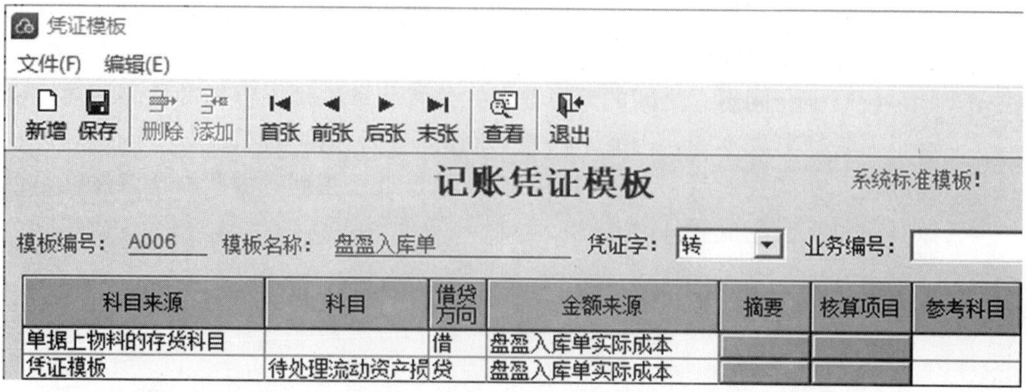

图 7－18　记账凭证模板

单击“保存”完成设置。

(2) 生成凭证。选择“存货核算”｜“业务生成凭证”，再选择“盘盈入库单”凭证模板，单击“重设”，选择盘盈入库单据。

单击“生成凭证”完成凭证生成。

选择“存货核算”｜“业务凭证序时簿”，生成的凭证如图 7－19 所示。

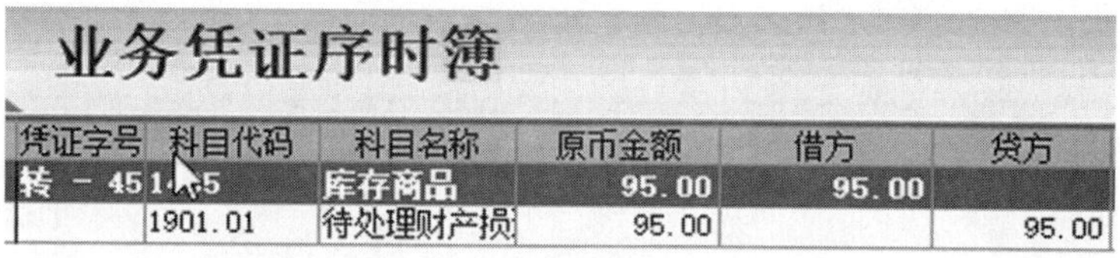

图 7－19　业务凭证

7.1.6　假退料

案例资料

4 月 28 日，根据生产部门的统计，一车间有 5 个 CN 处理器当月未用完。先做假退料处理，下个月再继续使用。

操作过程

1. 填制与审核红字生产领用单

金蝶 KIS 云专业版中，假退料不在供应链中反映，只有通过红字领料单变通处理。材料本身不退回库房。

选择“仓存管理”｜“生产领料”，在领料单中单击“红字”，通过关联原来的领料单转入数据，然后进行更改，如图 7－20 所示。

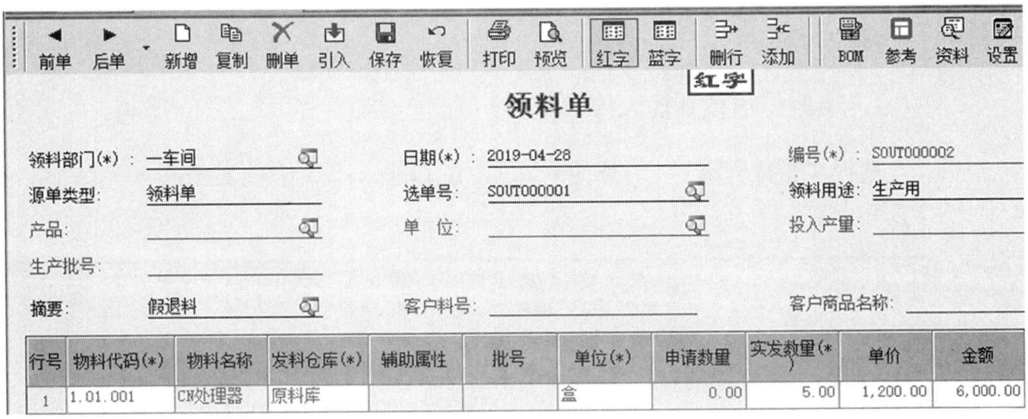

图 7－20　领料单（红字）

先保存，然后审核。

2. 生成凭证

选择“存货核算”｜“业务生成凭证”，再选择“生产领料”，单击“重设”，系统过滤出单据（红蓝标志选择“红字”），选择需要生成凭证的记录。

凭证生成的选项设置中选择“保存凭证前调出凭证修改界面手工调整”。

单击“生成凭证”。系统显示凭证时，补充输入核算项目“税控Ⅱ号”，生成的凭证如图 7－21 所示。

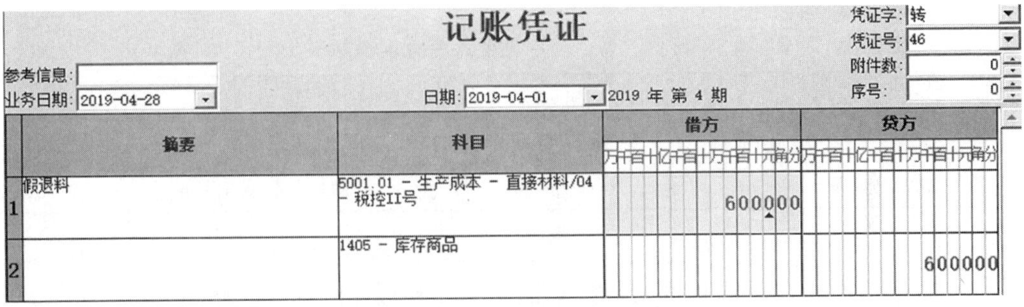

图 7－21　记账凭证

3. 下月月初处理

用蓝字填制并审核生产领用单。

7.1.7　其他入库业务

案例资料

4 月 28 日，销售部收到赠品液晶显示器 3 台，单价 1 200 元，存入原料库。

操作过程

1. 填制与审核其他入库单

选择“仓存管理”|“其他入库”，在其他入库单中输入赠品入库信息，如图 7-22 所示。

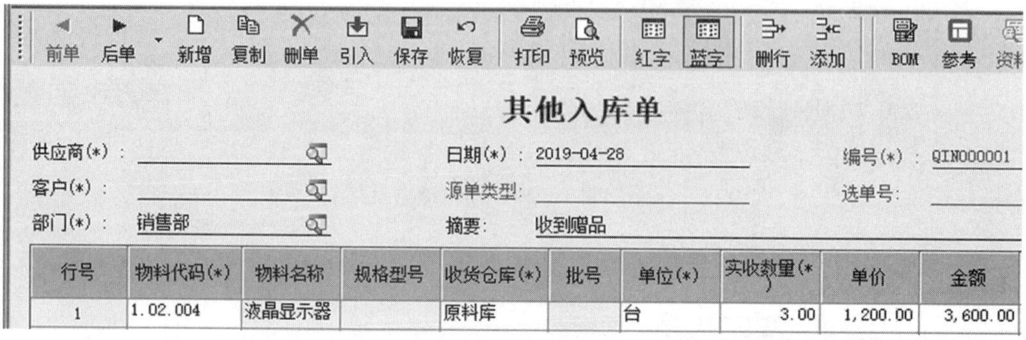

图 7-22　其他入库单

先保存，然后审核。

2. 生成其他入库凭证

（1）设置凭证模板。其他入库凭证模板参数定义如表 7-4 所示，凭证类型为转账凭证。

表 7-4　其他入库凭证模板

科目来源	科目	方向	金额来源	摘要	核算项目
单据上物料的存货科目	库存商品	借	其他入库单实际成本		
凭证模板	营业外收入	贷	其他入库单实际成本		

选择“存货核算”|“业务凭证模板”，再选择“其他入库单”，双击“其他入库单”模板，设置有关的参数。记账凭证模板如图 7-23 所示。

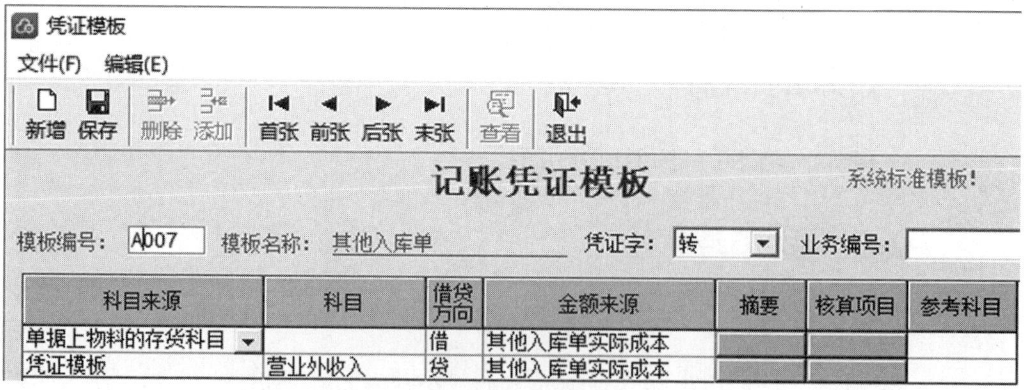

图 7-23　记账凭证模板

单击“保存”按钮完成设置。

(2) 生成凭证。选择“存货核算”｜“业务生成凭证”，再选择“其他入库”凭证模板，单击“重设”按钮，选择要生成凭证的其他入库单。

单击“生成凭证”按钮完成生成凭证工作。

选择“存货核算”｜“业务凭证序时簿”，生成的凭证如图 7－24 示。

业务凭证序时簿

凭证字号	科目代码	科目名称	原币金额	借方	贷方
转 － 47	1405	库存商品	3,600.00	3,600.00	
	6301	营业外收入	3,600.00		3,600.00

图 7－24　业务凭证

7.1.8　其他出库业务

案例资料

4 月 30 日，销售部从成品库领取 5 台税控Ⅱ号样品，用于捐助西部贫困地区。

操作过程

1. 填制并审核其他出库单

选择“仓存管理”｜“其他出库”，在其他出库单中输入产品出库信息，如图 7－25 所示。

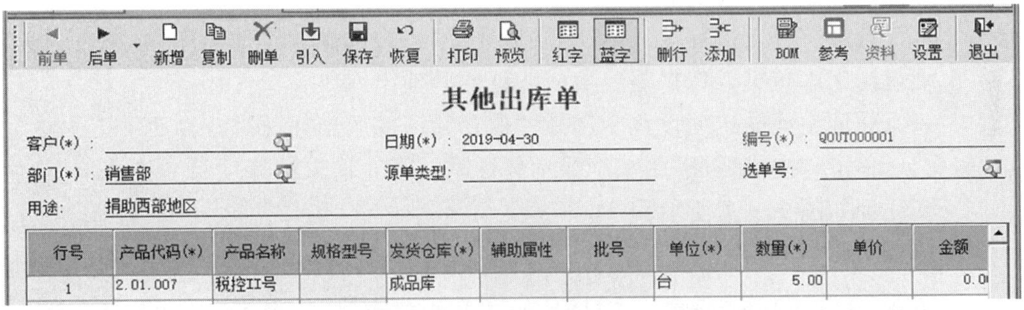

图 7－25　其他出库单

先保存，然后审核。

2. 生成凭证

(1) 设置凭证模板。其他出库凭证模板参数定义如表 7－5 所示，凭证类型为转账凭证。

表 7－5　　其他出库凭证模板

科目来源	科目	方向	金额来源	摘要	核算项目
凭证模板	销售费用/其他	借	其他出库单实际成本		
单据上物料的存货科目	库存商品	贷	其他出库单实际成本		

选择“存货核算”｜“业务凭证模板”，再选择“其他出库”，双击“其他出库单”模板（若保留系统预留业务，也可以另外增加一个凭证模板），设置有关的参数。记账凭证模板如图 7－26 所示。

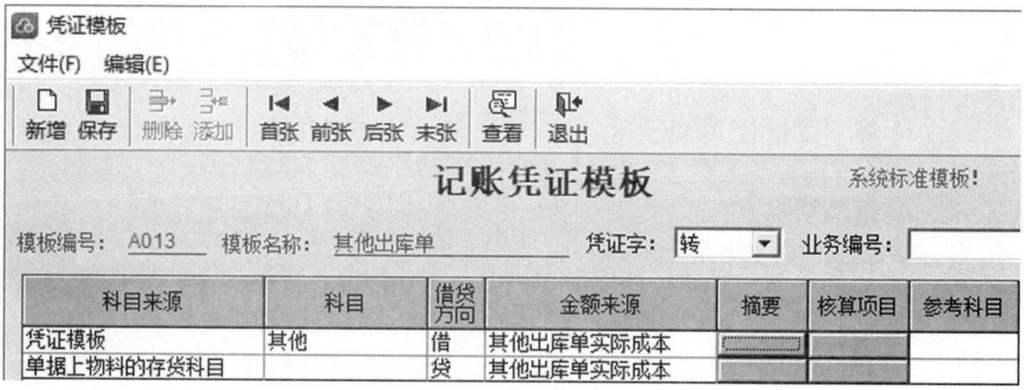

图 7－26　记账凭证模板

单击“保存”按钮完成设置。

（2）生成凭证。选择“存货核算”｜“存货出库核算”，再选择“结转本期所有存货”，然后进行核算。

选择“存货核算”｜“业务生成凭证”，再选择“其他出库”，单击“重设”，系统过滤出库单据，选择需要生成凭证的其他出库单。

凭证生成的选项设置中选择“保存凭证前调出凭证修改界面手工调整”。

单击“生成凭证”。系统显示凭证时，补充输入核算项目“销售部”，生成的记账凭证如图 7－27 所示。

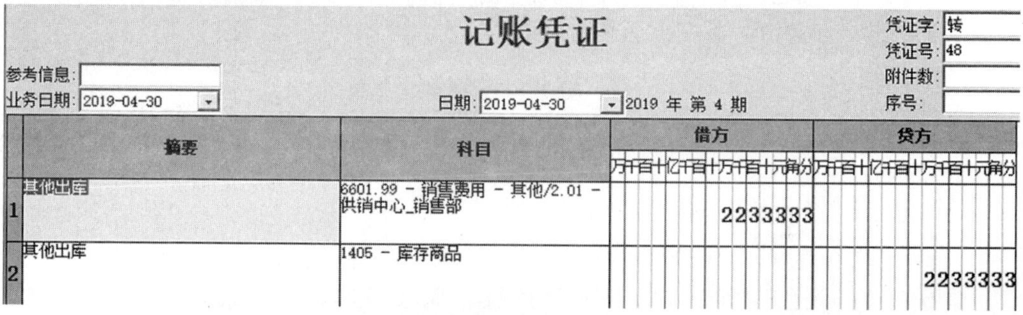

图 7－27　记账凭证

7.2　存货核算

7.2.1　基本功能

存货核算是业务系统与账务处理相连的一个重要环节，供应链系统中的各种单据都要在本系统中通过核算与结转来完成成本的确认。本系统一般由财务人员操作，为每一张业务进出的单据确定一个正确的成本金额。本系统实现了企业业务、财务一体化的完整管理，是账务处理和业务系统的接口。

7.2.2　外购入库核算

外购入库核算主要用来核算外购入库实际成本，包括买价和采购费用两个部分。买价由与采购入库单相钩稽的发票决定，直接录入。

7.2.3　存货出库核算

在采购、销售、库存业务处理中，各种物料的出库只有数量的进出，而没有金额。出库核算完成不同存货出库成本核算的处理过程，为物料确定出库成本。

7.2.4　业务生成凭证

根据业务单据和业务凭证模板，生成凭证。

在月末时，要逐一检查是否还有未生成单据的凭证，然后生成。

7.2.5　期末结账业务

期末结账截至本期核算单据的处理，计算本期的存货余额，并将其转入下一期，同时系统当前期间下置。期末结账前，会对本期的核算单据进行检查，从而判断物料业务是否已处理完整，若不完整，会给出相应的提示，并可在该模块联查相关的序时簿和报表。

期末结账选择“存货核算”|“业务期末结账”完成。

复习题

□ 思考题

1. 简述仓存管理的主要业务处理流程。
2. 简述存货核算与仓存管理的关系。

3. 简述存货核算与购销存业务之间的关系。

□ 判断题

1. KIS 云专业版中盘点业务完成后，系统自动生成盘点报告单。（ ）
2. 需要拆分的单据只有在未审核状态下，才能被拆分。（ ）
3. 存货核算，每月可以核算多次，但成本最终以当月最后一次核算为准。（ ）
4. 在金蝶 KIS 云专业版中，只有钩稽过的发票才能参与外购入库核算。（ ）
5. 如果暂估凭证冲回方式为单到冲回方式，且采购发票对应的采购入库单在当前已经生成冲回凭证，采购发票不能反钩稽，必须删除对应的暂估冲回凭证后，才能反钩稽。（ ）
6. 进行采购发票合并，合并条件必须是以前被拆分的子单。（ ）
7. 反钩稽可以在销售发票序时簿进行，也可以通过先查询钩稽日志，然后选择相应的钩稽日志进行反钩稽。（ ）
8. 单据必须生成凭证后才能被其他单据关联。（ ）
9. 存货核算中的业务凭证模板只能在原来模板上修改，不能增加。（ ）
10. 存货核算中的业务凭证序时簿可以进行业务凭证的审核。（ ）

□ 单项选择题

1. 在存货核算生成凭证中，如果凭证模板的科目中有核算项目，而单据中没有核算项目，应当（ ）。

A. 在生成过程中输入　　B. 在凭证模板中输入
C. 在原始单据中输入　　D. 忽略错误

2. 在存货核算生成凭证中，若原始单据不满足凭证模板要求时，选择“设置”保存前的处理方法为（ ）。

A. 保存凭证前调出凭证修改界面手工调整
B. 数据不完整时调出凭证修改界面手工调整
C. 忽略不完整数据，仅在报告中说明
D. 均忽略

3. 存货核算模块内不属于入库核算的是（ ）。

A. 外购入库核算　　B. 估价入库核算
C. 其他入库核算　　D. 组装入库核算

4. 一种单据类型可以有（ ）凭证模板。

A. 一个　　B. 二个　　C. 多个　　D. 五个

5. KIS 云专业版中确定采购入库单与采购发票进行关联、进行入库核算的操作是（　　）。

A. 关联　　B. 钩稽　　C. 核销　　D. 复制

□ 多项选择题

1. 以下关于 KIS 云专业版仓库调拨的说法中正确的有（　　）。

A. 支持同价调拨，但不支持异价调拨

B. 支持同价调拨，也支持异价调拨

C. 支持虚仓与实仓的调拨

D. 支持虚仓与虚仓的调拨

2. 以下关于采购入库单的拆分和合并的说法中正确的是（　　）。

A. 进行拆分的采购入库单必须是尚未核销单据，包括与发票核销，与另一张业务信息相同、数据相反的采购入库单对等核销

B. 进行合并的采购入库单必须是尚未核销单据，包括与发票核销，与另一张业务信息相同、数据相反的采购入库单对等核销

C. 进行合并的采购入库单必须是已记账单据

D. 进行合并的采购入库单可以不是以前被拆分的子单

3. 在 KIS 云专业版中基础资料仓库的类型分别为（　　）。

A. 其他　　B. 实仓　　C. 虚仓　　D. 普通仓

4. 以下情况中入库单据不允许删除的是（　　）。

A. 单据已经审核　　B. 单据已生成凭证

C. 单据已与发票钩稽　　D. 以前期间单据

5. 以下关于 KIS 云专业版存货核算的说法中正确的是（　　）。

A. 存货核算是业务与财务的接口，只有成本正确才能统计利润

B. 存货核算的含义是指购销存过程的财务处理

C. 使用对象是财务人员、主管人员

D. 核算原则是所有单据必须已经审核并经出库核算，所有入库单必须有成本

6. KIS 云专业版中暂估单到冲回的处理方式是（　　）。

A. 系统自动生成一张红字入库单，生成一张蓝字入库单

B. 红蓝字单据自动与发票钩稽

C. 本期生成的两张入库单均要生成凭证

D. 以上说法都对

7. 存货核算时账务与业务对账不平的原因有（　　）。

A. 还有仓存单据未生成凭证

B. 凭证模板设置不正确，存货收发未与存货科目借贷相对应

C. 账务中有直接录入的涉及存货科目的凭证

D. 暂估冲回后未继续暂估或生成外购入库凭证

□ 参考答案

判断题

1. 正确；2. 错误；3. 正确；4. 正确；5. 正确；6. 正确；7. 正确；8. 错误；9. 错误；10. 正确。

单项选择题

1. A；2. A；3. D；4. C；5. B。

多项选择题

1. BCD；2. AB；3. ACD；4. ABCD；5. ABCD；6. AB；7. ABCD。

第 8 章 工资业务处理

Chapter 8

8.1 工资业务处理内容

工资业务处理包括工资项目设置、公式设置、工资数据录入、工资计算、费用分配、报表查询。工资的总体处理流程如图 8－1 所示。

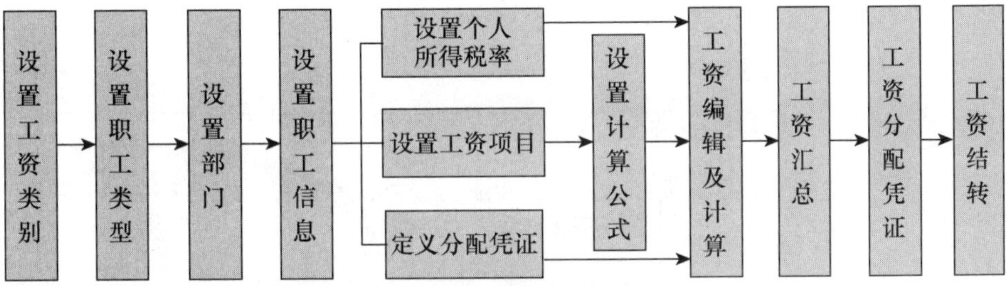

图 8－1　工资处理流程

工资管理的基本功能如图 8－2 所示。

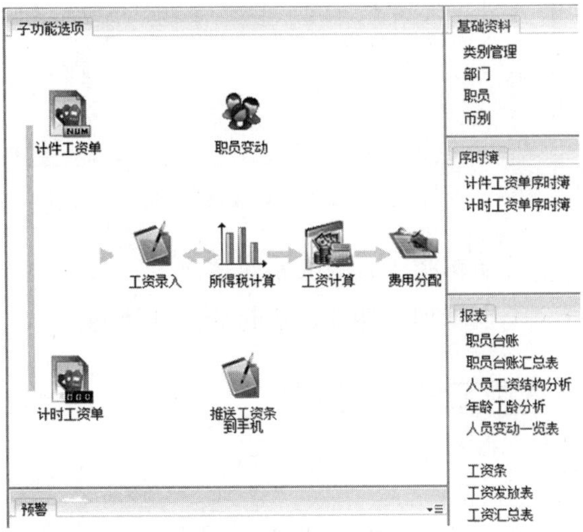

图 8－2　工资管理功能

8.2 基础资料设置

8.2.1 工资类别管理

案例资料

工资类别分为两个：正式人员；临时人员。

操作过程

根据所在单位的需要，可以将工资分类别进行核算，方便运用多套工资方案进行核算。其类别的划分可按部门、人员类别等任意设置。如企业临时职工和在职职工的工资核算方案是不同的，就可以将职员定义为两个人员类别，然后分两个工资类别设置计算公式进行计算。还可将一个人归入多个类别进行处理，如既在开发部发工资，又在某一开发项目中发工资或补贴。

选择“工资管理”|“类别管理”，单击“新建”，建立正式人员工资类别，在类别名称中输入“正式人员”，如图 8-3 所示。

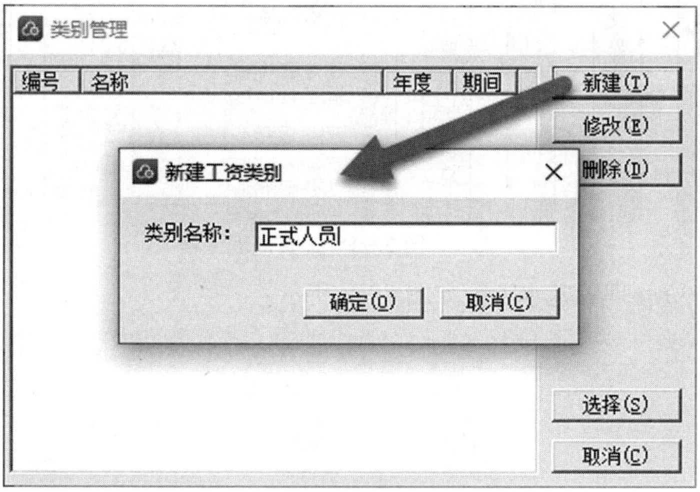

图 8-3 设置参数

按照同样的方法再建立临时人员工资类别。

可以选择“类别管理”功能，进行修改或删除。

8.2.2 正式人员工资类别管理

案例资料

（1）部门档案。部门档案如表 8-1 所示。

表 8-1　部门档案

部门编码	部门名称	部门编码	部门名称
1	管理中心	3	制作中心
1.01	行政部	3.01	一车间
1.02	财务部	3.02	二车间
2	供销中心	4	物流中心
2.01	销售部	4.01	仓储部
2.02	采购部	4.02	运输部

(2) 正式人员档案。正式人员档案如表 8-2 所示。

表 8-2　正式人员档案

人员编码	人员姓名	性别	职员类别	部门	账号
101	孙正	男	管理人员	行政部	1111
102	陈瓜瓜	女	管理人员	行政部	1112
201	何沙	男	管理人员	财务部	1113
202	赵小兵	女	管理人员	财务部	1114
203	孙胜业	女	管理人员	财务部	1115
301	刘一江	男	经营人员	销售部	1116
302	朱小明	女	经营人员	销售部	1117
401	李天华	女	经营人员	采购部	1118
402	杨真	男	经营人员	采购部	1119
501	陈哈哈	男	经营人员	仓储部	1120
601	罗忠	男	经营人员	运输部	1121
			增加的人员		
701	湘路宇	男	车间管理人员	一车间	1180
702	秦地久	女	车间工人	一车间	1181
801	万思维	男	车间管理人员	二车间	1182
802	东方魂	男	车间工人	二车间	1183

具体实验时，将“何沙”改为实验操作者的名字。

以上所有人员的代发银行均为工商银行重庆分行两江支行；账号长度：4 位。

工资项目：基本工资、岗位补贴、交通补贴、事假天数、事假扣款、应发合计、养老保险、代扣税、扣款合计、实发合计。其中，岗位补贴、交通补贴、事假天数、事假扣款、养老保险是需要新增的项目。

事假扣款：(基本工资/22 天) ×事假天数。

养老保险：(基本工资+岗位补贴) ×0.05。

交通补贴：职员类别为“管理人员”“车间管理人员”的为 100 元，其他人员为 50 元。

操作过程

1. 设置部门

(1) 选择工资类别。在输入或设置有关数据时，要首先选择工资类别，后续的操作只对这个类别有效。

选择"工资管理" | "类别管理"，先选择正式人员工资类别，然后单击"选择"按钮完成，则在工资的右下角会显示当前所操作的工资类别。

(2) 设置部门。选择"工资管理" | "部门"，如图 8-4 所示。

图 8-4　部门设置

设置部门有两种方式：一是从基础设置中设置的部门引入；二是直接输入。工资中的部门可以与账务中的部门不一致，这里选择引入。

单击"引入"，选择"全选"，再单击左下角的"导入"就会导入部门信息。导入后单击"浏览"可查看导入的部门信息，如图 8-5 所示。

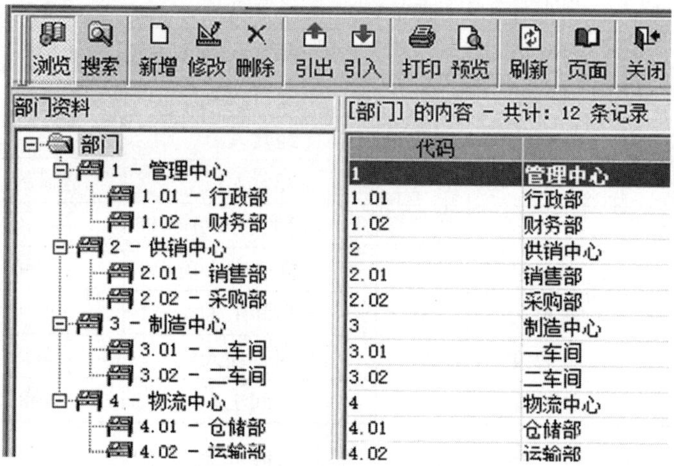

图 8-5　部门

如果从总账导入部门信息，相同的部门信息只能引入一次，以后如想再引入相同的部门信息，只能通过其他工资类别来源进行引入。导入的部门信息可以修改、删除，也可在此基础上新增。

部门信息一旦使用，就不能再进行修改操作。

2. 银行

在"银行"功能中可定义代发放工资的银行。在此主要用于输入发放工资时的银行名称、账号长度及其他自定义项目。

选择“工资管理”|“银行”，单击“新增”按钮，增加银行信息，如图 8-6 所示。

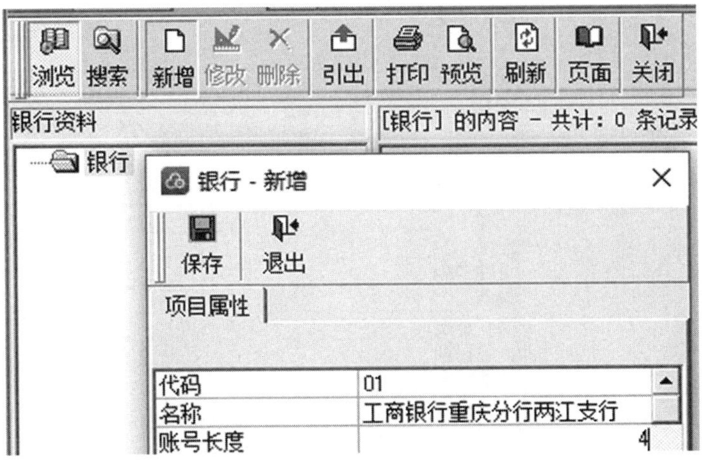

图 8-6 新增银行信息

单击“保存”完成设置。

3. 职员

选择“工资管理”|“职员”，再单击“引入”，选择“总账数据”，如图 8-7 所示。

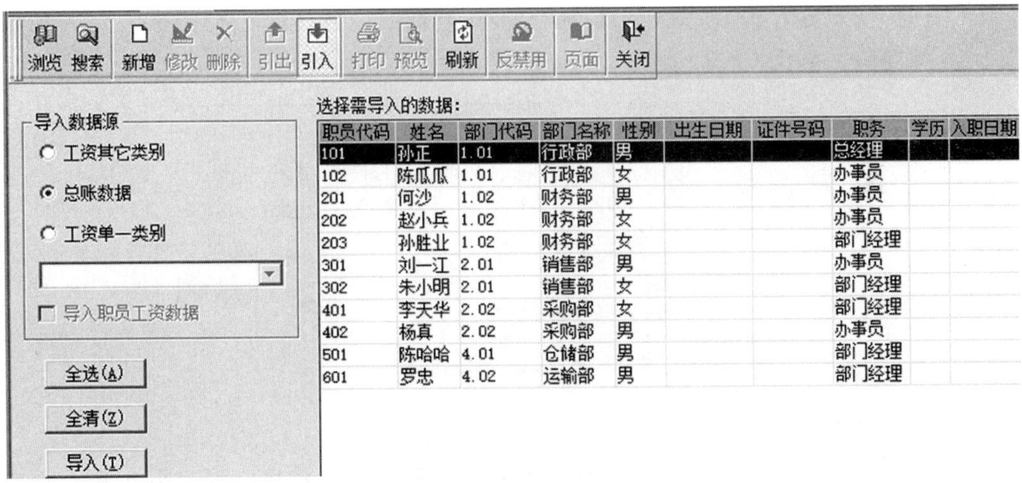

图 8-7 引入职员

单击“全选”后再单击左下部的“导入”按钮，导入完成后，再单击“浏览”按钮即可查看导入的人员。

单击“修改”，可对职员的数据进行修改，如图 8-8 所示。

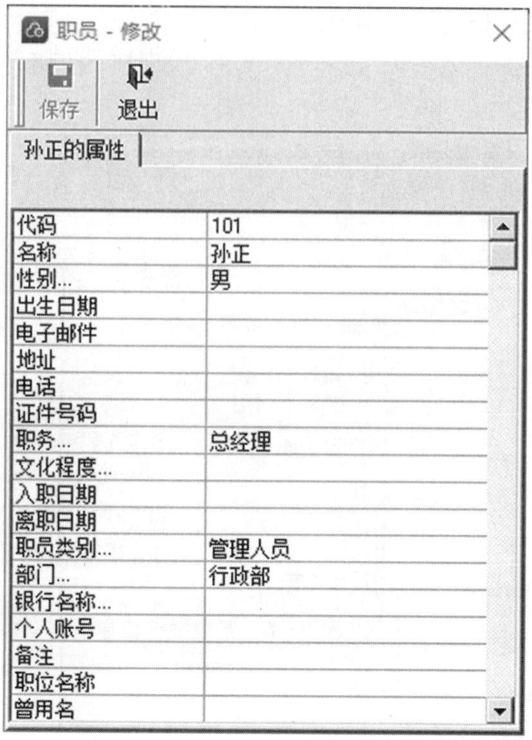

图 8-8　修改资源数据

在工资管理模块中，职务、职员类别等可以独立于其他模块，优点是可以按照工资管理的要求来设置，不受其他模块的限制。例如，在编辑人员信息的“职员类别”输入处，按 F7 键，可以调出职务类别的设置框，进行职员类别的新增、修改和删除，如图 8-9 所示。

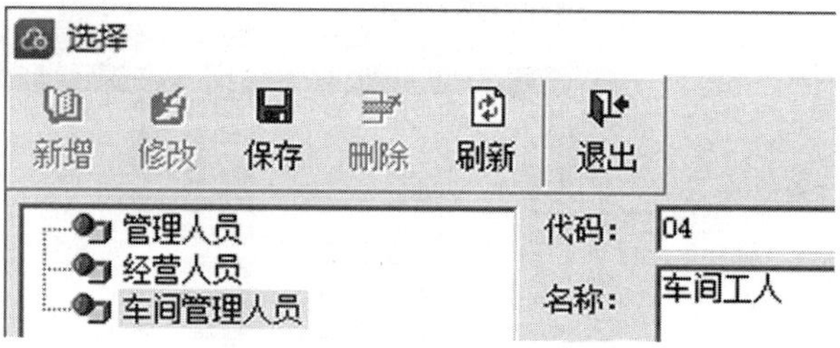

图 8-9　新增职员类别

操作提示

当设置人员资料不完善时，不要急于引入工资模块。因为引入后，再想在工资模块中修改职员的基本信息时，都会被认为是“人员变动”，系统将对所有历史信息进行保留。

在输入职员类别时，要将“车间管理人员”和“车间工人”增加进去（代码自定）。

增加和修改人员后的相关信息如图 8-10 所示。

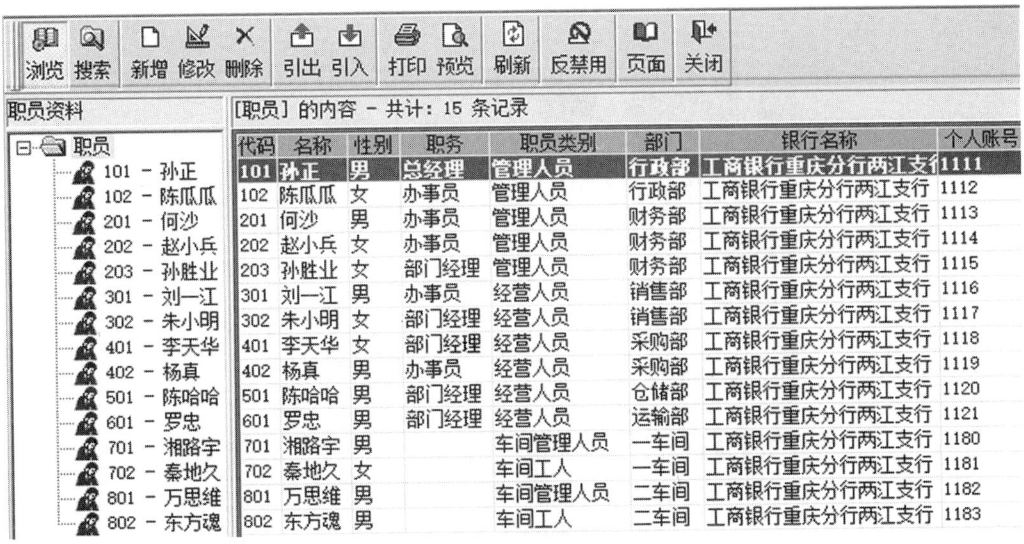

代码	名称	性别	职务	职员类别	部门	银行名称	个人账号
101	孙正	男	总经理	管理人员	行政部	工商银行重庆分行两江支行	1111
102	陈瓜瓜	女	办事员	管理人员	行政部	工商银行重庆分行两江支行	1112
201	何沙	男	办事员	管理人员	财务部	工商银行重庆分行两江支行	1113
202	赵小兵	女	办事员	管理人员	财务部	工商银行重庆分行两江支行	1114
203	孙胜业	女	部门经理	管理人员	财务部	工商银行重庆分行两江支行	1115
301	刘一江	男	办事员	经营人员	销售部	工商银行重庆分行两江支行	1116
302	朱小明	女	部门经理	经营人员	销售部	工商银行重庆分行两江支行	1117
401	李天华	女	部门经理	经营人员	采购部	工商银行重庆分行两江支行	1118
402	杨真	男	办事员	经营人员	采购部	工商银行重庆分行两江支行	1119
501	陈哈哈	男	部门经理	经营人员	仓储部	工商银行重庆分行两江支行	1120
601	罗忠	男	部门经理	经营人员	运输部	工商银行重庆分行两江支行	1121
701	湘路宇	男		车间管理人员	一车间	工商银行重庆分行两江支行	1180
702	秦地久	女		车间工人	一车间	工商银行重庆分行两江支行	1181
801	万思维	男		车间管理人员	二车间	工商银行重庆分行两江支行	1182
802	东方魂	男		车间工人	二车间	工商银行重庆分行两江支行	1183

图 8-10　职员信息

设置职员时注意：

(1) 设置职员资料时应注意必须设置职员的部门、职员类别，职员类别是工资费用分配的标准。

(2) 已离职的职员资料不能直接删除，只能在职员变动处理中选择“禁用人员”选项进行变动处理。也可以恢复。

(3) 禁用后的职员如想彻底删除，可在职员管理窗口中选择“删除”按钮彻底删除职员资料，但要注意，一旦删除此职员信息，此职员以前的所有工资信息也会同时被删除。

4. 币别

币别管理设定工资支付时使用的不同货币，如人民币、美元、港元等各种不同的币别。如外企中以港元来发放工资，此时的币别应选取港元。币别可选取不同的记账汇率及不同的折算方式。在此不需要进行币别的增加、删除与修改等操作，此币别与基础设置等其他系统作为一个统一的整体使用。

5. 项目设置

选择“工资管理”|“项目设置”。

在“工资项目设置”窗口中，职员代码、职员姓名、部门代码、部门名称、应发合计、实发合计、基本工资、个人账号、代扣税等系统已经预设了，无须再设置。可根据实际需要增加新项目。

增加新项目时，需单击“新增”按钮，增加没有预置的项目，如图 8-11 所示。

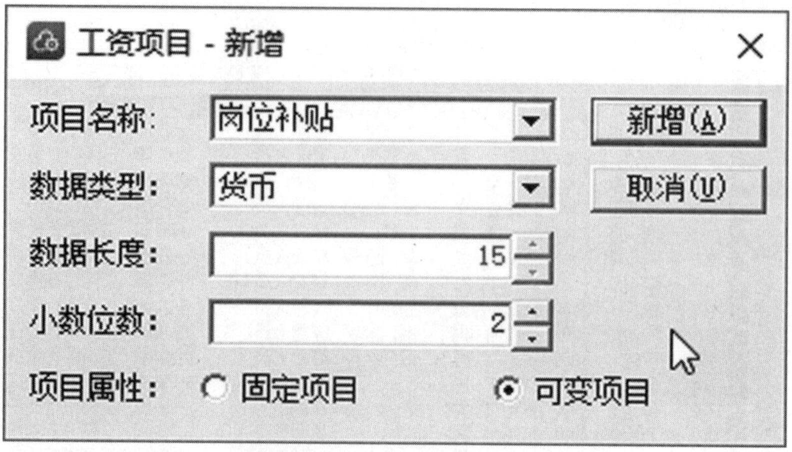

图 8－11　新增项目

若要进行工资的相关项目的排序，可先执行“排序”功能，然后通过“上移”“下移”功能完成，还可以直接输入顺序号。设置完成的项目及其顺序如图 8－12 所示。

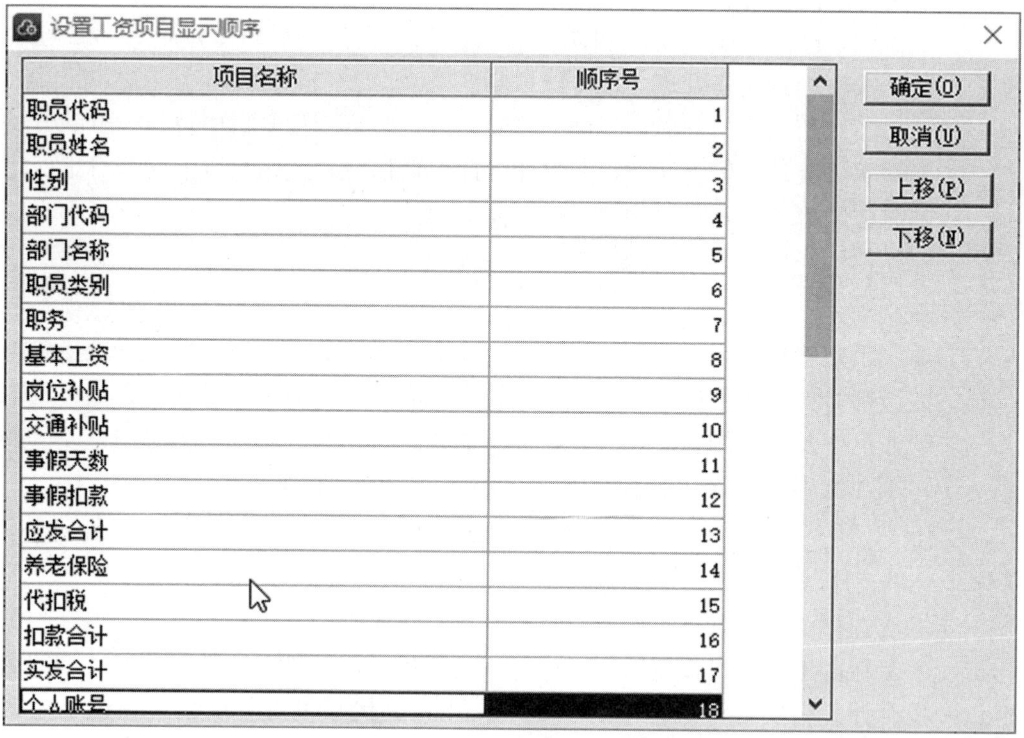

图 8－12　工资项目排序

项目及具体属性如图 8－13 所示。

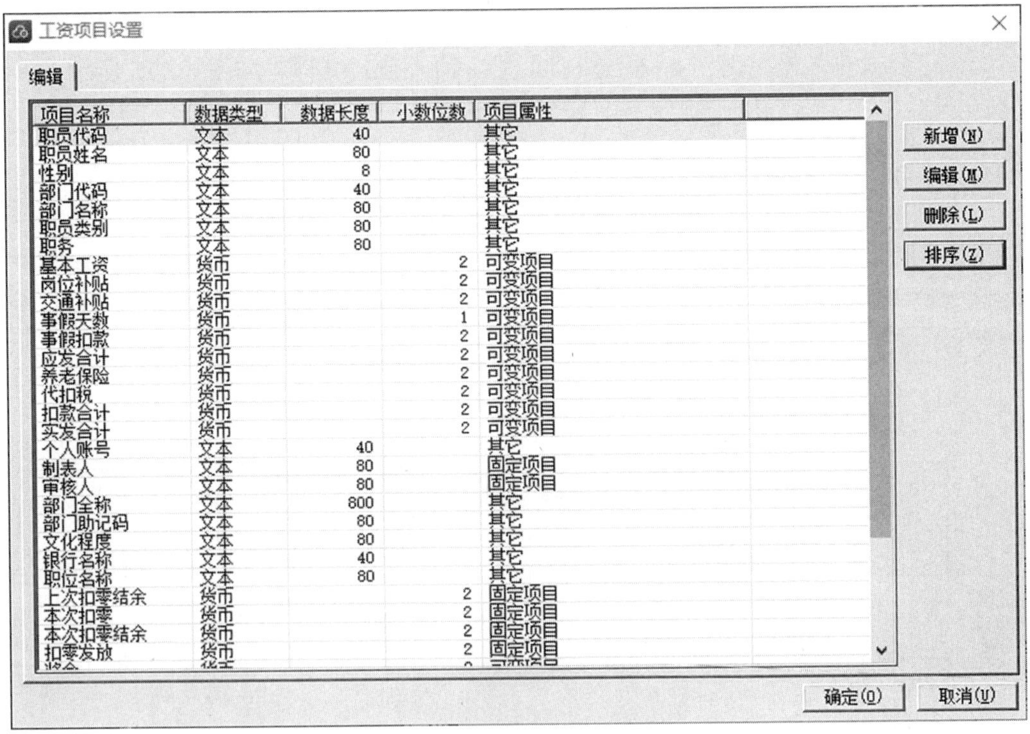

图 8－13　项目设置

6. 公式设置

选择“工资管理”|“公式设置”，系统弹出“工资公式设置”对话框，如图 8－14 所示。

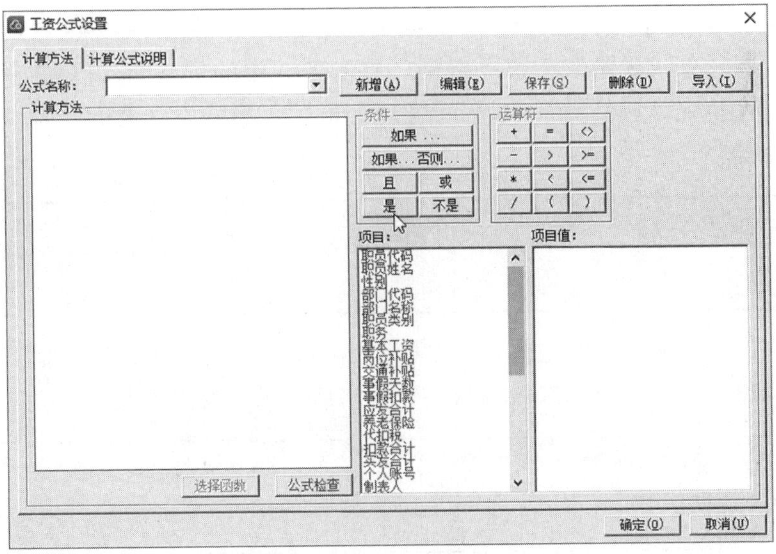

图 8－14　工资公式设置

在设置的过程中，可以通过“计算公式说明”选项卡查看有关函数和规则。设定公式时，先单击“新增”按钮，然后输入公式名称，如图 8－15 所示。

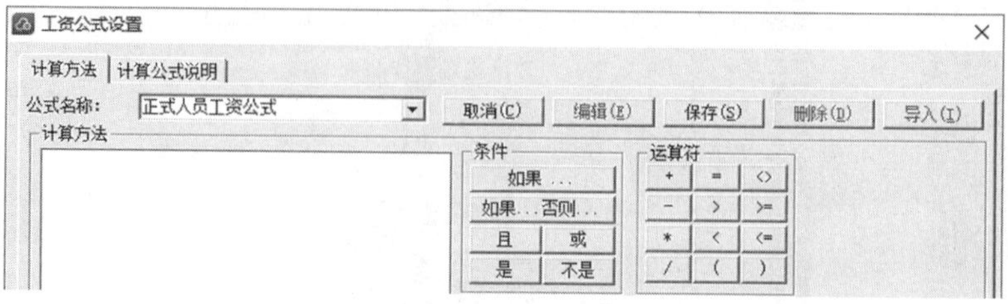

图 8－15　设定公式名称

公式设置举例：

```
如果 职员类别="管理人员" 或 职员类别="车间管理人员" 则 交通补贴 = 100
否则 交通补贴= 50
如果完
```

（1）单击条件" 如果…否则… "，在“计算方法”框内显示：

```
如果…则
否则
如果完
```

（2）将光标移动到“如果”后空一个空格，双击项目中的“职员类别”，然后单击运算符“＝”，再双击项目值“管理人员”，“计算方法”框显示为：

```
如果 职员类别="管理人员"  …则
否则
如果完
```

在“管理人员”后留一空格，单击条件中的“或”，并增加一个空格，按照前面方法输入“职员类别＝"车间管理人员"”，删除不必要的“…”，“计算方法”框显示为：

```
如果 职员类别="管理人员" 或 职员类别="车间管理人员" 则
否则
如果完
```

（3）按照同样的方法，在“则”后输入“交通补贴 ＝ 100”，要特别注意空格分隔符。再在“否则”后输入一个空格后输入“交通补贴 ＝ 50”。完成后如下：

```
如果 职员类别="管理人员" 或 职员类别="车间管理人员" 则 交通补贴=100
否则 交通补贴=50
如果完
```

在需要函数的地方，单击“选择函数”按钮，显示出系统提供的函数供选择。

在设置公式过程中，可以用“公式检查”功能检查输入的公式是否符合系统的公式语法。公式设置完成后，单击“保存”。

公式设置完成后如图 8－16 所示。

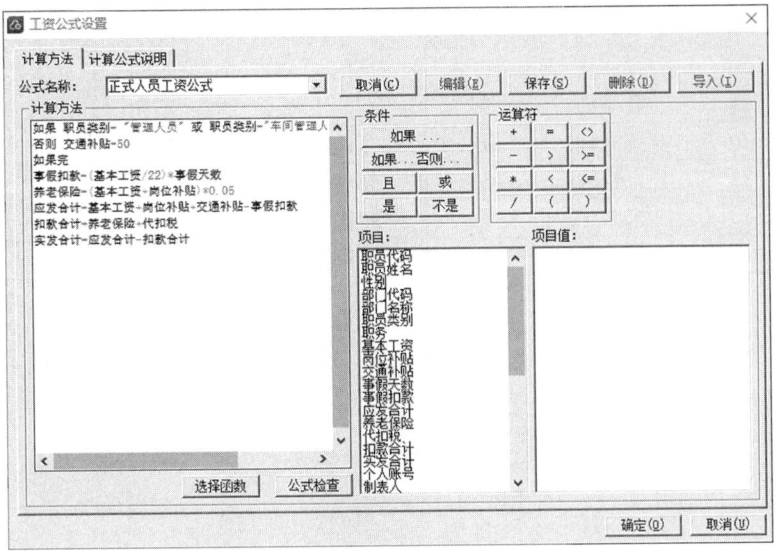

图 8－16　工资公式设置

操作提示

在设置公式时，要从前到后一段一段地设置，每输入一段，单击“公式检查”按钮，提示“公式检查正确”后再输入后续的一段。这样，当某段通不过检查时，就容易发现和更改。

如果后续发现公式需要调整或存在错误，确定要修改，要先单击“编辑”按钮，然后再进行编辑，编辑完成后单击“保存”按钮完成。

设置完成的公式如下：

如果 职员类别＝“管理人员”或 职员类别＝ “车间管理人员”则 交通补贴＝100

否则 交通补贴＝50

如果完

事假扣款＝(基本工资/22) * 事假天数

养老保险＝(基本工资＋岗位补贴) * 0.05

应发合计＝基本工资＋岗位补贴＋交通补贴－事假扣款

扣款合计＝养老保险＋代扣税

实发合计＝应发合计－扣款合计

8.2.3　临时人员工资类别管理

案例资料

(1) 部门及职员。

部门选择：制作中心。

增加的临时人员档案如表 8－3 所示。

表 8－3 临时人员档案

人员编码	人员姓名	性别	人员类别	部门	账号
720	天河飞	男	车间工人	一车间	1190
721	秦半岛	女	车间工人	一车间	1191
820	椰海甸	男	车间工人	二车间	1192
821	万银大	女	车间工人	二车间	1193
822	朱海玉	男	车间工人	二车间	1194
823	温琼海	女	车间工人	二车间	1195

（2）计算方法。

如果职员类别为“管理人员”或“车间管理人员”，则交通补贴为 100 元。其他人员为 50 元。

应发合计＝岗位补贴＋交通补贴＋计件工资＋计时工资

养老保险＝(2 500＋岗位补贴)×0.05 （养老保险按照社会平均基数 2 500 元计算）

扣款合计＝养老保险＋代扣税

实发合计＝应发合计－扣款合计

（3）银行设置。工商银行重庆分行两江支行；账号长度：4 位。

（4）工种设置。

01 组装，计时单位：小时，计时单价：20。

02 测试，计时单位：小时，计时单价：15。

（5）产品和工序设置。产品和工序的基本信息如表 8－4 所示。

表 8－4 产品和工序表

产品代码	产品名称	工序代码	工序名称	计件单价（元）
01	税控Ⅱ号	0101	切割	1
		0102	喷漆	2
		0103	打包	1
02	专用发票纸	0201	生产	2
		0202	打包	1
03	通用发票纸	0301	生产	2
		0302	打包	1

操作过程

1. 设置部门

（1）选择工资类别。选择“工资管理”|“类别管理”，再选择“临时人员”类别。

（2）设置部门。选择“工资管理”|“部门”，单击“引入”按钮，选择“工资其它类别”，如图 8－17 所示。

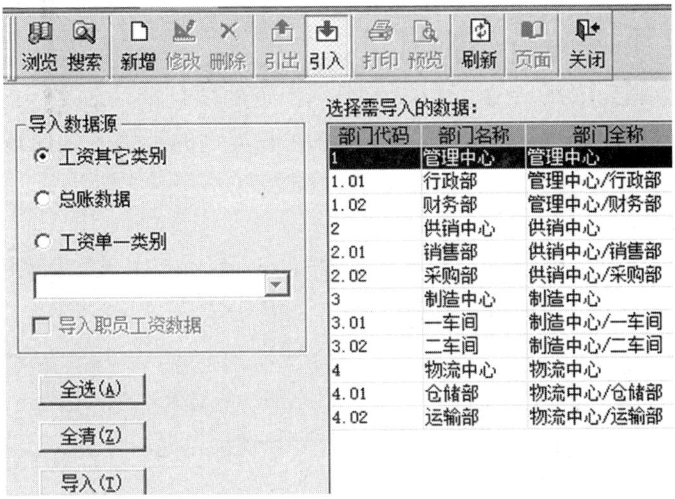

图 8－17 部门引入

逐一选择制造中心、一车间、二车间（按 Ctrl 键连选），单击左下部的“导入”按钮，即完成部门导入，然后单击“浏览”按钮，如图 8－18 所示。

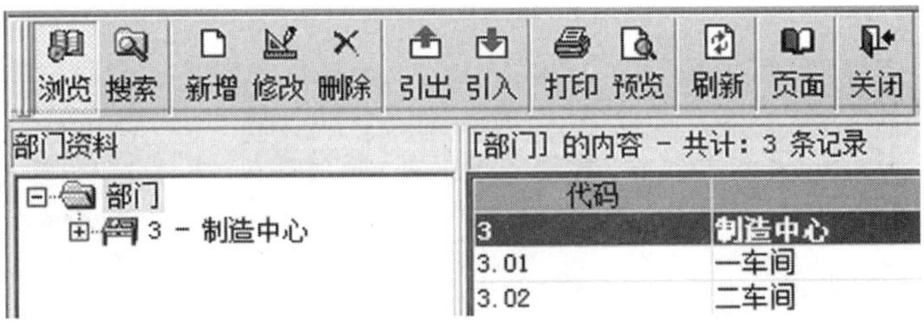

图 8－18 部门导入

2. 银行

在“银行管理”功能中可定义代为发放工资的银行。在前面已经设置过，可以共用。

3. 职员

选择“工资管理”|“职员”，直接输入资料中的人员，如图 8－19 所示。

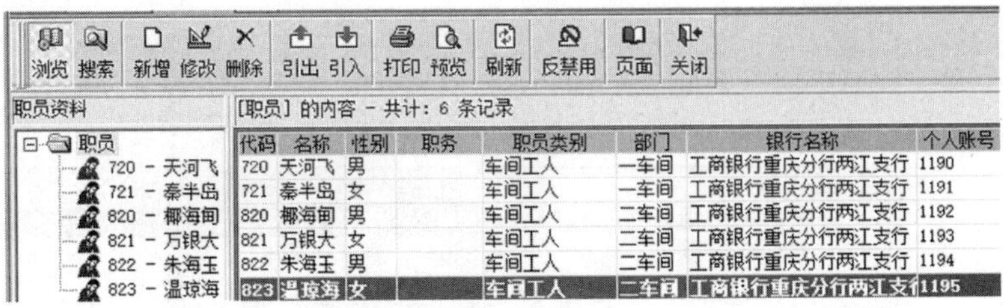

图 8－19 职员

4. 项目设置

选择“工资管理”|“项目设置”，计件工资和计时工资项目在预置的项目中已经存在，不用再增加新的项目。

在金蝶云 KIS 专业版中，各类别工资的项目都是放在一起的，在建立各类别工资表的时候才予以区分，具体的顺序在各类别的工资表中体现。

5. 公式设置

选择“工资管理”|“公式设置”，先单击“新增”按钮，然后输入公式名称“临时人员工资”。设置完成后如图 8－20 所示。

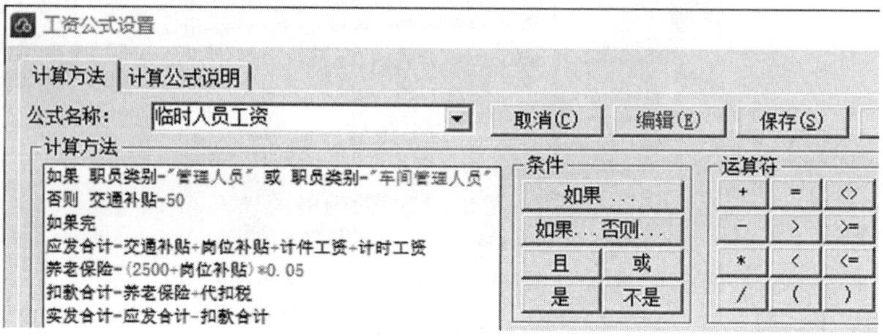

图 8－20　设定公式

公式为：

如果 职员类别＝"管理人员" 或 职员类别＝"车间管理人员" 则 交通补贴＝100
否则 交通补贴＝50
如果完
应发合计＝交通补贴＋岗位补贴＋计件工资＋计时工资
养老保险＝(2 500＋岗位补贴) * 0.05
扣款合计＝养老保险＋代扣税
实发合计＝应发合计－扣款合计

6. 工种设置

选择“工资管理”|“工种设置”，进入后单击“增加”，输入工种信息，如图 8－21 所示。

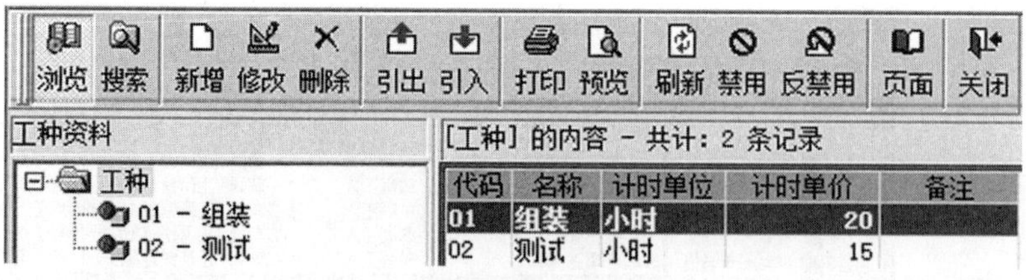

图 8－21　工种设置

7. 工序设置

选择“工资管理”|“工序设置”，单击“增加”按钮，设置完成后如图 8-22 所示。

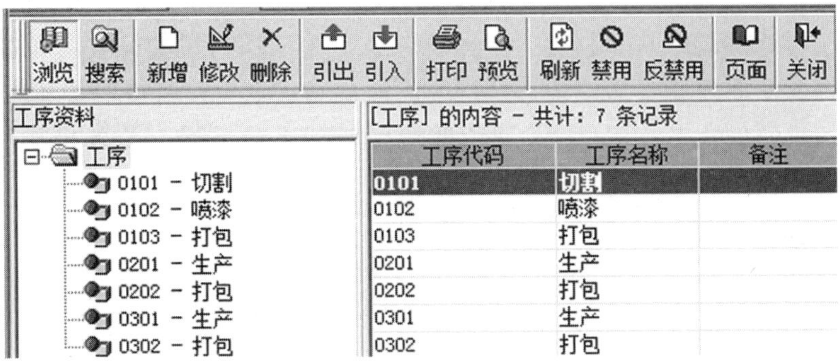

图 8-22　工序设置

8. 产品设置

选择“工资管理”|“产品设置”，进入后单击“增加”按钮，设置完成后如图 8-23 所示。

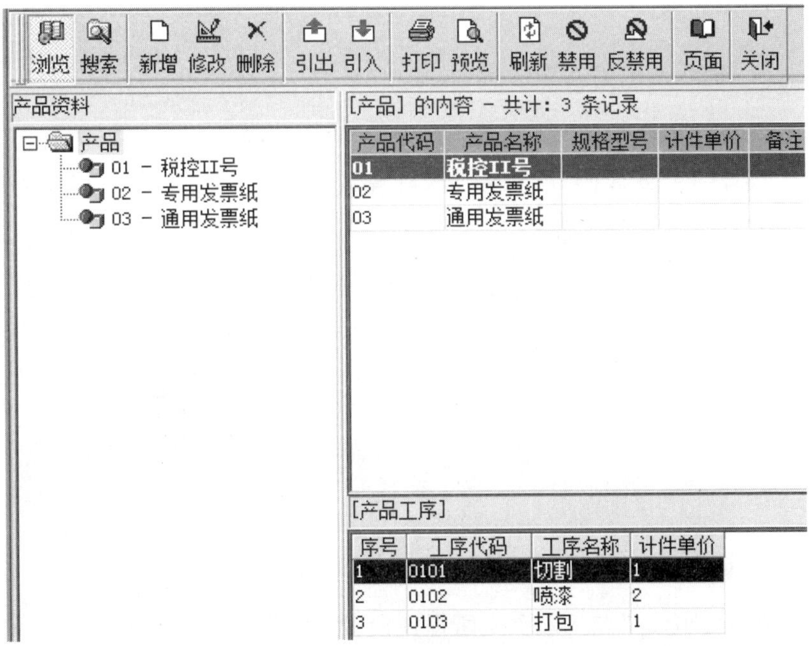

图 8-23　产品设置

操作提示

对于不计件到工序的，可只定义到产品一级。

8.2.4 个人所得税设置

案例资料

计算个人所得税的扣税项目为“应发合计”，每个职员需选择“征收个人所得税”，扣税标准：扣税起点每月 5 000 元。个人所得税的征收会随着国家个人所得税法的改变而改变，具体请参照当时的法规确定。个人所得税计算方法中综合所得适用的税率如表 8－5 所示，劳动性所得包括工薪所得、劳务报酬所得、稿酬所得、特许权使用费所得。

表 8－5　个人所得税税率（综合所得适用）

级数	应纳税所得额	税率（%）	速算扣除数（元）
1	不超过 3 000 元的	3	0
2	超过 3 000 元至 12 000 元的部分	10	210
3	超过 12 000 元至 25 000 元的部分	20	1 410
4	超过 25 000 元至 35 000 元的部分	25	2 660
5	超过 35 000 元至 55 000 元的部分	30	4 410
6	超过 55 000 元至 80 000 元的部分	35	7 160
7	超过 80 000 元的部分	45	15 160

操作过程

1. 正式人员个人所得税设置

选择“工资管理”｜“类别管理”，再选择正式人员工资类别。

选择“工资管理”｜“所得税计算”，进入个人所得税设置，如图 8－24 所示。

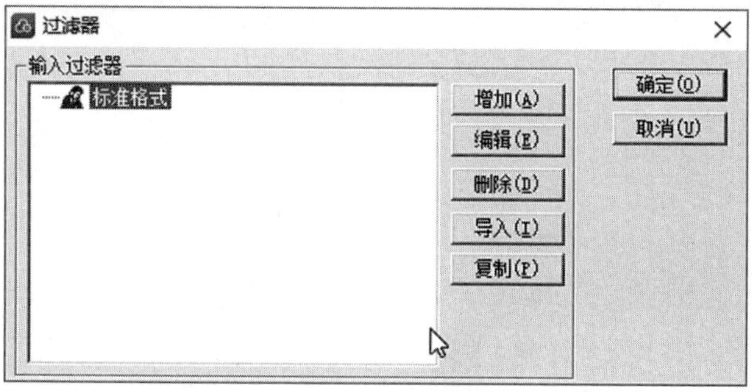

图 8－24　个人所得税设置

单击“确定”，进入个人所得税设置，如图 8－25 所示。

图 8－25　所得税设置

单击“设置”，进入个人所得税初始设置后再单击“新增”按钮，输入方案名称，“基本扣除”项目输入现行的扣除标准 5 000 元，如图 8-26 所示。

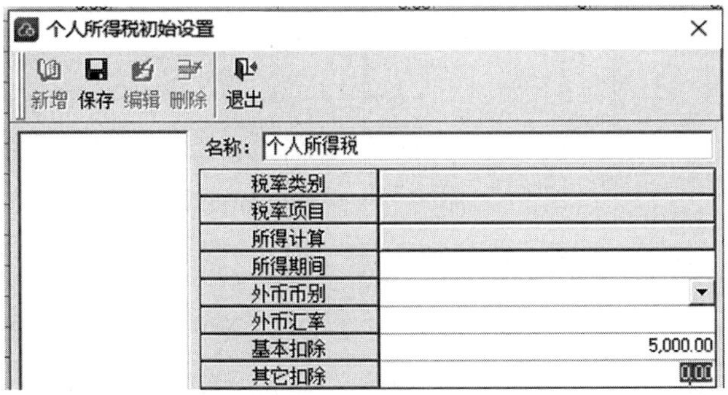

图 8-26　方案设置

单击“税率类别”，再单击“新增”按钮，提示“是否使用‘预设税率’?”选择“确定”后再选择“含税级距（2018 年最新调整）”，税率设置如图 8-27 所示。

	下限	上限	税率%	速算扣除数
1	0	3000	3.00	0
2	3000	12000	10.00	210
3	12000	25000	20.00	1410
4	25000	35000	25.00	2660
5	35000	55000	30.00	4410
6	55000	80000	35.00	7160
7	80000	1000000	45.00	15160

图 8-27　案例税率设置

单击“保存”按钮后，再返回。

单击“税率项目”，再单击“新增”按钮，注意项目属性的设置。设置完成的应税项目如图 8-28 所示。

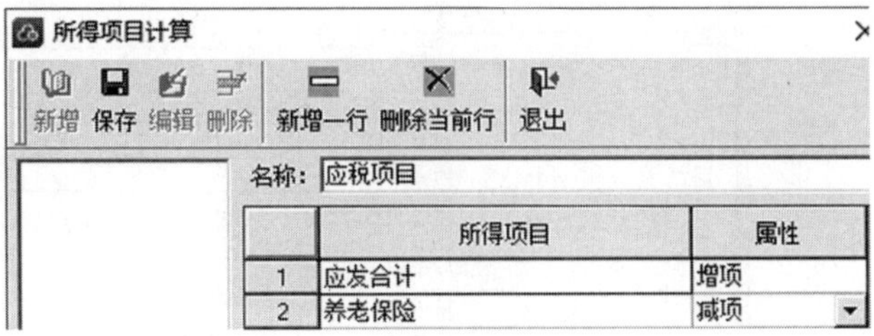

图 8-28　应税项目设置

单击“保存”，再返回。

单击“所得计算”，确认后返回，所得项目计算如图 8-29 所示。

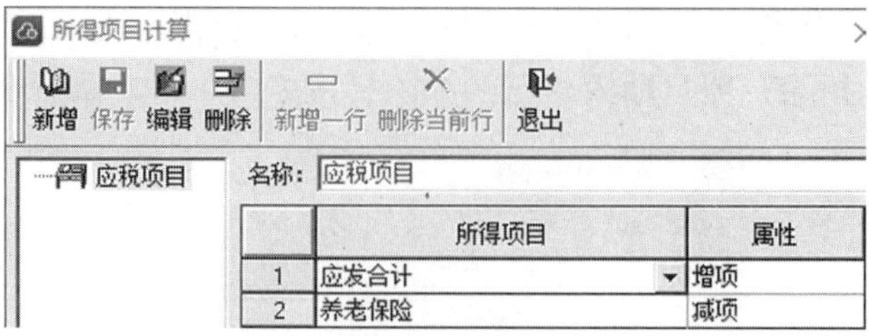

图 8-29 所得项目计算

设置的结果如图 8-30 所示。

图 8-30 个人所得税初始设置

单击“保存”按钮，再返回。提示“用选定的初始设置重新计算工资数据吗”，单击“确定”结束设置。

2. 临时人员个人所得税设置

选择“工资管理”|“类别管理”，再选择临时人员工资类别。

选择“工资管理”|“所得税计算”，单击“确定”进入后单击“设置”按钮，单击“新增”，名称为“临时人员个人所得税”，基本扣除项目输入扣除标准 5 000 元，如图 8-31 所示。

图 8-31 方案设置

单击“税率类别”，再单击“新增”按钮，使用预设税率，选择“含税级距(2018 最新调整)”，名称为“税率”，设置完成的税率表与前相同。先保存，然后返回再设置。

单击“税率项目”，单击“新增”按钮，名称为“应税项目”，注意项目属性的设置。设置完成的应税项目如图 8－32 所示。

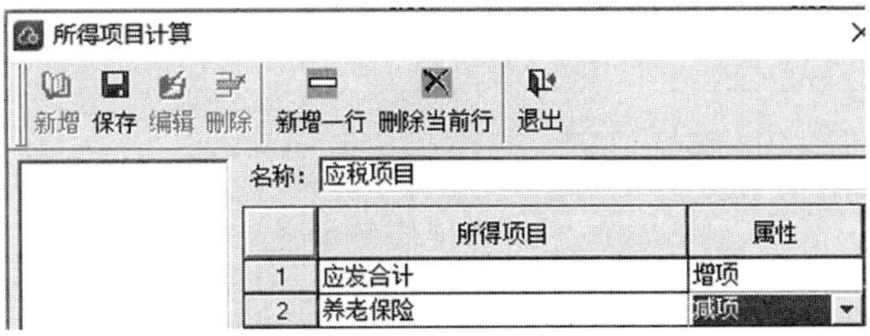

图 8－32　应税项目设置

单击“保存”按钮，然后返回。

单击“所得计算”，确认后返回。

设置的结果如图 8－33 所示，先单击“保存”按钮，再退出。

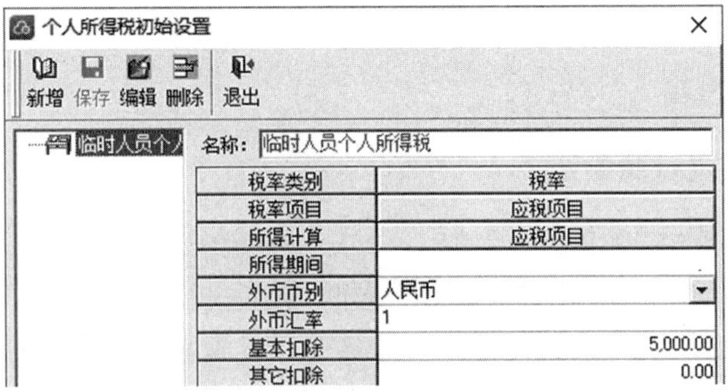

图 8－33　个人所得税初始设置

单击“保存”按钮，然后退出。

8.3　工资录入

8.3.1　正式人员工资数据录入

案例资料

正式人员 4 月工资资料如表 8－6 所示。

表 8－6　　正式人员工资资料　　金额单位：元

人员编码	姓名	基本工资	岗位补贴	事假天数
101	孙正	11 000	1 000	
102	陈瓜瓜	7 000	500	2
201	何沙	6 000	500	

续前表

人员编码	姓名	基本工资	岗位补贴	事假天数
202	赵小兵	5 000	500	
203	孙胜业	5 500	500	
301	刘一江	5 000	400	
302	朱小明	7 000	400	
401	李天华	6 000	400	
402	杨真	6 000	400	1
501	陈哈哈	6 000	400	
601	罗忠	6 000	400	
701	湘路宇	8 000	400	
702	秦地久	7 000	400	
801	万思维	7 500	400	3
802	东方魂	6 000	400	

说明：具体实验时，将“何沙”改为实验者的名字。

操作过程

1. 定义过滤条件

选择“工资管理”｜“类别管理”，再选择“正式人员”，先打开工资类别。

选择“工资管理”｜“工资录入”，进入过滤条件设置。

单击“增加”按钮，定义过滤条件。首先输入过滤名称，这里输入“正式人员类别”作为过滤名称。计算公式选择前面定义的计算公式（正式人员工资公式）。然后再选取需要的项目，单击“公式检查”按钮看看选择的项目是否符合公式要求，如图 8 - 34 所示。

图 8 - 34　定义过滤条件

项目的顺序可通过“上移”“下移”按钮进行移动，以符合实际需要。最后单击“确定”按钮保存并退出定义状态，

2. 工资数据录入

选择“工资管理”|“工资录入”，然后选择过滤条件。

单击“确定”按钮后进入工资编辑状态。凡是从职员中引入的数据和通过计算的数据，不能更改。只需要输入基本数据，如图 8－35 所示。

复制 保存 引出 引入 查找 过滤 刷新 审核 反审核 区选 设置 扣零 发放 计算器 所得税 重算 手机通知 关闭

序号	职员代码	职员姓名	部门名称	职员类别	基本工资	岗位补贴	交通补贴	事假天数	事假扣款	应发合计
1	101	孙正	行政部	管理人员	11,000.00	1,000.00	100.00			12,100.00
2	102	陈瓜瓜	行政部	管理人员	7,000.00	500.00	100.00	2.0	636.36	6,963.64
3	201	何沙	财务部	管理人员	6,000.00	500.00	100.00			6,600.00
4	202	赵小兵	财务部	管理人员	5,000.00	500.00	100.00			5,600.00
5	203	孙胜业	财务部	管理人员	5,500.00	500.00	100.00			6,100.00
6	301	刘一江	销售部	经营人员	5,000.00	400.00	50.00			5,450.00
7	302	朱小明	销售部	经营人员	7,000.00	400.00	50.00			7,450.00
8	401	李天华	采购部	经营人员	6,000.00	400.00	50.00			6,450.00
9	402	杨真	采购部	经营人员	6,000.00	400.00	50.00	1.0	272.73	6,177.27
10	501	陈哈哈	仓储部	经营人员	6,000.00	400.00	50.00			6,450.00
11	601	罗忠	运输部	经营人员	6,000.00	400.00	50.00			6,450.00
12	701	湘路宇	一车间	车间管理人员	8,000.00	400.00	100.00			8,500.00
13	702	秦地久	一车间	车间工人	7,000.00	400.00	50.00			7,450.00
14	801	万思维	二车间	车间管理人员	7,500.00	400.00	100.00	3.0	1,022.73	6,977.27
15	802	东方魂	二车间	车间工人	6,000.00	400.00	50.00			6,450.00

图 8－35　输入数据

对职员的排列顺序，可以单击“过滤”按钮，然后单击“编辑”按钮，再选择“排序”，设置过滤条件。

保存后退出。

选择“工资管理”|“所得税计算”，使用默认过滤条件，单击“刷新”，系统提示“重新计算税率及纳税额吗?”选择“确定”进行所得税的计算，如图 8－36 所示。

保存 引出 查找 过滤 刷新 设置 计税 所得项 税率 锁定列 计算器 关闭

序号	纳税义务人	证件号码	所得项目	所得期间	收入人民币	人民币合计	减费用额	应纳税所得额	税率项目	税率项目合计	税率计算值	税率	速算扣除数	扣缴所得税额
1	孙正		应税项目		11,500.00	11,500.00	5,000.00	6,500.00	11,500.00	11,500.00	6,500.00	0.1	210.00	440.00
2	陈瓜瓜		应税项目		6,588.64	6,588.64	5,000.00	1,588.64	6,588.64	6,588.64	1,588.64	0.03	0.00	47.66
3	何沙		应税项目		6,275.00	6,275.00	5,000.00	1,275.00	6,275.00	6,275.00	1,275.00	0.03	0.00	38.25
4	赵小兵		应税项目		5,325.00	5,325.00	5,000.00	325.00	5,325.00	5,325.00	325.00	0.03	0.00	9.75
5	孙胜业		应税项目		5,800.00	5,800.00	5,000.00	800.00	5,800.00	5,800.00	800.00	0.03	0.00	24.00
6	刘一江		应税项目		5,180.00	5,180.00	5,000.00	180.00	5,180.00	5,180.00	180.00	0.03	0.00	5.40
7	朱小明		应税项目		7,080.00	7,080.00	5,000.00	2,080.00	7,080.00	7,080.00	2,080.00	0.03	0.00	62.40
8	李天华		应税项目		6,130.00	6,130.00	5,000.00	1,130.00	6,130.00	6,130.00	1,130.00	0.03	0.00	33.90
9	杨真		应税项目		5,857.27	5,857.27	5,000.00	857.27	5,857.27	5,857.27	857.27	0.03	0.00	25.72
10	陈哈哈		应税项目		6,130.00	6,130.00	5,000.00	1,130.00	6,130.00	6,130.00	1,130.00	0.03	0.00	33.90
11	罗忠		应税项目		6,130.00	6,130.00	5,000.00	1,130.00	6,130.00	6,130.00	1,130.00	0.03	0.00	33.90
12	湘路宇		应税项目		8,080.00	8,080.00	5,000.00	3,080.00	8,080.00	8,080.00	3,080.00	0.1	210.00	98.00
13	秦地久		应税项目		7,080.00	7,080.00	5,000.00	2,080.00	7,080.00	7,080.00	2,080.00	0.03	0.00	62.40
14	万思维		应税项目		6,582.27	6,582.27	5,000.00	1,582.27	6,582.27	6,582.27	1,582.27	0.03	0.00	47.47
15	东方魂		应税项目		6,130.00	6,130.00	5,000.00	1,130.00	6,130.00	6,130.00	1,130.00	0.03	0.00	33.90

图 8－36　所得税计算

保存后退出。

选择“工资管理”|“工资计算”，在选择计算方案后，系统自动完成计算工作。

选择“工资管理”|“工资录入”，先单击“区选”，然后选择代扣税下的全部单元（单击“代扣税”列标题），再单击“所得税”按钮，计算代扣税，如图 8－37 所示。

应发合计	养老保险	代扣税	扣款合计	实发合计
12,100.00	600.00	440.00	1,040.00	11,060.00
6,963.64	375.00	47.66	422.66	6,540.98
6,600.00	325.00	38.25	363.25	6,236.75
5,600.00	275.00	9.75	284.75	5,315.25
6,100.00	300.00	24.00	324.00	5,776.00
5,450.00	270.00	5.40	275.40	5,174.60
7,450.00	370.00	62.40	432.40	7,017.60
6,450.00	320.00	33.90	353.90	6,096.10
6,177.27	320.00	25.72	345.72	5,831.55
6,450.00	320.00	33.90	353.90	6,096.10
6,450.00	320.00	33.90	353.90	6,096.10
8,500.00	420.00	98.00	518.00	7,982.00
7,450.00	370.00	62.40	432.40	7,017.60
6,977.27	395.00	47.47	442.47	6,534.80
6,450.00	320.00	33.90	353.90	6,096.10

图 8－37　代扣税

3. 审核

如果数据录入内容正确无误，则开始工资数据审核工作。先单击“区选”按钮，然后单击“职员代码”列标题，则“职员代码”列所有单元格底色变黑，表明被选择。单击工具栏中的“审核”按钮，则窗口中所有单元格底色变为苹果绿，表明已审核，无法再进行修改（提示：必须反审核后才可以修改，单击“反审核”按钮即可）。审核完成后，单击工具栏上的“关闭”按钮，完成工资数据的审核工作。

8.3.2　临时人员工资数据录入

案例资料

临时人员计件工资资料如表 8－7 所示。

表 8－7　计件工资资料

编码	姓名	产品代码	工序代码	数量
720	天河飞	01	0101	500
721	秦半岛	01	0102	500
721	秦半岛	01	0103	500
820	椰海甸	02	0201	400
821	万银大	02	0202	400
822	朱海玉	03	0301	400
823	温琼海	03	0302	400

临时人员计时工资资料如表 8－8 所示。

表 8－8　　临时人员计时工资资料

编码	姓名	工作岗位	岗位补贴	本月工时
720	天河飞	组装	2 300	160
721	秦半岛	组装	2 300	150
820	椰海甸	组装	2 300	155
821	万银大	组装	2 300	165
822	朱海玉	组装	2 300	170
823	温琼海	测试	2 200	170

计算个人所得税的扣税项目为“应发合计”。

操作过程

1. 录入计件工资

选择临时人员工资类别。

选择“工资管理”｜“计件工资单”，输入计件工资资料，如图 8－38 所示。

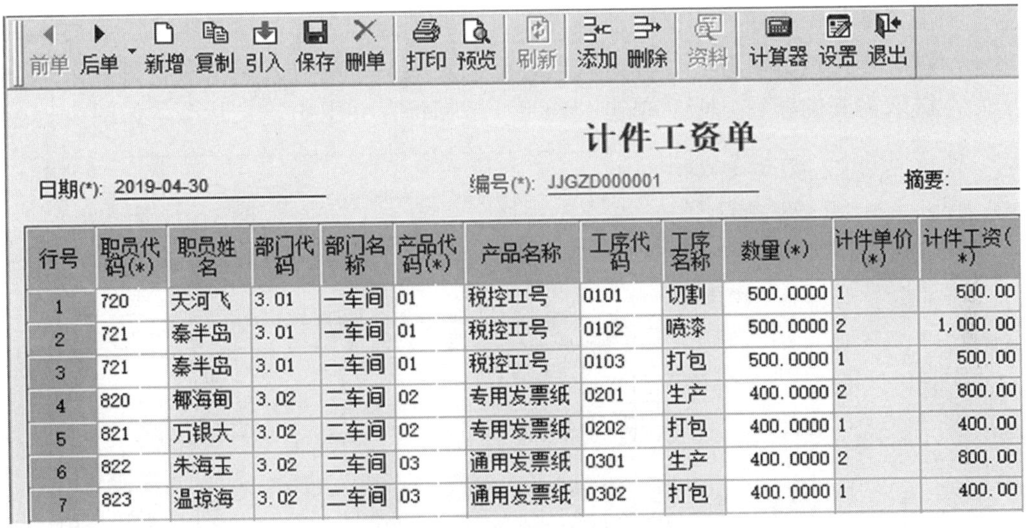

行号	职员代码(*)	职员姓名	部门代码	部门名称	产品代码(*)	产品名称	工序代码	工序名称	数量(*)	计件单价(*)	计件工资(*)
1	720	天河飞	3.01	一车间	01	税控II号	0101	切割	500.0000	1	500.00
2	721	秦半岛	3.01	一车间	01	税控II号	0102	喷漆	500.0000	2	1,000.00
3	721	秦半岛	3.01	一车间	01	税控II号	0103	打包	500.0000	1	500.00
4	820	椰海甸	3.02	二车间	02	专用发票纸	0201	生产	400.0000	2	800.00
5	821	万银大	3.02	二车间	02	专用发票纸	0202	打包	400.0000	1	400.00
6	822	朱海玉	3.02	二车间	03	通用发票纸	0301	生产	400.0000	2	800.00
7	823	温琼海	3.02	二车间	03	通用发票纸	0302	打包	400.0000	1	400.00

图 8－38　计件工资单

先保存，然后“审核”按钮会显示出来，单击“审核”完成审核。

2. 录入计时工资

选择“工资管理”｜“计时工资单”，输入资料后如图 8－39 所示。

先保存，然后审核。

行号	职员代码(*)	职员名称	部门代码	部门名称	工种代码(*)	工种名称	计时单位	工作时间(*)	计时单价	计时工资
1	720	天河飞	3.01	一车间	01	组装	小时	160.00	20	3,200.00
2	721	秦半岛	3.01	一车间	01	组装	小时	150.00	20	3,000.00
3	820	椰海甸	3.02	二车间	01	组装	小时	155.00	20	3,100.00
4	821	万银大	3.02	二车间	01	组装	小时	165.00	20	3,300.00
5	822	朱海玉	3.02	二车间	01	组装	小时	170.00	20	3,400.00
6	823	温琼海	3.02	二车间	02	测试	小时	170.00	15	2,550.00
7										
8										
9										
10										
11										
合计								970.00		18,550.00

图 8－39　计时工资单

3. 工资数据录入

（1）设置过滤条件。选择“工资管理”|“工资录入”，进入过滤条件设置。单击“增加”按钮，定义过滤条件。首先输入过滤名称，这里输入“临时人员工资类别”作为过滤名称，计算公式选择前面定义的“临时人员工资”计算公式，然后再选取需要的项目，最后单击“确定”按钮保存并退出定义状态，如图 8－40 所示。

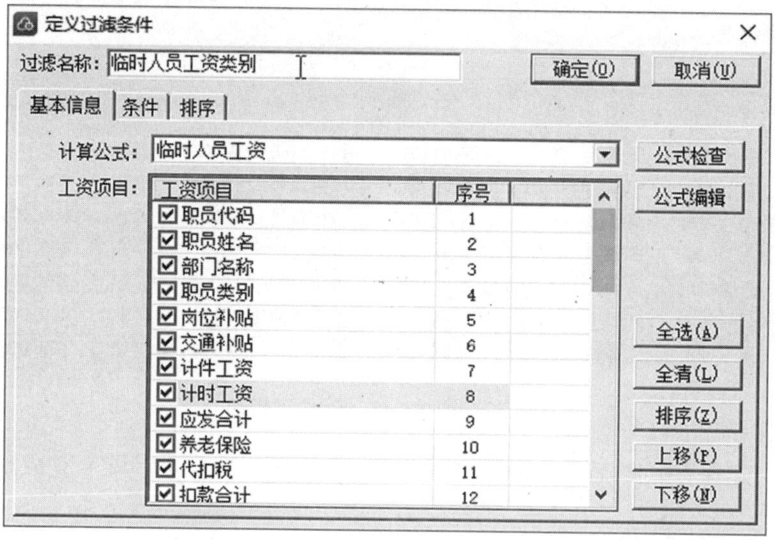

图 8－40　定义过滤条件

在单击“确定”前，应单击“公式检查”按钮，以检查公式与本类工资的项目是否符合。

项目的顺序可通过“上移”“下移”按钮进行移动，以符合实际顺序需要。

单击“确定”完成设置。

(2) 工资数据录入。选择“工资管理”|“工资录入”，然后选择过滤条件。

单击“确定”按钮后进入工资录入状态。凡是从职员中引入的数据和通过计算的数据，不能更改。录入岗位补贴，单击“重算”后如图 8-41 所示。

复制 保存 引出 引入 查找 过滤 刷新 审核 反审核 区选 设置 扣零 发放 计算器 所得税 重算 手机通知 关闭

序号	职员代码	职员姓名	部门名称	职员类别	岗位补贴	交通补贴	计件工资	计时工资	应发合计	养老保险	代扣税	扣款合计	实发合计
1	720	天河飞	一车间	车间工人	2,300.00	50.00	500.00	3,200.00	6,050.00	240.00		240.00	5,810.00
2	721	秦半岛	一车间	车间工人	2,300.00	50.00	1,500.00	3,000.00	6,850.00	240.00		240.00	6,610.00
3	820	椰海甸	二车间	车间工人	2,300.00	50.00	800.00	3,100.00	6,250.00	240.00		240.00	6,010.00
4	821	万银大	二车间	车间工人	2,300.00	50.00	400.00	3,300.00	6,050.00	240.00		240.00	5,810.00
5	822	朱海玉	二车间	车间工人	2,300.00	50.00	800.00	3,400.00	6,550.00	240.00		240.00	6,310.00
6	823	温琼海	二车间	车间工人	2,200.00	50.00	400.00	2,550.00	5,200.00	235.00	0.00	235.00	4,965.00

图 8-41　输入数据计算后的工资数据

完成后退出。

选择“工资管理”|“所得税计算”，进入后选择“刷新”，计算后的所得税如图 8-42 所示。

保存 引出 查找 过滤 刷新 设置 计税 所得项 税率 锁定列 计算器 关闭

序号	纳税义务人	所得项目	收入人民币	人民币合计	减费用额	应纳税所得额	税率项目	税率项目合计	税率计算值	税率	速算扣除数	扣缴所得税额
1	天河飞	应税项目	5,810.00	5,810.00	5,000.00	810.00	5,810.00	5,810.00	810.00	0.03	0.00	24.30
2	秦半岛	应税项目	6,610.00	6,610.00	5,000.00	1,610.00	6,610.00	6,610.00	1,610.00	0.03	0.00	48.30
3	椰海甸	应税项目	6,010.00	6,010.00	5,000.00	1,010.00	6,010.00	6,010.00	1,010.00	0.03	0.00	30.30
4	万银大	应税项目	5,810.00	5,810.00	5,000.00	810.00	5,810.00	5,810.00	810.00	0.03	0.00	24.30
5	朱海玉	应税项目	6,310.00	6,310.00	5,000.00	1,310.00	6,310.00	6,310.00	1,310.00	0.03	0.00	39.30
6	温琼海	应税项目	4,965.00	4,965.00	5,000.00	0.00	4,965.00	4,965.00	0.00	0	0.00	0.00

图 8-42　所得税计算

单击“保存”按钮，然后退出。

选择“工资管理”|“工资录入”，进入后先选择“区选”，然后选择“代扣税”列标题，再单击“所得税”按钮，引入本期所得税后的“代扣税”栏已经将个人所得税转入，如图 8-43 所示。

复制 保存 引出 引入 查找 过滤 刷新 审核 反审核 区选 设置 扣零 发放 计算器 所得税 重算 手机通知 关闭

序号	职员代码	职员姓名	部门名称	岗位补贴	交通补贴	计件工资	计时工资	应发合计	养老保险	代扣税	扣款合计	实发合计
1	720	天河飞	一车间	2,300.00	50.00	500.00	3,200.00	6,050.00	240.00	24.30	264.30	5,785.70
2	721	秦半岛	一车间	2,300.00	50.00	1,500.00	3,000.00	6,850.00	240.00	48.30	288.30	6,561.70
3	820	椰海甸	二车间	2,300.00	50.00	800.00	3,100.00	6,250.00	240.00	30.30	270.30	5,979.70
4	821	万银大	二车间	2,300.00	50.00	400.00	3,300.00	6,050.00	240.00	24.30	264.30	5,785.70
5	822	朱海玉	二车间	2,300.00	50.00	800.00	3,400.00	6,550.00	240.00	39.30	279.30	6,270.70
6	823	温琼海	二车间	2,200.00	50.00	400.00	2,550.00	5,200.00	235.00	0.00	235.00	4,965.00

图 8-43　导入个人所得税后的代扣税

如果数据录入内容正确无误，则开始工资数据审核工作。先单击“区选”按钮，然后单击“职员代码”列标题，再单击工具栏中的“审核”完成审核工作。

8.4 工资报表

这里以工资汇总表为例说明报表的应用方法。

选择“工资管理”|“类别管理”，这里以正式人员工资类别为例说明。

选择“工资管理”|“工资汇总表”，首先进入过滤条件设置，如图 8-44 所示。

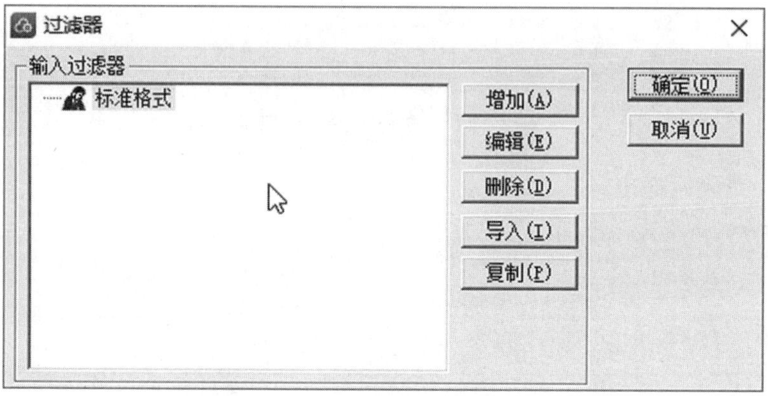

图 8-44 过滤条件设置

可以设置多个过滤条件方案，单击“增加”按钮就可增加过滤条件方案；单击“编辑”按钮，对当前过滤方案进行项目等相关设置，如图 8-45 所示。

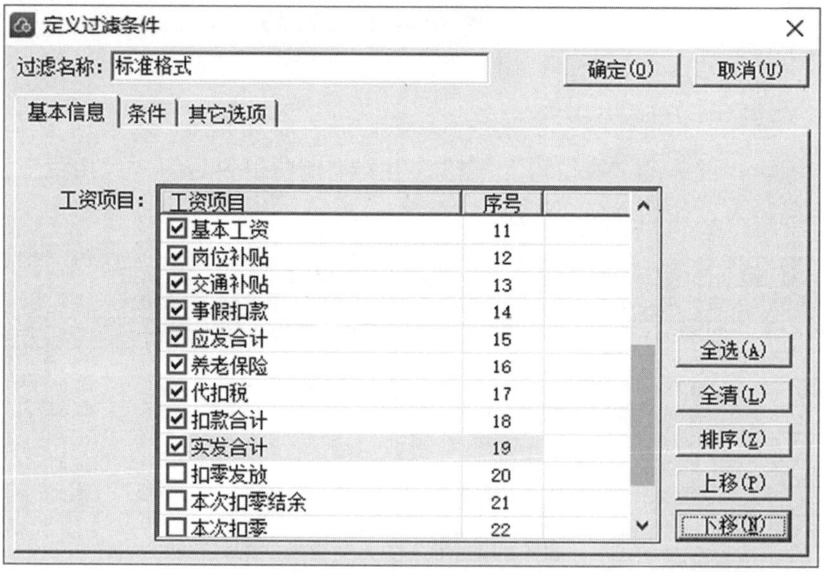

图 8-45 定义过滤条件（基本信息）

在“其它选项”选项卡中，选择“部门”作为汇总的关键字。也可以选择其他项目，如图 8-46 所示。

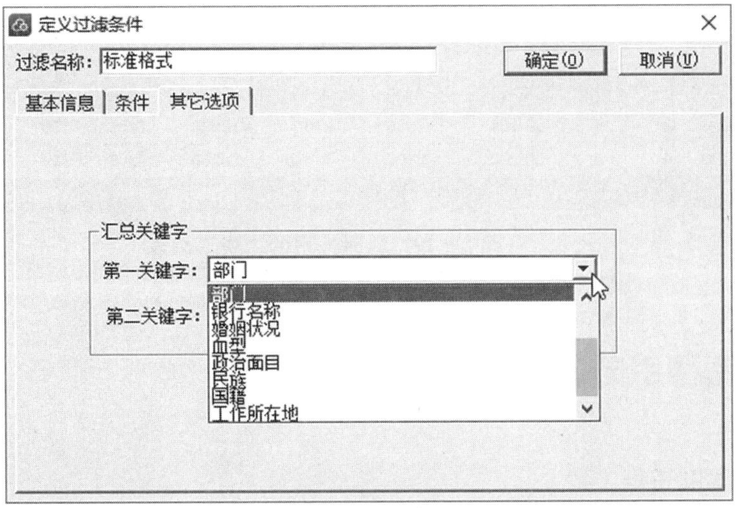

图 8-46　定义过滤条件（其它选项）

设置过滤条件后显示的汇总结果如图 8-47 所示。

部门	人数	基本工资	岗位补贴	交通补贴	事假扣款	应发合计	养老保险	代扣税	扣款合计	实发合计
行政部	2	18,000.00	1500	200	636.36	19063.64	975	487.66	1462.66	17600.98
财务部	3	16,500.00	1500	300	0	18300	900	72	972	17328
销售部	2	12,000.00	800	100	0	12900	640	67.8	707.8	12192.2
采购部	2	12,000.00	800	100	272.73	12627.27	640	59.62	699.62	11927.65
一车间	2	15,000.00	800	150	0	15950	790	160.4	950.4	14999.6
二车间	2	13,500.00	800	150	1022.73	13427.27	715	81.37	796.37	12630.9
仓储部	1	6,000.00	400	50	0	6450	320	33.9	353.9	6096.1
运输部	1	6,000.00	400	50	0	6450	320	33.9	353.9	6096.1
合计	15	99,000.00	7000	1100	1931.82	105168.18	5300	996.65	6296.65	98871.53

图 8-47　工资汇总表（部门）

按职员类别的工资汇总表如图 8-48 所示。

职员类别	人数	基本工资	岗位补贴	交通补贴	事假扣款	应发合计	养老保险	代扣税	扣款合计	实发合计
管理人员	5	34,500.00	3,000.00	500.00	636.36	37,363.64	1,875.00	559.66	2,434.66	34,928.98
经营人员	6	36,000.00	2,400.00	300.00	272.73	38,427.27	1,920.00	195.22	2,115.22	36,312.05
车间管理人员	2	15,500.00	800.00	200.00	1,022.73	15,477.27	815.00	145.47	960.47	14,516.80
车间工人	2	13,000.00	800.00	100.00		13,900.00	690.00	96.30	786.30	13,113.70
合计	15	99,000.00	7,000.00	1,100.00	1,931.82	105,168.18	5,300.00	996.65	6,296.65	98,871.53

图 8-48　工资汇总表（职员类别）

临时人员的工资汇总表如图 8-49 所示。

工资汇总表　期间：2019 年 4 期　至 2019 年 4

部门	人数	岗位补贴	交通补贴	计件工资	计时工资	应发合计	代扣税	养老保险	扣款合计	实发合计
一车间	2	4,600.00	100	2000	6200	12900	72.6	480	552.6	12347.4
二车间	4	9,100.00	200	2400	12350	24050	93.9	955	1048.9	23001.1
合计	6	13,700.00	300	4400	18550	36950	166.5	1435	1601.5	35348.5

图 8－49　临时人员的工资汇总表

8.5　工资费用分配

案例资料

工资费用分配凭证项目设置如表 8－9 所示。

表 8－9　　工资费用分配凭证项目设置

部门	职员类别	工资项目	费用科目	核算项目类别及明细	工资科目	核算项目
行政部	管理人员	应发合计	管理费用——工资	（部门）行政部	应付职工薪酬——工资	无
财务部	管理人员	应发合计	管理费用——工资	（部门）财务部	应付职工薪酬——工资	无
销售部	经营人员	应发合计	销售费用——工资	（部门）销售部	应付职工薪酬——工资	无
采购部	经营人员	应发合计	销售费用——工资	（部门）采购部	应付职工薪酬——工资	无
仓储部	经营人员	应发合计	销售费用——工资	（部门）仓储部	应付职工薪酬——工资	无
运输部	经营人员	应发合计	销售费用——工资	（部门）运输部	应付职工薪酬——工资	无
一车间	车间管理人员	应发合计	制造费用——工资		应付职工薪酬——工资	无
一车间	车间工人	应发合计	制造费用——工资		应付职工薪酬——工资	无
二车间	车间管理人员	应发合计	制造费用——工资		应付职工薪酬——工资	无
二车间	车间工人	应发合计	制造费用——工资		应付职工薪酬——工资	无

操作过程

1. 正式人员类别工资费用分配

（1）凭证项目设置。选择“工资管理”｜“类别管理”，再选择“正式人员”。

选择“工资管理”｜“费用分配”，单击“新增”按钮进入设置。输入有关设置数据，如图 8－50 所示。在设置时，核算项目为“下设”的需要选择具体的部门。

可以单击鼠标右键，进行删除一行或插入一行操作。设置完毕，单击“保存”按钮后退出。

（2）生成凭证。选择“工资管理”｜“费用分配”，然后选择费用分配名称，单击“生成凭证”按钮，进行凭证生成。还可以设置有关选项。

选择“账务处理”｜“凭证管理”，可以查看凭证的分录，如图 8－51 所示。

费用分配 - 新增

分配名称：工资费用分配　凭证字：转　保存(S)

摘要内容：工资费用分配　分配比例：100 %　关闭(C)　插入一行　删除当前行

部 门	职员类别	工资项目	费用科目	核算项目	工资科目	核算项目
二车间	车间工人	应发合计	5101.01-工资	无	2211.01-工资	无
二车间	车间管理人员	应发合计	5101.01-工资	无	2211.01-工资	无
一车间	车间工人	应发合计	5101.01-工资	无	2211.01-工资	无
一车间	车间管理人员	应发合计	5101.01-工资	无	2211.01-工资	无
运输部	经营人员	应发合计	6601.01-工资	下设	2211.01-工资	无
仓储部	经营人员	应发合计	6601.01-工资	下设	2211.01-工资	无
采购部	经营人员	应发合计	6601.01-工资	下设	2211.01-工资	无
销售部	经营人员	应发合计	6601.01-工资	下设	2211.01-工资	无
财务部	管理人员	应发合计	6602.01-工资	下设	2211.01-工资	无
行政部	管理人员	应发合计	6602.01-工资	下设	2211.01-工资	无

图 8 - 50　工资费用分配凭证项目设置

凭证字号	摘要	科目代码	科目名称	原币金额	借方	贷方
转 - 49	工资费用分配	5101.01	制造费用 - 工资	29,377.27	29,377.27	
	工资费用分配	6601.01	销售费用 - 工资/[2.01]供销中心-销售部	12,900.00	12,900.00	
	工资费用分配	6602.01	管理费用 - 工资/[1.01]管理中心-行政部	19,063.64	19,063.64	
	工资费用分配	6602.01	管理费用 - 工资/[1.02]管理中心-财务部	18,300.00	18,300.00	
	工资费用分配	6601.01	销售费用 - 工资/[2.02]供销中心-采购部	12,627.27	12,627.27	
	工资费用分配	6601.01	销售费用 - 工资/[4.02]物流中心-运输部	6,450.00	6,450.00	
	工资费用分配	6601.01	销售费用 - 工资/[4.01]物流中心-仓储部	6,450.00	6,450.00	
	工资费用分配	2211.01	应付职工薪酬 - 工资	105,168.18		105,168.18
	合计				105,168.18	105,168.18

图 8 - 51　凭证分录序时簿

2. 临时人员类别工资费用分配

(1) 凭证项目设置。选择“工资管理”｜“类别管理”，再选择“临时人员”。

选择“工资管理”｜“费用分配”，单击“新增”进入设置。输入有关设置数据，如图 8 - 52 所示。

费用分配 - 新增

分配名称：临时人员工资费用分配　凭证字：转　保存(S)

摘要内容：工资费用分配　分配比例：100 %　关闭(C)　插入一行　删除当前行

部 门	职员类别	工资项目	费用科目	核算项目	工资科目	核算项目
二车间	车间工人	应发合计	5101.01-工资	无	2211.01-工资	无
一车间	车间工人	应发合计	5101.01-工资	无	2211.01-工资	无

图 8 - 52　工资费用分配凭证项目设置

设置完毕，单击“保存”后退出。

(2) 生成凭证。选择“工资管理”｜“费用分配”，然后选择工资费用分配的名称，单击“生成凭证”按钮，进行凭证生成。

生成结束后，选择“账务处理”｜“凭证管理”可以查看生成的凭证。凭证分录序时簿如图 8 - 53 所示。

凭证字号	摘要	科目代码	科目名称	原币金额	借方	贷方
转 - 50	工资费用分配	5101.01	制造费用 - 工资	36,950.00	36,950.00	
	工资费用分配	2211.01	应付职工薪酬 - 工资	36,950.00		36,950.00
	合计				36,950.00	36,950.00

图 8 - 53　凭证分录序时簿

3. 工资费用分配表

（1）临时人员工资费用分配表。选择“工资管理”|“工资费用分配表”，显示结果如图 8－54 所示。

工资费用分配表　分配名称：

职员类别	应发合计			合计
	费用科目代码	费用科目名称	金额	
一车间				
-车间工人	5101.01	工资	12900	12900
小　计			12900	12900
二车间				
-车间工人	5101.01	工资	24050	24050
小　计			24050	24050
总　计			36950	36950

图 8－54　工资费用分配表（临时人员）

（2）正式人员工资费用分配表。选择“工资管理”|“工资费用分配表”，按照部门和类别排序的结果如图 8－55 所示。

工资费用分配表　分配名称：

职员类别	应发合计			合计
	费用科目代码	费用科目名称	金额	
行政部				
-管理人员	6602.01	工资	19063.64	19063.64
小　计			19063.64	19063.64
财务部				
-管理人员	6602.01	工资	18300	18300
小　计			18300	18300
销售部				
-经营人员	6601.01	工资	12900	12900
小　计			12900	12900
采购部				
-经营人员	6601.01	工资	12627.27	12627.27
小　计			12627.27	12627.27
一车间				
-车间管理	5101.01	工资	8500	8500
-车间工人	5101.01	工资	7450	7450
小　计			15950	15950
二车间				
-车间管理	5101.01	工资	6977.27	6977.27
-车间工人	5101.01	工资	6450	6450
小　计			13427.27	13427.27
仓储部				
-经营人员	6601.01	工资	6450	6450
小　计			6450	6450
运输部				
-经营人员	6601.01	工资	6450	6450
小　计			6450	6450
总　计			105168.18	105168.18

图 8－55　工资费用分配表（正式人员）

正式人员工资费用分配表按照类别和部门排序的结果如图 8－56 所示。

工资费用分配表　分配名称：工资费用分配

职员类别	应发合计			合计
	费用科目代码	费用科目名称	金额	
管理人员				
-行政部	6602.01	工资	19063.64	19063.64
-财务部	6602.01	工资	18300	18300
小　计			37363.64	37363.64
经营人员				
-销售部	6601.01	工资	12900	12900
-采购部	6601.01	工资	12627.27	12627.27
-仓储部	6601.01	工资	6450	6450
-运输部	6601.01	工资	6450	6450
小　计			38427.27	38427.27
车间管理人员				
-一车间	5101.01	工资	8500	8500
-二车间	5101.01	工资	6977.27	6977.27
小　计			15477.27	15477.27
车间工人				
-一车间	5101.01	工资	7450	7450
-二车间	5101.01	工资	6450	6450
小　计			13900	13900
总　计			105168.18	105168.18

图 8－56　工资费用分配表（正式人员）

8.6　银行代发表

案例资料

银行代发表的构成包括：职员代码、职员姓名、个人账号、实发合计。按照职员代码排序。

操作过程

选择“工资管理”｜“类别管理”，再选择“正式人员”。

选择“工资管理”｜“银行代发表”，设置过滤条件如图 8－57 所示。

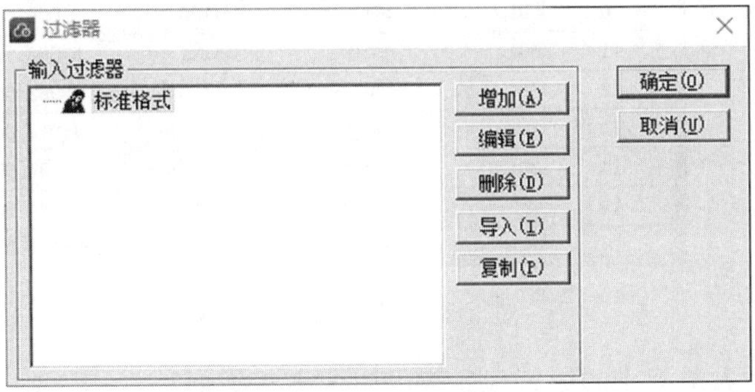

图 8－57　设置过滤条件

单击“编辑”按钮，选择所需项目，如图 8－58 所示。

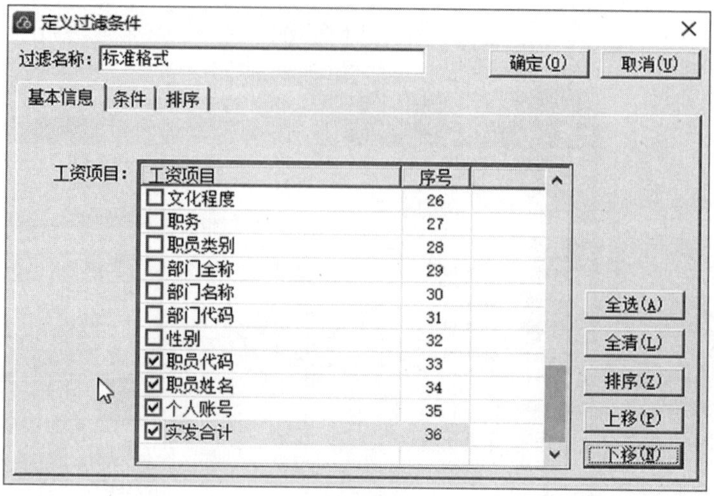

图 8－58　项目选择

单击“排序”按钮，设置排序项目，选择“代码”作为排序项目，然后单击“确定”按钮完成设置。

在“定义过滤条件”窗口，单击“确定”，生成的银行代发表如图 8－59 所示。

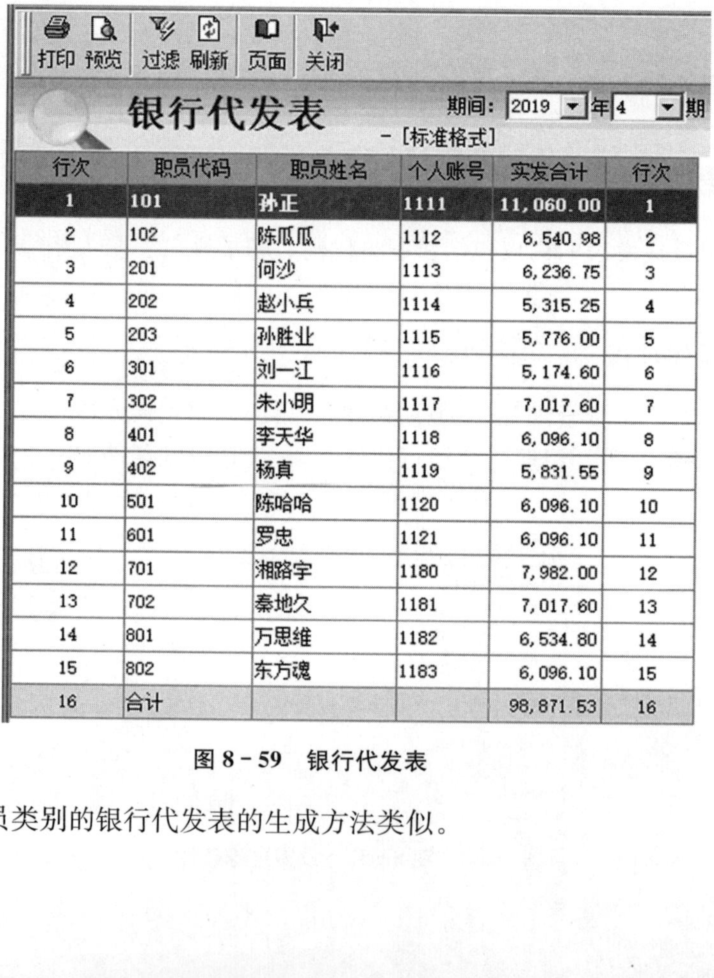

打印 预览 过滤 刷新 页面 关闭

银行代发表

期间：2019 年 4 期

－［标准格式］

行次	职员代码	职员姓名	个人账号	实发合计	行次
1	101	孙正	1111	11,060.00	1
2	102	陈瓜瓜	1112	6,540.98	2
3	201	何沙	1113	6,236.75	3
4	202	赵小兵	1114	5,315.25	4
5	203	孙胜业	1115	5,776.00	5
6	301	刘一江	1116	5,174.60	6
7	302	朱小明	1117	7,017.60	7
8	401	李天华	1118	6,096.10	8
9	402	杨真	1119	5,831.55	9
10	501	陈哈哈	1120	6,096.10	10
11	601	罗忠	1121	6,096.10	11
12	701	湘路宇	1180	7,982.00	12
13	702	秦地久	1181	7,017.60	13
14	801	万思维	1182	6,534.80	14
15	802	东方魂	1183	6,096.10	15
16	合计			98,871.53	16

图 8－59　银行代发表

临时人员类别的银行代发表的生成方法类似。

复习题

□ 思考题

1. 简述工资与账务的数据关系。
2. 简述工资类别的作用与工资基础数据的关系。
3. 简述工资的处理流程。

□ 判断题

1. 工资管理是在工资类别下进行的，不同的工资类别相互独立，工资项目、公式等信息可共用。（　）
2. 工资管理的部门与员工信息可从总账或其他类别引入，也可以引出到总账。（　）
3. 工资管理的工资变动可以实现人员信息变动（包括部门间流动、职称变动、职位变动等）和职员的禁用，变动是在下期生效。（　）
4. 多工资类别管理可以满足企业不同岗位、不同工种核算方法不同的需要。（　）
5. 工资管理中，已经发生业务的职员不能删除，职员资料不允许直接修改，必须通过变动处理完成。（　）
6. 工资中的职员等具体信息不能从总账中引入。（　）
7. 在工资项目定义中，文字型的工资项目不能参与工资计算。（　）
8. 工资类别可以实现分类发放工资或分次发放工资，并可以进行汇总。（　）
9. 工资管理中的部门必须与基础设置中的部门完全一致。（　）
10. 工资管理中的职员信息可以独立于其他模块独立设置。（　）
11. 计件工资必须定义到工序一级。（　）
12. 计时工资单必须在审核后，数据才能传送到工资数据的“计时工资”项目中。（　）
13. 计时工资和计件工资需要单独计算。（　）

□ 单项选择题

1. 在金蝶 KIS 云专业版的工资系统中，在结账后能把本期的数据带到下期的工资项目是（　　）。

A. 固定项目　　B. 所有工资项目

C. 变动项目　　D. 个人所得税项目

2. 工资管理中的职员可从以下（　　）项目引入。

A. 总账数据　　B. 基础设置

C. 出纳管理　　D. 核算项目——职员

3. 在工资管理中，允许新增工资项目，新增实数类型的工资项目的数据长度最大是（　　）位。

A. 8　　B. 12　　C. 16　　D. 18

4. 要生成银行代发工资文件，职员信息必须录入（　　）项目。

A. 银行名称　　B. 银行账号

C. 个人身份证　　D. 开户地址

5. 在处理工资相关业务时，需要先（　　）。

A. 选择类别　　B. 选择部门　　C. 选择人员　　D. 选择银行

6. 在项目设置中，工资的具体项目是（　　）。

A. 按工资类别分别设置　　B. 各工资类别共用

C. 与职员类别相关　　D. 与部门相关

7. 在公式设置中，公式是（　　）。

A. 按工资类别分别设置　　B. 各工资类别共用

C. 与职员类别相关　　D. 与部门相关

8. 一个职工（　　）。

A. 可以在多个工资类别中计算工资

B. 只能在一个工资类别中计算工资

C. 每月只能算一次工资

D. 每月只能发一次工资

9. 银行代发表（　　）。

A. 必须提供全部项目　　B. 只提供必需项目

C. 只给银行提供数据文件就可以　　D. 数据文件格式各银行是通用的

□ 多项选择题

1. 设置工资计算方法的语句有（　　）。

A. 报警语句　　B. 判断语句

C. 循环语句　　D. 注释语句

2. 工资管理模块可实现（　　）。

A. 工资多类别管理

B. 计提个人所得税

C. 简单管理人事

D. 根据企业需要对工资数据分配，生成工资凭证

3. 以下关于金蝶 KIS 云专业版工资管理中工资项目描述正确的是（　　）。

A. 逻辑、文本型的只能作为判断条件使用，不能参与计算

B. 固定项目可复制到下期

C. 变动项目不能复制到下期

D. 变动项目可复制到下期

4. 工资管理中的部门可以（　　）。

A. 直接输入

B. 从基础设置中的部门引入

C. 引入后可以增删改

D. 要么直接输入，要么引入后不变，只能选择一种

5. 工资管理中的职员信息可以（　　）。

A. 引入　　B. 直接输入

C. 引入后可以增删改　　D. 只能引入

6. 计件工资可以（　　）。

A. 定义到产品　　B. 定义到工序

C. 不用定义　　D. 定义工时

□ 参考答案

判断题

1. 正确；2. 错误；3. 错误；4. 正确；5. 正确；6. 错误；7. 正确；8. 正确；9. 错误；10. 正确；11. 错误；12. 正确；13. 正确。

单项选择题

1. A；2. A；3. D；4. B；5. A；6. A；7. A；8. A；9. B。

多项选择题

1. ABD；2. ABCD；3. ABC；4. ABC；5. ABC；6. AB。

第 9 章 Chapter 9 固定资产业务处理

9.1 固定资产业务处理内容

固定资产管理系统以固定资产卡片管理为基础，帮助企业实现对固定资产的价值管理，包括固定资产的新增、清理、变动，按国家会计准则的要求计提折旧。它能够帮助管理者掌握企业当前固定资产的数量与价值，追踪固定资产的使用状况，加强企业资产管理，提高资产利用率。

9.1.1 基本功能

固定资产业务处理流程如图 9－1 所示。

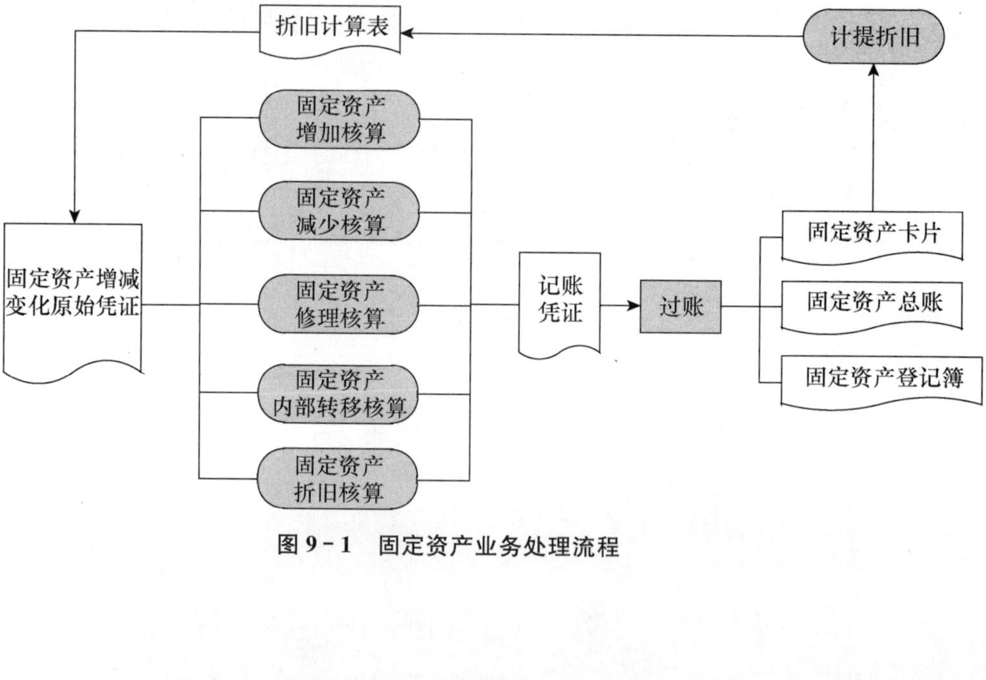

图 9－1 固定资产业务处理流程

固定资产管理的功能如图 9－2 所示。

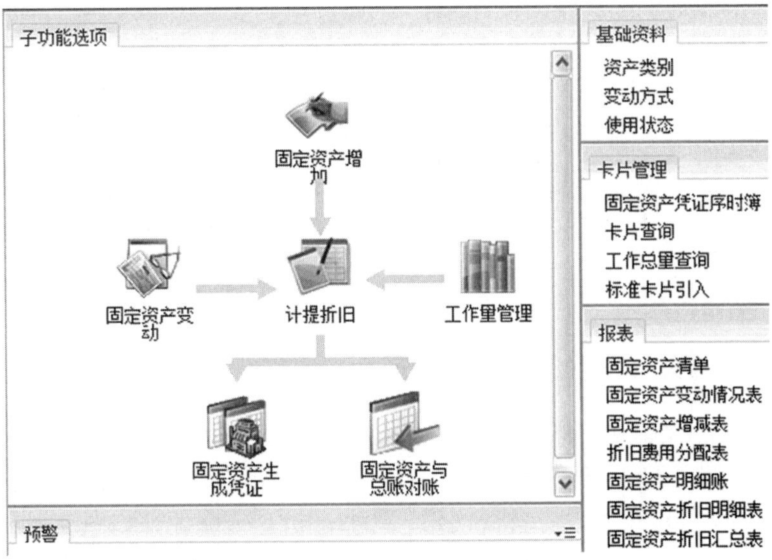

图 9－2　固定资产管理的功能

9.1.2　参数设置

选择“基础设置”｜“系统参数”｜“财务参数”，选择“固定资产参数”进行设置，如图 9－3 所示。

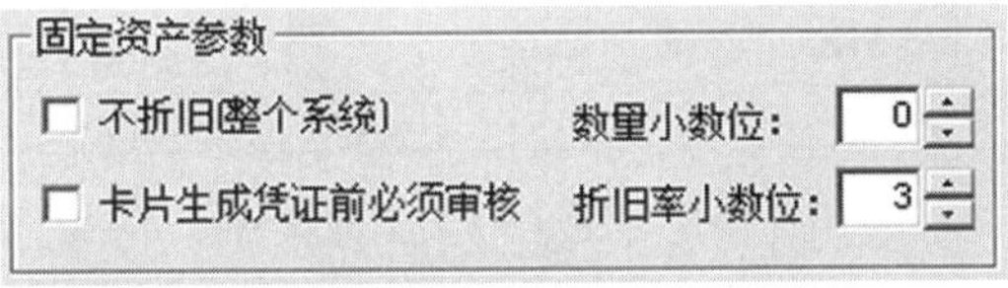

图 9－3　系统参数设置

本案例采用默认设置。

9.2　固定资产日常业务处理

9.2.1　增加固定资产

案例资料

4 月 6 日，用中国银行美元账户存款购买 HP 计算机服务器一台，价格 3 000 美元，当天汇率为 1 美元＝6.22 元人民币，运费 1 500 元，工商银行转账支票号 ZZ456325，中国银行转账支票号 ZZ151521。

发生厂商安装调试费 3 000 元，用工商银行转账支票支付，支票号 ZZ12058。

4 月 10 日，该服务器由财务部领用。

折旧按原值和预计使用期间计提，预计使用年限 3 年。详细资料如表 9－1 所示。

表 9－1　　固定资产信息表

卡片编号	固定资产名称	固定资产类别	原值	使用状态	增加方式	使用部门
10	HP 服务器	通用设备	23 160 元	使用中	购入	财务部

操作过程

1. 购买 HP 服务器时制作凭证

选择“账务处理”｜“凭证录入”，单击“外币”转换为外币凭证，录入凭证。核算项目选择“HP 服务器项目”，增加中国银行的转账支票结算方式（代码：10，名称：中行转账支票，科目代码：1002.02）。记账凭证如图 9－4 所示。

图 9－4　记账凭证

2. 安装调试费凭证

输入安装调试费凭证，记账凭证如图 9－5 所示。

图 9－5　记账凭证

3. 输入固定资产卡片

选择“固定资产”｜“固定资产增加”，首先录入基本信息。固定资产卡片（基本信息）如图 9－6 所示。

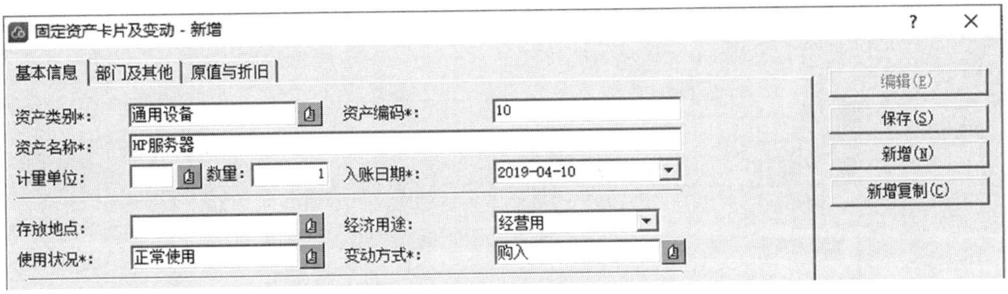

图 9－6　固定资产卡片（基本信息）

“部门及其他”信息如图 9－7 所示。

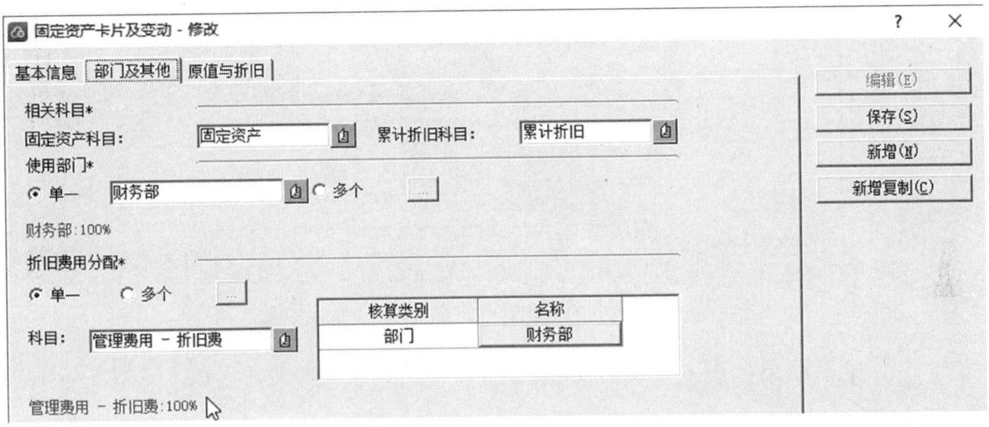

图 9－7　部门及其他信息

“原值与折旧”信息如图 9－8 所示。

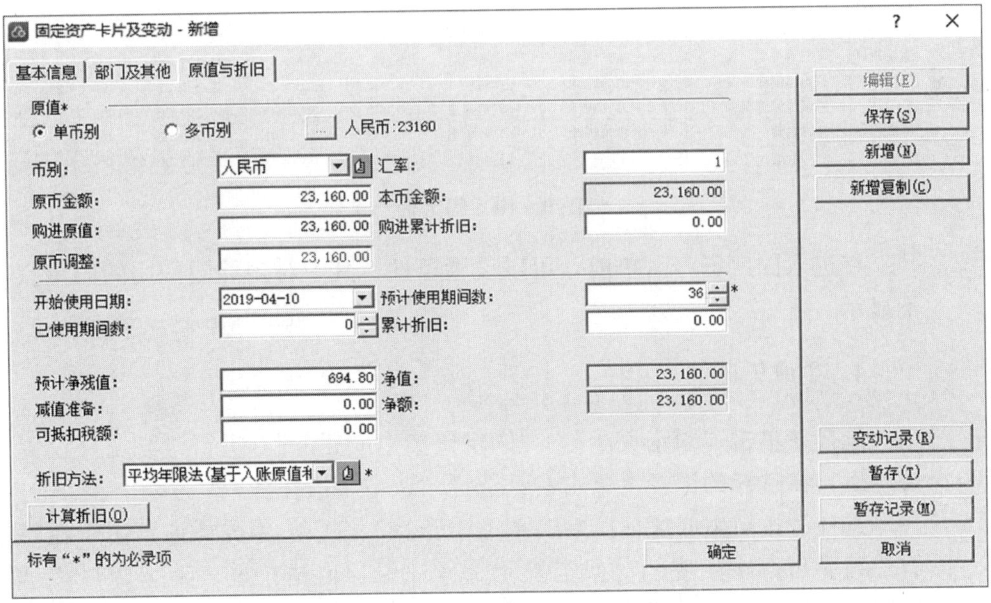

图 9－8　原值与折旧信息

输入增加部分案例资料后的固定资产卡片，选择“固定资产”|“固定资产清单”，设置过滤条件（注意对多部门使用的固定资产要选择“显示，且所有部门都显示出来”），如图 9-9 所示。

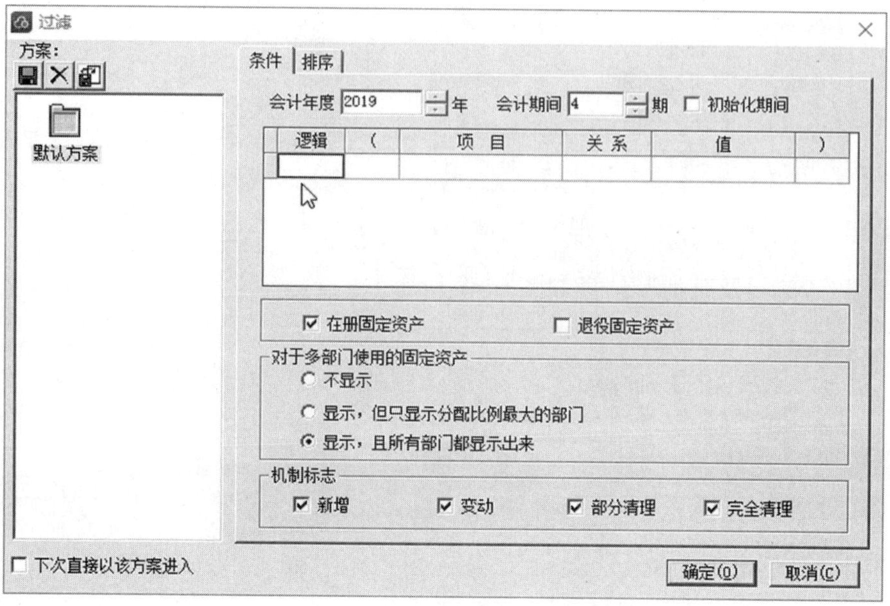

图 9-9　固定资产显示过滤条件设置

显示结果如图 9-10 所示。

资产名称	类别	单位	入账日期	使用部门	折旧方法	原值原币	累计折旧	净值	预计净残值	使用寿命	剩余寿命
红旗牌轿车	交通运输设备	台	2018-01-01	行政部	工作量法	215,470.00	37,255.00	178,215.00	6,464.10	800000千米	638000千米
传真机	通用设备	台	2018-02-01	行政部	平均年限法	3,510.00	1,825.00	1,685.00	105.30	36期	23期
联想THINK	通用设备	台	2018-09-01	财务部	平均年限法	28,900.00	5,548.00	23,352.00	867.00	36期	30期
HP计算机	通用设备	台	2018-08-01	采购部	平均年限法	6,490.00	1,246.00	5,244.00	194.70	36期	29期
装配机A型	电气设备	台	2018-12-31	一车间	平均年限法	200,000.00	6,250.00	193,750.00	6,000.00	60期	57期
联想计算机	通用设备	台	2018-08-01	二车间	平均年限法	6,490.00	1,246.00	5,244.00	194.70	36期	29期
装配机B型	电气设备	台	2018-12-31	二车间	平均年限法	180,000.00	5,625.00	174,375.00	5,400.00	60期	57期
长安面包车	交通运输设备	台	2018-10-31	销售部	工作量法	50,000.00	10,000.00	40,000.00	1,500.00	200000千米	160000千米
办公楼	房屋及建筑物		2018-10-31	销售部 30%	平均年限法	3,000,000.00	40,000.00	2,960,000.00	90,000.00	360期	355期
HP服务器	通用设备		2019-04-10	财务部	平均年限法	23,160.00	0.00	23,160.00	694.80	36期	36期
						3,714,020.00	108,995.00	3,605,025.00	111,420.60		

图 9-10　固定资产卡片

在进入固定资产清单前，可以设置条件，其中对多部门使用的固定资产默认是不显示。

4. 生成凭证

选择并单击“固定资产”|“固定资产生成凭证”，进行过滤条件设置（默认条件）后，在选择的记录上单击右键选择“按单生成凭证”。

选择“按单生成凭证”后，单击“开始”按钮，生成凭证。由于在建工程科目有二级科目，在生成的时候会提示“凭证保存出错！是否手工调整？”单击“是”按钮，对凭证进行直接调整。调整后的记账凭证如图 9-11 所示。

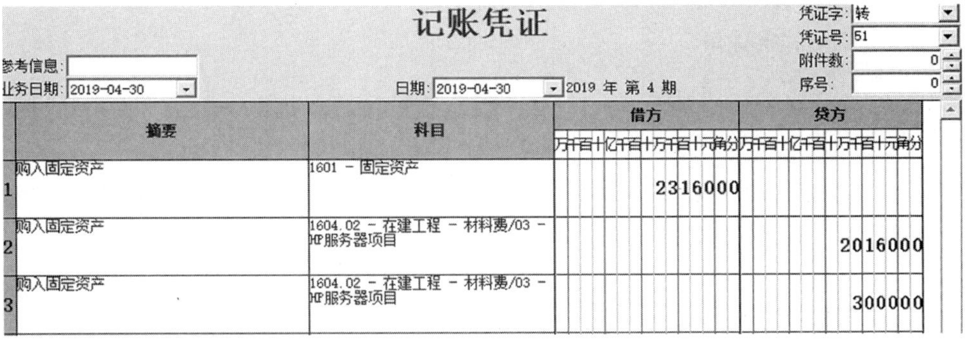

图 9-11　记账凭证

生成的凭证在账务处理中还需要进行审核、过账等工作。

9.2.2 资产原值变动

案例资料

4 月 15 日，行政部的红旗牌轿车添置新配件 15 000 元。用工商银行账户支付，转账支票号 ZZ12112。

操作过程

1. 调整固定资产原值

选择“固定资产”|“固定资产变动”，选择红旗牌轿车，单击右键选择“变动”，对原值与折旧的原币金额进行调整，在原来的金额上增加新部件的金额，变动方式为购入（在“基本信息”选项卡输入），如图 9-12 所示。

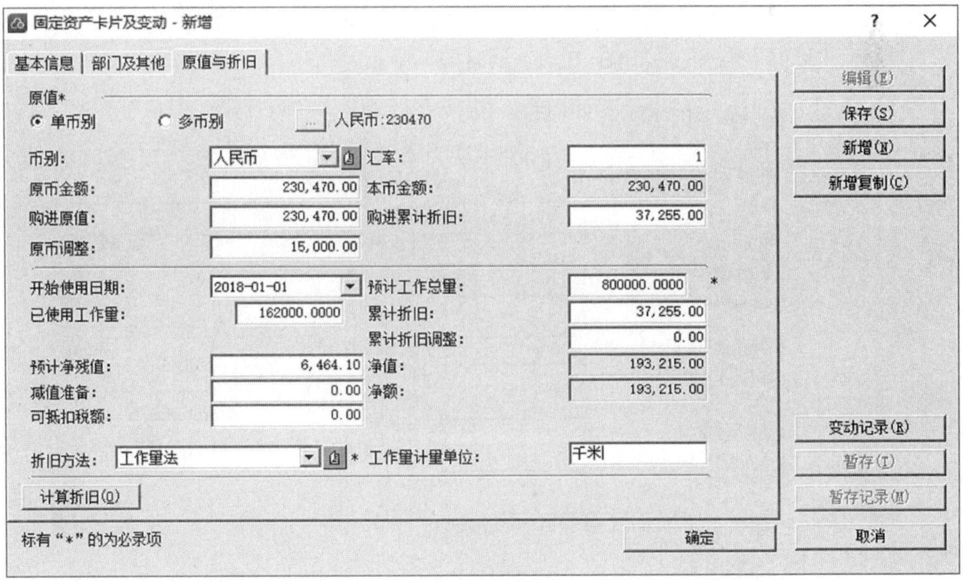

图 9-12　原值与折旧

2. 生成凭证

选择并单击“固定资产”|“固定资产生成凭证”，进行过滤条件设置后，显示变动的业务。

选择红旗牌轿车所在行。单击“按单”按钮，生成记账凭证，然后按照图 9-13 所示进行调整。

图 9-13 记账凭证

9.2.3 提取减值准备

案例资料

4 月 30 日，经核查对联想 Think 笔记本电脑计提 2 000 元减值准备。

操作过程

选择“固定资产”|“固定资产变动”，再选择联想 Think，单击右键选择“变动”命令，变动方式为其他，在“原值与折旧”选项卡中输入减值准备金额，然后单击“保存”按钮，如图 9-14 所示。

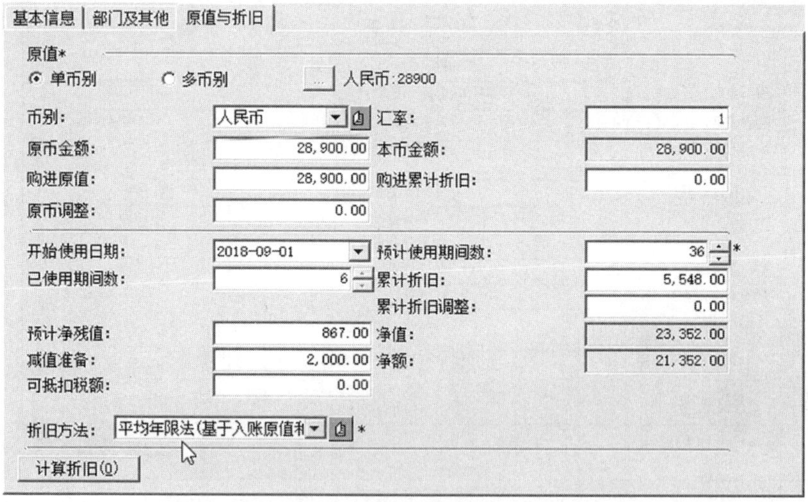

图 9-14 计提减值准备

选择并单击“固定资产”|“固定资产生成凭证”，过滤条件设置使用默认值，进入后显示变动的业务。

选择联想 Think。单击“按单”按钮，生成记账凭证，然后按照图 9－15 所示进行调整。

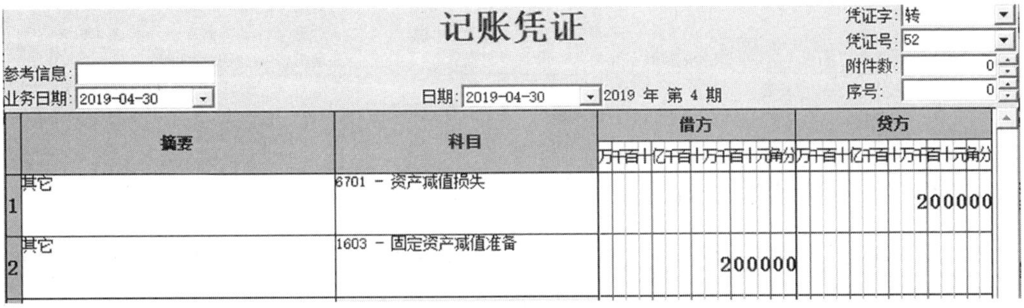

图 9－15　记账凭证

9.2.4　计提折旧

案例资料

4 月 30 日，计提本月折旧费用。其中红旗牌轿车的本月工作量为 15 000 千米，长安面包车的本月工作量为 10 000 千米。

操作过程

1. 录入工作量

选择“固定资产”|“工作量管理”，输入本期工作量，如图 9－16 所示。

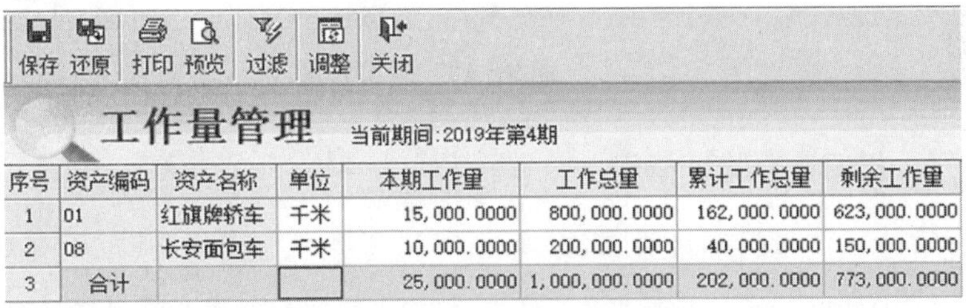

序号	资产编码	资产名称	单位	本期工作量	工作总量	累计工作总量	剩余工作量
1	01	红旗牌轿车	千米	15,000.0000	800,000.0000	162,000.0000	623,000.0000
2	08	长安面包车	千米	10,000.0000	200,000.0000	40,000.0000	150,000.0000
3	合计			25,000.0000	1,000,000.0000	202,000.0000	773,000.0000

图 9－16　工作量管理

2. 计提折旧

选择“固定资产”|“计提折旧”，单击“下一步”按钮，在后续的凭证类型中，选择转账凭证，最后系统自动完成凭证的生成。如果折旧凭证生成有错误，可以修改相关数据后再重新生成。

选择“固定资产”|“固定资产凭证序时簿”，在会计分录序时簿中可以查看生成的折旧凭证，如图 9－17 所示。

会计分录序时簿

期间	凭证字号	摘要	科目代码	科目名称	币别	原币金额	借方	贷方
2019.4	转 - 53	结转折旧费用	5101.02	制造费用 - 折旧费	人民币	6,318.20	6,318.20	
			6601.06	销售费用 - 折旧费	人民币	4,831.25	4,831.25	
			6601.06	销售费用 - 折旧费	人民币	2,599.86	2,599.86	
			6602.06	管理费用 - 折旧费	人民币	5,749.28	5,749.28	
			6602.06	管理费用 - 折旧费	人民币	2,395.36	2,395.36	
		结转折旧费用	1602	累计折旧	人民币	21,893.95		21,893.95

图 9 - 17　折旧凭证

3. 折旧信息查询

选择“固定资产”|“固定资产折旧明细表”，查看折旧情况，如图 9 - 18 所示。

固定资产折旧明细表　会计期间：2019年4期

类别	资产编码	资产名称	使用寿命	已使用寿命	期初原值	期初累计折旧	期初净值	本期折旧额
电气设备	05	装配机A型	60期	3期	200,000.00	6,250.00	193,750.00	3,233.33
	07	装配机B型	60期	3期	180,000.00	5,625.00	174,375.00	2,910.00
	小计				380,000.00	11,875.00	368,125.00	6,143.33
房屋及建筑物	09	办公楼	360期	5期	3,000,000.00	40,000.00	2,960,000.00	8,083.33
	小计				3,000,000.00	40,000.00	2,960,000.00	8,083.33
交通运输设备	01	红旗牌轿车	800000千米	162000千米	215,470.00	37,255.00	178,215.00	4,038.03
	08	长安面包车	200000千米	40000千米	50,000.00	10,000.00	40,000.00	2,406.25
	小计				265,470.00	47,255.00	218,215.00	6,444.28
通用设备	02	传真机	36期	13期	3,510.00	1,825.00	1,685.00	94.58
	03	联想THINK	36期	6期	28,900.00	5,548.00	23,352.00	778.69
	04	HP计算机	36期	7期	6,490.00	1,246.00	5,244.00	174.87
	06	联想计算机	36期	7期	6,490.00	1,246.00	5,244.00	174.87
	小计				45,390.00	9,865.00	35,525.00	1,223.01
合计					3,690,860.00	108,995.00	3,581,865.00	21,893.95

图 9 - 18　折旧管理

4. 折旧计算验证举例

（1）工作量折旧计算方法。

单位工作量折旧额＝(启用时的固定资产净值－预计净残值)/剩余总工作量

某项固定资产月折旧额＝该项固定资产当月工作量×单位工作量折旧额

红旗牌轿车：

剩余工作量＝800 000－162 000＝638 000(千米)

期初净值＝178 215(元)

预计净残值＝6 464.10(元)

$$单位工作量折旧额=\frac{178\ 215-6\ 464.10}{638\ 000}=0.269\ 202\ 037\ 6(元)$$

本月折旧额＝15 000(本月工作量)×0.269 202 037 6＝4 038.03(元)

(2) 平均年限法折旧计算方法。折旧与采用的折旧方法有关，本案例采用的是基于入账原值和入账预计使用期间计算。

传真机：

每期应计提折旧额＝3 510(原值)×(1－3%)/36(期)＝94.58(元)

9.2.5 固定资产减少

案例资料

4 月 30 日，二车间毁损联想计算机一台，进行相应业务处理。

操作过程

选择“固定资产”|“固定资产变动”，先选择二车间的联想计算机，单击鼠标右键，选择“清理”，变动方式选择“毁损”，如图 9－19 所示。

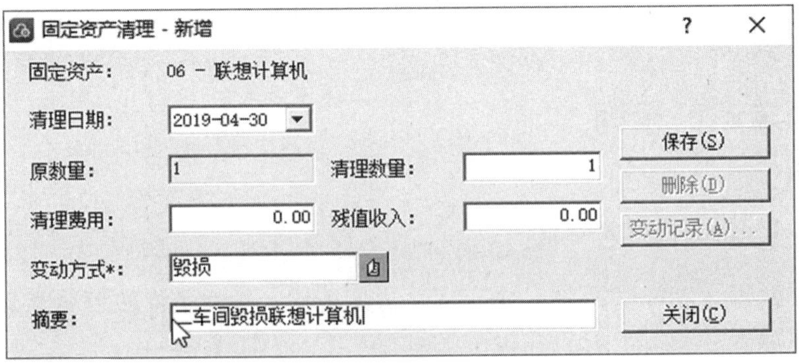

图 9－19 固定资产清理

单击“保存”，再选择“确定”生成变动记录。

选择“固定资产”|“固定资产生成凭证”，在会计分录序时簿中显示变动的业务，如图 9－20 所示。

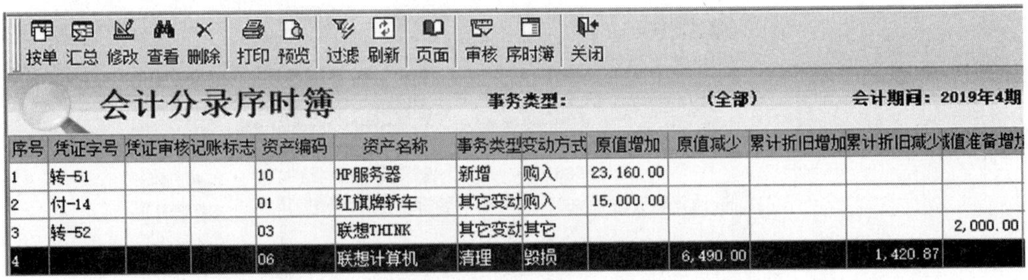

序号	凭证字号	凭证审核	记账标志	资产编码	资产名称	事务类型	变动方式	原值增加	原值减少	累计折旧增加	累计折旧减少	减值准备增加
1	转-51			10	HP服务器	新增	购入	23,160.00				
2	付-14			01	红旗牌轿车	其它变动	购入	15,000.00				
3	转-52			03	联想THINK	其它变动	其它					2,000.00
4				06	联想计算机	清理	毁损		6,490.00		1,420.87	

图 9－20 凭证管理

单击“按单”按钮，生成凭证。

选择“固定资产”|“固定资产凭证序时簿”，在会计分录序时簿中固定资产的记账凭证都可以查询，如图 9－21 所示。

会计分录序时簿

凭证字号	摘要	科目代码	科目名称	原币金额	借方	贷方
转 - 53	结转折旧费用	5101.02	制造费用 - 折旧费	6,318.20	6,318.20	
		6601.06	销售费用 - 折旧费	4,831.25	4,831.25	
		6601.06	销售费用 - 折旧费	2,599.86	2,599.86	
		6602.06	管理费用 - 折旧费	5,749.28	5,749.28	
		6602.06	管理费用 - 折旧费	2,395.36	2,395.36	
	结转折旧费用	1602	累计折旧	21,893.95		21,893.95
转 - 51	购入固定资产	1601	固定资产	23,160.00	23,160.00	
	购入固定资产	1604.02	在建工程 - 材料费	20,160.00		20,160.00
	购入固定资产	1604.02	在建工程 - 材料费	3,000.00		3,000.00
转 - 52	其它	6701	资产减值损失	2,000.00		2,000.00
	其它	1603	固定资产减值准备	2,000.00	2,000.00	
转 - 54	毁损	1601	固定资产	6,490.00		6,490.00
	毁损	1602	累计折旧	1,420.87	1,420.87	
	毁损	1606	固定资产清理	5,069.13	5,069.13	

图 9－21　记账凭证

固定资产业务完成后，应对凭证审核和记账。

9.3　固定资产查询

1. 折旧费用分配表

选择“固定资产”|“折旧费用分配表”，过滤条件按照默认设置，查看分配情况，如图 9－22 所示。

引出 打印 预览 过滤 刷新 页面设置 关闭

折旧费用分配表　会计期间：2019年4期

类别	费用科目代码	费用科目名称	金额
电气设备	5101.02	制造费用 - 折旧费	6,143.33
	小计		6,143.33
房屋及建筑物	6601.06	销售费用 - 折旧费	4,849.99
	6602.06	管理费用 - 折旧费	3,233.34
	小计		8,083.33
交通运输设备	6601.06	销售费用 - 折旧费	2,406.25
	6602.06	管理费用 - 折旧费	4,038.03
	小计		6,444.28
通用设备	5101.02	制造费用 - 折旧费	0.00
	6601.06	销售费用 - 折旧费	174.87
	6602.06	管理费用 - 折旧费	873.27
	小计		1,048.14
合计			21,719.08

图 9－22　折旧费用分配表

在过滤条件设置中，选择核算项目，再勾选“显示核算项目”，单击“确定”按钮，可以看到每个单位的折旧计算情况，如图 9－23 所示。

折旧费用分配表　会计期间：2019年4期

类别	费用科目代码	费用科目名称	核算项目	金额
电气设备	5101.02	制造费用 － 折旧费		6,143.33
	小计			6,143.33
房屋及建筑物	6601.06	销售费用 － 折旧费	销售部	2,425.00
	6601.06	销售费用 － 折旧费	采购部	2,424.99
	6602.06	管理费用 － 折旧费	行政部	1,616.67
	6602.06	管理费用 － 折旧费	财务部	1,616.67
	小计			8,083.33
交通运输设备	6601.06	销售费用 － 折旧费	销售部	2,406.25
	6602.06	管理费用 － 折旧费	行政部	4,038.03
	小计			6,444.28
通用设备	5101.02	制造费用 － 折旧费		0.00
	6601.06	销售费用 － 折旧费	采购部	174.87
	6602.06	管理费用 － 折旧费	行政部	94.58
	6602.06	管理费用 － 折旧费	财务部	778.69
	小计			1,048.14
合计				21,719.08

图 9－23　折旧费用分配表

还可以在设置条件中取消汇总设置的“类别”，只显示核算项目，如图 9－24 所示。

折旧费用分配表　会计期间：2019年4期

费用科目代码	费用科目名称	核算项目	金额
5101.02	制造费用 － 折旧费		6,143.33
6601.06	销售费用 － 折旧费	销售部	4,831.25
6601.06	销售费用 － 折旧费	采购部	2,599.86
6602.06	管理费用 － 折旧费	行政部	5,749.28
6602.06	管理费用 － 折旧费	财务部	2,395.36
合计			21,719.08

图 9－24　折旧费用分配表

2. 折旧汇总表

选择“固定资产”｜“固定资产折旧汇总表”，如图 9－25 所示。

固定资产折旧汇总表　会计期间：2019年4期

类别	期初原值	期初累计折旧	期初净值	原值增加	原值减少	折旧调减	减值准备调增	本期折旧额	本年折旧额
电气设备	380,000.00	11,875.00	368,125.00	0.00	0.00	0.00	0.00	6,143.33	6,143.33
房屋及建筑物	3,000,000.00	40,000.00	2,960,000.00	0.00	0.00	0.00	0.00	8,083.33	8,083.33
交通运输设备	265,470.00	47,255.00	218,215.00	15,000.00	0.00	0.00	0.00	6,444.28	6,444.28
通用设备	45,390.00	9,865.00	35,525.00	0.00	6,490.00	1,420.87	2,000.00	1,223.01	-197.86
合计	3,690,860.00	108,995.00	3,581,865.00	15,000.00	6,490.00	1,420.87	2,000.00	21,893.95	20,473.08

图 9－25　折旧汇总表

复习题

□ 思考题

1. 简述固定资产的业务处理流程。
2. 固定资产计算折旧过程中应当注意哪些问题？
3. 固定资产与其他业务系统的关系如何？

□ 判断题

1. 固定资产业务可以生成凭证到账务处理。 （　）
2. 固定资产每张卡片一个月只能变动两次。 （　）
3. 固定资产变动数据录入，支持批量变动，批量清理，批量审核。 （　）
4. 本期折旧凭证过账后可以结账。 （　）
5. 固定资产卡片的录入，购买时间可以随意输入，只要累计折旧对就行了。 （　）
6. KIS 云专业版中固定资产初始化数据录入完成后，可以直接传递到总账作为科目的初始化数据。 （　）

□ 单项选择题

1. 固定资产模块下的“固定资产变动情况表”是查询（　　）单据。

A. 固定资产增加卡片

B. 固定资产减少卡片

C. 固定资产所有变动审核后的卡片

D. 固定资产所有变动过账后的卡片

2. 打印固定资产卡片是在（　　）窗口下进行。

A. 固定资产卡片变动　　B. 固定资产变动资料

C. 固定资产清单　　D. 固定资产明细账

3. 金蝶 KIS 云专业版中，固定资产折旧应该在（　　）计提。

A. 每月月初

B. 进行固定资产清理之前

C. 当月所有固定资产业务处理完成后

D. 新增卡片之前

4. 以下关于固定资产折旧管理的说法中错误的是（　　）。

A. 固定资产折旧是指在固定资产使用寿命内，按照确定的方法对应计提折旧额进行的系统分摊

B. 固定资产当月新增固定资产需要计提折旧

C. 固定资产结账与总账同步

D. 固定资产计提折旧后，系统自动生成折旧凭证

5. 固定资产基础资料不包括（　　）。

A. 资产类别　　B. 变动方式

C. 使用状态　　D. 工作量管理

6. KIS 云专业版固定资产系统中，以下信息中不会影响到系统折旧金额的计算的是（　　）。

A. 固定资产类别　　B. 使用状态

C. 变动方式　　D. 折旧方法

□ 多项选择题

1. KIS 云专业版中固定资产与总账对账不平的原因是（　　）。

A. 存在卡片没有生成凭证

B. 存在总账凭证没有过账

C. 人为修改了卡片生成凭证上的金额数据

D. 卡片上的固定资产科目、累计折旧科目、减值准备科目有错误

2. 固定资产卡片新增处理主要包括（　　）。

A. 卡片的录入　　B. 卡片的修改

C. 卡片审核　　D. 卡片查询

3. 常用固定资产折旧方法包括（　　）。

A. 平均年限法　　B. 工作量法

C. 动态平均年限法　　D. 双倍余额递减法

4. 以下关于固定资产折旧管理的说法中正确的是（　　）。

A. 固定资产折旧是指在固定资产使用寿命内，按照确定的方法对应计提折旧额进行的系统分摊

B. 固定资产当月新增固定资产需要计提折旧

C. 固定资产结账与总账同步

D. 固定资产计提折旧后，系统自动生成折旧凭证

5. 固定资产卡片中必须录入的信息有（　　）。

A. 原值　　B. 折旧方法

C. 预计使用期间数　　D. 规格型号

□ 参考答案

判断题

1. 正确；2. 错误；3. 正确；4. 错误；5. 错误；6. 正确。

单项选择题

1. D；2. C；3. C；4. B；5. D；6. A。

多项选择题

1. ABCD；2. ABCD；3. ABCD；4. ACD；5. ABC。

第 10 章
Chapter 10
期末业务处理与报表

10.1 期末业务处理

10.1.1 期末结账前处理

在期末结账前，应当将全部凭证审核、记账。

在审核过程中，如果凭证有误将通不过审核，这时就需要分析原因，进行修改。

对于在总账中录入的凭证，由原来的制单人调出修改即可。

对于业务系统生成的凭证，则需要先删除，更正相关数据后再生成。在删除前要记下凭证字号，以便后面生成时直接填写原来的凭证号。

生成的凭证不能通过审核，多数是核算项目没有设置所致，因此凭证生成后要注意补充填上。

通过“存货核算”|“业务生成凭证”生成的凭证，可以在其“业务凭证序时簿”功能中进行修改。

通过“固定资产”|“固定资产生成凭证”生成的凭证，可以在其“固定资产凭证序时簿”中进行修改。

凭证完成审核后，对全部凭证要进行过账。

10.1.2 期末业务处理内容

期末业务主要内容有三个方面：首先需要将本会计期间的已经审核过还未记账的凭证记账；然后自动生成已经定义好的期末结转凭证并记账，编制报表；最后将本会计期间各会计科目的余额及余额方向、业务模块的有关数据转入下一个会计期间，作为其期初的余额和余额方向，以便开始下一个会计期间的账务与业务处理工作。

结账后软件可自动生成下期的期初数，不需要人为操作。

某个会计期间结账意味着该会计期间有关凭证、业务单据均已全部输入完毕，并全部审核记账，某个会计期间结账后，该会计期间就不能再输入凭证和业务单据，该会计期间的数据只能进行查询和分析。

期末结账功能使用时必须慎重，一般将该权限授予账套系统的管理员。

一般来说，期末业务处理的主要工作有期末调汇、各种摊销预提、结转损益、编制报表、期末结账等，通过系统的处理可以减少每个期间都需要手工录入的类似凭证的工作量。

（1）期末调汇。期末调汇主要用于对外币核算的账户在期末自动计算汇兑损益，生成汇兑损益转账凭证及期末汇率调整表。

（2）摊销处理。摊销即对已经计入待摊费用的数据进行每一期的摊销，将其转入费用类科目，如预付保险费、固定资产修理费用。当然，也可以用于一些长期资产的摊销，如低值易耗品摊销、无形资产摊销、递延资产摊销等。

（3）预提处理。预提是处理每期对租金、保险费、借款利息、固定资产修理费等的预提，将其按一定金额计入预提费用。

（4）结转损益。期末时，应将各损益类科目的余额转入“本年利润”科目，以反映企业在一个会计期间内实现的利润或亏损总额。系统提供的结转损益功能就是将所有损益类科目的本期余额全部自动转入本年利润科目，并生成一张结转损益记账凭证。

（5）编制报表。进行内部和外部报表的编制。

（6）期末结账。本期所有的会计业务全部处理完毕之后，就可以进行期末结账了。系统的数据处理都是针对本期的，要进行下一期间的处理，必须将本期的账务全部进行结账处理，系统才能进入下一期间。

10.1.3 自动转账

案例资料

4 月 30 日，采用自动转账功能按短期借款期末余额的 0.2%提取短期借款利息（短期借款期末余额为 200 000 元）。

借：财务费用——利息支出　　（6 603.01）

　贷：应付利息——借款利息　　（2 231.01）

操作过程

自动转账功能可将一些有特定规律并且较为复杂的转账凭证预先定义出一个凭证模板，以后同类的凭证就可以根据模板由系统自动生成。这样可以提高凭证的生成效率，也避免了手工计算和录入可能产生的错误。

自动转账可以完成的转账业务主要有：费用分配的结转，费用分摊、税金结转，各项费用的提取，部门核算、项目核算的结转等。

选择“账务处理”|“自动转账”，单击“新增”按钮定义自动转账凭证，名称输入“提取短期借款利息”，如图 10－1 所示。

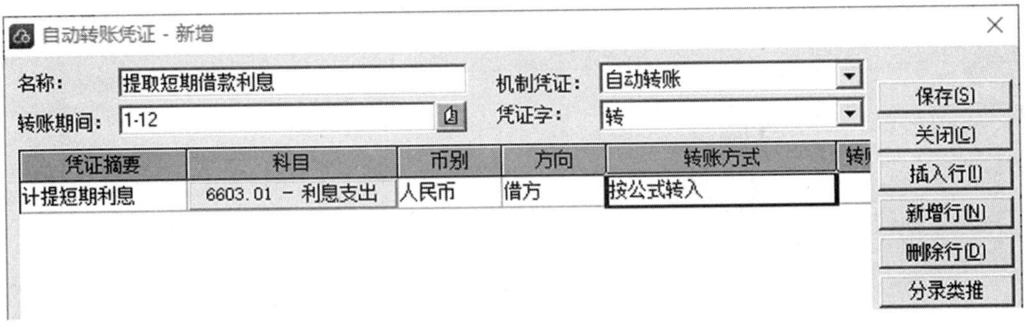

图 10－1　新增自动转账凭证

转账期间：系统提供了 1～12 个会计期间，根据本案例应该全选。

机制凭证：选择自动转账。

凭证字：选择生成凭证的凭证字，本案例是转账凭证，选“转”字。

凭证摘要：业务内容描述，本例为计提短期利息。

方向：会计分录的借贷方向，可以根据转账方式“自动判断”，除非确定，否则建议选择“自动判断”。

转账方式：按公式转入。根据后面的“公式定义”中的公式取数转入。

转账比例：用于选择了比例转入（出）的转账方式，直接录入百分比。

核算项目：如果会计科目下还下挂核算项目，则在此选择相应的核算项目。单击“核算项目”的“下设”，选择相应的项目。

包含本期未过账凭证：选择“包含”和“不包含”二者之一。

公式定义：单击公式定义下的“下设”，则在此定义公式，可以设置原币取数公式、本位币取数公式、数量取数公式。公式的语法与自定义报表相同，通过取数公式可取到账务等的数据。另外，在公式中还可录入常数。

单击“公式定义”栏下的“下设”，执行后如图 10－2 所示。

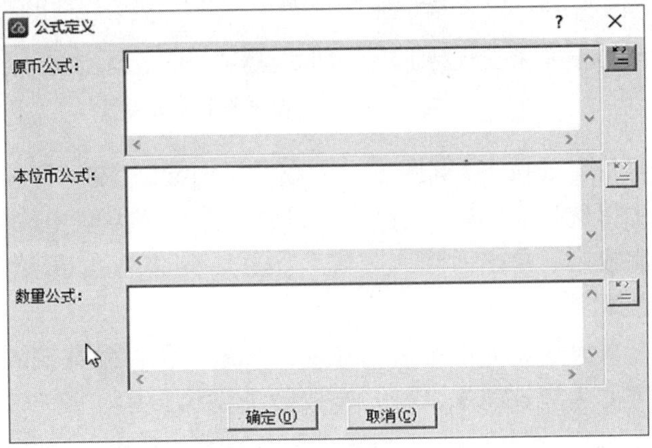

图 10－2　公式定义

单击公式的函数按钮，选择 ACCT 函数（总账科目取数公式，具体可选择公式后下面的说明），如图 10－3 所示。

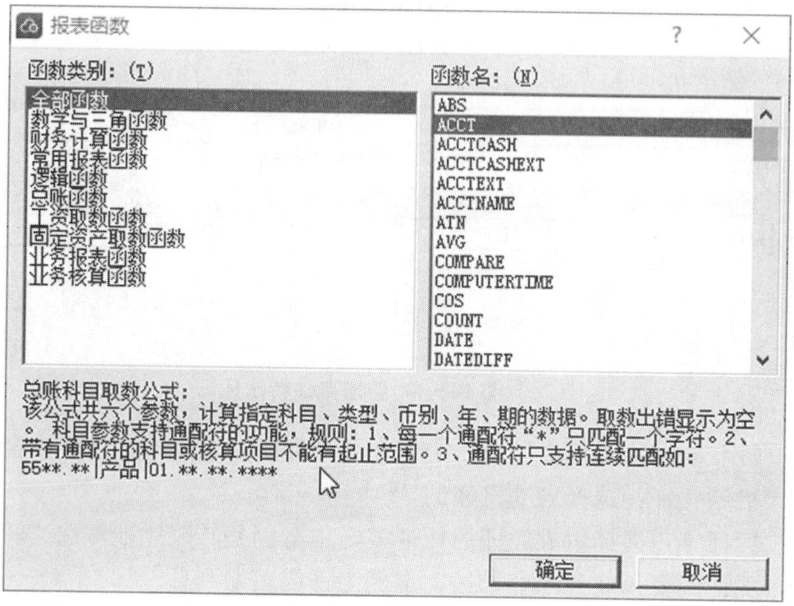

图 10－3　函数

单击“确定”按钮，定义科目及其相应参数，如图 10－4 所示。

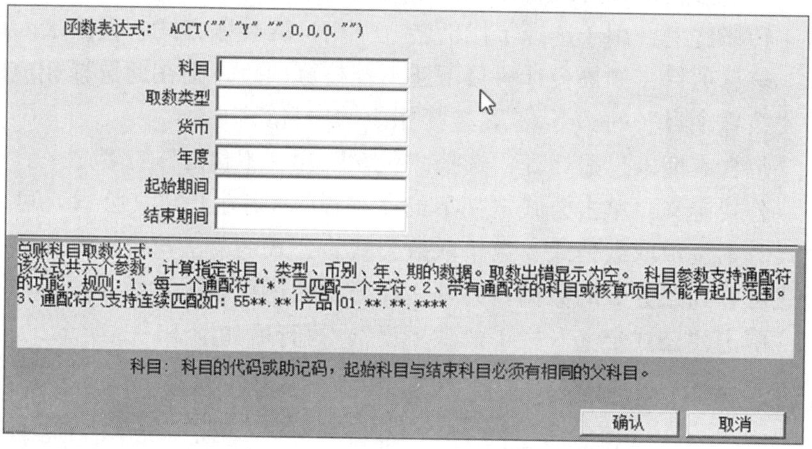

图 10－4　科目及其相应参数

在“科目”处按 F7 键调出“取数科目向导”。在“科目代码”文本框中输入科目代码（也可选择），如果有核算项目要选择核算类别和核算代码。

输入完成后，单击“填入公式”按钮，则将公式填入“科目参数”文本框中，如图 10－5 所示。

科目参数设定完成后单击“确定”按钮，科目参数填入“科目”中。

取数类型为贷方期末余额，在取数类型项目中，按 F7 键后进行选择，“货币”项目也如此。

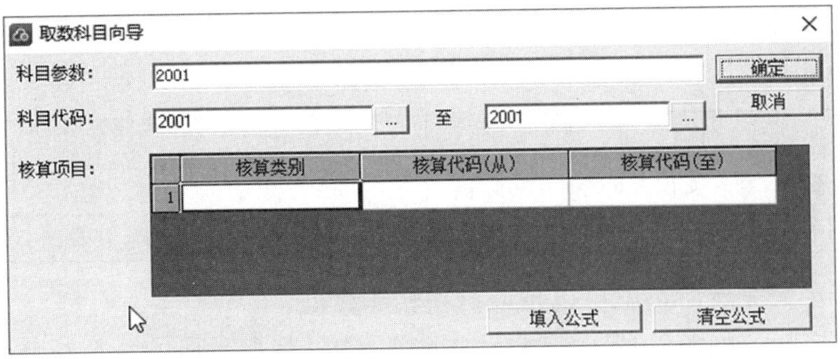

图 10-5　定义 ACCT 函数的参数

年度、起始期间、结束期间采用默认，即为当前期间。在定义中要注意了解每个参数的说明。

参数设置完成后，单击“确认”按钮即可，如图 10-6 所示。

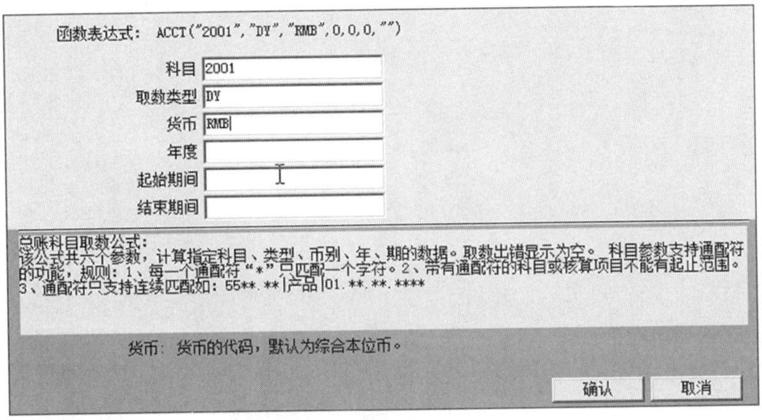

图 10-6　公式定义

单击“确认”按钮完成公式定义，如图 10-7 所示。

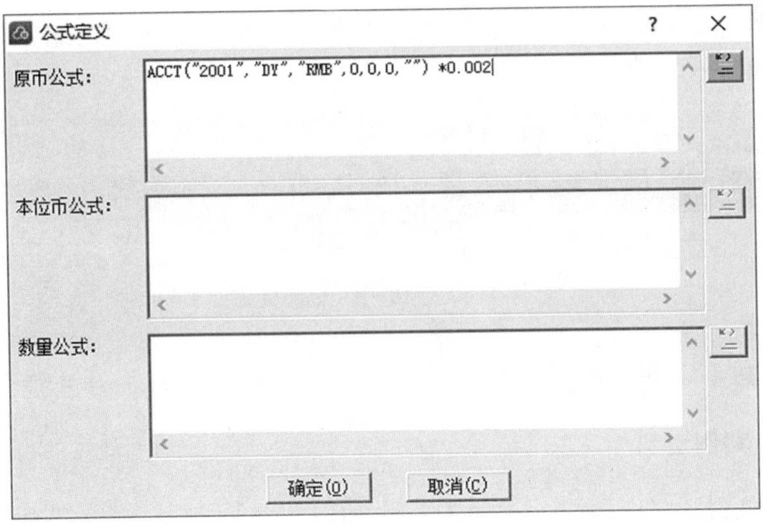

图 10-7　公式定义

凭证定义的相关参数如表 10－1 所示。

表 10－1　凭证参数

科目	方向	公式
财务费用/利息支出（6 603.01）	借	ACCT("2001","DY","RMB",0,0,0,"") * 0.002
应付利息/借款利息（2231.01）	贷	ACCT("2001","DY","RMB",0,0,0,"") * 0.002

定义完成后，就可以生成自动转账凭证。

选择“账务处理”|“自动转账”，先选择要生成的自动转账凭证模板（本案例为“提取短期借款利息”），然后单击“生成凭证”，如果提示有误，就要去检查相关的错误后再生成凭证，如图 10－8 所示。

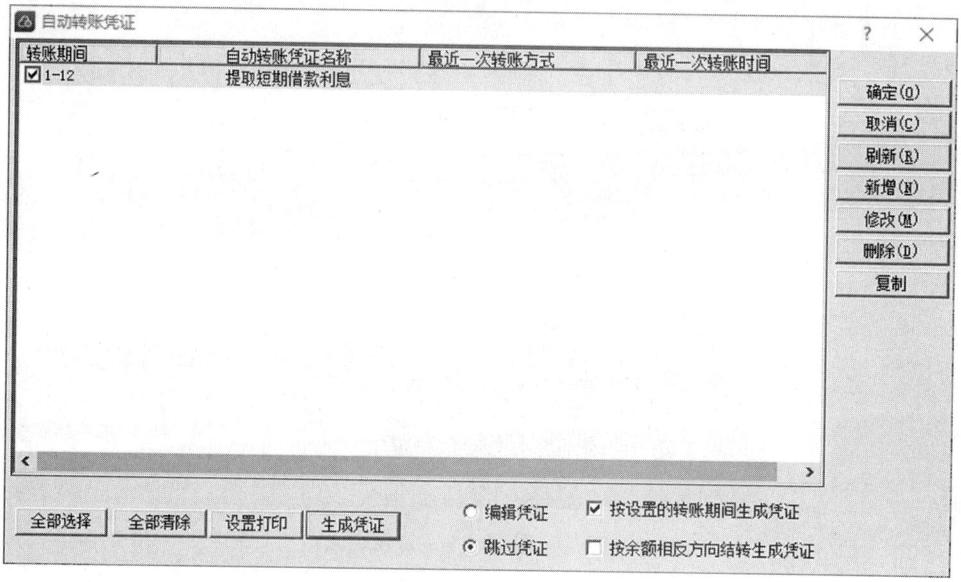

图 10－8　生成凭证

生成的自动转账凭证可以通过账务管理的“凭证管理”查看、审核等。记账凭证如图 10－9 所示。

会计分录序时簿

审核	复核	过账	会计期间	凭证字号	摘要	科目代码	科目名称	原币金额	借方	贷方
			2019.4	转 － 55	计提短期利息	6603.01	财务费用 － 利息支出	400.00	400.00	
					提取借款利息	2231.01	应付利息 － 借款利息	400.00		400.00
					合计				400.00	400.00

图 10－9　记账凭证

10.1.4　期末调汇

案例资料

4 月 30 日，期末汇率为 1 美元＝6.20 元人民币，进行期末调汇（使用账务处理的“期末调汇”功能完成）。

借：财务费用——汇兑损益

　贷：银行存款——中国银行

操作过程

本功能主要用于对外币核算账户在期末自动计算汇兑损益，生成汇兑损益转账凭证及期末汇率调整表。只有在“会计科目”中设定为“期末调汇”的科目才会进行期末调汇处理，并且所有涉及外币业务的凭证要全部录入完毕并审核过账。

选择“账务处理”|“期末调汇”，输入调整汇率，如图 10－10 所示。

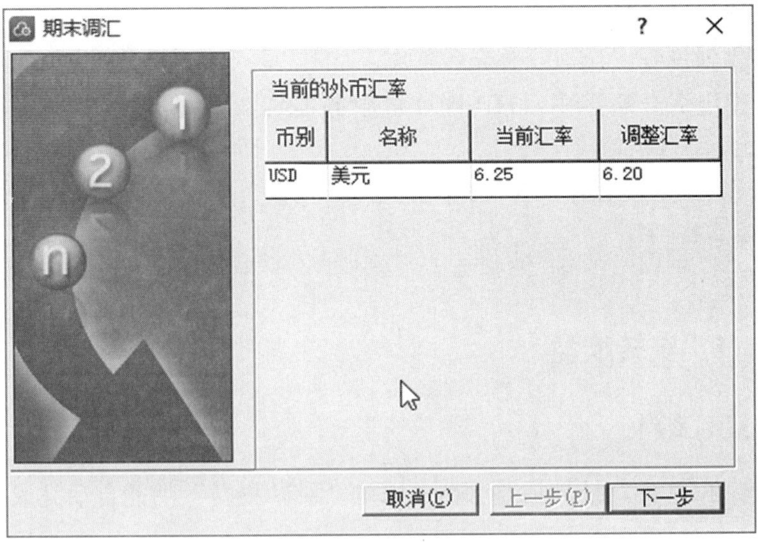

图 10－10　期末调汇（调整汇率）

进入“下一步”，输入“汇兑损益科目”，并对其他需要调整的参数进行调整，单击“完成”按钮，系统自动生成汇兑损益凭证，如图 10－11 所示。

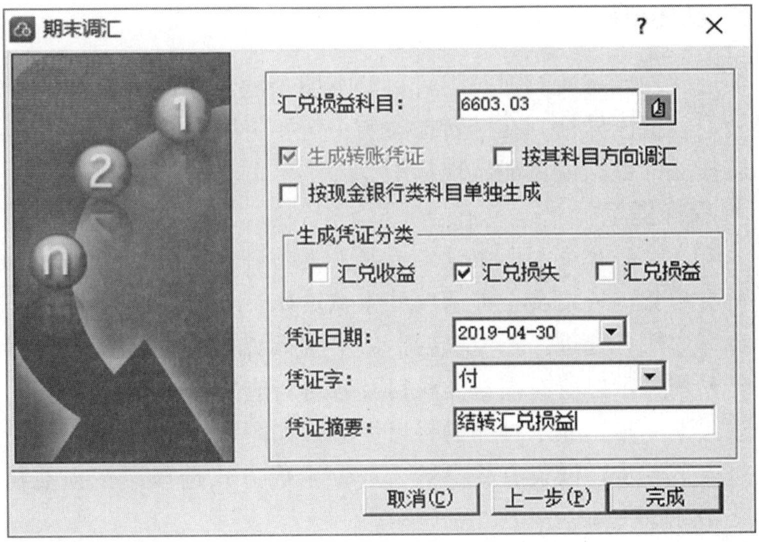

图 10－11　期末调汇（完成）

选择“账务处理”|“凭证管理”，汇兑损益凭证如图 10－12 所示。

会计分录序时簿

过账	日期	会计期间	凭证字号	科目代码	科目名称	汇率	原币金额	借方	贷方
	2019-04-30	2019.4	付 - 15	6603.03	财务费用 - 汇兑损益	1	5,440.00	5,440.00	
				1002.02	银行存款 - 中国银行	6.2			5,440.00
								5,440.00	5,440.00

图 10－12　汇兑损益凭证

凭证数据验证：

期初外币：100 000 美元；汇率：6.25。

收到投资：10 000 美元；汇率：6.25。

固定资产购买中（HP 计算机服务器）：3 000 美元；汇率：6.22。汇兑损失：3 000×0.03＝90（元）。

月末结存美元：107 000 美元；汇率：6.20。汇兑损失：107 000×0.05＝5 350（元）。

合计汇率变动损失＝90＋5 350＝5 440(元人民币)

10.1.5　结转损益

案例资料

4 月 30 日，结转损益（由总账的“结转损益”功能自动完成）。

操作过程

1. 对未审核、未记账的凭证进行审核和过账

2. 结转损益

使用此功能将所有损益类科目的本期余额全部自动转入本年利润科目，自动生成结转损益记账凭证。在结转损益前一定要将所有的凭证全部录入并审核过账，否则结转损益的数据就可能出现错误。

操作提示

只有在“科目类别”中设定为损益类的科目，余额才能进行自动结转。

所有的凭证一定要全部录入并审核过账。

选择“账务处理”|“结转损益”，显示结转损益的操作向导，单击“下一步”按钮，系统显示出所有损益类科目及各自对应的预设科目。

进入下一步，显示具体的科目设置，如图 10－13 所示。

进入下一步，设置有关参数，凭证生成方式选择“按损益科目类别结转”，如图 10－14 所示。

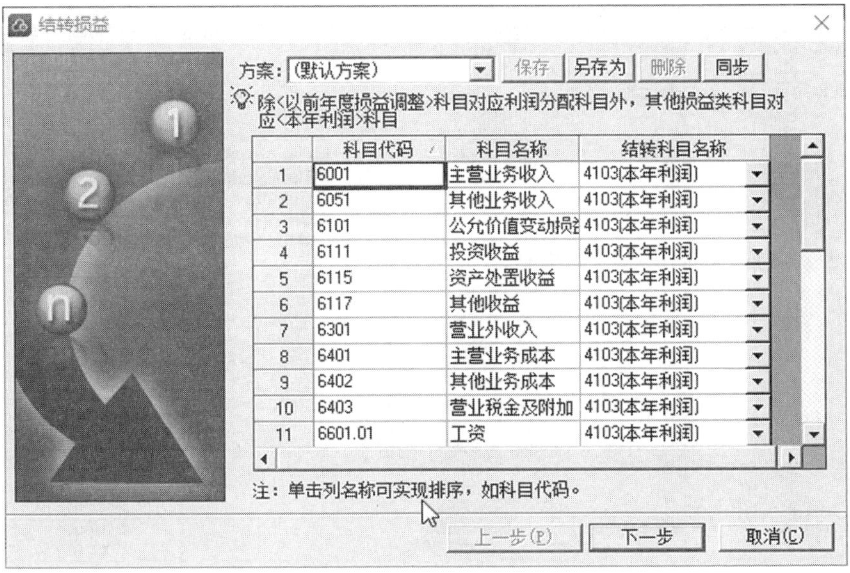

图 10 - 13　凭证科目设置方案

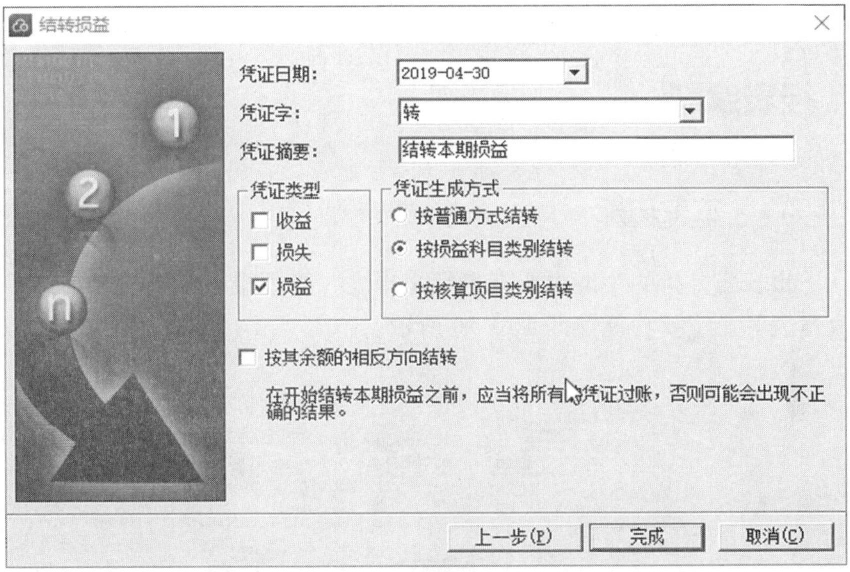

图 10 - 14　凭证设置

单击“完成”生成凭证。可以用“账务处理”|“凭证管理”功能查看。生成的会计分录如图 10 - 15 所示。

结转损益凭证会对报表编制产生影响，在报表编制中要使用损益类科目的“实际发生额”公式，就是指损益类科目的发生额减去抵减之后的部分，即损益的实际发生净额。因此在期末结转损益时务必采用系统提供的自动结转功能进行结转，如果进行手工结转，系统会将手工结转额误认为损益的抵减项，从而导致计算结果错误。

日期	凭证字号	摘要	科目代码	科目名称	原币金额	借方	贷方
2019-04-30	转 - 56	结转本期损益	6001	主营业务收入	1,479,600.00	1,479,600.00	
			4103	本年利润	1,479,600.00		1,479,600.00
2019-04-30	转 - 57	结转本期损益	4103	本年利润	1,077,900.00	1,077,900.00	
			6401	主营业务成本	1,077,900.00		1,077,900.00
2019-04-30	转 - 58	结转本期损益	4103	本年利润	120,624.99	120,624.99	
			6601.01	销售费用 - 工资/[2.01]供销中心-销售部	12,900.00		12,900.00
			6601.01	销售费用 - 工资/[2.02]供销中心-采购部	12,627.27		12,627.27
			6601.01	销售费用 - 工资/[4.02]物流中心-运输部	6,450.00		6,450.00
			6601.01	销售费用 - 工资/[4.01]物流中心-仓储部	6,450.00		6,450.00
			6601.06	销售费用 - 折旧费/[2.01]供销中心-销售部	4,831.25		4,831.25
			6601.06	销售费用 - 折旧费/[2.02]供销中心-采购部	2,599.86		2,599.86
			6601.99	销售费用 - 其他/[2.01]供销中心-销售部	22,333.33		22,333.33
			6602.01	管理费用 - 工资/[1.01]管理中心-行政部	19,063.64		19,063.64
			6602.01	管理费用 - 工资/[1.02]管理中心-财务部	18,300.00		18,300.00
			6602.03	管理费用 - 办公费/[2.02]供销中心-采购部	350.00		350.00
			6602.04	管理费用 - 差旅费/[1.01]管理中心-行政部	1,800.00		1,800.00
			6602.05	管理费用 - 招待费/[1.01]管理中心-行政部	1,500.00		1,500.00
			6602.06	管理费用 - 折旧费/[1.01]管理中心-行政部	5,749.28		5,749.28
			6602.06	管理费用 - 折旧费/[1.02]管理中心-财务部	2,395.36		2,395.36
			6602.99	管理费用 - 其他/[1.02]管理中心-财务部	-4,565.00		-4,565.00
			6603.01	财务费用 - 利息支出	2,400.00		2,400.00
			6603.03	财务费用 - 汇兑损益	5,440.00		5,440.00
2019-04-30	转 - 59	结转本期损益	6051	其他业务收入	752.00	752.00	
			6301	营业外收入	3,600.00	3,600.00	
			4103	本年利润	4,352.00		4,352.00
2019-04-30	转 - 60	结转本期损益	4103	本年利润	-2,000.00	-2,000.00	
			6701	资产减值损失	-2,000.00		-2,000.00
		合计				2,680,476.99	2,680,476.99

图 10 - 15 结转损益会计分录

10.2 报表编制

10.2.1 主要功能

报表与分析的功能主要有自定义报表、管理报表、报表分析、T 形账户、现金流量表等。主要功能如图 10 - 16 所示。

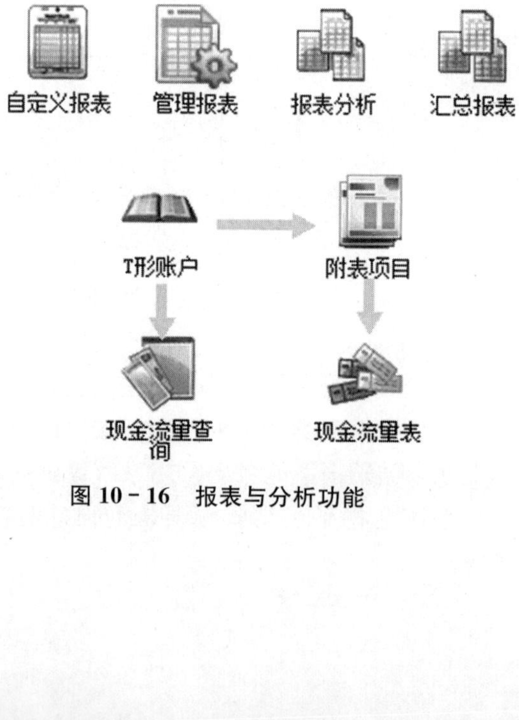

图 10 - 16 报表与分析功能

10.2.2　自定义报表编制

案例资料

自定义报表具体格式如表 10 - 2 所示。

表 10 - 2　　费用统计表

单位名称：重庆两江科技有限公司　　日期：　　单位：元

行次	项目	本期金额
1	差旅费	
2	工资	
3	福利费	
4	折旧费	
5	业务招待费	
6	办公费	
7	其他	
	合计	

编制人：

编制说明：按照销售费用、管理费用、制造费用对应明细科目进行汇总计算。

操作过程

1. 自定义报表的操作流程

建立一个新的报表，要完成报表格式的设置和公式定义等一系列工作。其操作流程如图 10 - 17 所示。

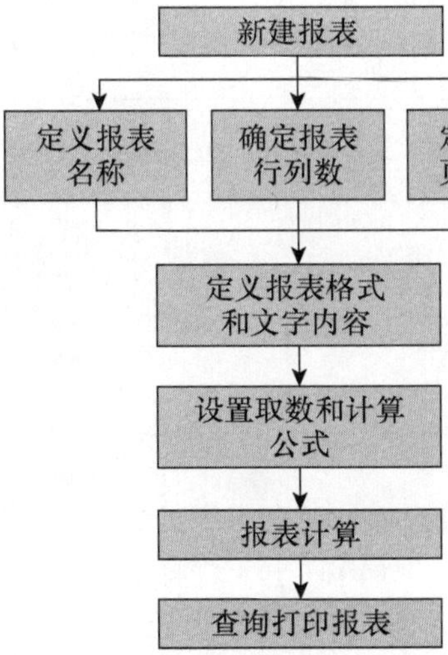

图 10 - 17　新建报表操作流程

报表建立过程中，设置取数和计算公式是关键环节，要特别注意本身报表单元的含义和取数公式。

2. 建立报表

选择“报表与分析”|“自定义报表”，进入后单击“新建”，开始后显示“批量填充”窗口，这里选择退出该窗口，然后设置报表的属性，如图 10－18 所示。

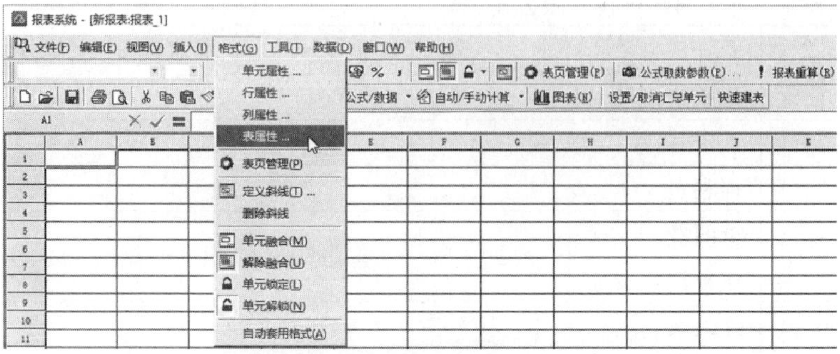

图 10－18　新建报表

选择“格式”|“表属性”命令，根据案例要求定义报表的行列数，如图 10－19 所示。

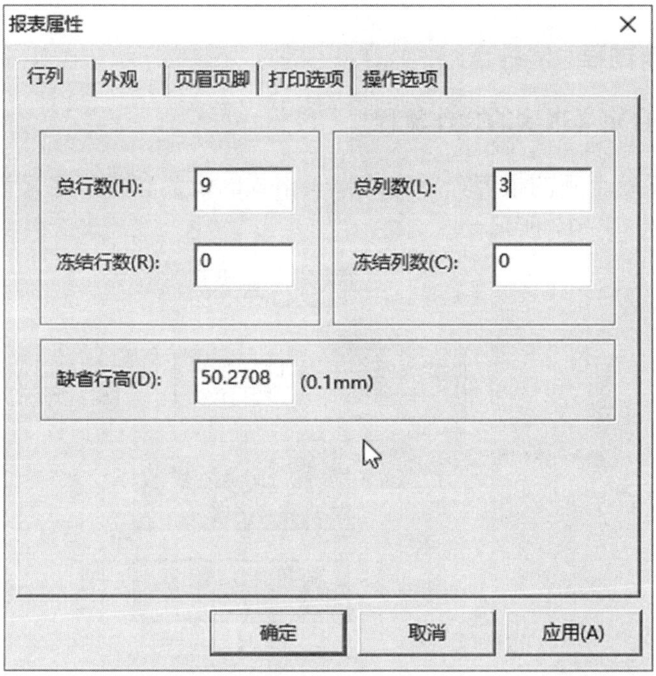

图 10－19　行列定义

单击“应用”按钮，然后单击“确定”按钮完成行列定义。

选择“文件”|“保存”命令，输入报表名称“费用统计表”后，单击“保存”按钮完成保存。

按照案例定义报表的格式，如图 10－20 所示。

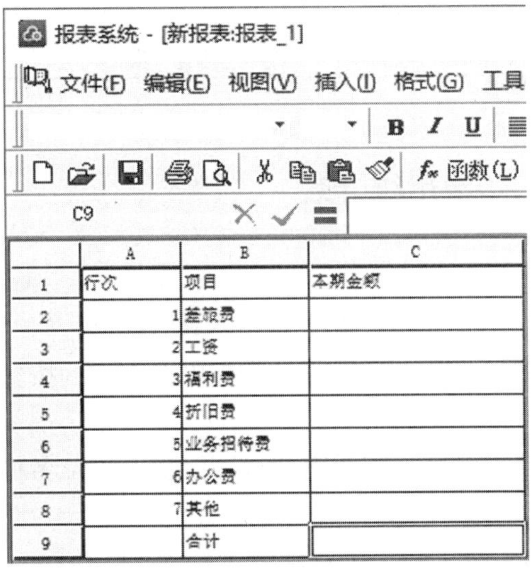

图 10－20　报表格式

选择“格式”|“表属性”命令，再选择“页眉页脚”选项卡定义报表的页眉、页脚，如图 10－21 所示。

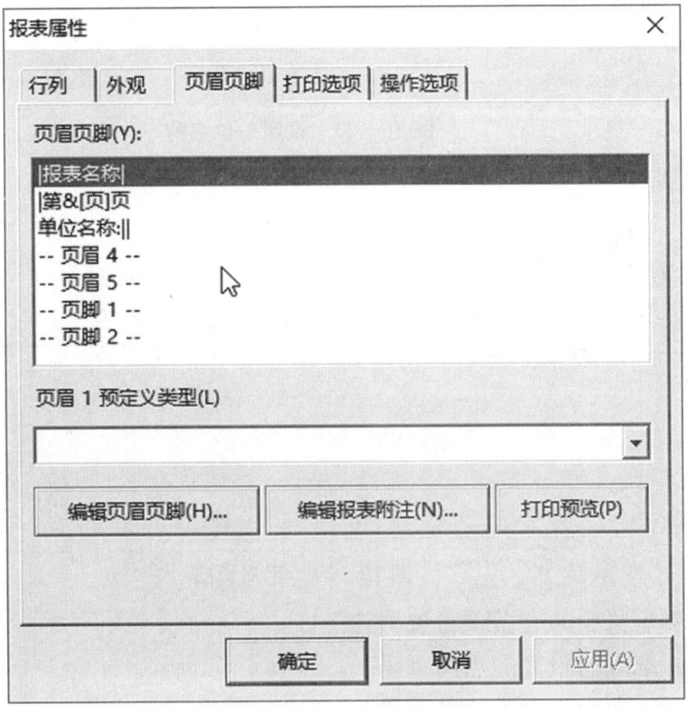

图 10－21　页眉页脚

先选择“报表名称”，再单击“编辑页眉页脚”按钮。输入报表名称“费用统计表”，完成后单击“确定”按钮，如图 10－22 所示。

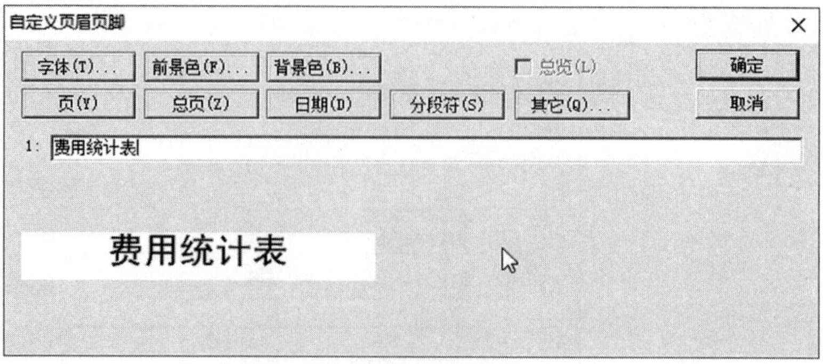

图 10-22　设置报表名称

对于报表名、页数、日期等可直接单击上面的按钮进行设置，分段符起项目间的分隔作用。

单位名称自行设定。在相应位置直接输入单位名称，如图 10-23 所示。

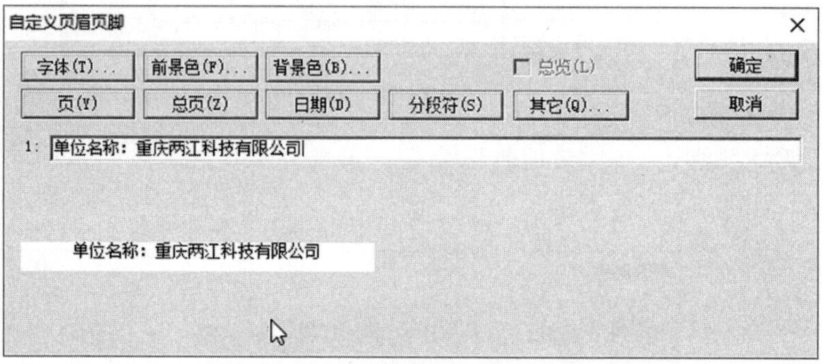

图 10-23　设定单位名称

页脚的定义如图 10-24 所示。

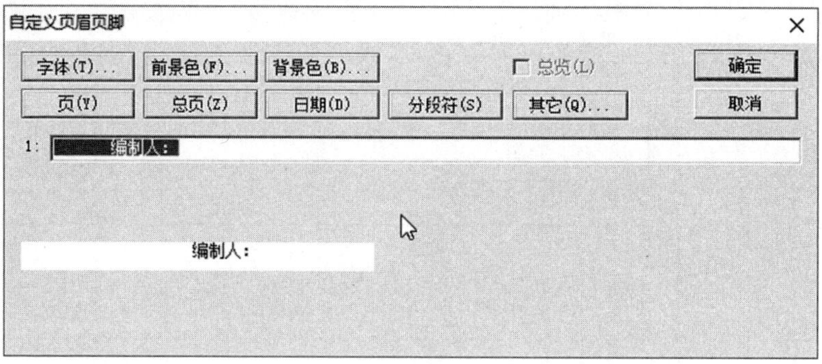

图 10-24　定义页脚

页脚定义中的有关项目说明如下。

页：取纵向报表的当前页码。

总页：取纵向报表的总页码。

日期：取计算机当前的系统时间。

分段符：表示对当前页眉或页脚平均分段。|…表示向右对齐，…|表示向左对齐。

定义后的打印预览效果如图 10－25 所示。

费用统计表

第1页

单位名称：重庆两江科技有限公司

行次	项目	本期金额
1	差旅费	
2	工资	
3	福利费	
4	折旧费	
5	业务招待费	
6	办公费	
7	其他	
	合计	

编制人：

图 10－25　打印预览

3. 表格绘制

在某一单元处，单击鼠标右键，可设置单元格属性。

选择“单元属性”命令，设置字体、颜色，如图 10－26 所示。

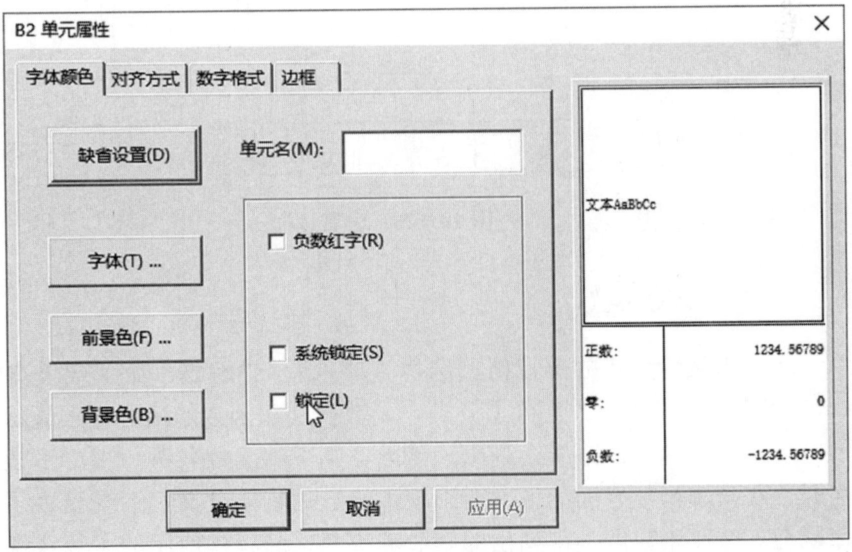

图 10－26　设置字体、颜色

数字格式设置如图 10-27 所示。

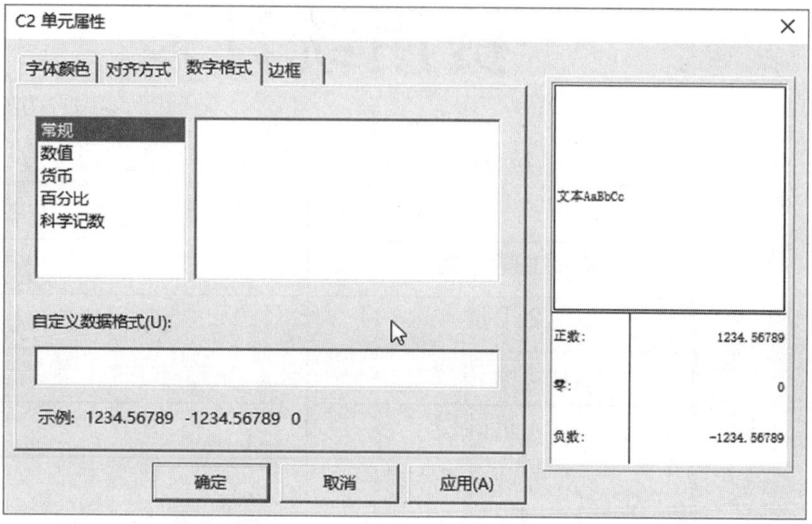

图 10-27　设置数字格式

边框设置如图 10-28 所示。

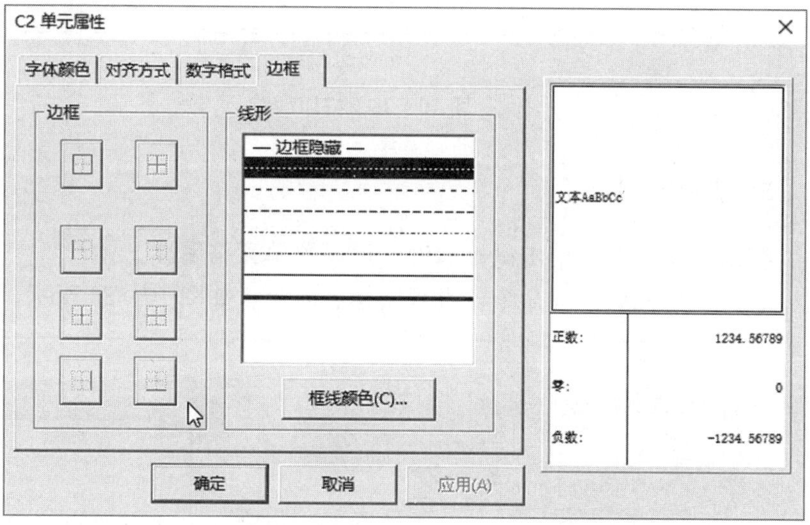

图 10-28　设置边框

4. 设置计算公式

单击需设置公式的单元格，选择“插入”|“函数”命令或单击快捷功能按钮“fx 函数”。系统将函数进行了分类，函数类别和函数的名称分别显示，用鼠标选择不同的函数类别时，系统会列出该函数类别下的函数名称。当单击某个具体的函数名时，在报表函数界面的下方会出现该函数的具体含义。系统设置了全部函数与常用函数：全部函数即全部列出的函数的集合，而经常使用的函数系统将会自动放置在常用函数中。

操作提示

一般情况下，取数公式的取数账套、年度、期间参数均采用默认值，这样才能根据需要改变具体取数的期间等参数。如果在公式中设置了参数，则系统始终按设置值取数，如公式中设置了会计期间为 4，则该单元格的数据一直按第 4 期显示。此种情况仅适用于定基分析等。原则是：公式设置了参数，则按公式设置的参数取值；公式未设置，则按“报表期间设置”取值。

先选择 C2 单元，再单击“fx 函数”，如图 10－29 所示。

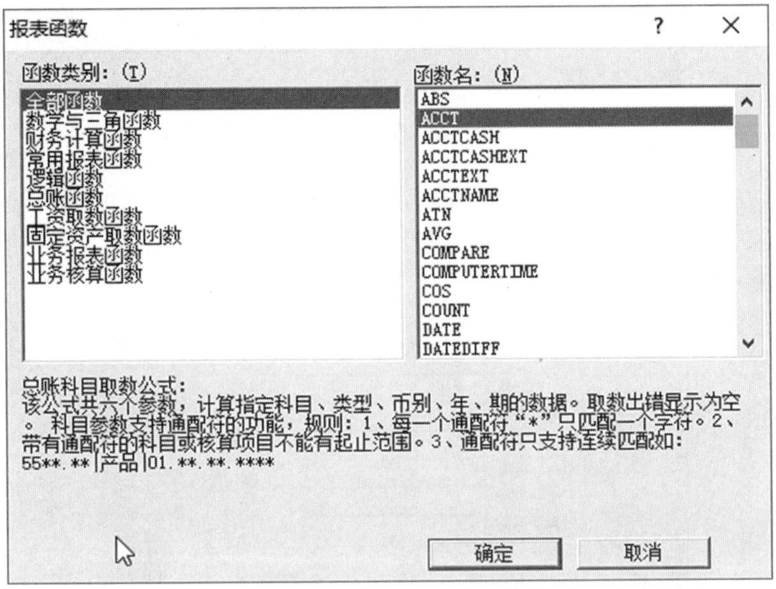

图 10－29　报表函数

在本案例中，需使用 ACCT 函数（总账科目取数公式）。选择 ACCT 函数，单击“确定”按钮，如图 10－30 所示。

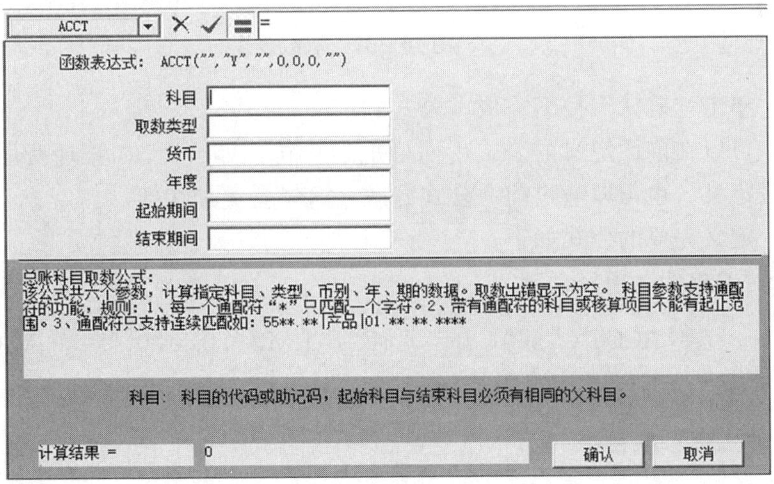

图 10－30　定义函数参数

在“科目”位置按 F7 键，调出科目设置界面。首先输入科目代码，单击“填入公式”按钮，如图 10－31 所示。

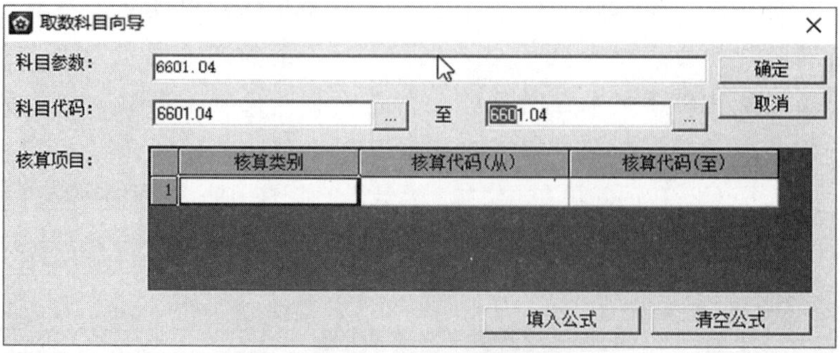

图 10－31　取数科目设置

在“取数类型”处按 F7 键后显示全部取数类型，根据需要选择取数类型。取数类型为 JF，即借方发生额。货币选择“RMB”（人民币），其他选择默认值，如图 10－32 所示。

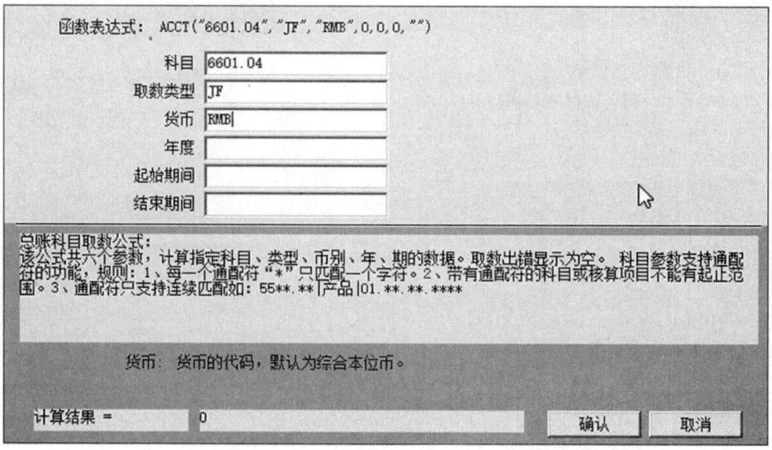

图 10－32　取数公式

单击“确认”按钮完成本公式的定义。

可以在前面定义的公式后面增加运算符，如“＋”，管理费用的公式按照同样方法定义。也可以通过前一公式修改，这样会更加快捷。

定义完成的公式如下。

“差旅费”项目：

＝ACCT("6601.04","JF","RMB",0,0,0,"")＋ACCT("6602.04","JF","RMB",0,0,0,"")

“工资”项目：

＝ACCT("6601.01","JF","RMB",0,0,0,"")＋ACCT("6602.01","JF","RMB",0,0,0,"")＋ACCT("5101.01","JF","RMB",0,0,0,"")

“福利费”项目：

=ACCT("6601.02","JF","RMB",0,0,0,"")+ACCT("6602.02","JF","RMB",0,0,0,"")

“折旧费”项目：

=ACCT("6601.06","JF","RMB",0,0,0,"")+ACCT("6602.06","JF","RMB",0,0,0,"")+ACCT("5101.02","JF","RMB",0,0,0,"")

“业务招待费”项目：

=ACCT("6601.05","JF","RMB",0,0,0,"")+ACCT("6602.05","JF","RMB",0,0,0,"")

“办公费”项目：

=ACCT("6601.03","JF","RMB",0,0,0,"")+ACCT("6602.03","JF","RMB",0,0,0,"")

“其他”项目：

=ACCT("6601.99","JF","RMB",0,0,0,"")+ACCT("6602.99","JF","RMB",0,0,0,"")

“合计”项目：

=SUM(C2:C8)

取数和计算结果如图 10－33 所示，具体格式可以再美化。

	A	B	C
1	行次	项目	本期金额
2	1	差旅费	1800
3	2	工资	142118.18
4	3	福利费	0
5	4	折旧费	21893.95
6	5	业务招待	1500
7	6	办公费	350
8	7	其他	22333.33
9		合计	189995.46

图 10－33　取数和计算结果

操作提示

在设置公式后，对取出的数据，要与账务的科目余额表进行核对校验，确保数据的正确性。

要特别注意当前的时间，在运算时是取当前的默认期间。

对于自定义报表，在设计时都要对数据进行核对。所生成报表的数据可以通过科目余额表的数据进行核对，如图 10－34 所示。

科目余额表

科目代码	科目名称	期初余额		本期发生		本年累计	
		借方	贷方	借方	贷方	借方	贷方
6601	销售费用			68,191.71	68,191.71	86,191.71	86,191.71
6601.01	工资			38,427.27	38,427.27	46,427.27	46,427.27
6601.02	福利费						
6601.03	办公费						
6601.04	差旅费						
6601.05	招待费						
6601.06	折旧费			7,431.11	7,431.11	17,431.11	17,431.11
6601.99	其他			22,333.33	22,333.33	22,333.33	22,333.33
6602	管理费用			49,158.28	49,158.28	71,708.28	71,708.28
6602.01	工资			37,363.64	37,363.64	45,363.64	45,363.64
6602.02	福利费					1,100.00	1,100.00
6602.03	办公费			350.00	350.00	950.00	950.00
6602.04	差旅费			1,800.00	1,800.00	7,400.00	7,400.00
6602.05	招待费			1,500.00	1,500.00	6,100.00	6,100.00
6602.06	折旧费			8,144.64	8,144.64	10,744.64	10,744.64
6602.99	其他					50.00	50.00

图 10－34　科目余额表

需要重算时，选择“数据”|“报表重算”命令。

选择“视图”|“显示公式”命令，可以查看定义的公式，如图 10－35 所示。

	A	B	C
1			
2			=ACCT("6601.04","JF","RMB",0,0,0,"")+ACCT("6602.04","JF","RMB",0,0,0,"")
3			=ACCT("6601.01","JF","RMB",0,0,0,"")+ACCT("6602.01","JF","RMB",0,0,0,"")+ACCT ("5101.01","JF","RMB",0,0,0,"")
4			=ACCT("6601.02","JF","RMB",0,0,0,"")+ACCT("6602.02","JF","RMB",0,0,0,"")
5			=ACCT("6601.06","JF","RMB",0,0,0,"")+ACCT("6602.06","JF","RMB",0,0,0,"") +ACCT("5101.02","JF","RMB",0,0,0,"")
6			=ACCT("6601.05","JF","RMB",0,0,0,"")+ACCT("6602.05","JF","RMB",0,0,0,"")
7			=ACCT("6601.03","JF","RMB",0,0,0,"")+ACCT("6602.03","JF","RMB",0,0,0,"")
8			=ACCT("6601.99","JF","RMB",0,0,0,"")+ACCT("6602.99","JF","RMB",0,0,0,"")
9			=SUM(C2:C8)

图 10－35　公式

选择“视图”|“显示数据”命令，就显示报表数据。

5. 取数公式说明

在定义报表中，报表的取数公式是关键，需要仔细分析每个公式的作用，然后才能在具体定义报表中应用自如。常用的取数公式如表 10－3 所示。

表 10－3　常用取数公式

公式	说明
ACCT	总账科目取数公式
AVG	求平均数取数公式
COMPUTERTIME	返回计算机当前日期
COUNT	统计数量取数公式，计算所有非空格单元格的个数
DATE	返回计算机当前日期
DATEDIFF	求指定日期参数 2 与参数 1 之间的天数差
ITEMINFO	返回指定核算项目的属性值
KEYWORD	取表页的关键字的取数公式
MAX	求最大值取数公式

续前表

公式	说明
MIN	求最小值取数公式
PAGENAME	取表页名称的取数公式
PAGENO	返回当前表页的值
REF	返回指定表页、指定单元格的值
REFF	返回指定账套、指定报表、指定表页、指定单元格的值
RPRDATA	返回指定格式的当前报表日期
RPTQUARTER	季度取数公式
RPTSHEETDATE	获取当前报表指定表页的开始日期或结束日期，并以指定日期格式返回
SUM	求和取数公式
SYSINFO	返回指定关键字的系统信息

取数类型：取数公式涉及一些参数，其取数类型如表 10-4 所示。

表 10-4　取数类型

取数类型	说明
C	期初余额
JC	借方期初余额
DC	贷方期初余额
AC	期初绝对余额
Y	期末余额
JY	借方期末余额
DY	贷方期末余额
AY	期末绝对余额
JF	借方发生额
DF	贷方发生额
JL	借方本年累计发生额
DL	贷方本年累计发生额
SY	损益表本期实际发生额
SL	损益表本年实际发生额
BG	取科目本年最高预算余额
BD	取科目本年最低预算余额
BJG	本期最高预算借方发生额
BDG	本期最高预算贷方发生额
TC	折合本位币期初余额
TJC	折合本位币借方期初余额
TDC	折合本位币贷方期初余额
TAC	折合本位币期初绝对余额
TY	折合本位币期末余额
TJY	折合本位币借方期末余额
TDY	折合本位币贷方期末余额
TAY	折合本位币期初绝对余额

续前表

取数类型	说明
TJF	折合本位币借方发生额
TDF	折合本位币贷方发生额
TJL	折合本位币借方本年累计发生额
TDL	折合本位币贷方本年累计发生额
TSY	折合本位币损益表本期实际发生额
TSL	折合本位币损益表本年实际发生额

会计期间：可直接指定期间数，分别录入＜起始期间＞和＜结束期间＞，若不选，则系统默认为本期。若写入数值，表示的意义如下：0 为本期，－1 为上一期，－2 为上两期，依此类推。

会计年度：可直接指定年度，如 2019，若不选，则系统默认为当前年。若写入数值，表示的意义如下：0 为本年，－1 为前一年，－2 为前两年，依此类推。

6. 报表授权

针对具体的报表，在报表与分析中需要重新授权。授权的方法是，打开“费用统计表”，选择“工具”|“报表权限控制”进行报表授权。

选择“报表权限控制”命令，进入具体权限的设置。先选择待授权的用户，然后选取“访问类型”（选择拒绝访问、读取、打印、修改、更改权限、完全控制之一），单击“添加”按钮，然后单击“确定”按钮完成授权，如图 10－36 所示。

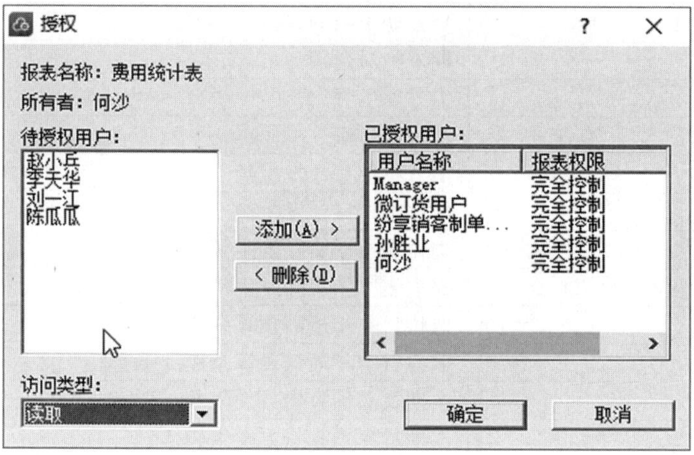

图 10－36 执行授权

管理员需要对每一张报表进行授权，以保证信息的安全性。

10.2.3 常规报表编制

1. 引入报表模板

选择“报表与分析”，选择“自定义报表”功能，如图 10－37 所示。

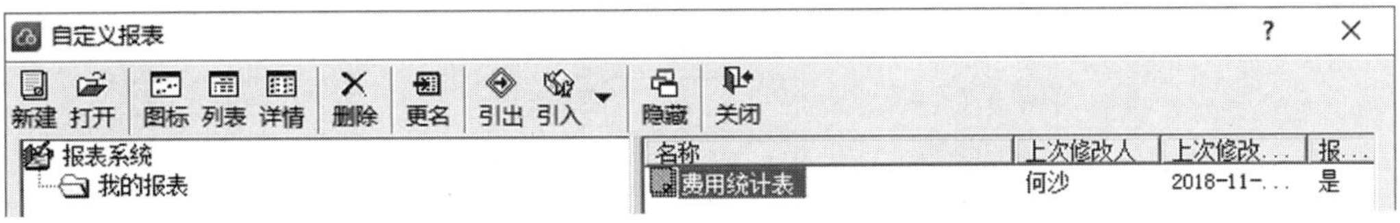

图 10 - 37　自定义报表

选择“引入”|“引入新会计制度模板”，引入后如图 10 - 38 所示。

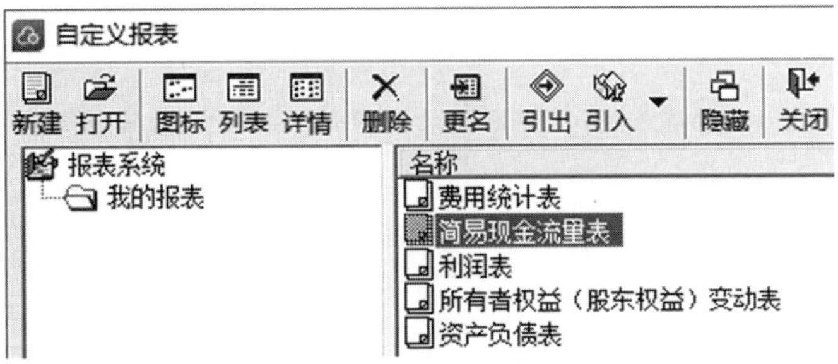

图 10 - 38　报表模板

2. 资产负债表

选择“报表与分析”|“自定义报表”，选择“资产负债表”，进入后选择“报表重算”，如图 10 - 39 所示。

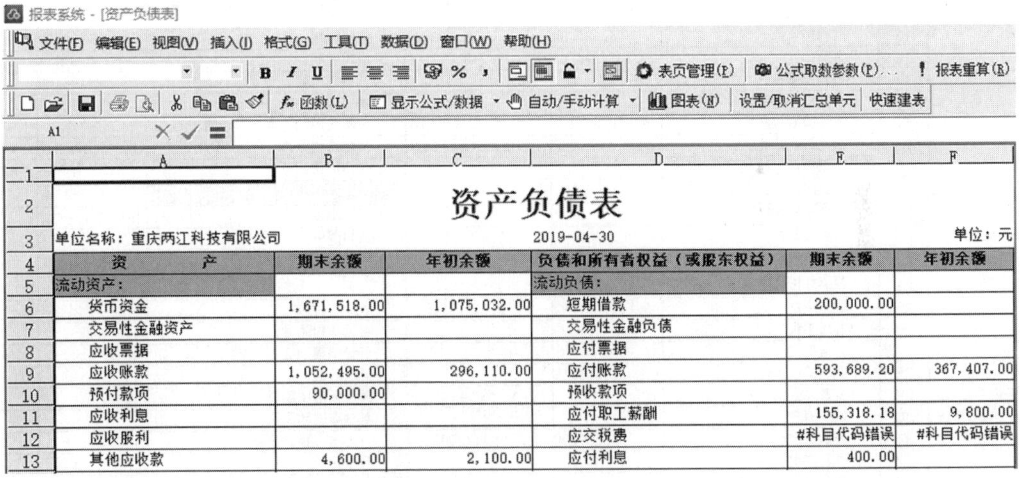

资产负债表

单位名称：重庆两江科技有限公司　2019-04-30　单位：元

资　产	期末余额	年初余额	负债和所有者权益（或股东权益）	期末余额	年初余额
流动资产：			流动负债：		
货币资金	1,671,518.00	1,075,032.00	短期借款	200,000.00	
交易性金融资产			交易性金融负债		
应收票据			应付票据		
应收账款	1,052,495.00	296,110.00	应付账款	593,689.20	367,407.00
预付款项	90,000.00		预收款项		
应收利息			应付职工薪酬	155,318.18	9,800.00
应收股利			应交税费	#科目代码错误	#科目代码错误
其他应收款	4,600.00	2,100.00	应付利息	400.00	

图 10 - 39　资产负债表模板

（1）显示公式或显示数据。选择“视图”|“显示数据”，转换为数据显示方式。

（2）修改公式取数参数。选择“工具”|“公式取数参数”，然后输入相应年月期间，取数公式取数时，将按照指定年份和期间取数，如图 10 - 40 所示。

（3）报表重算。选择“数据”|“报表重算”，报表将按照公式重新取数和计算。软件中预置了报表取数和计算的公式，在具体使用时要对每一个单元进行检查，看看是否符合本单位的要求，对不符合的要进行调整。计算后的结果如图 10 - 41 所示。

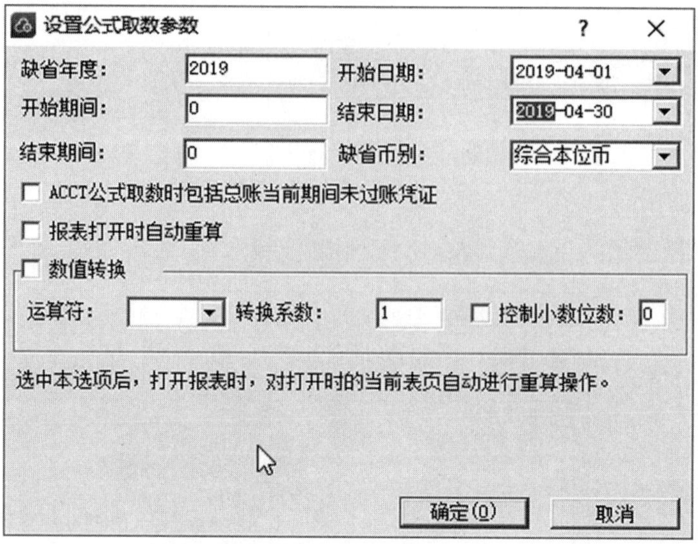

图 10－40　公式取数参数

	A	B	C	D	E	F
3	单位名称：重庆两江科技有限公司			2019-04-30		单位：元
4	资　　产	期末余额	年初余额	负债和所有者权益（或股东权益）	期末余额	年初余额
5	流动资产：			流动负债：		
6	货币资金	1,671,518.00	1,075,032.00	短期借款	200,000.00	
7	交易性金融资产			交易性金融负债		
8	应收票据			应付票据		
9	应收账款	1,052,495.00	296,110.00	应付账款	593,689.20	367,407.00
10	预付款项	90,000.00		预收款项		
11	应收利息			应付职工薪酬	155,318.18	9,800.00
12	应收股利			应交税费	#科目代码错误	#科目代码错误
13	其他应收款	4,600.00	2,100.00	应付利息	400.00	
14	存货	3,862,286.67	4,248,253.00	应付股利		
15	持有待售资产			其他应付款	2,100.00	
16	一年内到期的非流动资产			持有待售负债		
17	其他流动资产	#科目代码错误	#科目代码错误	一年内到期的非流动负债		
18	流动资产合计	'B17' 计算不正	被引用单元 'C17'	其他流动负债	#科目代码错误	#科目代码错误
19	非流动资产：			流动负债合计	'E12' 计算不	'F12' 计算不正
20	可供出售金融资产			非流动负债：		
21	持有至到期投资			长期借款		
22	长期应收款			应付债券		
23	长期股权投资			其中：优先股		
24	投资性房地产			永续债		
25	固定资产	3,595,061.92	3,621,376.00	长期应付款		
26	在建工程			专项应付款		
27	工程物资			预计负债		
28	固定资产清理	5,069.13		递延收益		
29	生产性生物资产			递延所得税负债		
30	油气资产			其他非流动负债		
31	无形资产	58,500.00	117,000.00	非流动负债合计		
32	开发支出			负债合计	'E19' 计算不	'F19' 计算不正
33	商誉			所有者权益（或股东权益）：		
34	长期待摊费用			实收资本（或股本）	7,677,944.00	7,615,444.00
35	递延所得税资产			其他权益工具		
36	其他非流动资产			其中：优先股		
37	非流动资产合计	3,658,631.05	3,738,376.00	永续债		
38				资本公积		
39				减：库存股		
40				其他综合收益		
41				盈余公积		
42				未分配利润	1,646,405.01	1,362,820.00
43				所有者权益（或股东权益）合计	9,324,349.01	8,978,264.00
44	资产总计	'B18' 计算不正	被引用单元 'C18'	负债和所有者权益（或股东权益）总计	'E32' 计算不	'F32' 计算不正

图 10－41　资产负债表

(4) 公式调整。由于本案例中对应交税费科目没有进行完整设置，与软件的预设科目不一致而导致公式错误，需要进行公式的调整。

1) 其他流动资产公式错误调整。

B17：显示科目错误，将公式改为：

=ACCT("1901","Y","",0,0,0,"")+ACCT("3101","JY","",0,0,0,"")+ACCT("3201","JY","",0,0,0,"")+ACCT("3202","JY","",0,0,0,"")

式中，参数 JY 表示借方期末余额。

C17：显示科目错误，将公式改为：

=ACCT("1901","C","",0,1,1,"")+ACCT("3101","JC","",0,1,1,"")+ACCT("3201","JC","",0,1,1,"")+ACCT("3202","JC","",0,1,1,"")

式中，参数 JC 表示借方期初余额，1 月份的期初即年初余额。

2) 应交税费公式错误调整。

E12：显示科目错误，将公式改为：

=ACCT("2221","DY","",0,0,0,"")

式中，参数 DY 表示贷方期末余额。

F12：显示科目错误，将公式改为：

=ACCT("2221","DC","",0,1,1,"")

式中，参数 DC 表示贷方期初余额，1 月份的期初即年初余额。

3) 其他流动负债公式错误调整。

E18：显示科目错误，将公式调整为：

=ACCT("3101","DY","",0,0,0,"")+ACCT("3201","DY","",0,0,0,"")+ACCT("3202","DY","",0,0,0,"")

F18：显示科目错误，将公式调整为：

=ACCT("3101","DC","",0,1,1,"")+ACCT("3201","DC","",0,1,1,"")+ACCT("3202","DC","",0,1,1,"")

4) 应交税费项目科目公式的调整。

E12：应交税费。软件预置的公式为：=ACCT("2221","DY","",0,0,0,"")，即取贷方期末余额的数据。这里将"DY"调整为"Y"，即取该科目的期末余额。

公式调整为：

=ACCT("2221","Y","",0,0,0,"")

公式调整后要进行报表重算，然后选择"文件" | "另存为"命令，将生成的

报表保存。

公式调整后的资产负债表如图 10－42 所示。

	A	B	C	D	E	F
4	资　　产	期末余额	年初余额	负债和所有者权益（或股东权益）	期末余额	年初余额
5	流动资产:			流动负债:		
6	货币资金	1,671,518.00	1,075,032.00	短期借款	200,000.00	
7	交易性金融资产			交易性金融负债		
8	应收票据			应付票据		
9	应收账款	1,052,495.00	296,110.00	应付账款	593,689.20	367,407.00
10	预付款项	90,000.00		预收款项		
11	应收利息			应付职工薪酬	155,318.18	9,800.00
12	应收股利			应交税费	156,224.80	4,400.00
13	其他应收款	4,600.00	2,100.00	应付利息	400.00	
14	存货	3,862,286.67	4,248,253.00	应付股利		
15	持有待售资产			其他应付款	2,100.00	
16	一年内到期的非流动资产			持有待售负债		
17	其他流动资产	-95.00		一年内到期的非流动负债		
18	流动资产合计	6,680,804.67	5,621,495.00	其他流动负债		
19	非流动资产:			流动负债合计	1,107,732.18	381,607.00
20	可供出售金融资产			非流动负债:		
21	持有至到期投资			长期借款		
22	长期应收款			应付债券		
23	长期股权投资			其中：优先股		
24	投资性房地产			永续债		
25	固定资产	3,595,061.92	3,621,376.00	长期应付款		
26	在建工程			专项应付款		
27	工程物资			预计负债		
28	固定资产清理	5,069.13		递延收益		
29	生产性生物资产			递延所得税负债		
30	油气资产			其他非流动负债		
31	无形资产	58,500.00	117,000.00	非流动负债合计		
32	开发支出			负债合计	1,107,732.18	381,607.00
33	商誉			所有者权益（或股东权益）：		
34	长期待摊费用			实收资本（或股本）	7,677,944.00	7,615,444.00
35	递延所得税资产			其他权益工具		
36	其他非流动资产			其中：优先股		
37	非流动资产合计	3,658,631.05	3,738,376.00	永续债		
38				资本公积		
39				减：库存股		
40				其他综合收益		
41				盈余公积		
42				未分配利润	1,646,405.01	1,362,820.00
43				所有者权益（或股东权益）合计	9,324,349.01	8,978,264.00
44	资产总计	10,339,435.72	9,359,871.00	负债和所有者权益（或股东权益）总计	10,432,081.19	9,359,871.00

图 10－42　资产负债表

（5）调整报表。在首次使用时，要对报表的单元数据，按照科目余额表和其他有关数据进行验证，以确保报表数据的正确性。

在具体的单位处理业务时，往往都有所差异，有时也会因为忘记某些月末应该处理的业务而导致报表数据不准确或者错误。

期末余额调整：

在本案例生成的资产负债表中，期末是不平衡的。

$$\begin{aligned}\text{资产总计}-\text{负债和所有者权益总计}&=10\,339\,435.72-10\,432\,081.19\\&=-92\,645.47\end{aligned}$$

造成数据不平衡的原因是：

选择“账务处理”｜“科目余额表”，可以对照有关数据。

制造费用（5101）期末借方余额 92 645.47 元，未在报表中体现，这就是差额。

解决方法：如果期末还没有结账，就可以制作相关月末处理凭证，然后再生成报表。如果月末已经结账，则可以直接调整报表公式，使报表数据正确，下月再处理相关调整业务。

因此，在报表未完成之前，一般不予结账，以便进行有关调整。

3. 利润表

选择“报表与分析”|“自定义报表”，再选择“利润表”。

选择“视图”|“显示数据”，转换为数据显示方式。

选择“工具”|“公式取数参数”命令，然后输入相应年月期间，如图 10-43 所示。

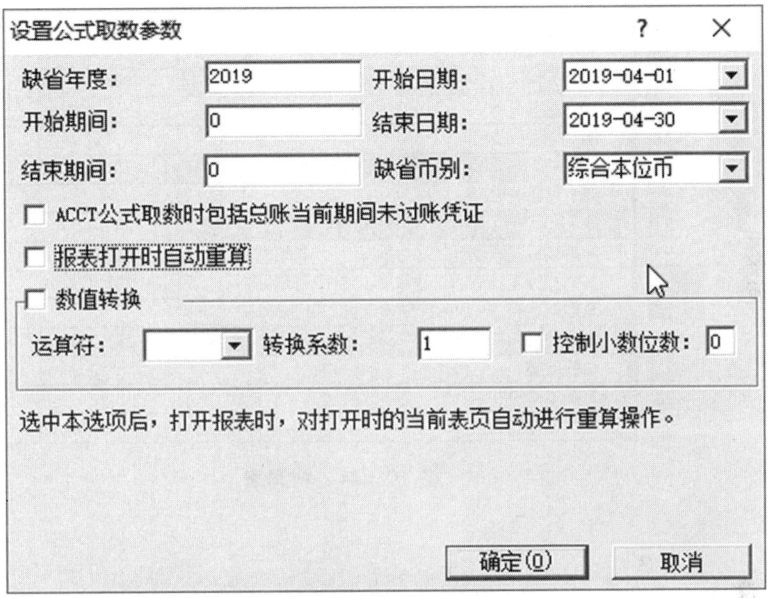

图 10-43　公式取数参数

选择“数据”|“报表重算”，利润表如图 10-44 所示。

对于生成的数据，需要逐一检查验证。同时要检查相关业务，如是否将有关费用进行了结转，否则就会出现虚增利润或者虚减利润。

实际工作中报表格式可能有所变化，这里主要是介绍操作方法，在工作中应按照实际要求进行设计。

10.2.4　财务期末结账

在本期所有的会计业务全部处理完毕之后，就可以进行财务的期末结账。系统的数据处理都是针对本期的，要进行下一期间的处理，必须将本期的业务全部进行结账处理，系统才能进入下一期间。

选择“账务处理”|“期末结账”，弹出“期末结账”对话框，单击“开始”按钮完成结账工作。

	A	B	C
1			
2	利润表		
3	单位名称：重庆两江科技有限公司	2019-04	单位：元
4	项　目	本期金额	上期金额
5	一、营业收入	1,480,352.00	
6	减：营业成本	1,077,900.00	
7	税金及附加		
8	销售费用	68,191.71	
9	管理费用	44,593.28	
10	财务费用	7,840.00	
11	资产减值损失	-2,000.00	
12	加：公允价值变动收益（损失以“-”号填列）		
13	投资收益（损失以“－”号填列）		
14	其中：对联营企业和合营企业的投资收益		
15	资产处置收益（损失以“-”号填列）		
16	其他收益		
17	二、营业利润（亏损以“－”号填列）	283,827.01	
18	加：营业外收入	3,600.00	
19	减：营业外支出		
20	三、利润总额（亏损总额以“－”号填列）	287,427.01	
21	减：所得税费用		
22	四、净利润（净亏损以“－”号填列）	287,427.01	
23	（一）持续经营净利润（净亏损以“-”号填列）		
24	（二）终止经营净利润（净亏损以“-”号填列）	287,427.01	
25	五、其他综合收益		
26	六、综合收益总额	287,427.01	
27	七、每股收益：		
28	（一）基本每股收益		
29	（二）稀释每股收益		

图 10－44　利润表

复习题

思考题

1. 金蝶 KIS 云专业版账套文件怎样备份和恢复？
2. 自定义报表的操作流程有哪些步骤？
3. 期末业务处理主要包含哪些内容？

判断题

1. 金蝶 KIS 专业版资产负债表可引出为 Excel 格式。　　（　　）

2. 在金蝶 KIS 云专业版自定义报表中，不能设置表间取数。（　）
3. 系统预置报表的取数和计算公式是标准的，在实际中不用检查和调整。（　）
4. 在结转损益前，以前的凭证必须先审核过账。（　）
5. 没有过账的凭证数据，通过报表的取数公式也能取到。（　）
6. 资产负债表也可以由用户自己定义。（　）
7. 在报表重算前，应当首先检查公式取数参数是否设置正确。（　）
8. 对报表的管理通过报表权限控制设置实现。（　）
9. 报表中的数据可以通过账务和业务系统中的数据进行核对验证。（　）
10. 自动转账生成的凭证一旦生成就不能删除。（　）

□ 单项选择题

1. 系统对“期末结账”的操作员的规定是（　）。
A. 不能与制单人是同一人
B. 不能与审核人是同一人
C. 只能是系统管理员
D. 没有具体要求，只要有过账权限即可
2. 自动转账时，必须注意（　）。
A. 所涉及科目凭证必须审核
B. 所涉及科目凭证必须过账
C. 涉及的制单人不能与自动转账制单人为同一人
D. 以上都不对
3. 设置资产负债表中的年初数时，取数的期间应为当年的（　）。
A. 当期　B. 第一期　C. 最后一期　D. 任意一期
4. 对于“假设当前报表期间是第 5 期，能否查到第 2 期报表数据，如何查询”，回答正确的是（　）。
A. 只能查到本期数据，不能查到第 2 期数据
B. 直接重新计算报表即可得到
C. 将“工具”菜单“公式取数参数”中的开始期改为 2，然后重新计算
D. 重新定义公式，将月份定义为第 2 期，然后查询即可
5. 金蝶 KIS 云专业版中账务系统的期末处理只能在（　）模块完成。
A. 固定资产　B. 工资管理　C. 账务处理　D. 报表系统
6. 会计科目属性设置为（　）的可以进行期末调汇。
A. 选择核算所有币别　B. 选择核算单一外币
C. 选择期末调汇　D. 选择现金类科目
7. 企业业务特殊需要的报表可以通过（　）制作。

A. 自定义报表　　B. 系统预置的报表
C. 拷贝其他报表　　D. 打开其他报表

8. 自动转账凭证模板可以定义（　　）。
A. 共 1 个　　B. 每月 1 个
C. 与科目数量相同　　D. 没有限制

9. 在“结转损益”处理前，应将所有凭证进行（　　）处理。
A. 过账　　B. 审核　　C. 检查　　D. 汇总

多项选择题

1. 业务期末结账应注意（　　）。
A. 确认对当期内所有业务单据进行录入及审核
B. 当期每张出入库单据必须经过成本计算
C. 结账成功后不能直接对上期单据进行修改
D. 一旦结账成功，业务期间与数据自动结转到下一业务期间

2. 下列会计平衡等式正确的是（　　）。
A. 资产＝负债＋所有者权益
B. 资产＋成本＝负债＋所有者权益＋收入－费用
C. 资产＋成本＋负债＋所有者权益＝收入＋费用
D. 收入－费用＝利润

3. 在金蝶 KIS 云专业版中，期末处理主要包括（　　）。
A. 期末调汇　　B. 结转损益　　C. 自动转账　　D. 期末结账

4. 利润表不正确，可能是因为（　　）。
A. 手工结转本期损益
B. 结转本期损益时，还有未过账的凭证
C. 没有进行期末调汇
D. 没有设置损益类科目

5. 资产负债表中“未分配利润”项目应根据（　　）科目的余额填列。
A. 本年利润　　B. 实收资本　　C. 资本公积　　D. 利润分配

6. 下列关于报表取数公式的说法中正确的是（　　）。
A. 可以从其他报表取数　　B. 可以从账上取数
C. 可以用函数取数　　D. 不可以从本表内取数

参考答案

判断题

1. 正确；2. 错误；3. 错误；4. 正确；5. 错误；6. 正确；7. 正确；8. 正

确；9. 正确；10. 错误。

单项选择题

1. D；2. B；3. B；4. C；5. C；6. C；7. A；8. D；9. A。

多项选择题

1. ABCD；2. ABD；3. ABCD；4. ABC；5. AD；6. ABC。

参考文献

［1］毛华扬，陈丰，王文平．会计电算化——金蝶 KIS 专业版．北京：清华大学出版社，2017.

［2］深圳金蝶奇思科技有限公司．金蝶 KIS 专业版 V14.1 使用教程．深圳：海天出版社，2016.

［3］毛华扬．会计信息系统原理与应用——基于金蝶 K/3 WISE．北京：中国人民大学出版社，2016.

图书在版编目（CIP）数据

会计信息化原理与实务：基于金蝶 KIS 云专业版/毛华扬，李帅编著．—3 版．—北京：中国人民大学出版社，2019.7

21 世纪会计系列教材

ISBN 978-7-300-27046-3

Ⅰ.①会… Ⅱ.①毛…②李… Ⅲ.①会计信息-财务管理系统-高等学校-教材 Ⅳ.①F232

中国版本图书馆 CIP 数据核字（2019）第 106126 号

21 世纪会计系列教材

会计信息化原理与实务（第 3 版）

——基于金蝶 KIS 云专业版

毛华扬　李　帅　编著

Kuaiji Xinxihua Yuanli Yu Shiwu——Jiyu Jindie KIS Yunzhuanyeban

出版发行	中国人民大学出版社		
社　　址	北京中关村大街 31 号	**邮政编码**	100080
电　　话	010－62511242（总编室）		010－62511770（质管部）
	010－82501766（邮购部）		010－62514148（门市部）
	010－62515195（发行公司）		010－62515275（盗版举报）
网　　址	http://www.crup.com.cn		
经　　销	新华书店		
印　　刷	北京密兴印刷有限公司	**版　　次**	2012 年 3 月第 1 版
规　　格	185 mm×260 mm　16 开本		2019 年 7 月第 3 版
印　　张	23.5 插页 1	**印　　次**	2020 年 7 月第 2 次印刷
字　　数	508 000	**定　　价**	49.00 元

教师教学服务说明

中国人民大学出版社工商管理分社以出版经典、高品质的工商管理、财务会计、统计、市场营销、人力资源管理、运营管理、物流管理、旅游管理等领域的各层次教材为宗旨。

为了更好地为一线教师服务，近年来工商管理分社着力建设了一批数字化、立体化的网络教学资源。教师可以通过以下方式获得免费下载教学资源的权限：

在中国人民大学出版社网站 www. crup. com. cn 进行注册，注册后进入“会员中心”，在左侧点击“我的教师认证”，填写相关信息，提交后等待审核。我们将在一个工作日内为您开通相关资源的下载权限。

如您急需教学资源或需要其他帮助，请在工作时间与我们联络：

中国人民大学出版社　工商管理分社

联系电话：010-62515735，82501048，62515782，62515987

电子邮箱：rdcbsjg@crup. com. cn

通讯地址：北京市海淀区中关村大街甲 59 号文化大厦 1501 室（100872）